Moral, Moralität und Eigeninteresse –
Gegensätze, die eine wirksame Moral verhindern?

Europäische Hochschulschriften

Publications Universitaires Européennes
European University Studies

Reihe V
Volks- und Betriebswirtschaft

Série V Series V
Sciences économiques, gestion d'entreprise
Economics and Management

Bd./Vol. 2778

PETER LANG
Frankfurt am Main · Berlin · Bern · Bruxelles · New York · Oxford · Wien

Holger Schmidt

Moral, Moralität und Eigeninteresse – Gegensätze, die eine wirksame Moral verhindern?

Perspektiven einer evolutorischen und selbstorganisatorischen Entwicklung von Moral.

Eine Analyse unter Verwendung der Synergetik

PETER LANG
Europäischer Verlag der Wissenschaften

Die Deutsche Bibliothek - CIP-Einheitsaufnahme

Schmidt, Holger:

Moral, Moralität und Eigeninteresse – Gegensätze, die eine wirksame Moral verhindern? : Perspektiven einer evolutorischen und selbstorganisatorischen Entwicklung von Moral ; eine Analyse unter Verwendung der Synergetik / Holger Schmidt. - Frankfurt am Main ; Berlin ; Bern ; Bruxelles ; New York ; Oxford ; Wien : Lang, 2001
(Europäische Hochschulschriften : Reihe 5, Volks- und Betriebswirtschaft ; Bd. 2778)
Zugl.: Cottbus, Brandenburgische Techn. Univ., Diss., 2000
ISBN 3-631-38003-8

Co 1
ISSN 0531-7339
ISBN 3-631-38003-8

www.peterlang.de

Geleitwort

In einer überregionalen Wochenzeitung konnte man vor nicht allzu langer Zeit in einem zeitkritischen Essay folgende Aussage lesen: „ In Wirklichkeit stellt der globalisierte Markt, solange er sich selbst überlassen bleibt, weltweit die Bedingungen her, die Friedrich Engels in seiner Schrift über die Lage der Arbeiterklasse in England angeprangert hat. Außerhalb Europas herrscht 19. Jahrhundert: der 12- und 16- Stunden-Tag für Pfennige, Kinderarbeit, Menschenhandel, Arbeit unter sklavenähnlichen Bedingungen. Die Ethik der Gesellschaft kommt nicht aus dem Markt, sie muss im abgerungen werden." (P. Schneider: Der Zerfall des Zivilen, in: Die Zeit, Nr. 32 vom 3. August 2000, S. 9).

Der Verfasser knüpft an dieser grundsätzlichen Kritik der Marktgesetze an. Er zeigt auf, dass auch in Gesellschaften, die sich aus einer Vielzahl eigeninteressierter Individuen zusammensetzten ein gewisser Bestand an menschlicher Moral erhalten kann und auch muss. Moral schränkt die Freiheit der Individuen zwar zunächst ein, gleichzeitig erweitert sie jedoch ihre Handlungsspielräume und schafft Handlungssicherheit. Aus diesem Grund ist menschliche Moral für wirtschaftliche Aktivitäten nicht zu unterschätzen. Ökonomisch gesprochen werden Interaktions- bzw. Transaktionskosten gesenkt. Ähnlich wie ein physischer Kapitalbestand benötigt dieser „Moralstock" zu seiner Erhaltung jedoch Investitionen. Das heißt, sofern das „öffentliche Gut" Moral nicht in Form von Gesetzen durch den Staat zur Verfügung gestellt werden soll, muss jeder Einzelne dazu beitragen. Trotz aller Schwierigkeiten scheint dies jedoch möglich. Auch in einer Welt, die sich aus rationalen und eigeninteressierten Individuen zusammensetzt, kann sich Moral endogen bilden und erhalten.

Dem Verfasser ist es gelungen, das potenzielle Missverhältnis zwischen sittlicher Verantwortung und eigeninteressiertem Handeln teilweise zu entschärfen. Menschen haben – auch rational begründbare – Motive dazu, sich an moralische Regeln zu halten. Sie berücksichtigen die Interessen ihrer Mitmenschen innerhalb bestimmter Grenzen. Durch Interaktionen zwischen Individuen (z. B. auf dem Markt) können sich Verhaltensregeln ausbilden (z. B. Ehrlichkeit), die nach dem Prinzip der Rückkopplung das Verhalten der Individuen ihrerseits beeinflussen. Diese Entwicklung kann durch eine möglichst weitreichende individuelle Freiheit gefördert werden, die den Menschen – im Sinne Hayeks – Entfaltungsmöglichkeiten lässt.

Die vorliegende Arbeit ist dazu geeignet, der Diskussion um die Bedeutung von Ethik und Moral in marktwirtschaftlich organisierten Wirtschaftssystemen neue Impulse zu geben. Der Verfasser dieses Geleitwortes hat die Arbeit von Beginn an neugierig verfolgt und freut sich mit dem Autor, dass dieses Forschungsprojekt am Lehrstuhl für Makroökonomik der Brandenburgischen Technischen Universität Cottbus mit Erfolg abgeschlossen werden konnte. Dank gehört ebenfalls dem Land Brandenburg und der Universität dafür, dass trotz erheblicher Finanzzwänge die Voraussetzungen für ein gedeihliches Arbeiten am Lehrstuhl stets gesichert blieben.

Ich wünsche dem Buch, dass die präsentierten Ideen eine weite Verbreitung finden.

Cottbus, im März 2001 Prof. Dr. Wolfgang Cezanne

Vorwort

„Es gibt so viele Dinge, die man nicht mit Geld bezahlt, wohl aber mit einem Lächeln, einer Aufmerksamkeit, einem "Danke". Léon-Joseph Suenens

Die vorliegende Arbeit entstand in den Jahren 1997 bis 2000 als Dissertation an der Fakultät 3 – Maschinenbau, Elektrotechnik und Wirtschaftsingenieurwesen der Brandenburgischen Technischen Universität Cottbus.

Naturgemäß zollt der Verfasser zahlreichen Menschen für ihre Unterstützung während der Anfertigung der Arbeit Dank. Den folgenden Personen möchte ich auf diesem Wege meine besondere Dankbarkeit ausdrücken.

Mein Doktorvater Prof. Dr. Wolfgang Cezanne hat mich während der gesamten Entstehungsphase stets inhaltlich unterstützt und ermuntert, die ab und an auch schwierige Arbeit fortzusetzen. Hierfür, und für die Einräumung zeitlicher und konzeptioneller Freiräume, sei ihm an dieser Stelle herzlichst gedankt.

Dank bekunden möchte ich ebenfalls Herrn Prof. Dr. Harald Kunz für inhaltliche Anregungen und die Übernahme des Zweitgutachtens. Herr Prof. Dr. Klaus Serfling war so freundlich und begleitete mein Promotionsverfahren als Vorsitzender.

Wertvolle Unterstützung bei der Fertigstellung der Arbeit erhielt ich durch die freundliche Arbeitsatmosphäre am Lehrstuhl Volkswirtschaftslehre – Makroökonomik und meinen Kollegen. Ohne die Anregungen, Kritik und Unterstützung die ich von ihnen erhalten habe, wäre die Arbeit nicht in dem Maße gelungen. Zu nennen sind die Doktoren Annette Mayer und Robert Momberg, die wesentliche Teile der Arbeit durchgearbeitet haben und wertvolle Änderungsvorschläge machten. Sie standen mir darüber hinaus, wie meine Kollegen Dr. Holger Schulz und Dr. Andreas Deckmann, in Doktorantenkolloquien als Gesprächspartner zur Verfügung. Bedanken möchte ich mich ferner bei den studentischen Hilfskräften die mich bei meiner Arbeit unterstützten. Stellvertretend sei Diana Feuerhak genannt, die mir in der Endphase zu Seite stand.

Mein tiefster Dank gilt meinen Eltern und dem Rest der Familie, die mich während meiner gesamten Ausbildung stets mit Rat und Tat unterstützten. Nicht zuletzt ist der erfolgreiche Abschluss meines Promotionsverfahrens jedoch Anja Kochan zu verdanken. Sie hatte die externen Kosten des Dissertationsprojektes zu tragen und brachte mir trotz allem sehr viel Verständnis entgegen. Ihnen möchte ich das vorliegende Buch widmen.

Magdeburg, im März 2001 Holger Schmidt

Inhaltsübersicht

INHALTSVERZEICHNIS

ABBILDUNGS- UND TABELLENVERZEICHNIS

TEIL A EINLEITUNG

„... Humanismus und menschliche Ethik bringen keine Kohle, deshalb haben wir's auch nicht nötig. Sokrates, Plato, Hegel und Kant waren an der Börse nie genannt ..."
Erste Allgemeine Verunsicherung:
Willkommen im Neandertal

I Problemstellung

I.1 Eine Diagnose

In einem gemeinsamen Wort des Rates der Evangelischen Kirche in Deutschland und der Deutschen Bischofskonferenz zur sozialen und wirtschaftlichen Lage in Deutschland von 1997 finden sich folgende Textstellen. Sie werden von den Verfassern gleichsam als Diagnose der gegenwärtigen Lage in Deutschland aufgefasst.

> „Die traditionelle Sozialkultur befindet sich im Zuge der Industrialisierung und Urbanisierung in einem starken Wandel und hat sich an vielen Stellen aufgelöst. Anspruchsdenken und Egoismus nehmen zu und gefährden den solidarischen Zusammenhalt in der Gesellschaft."[1]

und weiter:

> „Doch Solidarität und Gerechtigkeit genießen heute keine unangefochtene Wertschätzung. Dem Egoismus auf der individuellen Ebene entspricht die Neigung der gesellschaftlichen Gruppen ihr partikulares Interesse dem Gemeinwohl rigoros vorzuordnen. Manche würden der regulativen Idee der Gerechtigkeit gern den Abschied geben. Sie glauben fälschlich, ein Ausgleich der Interessen stelle sich in der freien Marktwirtschaft von selbst ein."[2]

Hier wird nicht gerade ein schönes Szenario beschrieben, denn durch diese Diagnose wird für die Bundesrepublik Deutschland und letztlich auch für andere moderne Gesellschaften ein weitgehender Verfall von gemeinsamen Wertorientierungen festgestellt. Sittlichkeit oder Moral scheinen als wirksame koordinierende Kräfte aus modernen Gesellschaften verdrängt zu sein. An ihrer Stelle regieren Egoismus, Individualismus, Entsolidarisierung, Eigeninteresse, sowie das Streben nach Gewinn und materiellem Wohlstand, kurz ein allgemeiner Werteverfall in der Gesellschaft.

Wie sieht es in der Realität aus? Kann diese Diagnose empirisch bestätigt werden? Die Feststellung, dass Egoismus und Anspruchsdenken sich mehr und

---

1 Evangelische Kirche in Deutschland (1997).
2 Evangelische Kirche in Deutschland (1997).

mehr durchgesetzt haben, scheint sich in nahezu allen gesellschaftlichen Bereichen zu bestätigen. Die Liste von Bestechungs- und Korruptionsskandalen aus dem Bereich der Politik ist zwar endlich, doch umfangreich. Es handelt sich um die bekannten nationalen Diäten-, Parteispenden- und Amiegoaffären.[3] Diese unseriösen Praktiken setzen sich auf internationaler Ebene fort. So trat vor einiger Zeit die EU-Kommission zurück, da gegen einzelne Kommissare Vorwürfe erhoben wurden, die von der „Vetternwirtschaft"[4] bis zu einer unsachgemäßen Mittelverwendung[5] reichten. Das Ansehen des Sports, der in staatlich finanzierten Werbeaktionen für Jugendliche als Vorbildfunktion dient, sowie die damit verbundenen nationalen und internationalen Institutionen wurden ebenfalls in Mitleidenschaft gezogen. Denn von Sportlern und ihren offiziellen Repräsentanten kann man nicht nur lernen, wie man sportliche Höchstleistungen erzielt, sondern auch wie man legal und illegal sein Einkommen maximiert. Mitglieder des Internationalen Olympischen Komitees, einst dem olympischen Gedanken verpflichtet, demonstrierten, wie man sich bei der Vergabe von Olympischen Spielen bereichern kann. Mit der Folge, dass sechs IOC-Mitglieder wegen erwiesener Korruption entlassen wurden.[6] Ein Anzeichen sittlicher Einsicht oder einfach nur Schadensbegrenzung? Bis zu dieser Stelle kann man einschränkend feststellen, dass einige wenige Eliten unseriös gehandelt haben. Und dass sie aufgrund ihrer gesellschaftlichen Position überhaupt erst die Möglichkeit hatten, ihre eigenen Interessen durch mehr oder weniger seriöse Methoden durchzusetzen.

Doch die Ansicht, dass an solchen Verhaltensweisen nichts verwerfliches ist, setzt sich offensichtlich auch zunehmend beim *normalen Volk* durch. Auch in der breiten Öffentlichkeit scheint sich die Ansicht verbreitet zu haben, dass *„der*

---

3 Man erinnere sich an den bayerischen Ministerpräsidenten Max Streibl, der sich von befreundeten Unternehmern Reisen finanzieren ließ.

4 Diese Vorwürfe richteten sich insbesondere gegen die EU-Kommissarin Cresson. Daneben wurde beispielsweise ein Fall bekannt, in dem der Direktor des Leonardo-Büros seine eigene Frau als Assistentin und später als Leiterin der Abteilung Verwaltung und Personal einstellte. Das Gehalt für beide Positionen war nach Ansicht des „Ausschuss unabhängiger Sachverständiger" weit überzogen. Vgl. Ausschuss unabhängiger Sachverständiger (1999), S. 115 und 75.

5 Eine unsachgemäße Mittelverwendung ist in mehreren Bereichen festgestellt worden. So z. B. im ECHO-Programm, dem „Amt der Europäischen Gemeinschaft für humanitäre Hilfe". Der Ausschuss stellte fest, dass Verträge, die der humanitären Hilfe in Jugoslawien und Afrika dienen sollten; fiktiv waren, da keine der in den Verträgen festgelegten Aktivitäten realisiert wurden. Es handelte sich um unregelmäßige Ausgaben mit einer Gesamtsumme von 2,4 Mio. ECU. Vgl. hierzu Ausschuss unabhängiger Sachverständiger (1999), S. 52. Die Liste der Verfehlungen könnte noch fortgesetzt werden.

6 Im Rahmen der Vergabe der Olympischen Winterspiele 2002 sollen Geld- und Sachzuwendungen von ca. 1,3 Mio. DM in die Taschen von IOC-Mitgliedern geflossen sein.

Ehrliche der Dumme ist"[7] und dass die Verhaltensmaxime *„nimm dir was du kannst"* gerechtfertigt ist. Ein erstes Indiz für die Relevanz dieser Verhaltensregel stellt eine, 1998 im Auftrag des Bundes der Steuerzahler, durchgeführte Umfrage dar. Die genannte Umfrage ergab, dass jeder zweite Steuerzahler in den alten und jeder vierte in den neuen Bundesländern grundsätzlich dazu bereit ist, Steuern zu hinterziehen. Vielleicht gehört es mittlerweile einfach zum guten Ton, Steuern oder Versicherungsleistungen zu erschwindeln. Ausreden stehen ja auch genügend zur Verfügung: „Das tut doch jeder", oder: „Die verdienen doch genug und zahlen nur selten" usw.

Möglicherweise ist es auch verständlich, dass aufgrund einer ständig anwachsenden Abgabenlast Schwarzarbeit für die beteiligten Seiten zunehmend attraktiver wird. Man gewinnt den Eindruck, dass Tugenden wie Zuverlässigkeit und Ehrlichkeit vergessen sind, und nur die wenigsten scheinen ein schlechtes Gewissen zu haben, wenn sie schwarzfahren oder die Rundfunkgebühren einsparen. Hat sich innerhalb der Gesellschaft eine „Doppelmoral" ausgebreitet, die solches Verhalten als legitim ansieht, sofern es den eigenen Interessen dient und es andererseits verurteilt, wenn andere von diesem „Trittbrettfahrerverhalten" profitieren? Man kann zu diesem Schluss kommen. Denn nach einer Allensbachumfrage sprachen sich 63 v. H. der Westdeutschen und 72 v. H. der Ostdeutschen dafür aus, dass eine grundlegende Veränderung der Moral notwendig sei.[8] Wenngleich man sich an dieser Stelle fragt, in welche Richtung sie sich ändern soll?

Woher kommt dieses „mangelnde Unrechtsbewusstsein" in der Bevölkerung? Handelt es sich um die Übertragung ökonomischer Verhaltensweisen in die Privatsphäre? Das heißt, wird der Mensch durch wirtschaftliche Verfahrensweisen so stark geprägt, dass sich Menschen in allen Lebensbereichen entsprechend verhalten?

Spätestens seit ADAM SMITH hat sich, zumindest bei den meisten Ökonomen, die Ansicht durchgesetzt, dass die individuelle Verfolgung des Eigeninteresses gesamtgesellschaftliche Ziele fördern kann. Dass die Verfolgung der Eigeninteressen eine wichtige Grundlage für die Funktionsfähigkeit der Marktwirtschaft darstellt, soll an dieser Stelle nicht bestritten werden. Die positiven Auswirkungen ökonomischer Entwicklung – wie der für eine breite Bevölkerungsschicht gestiegene Wohlstand und eine bessere Güterversorgung – sind ohne Zweifel anerkannt. Gleichzeitig wurden aber zunehmend zahlreiche negative Begleitumstände wirtschaftlicher Tätigkeit wahrnehmbar und kritisiert. Wirtschaftliches

---

7 So auch der Titel des Buches von Tagesthemen-Moderator Ulrich Wickert.

8 Vgl. hierzu das Spiegel-special mit dem Titel „Volk ohne Moral", S. 16.

Wachstum und materieller Wohlstand als Resultat wirtschaftlicher Tätigkeit sind nicht mehr unumstritten. Die Gründe hierfür sind vielfältig: Neben der oben dargestellten Entwicklung handelt es sich um Fragen des Umweltschutzes, um die Diskussion über eine gerechte Verteilung von Einkommen und Gütern, um Ursachen und Probleme der lang anhaltenden und hohen Arbeitslosigkeit, um die zunehmende Überlastung des „sozialen Netzes“, um die Verschuldungsproblematik der Dritten Welt, um Aspekte einer intergenerationellen Gerechtigkeit u. v. m.

Die Folge war, dass die Diskussion über die Moralität der Individuen, der Gesellschaft und der gesellschaftlichen Institutionen in den letzten Jahren auch verstärkt Eingang in die volks-, betriebswirtschaftliche oder wirtschaftsethische Forschung fand.[9] Obwohl diese Aufzählung bereits hier die Frage aufkommen lässt, welche Möglichkeiten die Disziplin Wirtschaftsethik überhaupt hat, um zur Lösung der angesprochenen Probleme beizutragen. Die Kompetenz, geeignete Vorschläge zur Lösung der genannten Probleme bereitzustellen, wird man eher dem Ökonomen als dem Ethiker zusprechen. Handelt es sich doch bei der Mehrzahl der aufgeführten Fälle um solche, die Forschungsgebieten der Ökonomen zugeordnet werden.

In einer Wirtschaftsordnung, die wie die Marktwirtschaft weitgehend auf der individuellen Freiheit der Individuen aufbaut, stellen sowohl die positiven Resultate als auch die negativen Begleitumstände die Folge wirtschaftlicher Entscheidungen und Aktivität einzelner Personen dar. Und hier wird die wesentliche Spannung zwischen Moral und Ökonomie, Ethik und Ökonomik[10] ersichtlich. Beide Betrachtungsweisen stellen unterschiedliche Ansprüche oder Forderungen an die Handlungen der Akteure. Die ökonomische Seite argumentiert, dass die Verfolgung der eigenen Interessen auch zur Optimierung der Gesamtinteressen führt. Aus der ethischen Perspektive wird gefordert, dass die Interessen der Akteure im Zweifelsfall zu Gunsten bestimmter (höherer) gemeinschaftlicher Interessen zurückgestellt werden müssen.

Lässt man die wertende Aussage gelten, dass auch in einem funktionierenden, wettbewerblich organisierten Wirtschafssystem Moral eine notwendige Funktionsvoraussetzung darstellt,[11] stellt sich die Frage: *Wie kann Moral unter den Voraussetzungen eines wirtschaftlichen Systems einerseits entstehen und, was vielleicht noch wichtiger ist, sich stabilisieren?* Dass trotz der aufgeführten Bei-

---

9 In der neuen Auflage von Gablers Wirtschaftslexikon findet sich z. B. ein durchaus umfangreicher Abschnitt zum Thema Wirtschaftsethik.

10 Eine genaue Begriffsdefinition folgt in Abschnitt Teil B I.

11 Diese Behauptung wird später zu beweisen sein.

spiele ein bestimmter moralischer Standard in jeder Gesellschaft etabliert ist, scheint sich empirisch zu bestätigen, denn der HOBBESSCHE Naturzustand, der Krieg aller gegen alle findet nicht statt. Jeden Tag kann man Situationen beobachten, in denen:

- Personen neben den eigenen Interessen auch die Interessen anderer berücksichtigen.
- Dass sie darauf vertrauen, dass die anderen dies auch tun.
- Dass sie sich sogar in solchen Situationen so verhalten, in denen keine externen Kontrollen erfolgen und Sanktionen daher unwahrscheinlich sind.[12]

Mit BUCHANAN kann man die vorhandene Moral einer Gesellschaft als öffentliches Gut oder moralischen Kapitalstock ansehen.[13] Moralische Normen als öffentliches Gut schränken durch ihre Präsenz die Freiheit des Einzelnen zwar zunächst unbestreitbar ein. Gleichzeitig erweitert die Existenz der gesellschaftlichen Institution namens Moral jedoch den Handlungsspielraum der Individuen. Durch ihre Gegenwart schafft sie für jedes einzelne Individuum Handlungssicherheit. Ihre Bedeutung für wirtschaftliche Aktivitäten ist aus diesem Grund nicht zu unterschätzen. Denn durch diese Sicherheit – werden ökonomisch gesprochen – Interaktions- bzw. Transaktionskosten gesenkt. Ähnlich wie ein physischer Kapitalbestand benötigt dieser „Moralstock" zu seiner Erhaltung jedoch Investitionen.[14] Das heißt, sofern das „öffentliche Gut" Moral nicht in Form von Gesetzen durch den Staat zur Verfügung gestellt werden soll, braucht es die Bereitschaft des Einzelnen zu seiner Bereitstellung beizutragen. Trifft die gestellte Diagnose zu? Ist die Moral der Gesellschaft erodiert? Werfen wir einen Blick in die Wirklichkeit.

I.2 Ein Blick in die Realität

Ziehen wir als „Indikator" für die moralische Haltung der Bevölkerung in Deutschland die Statistik über bekannt gewordene Straftaten heran.[15] Es zeigt sich, dass im Jahr 1999 einer Bevölkerung von rund 82 Mio. Einwohnern ca.

---

12 Vgl. Lenz (1990), S. 24.

13 Vgl. hierzu u. a. Buchanan (1984), S 167.

14 Wenn schon keine Erweiterungsinvestitionen realisiert werden, so sind mindestens Erhaltungsinvestitionen erforderlich.

15 Die Kriminalstatistik ist eine Zusammenstellung aller der Polizei bekanntgewordenen strafrechtlichen Sachverhalte. Sie registriert die von der Polizei bearbeiteten rechtswidrigen (Straf) Taten einschließlich der mit Strafe bedrohten Versuche. Sie bezieht auch die vom Zoll bearbeiteten Rauschgiftdelikte ein. Nicht enthalten sind: Ordnungswidrigkeiten, Staatsschutz- und Verkehrsdelikte.

6 Mio. erfasste Straftaten entgegen standen.[16] Das heißt, dass ca. 7 v. H. der Bevölkerung nach der polizeilichen Kriminalstatistik gegen geltendes Recht verstoßen hat. Diese Zahl ist um eine vorhandene Dunkelziffer zu bereinigen. Gleichzeitig muss beachtet werden, dass in dieser Statistik nur jene Fälle aufgeführt sind, die bekannt geworden sind und die von der Staatsgewalt verfolgt wurden. Dennoch dürfte ein beachtlicher Teil der Bevölkerung verbleiben, der aus Überzeugung, Einsicht oder auch Angst vor Bestrafung nicht gegen Gesetze verstößt. Zunächst ist in Abbildung 1 festzustellen, dass sich der Anteil der Straftäter (in v. H.) vom Jahr 1972 zum Jahr 1997 nahezu verdoppelt hat.[17]

Ein Anstieg der Kriminalität in Deutschland ist also nicht von der Hand zu weisen.[18] Betrachtet man die zeitliche Entwicklung der sogenannten Gesamthäufigkeit[19] von Straftaten im Zeitverlauf, ist jedoch kein eindeutiger Aufwärtstrend erkennbar. Dieses Bild wird weiter entschärft, wenn man die Anteile der „Straftatengruppen“ an den Straftaten insgesamt betrachtet. Mord und Totschlag machten 0,04 v. H. der gesamten Straftaten aus. Der Anteil der Vergewaltigungen betrug 0,1 v. H., gefährliche und schwere Körperverletzung 1,6 v. H. Straftaten gegen die persönliche Freiheit 2 v. H. Straftaten, denen man eine besondere Skrupellosigkeit zuspricht, halten sich demgemäß in Grenzen. Über die Hälfte der Straftaten (53,7 v. H.) entfielen auf Diebstahlsdelikte.[20]

Der Rückschluss von der Kriminalstatistik auf die herrschende Moral einer Gesellschaft ist unter Umständen problematisch.[21] Es scheint allerdings zumindest zulässig, einen Zusammenhang zwischen der Moral einer Gesellschaft und der Häufigkeit von Straftaten zu unterstellen.[22]

Unter Berücksichtigung der dargestellten Daten ist es sicherlich nicht angebracht, der Gesellschaft einen sehr hohen moralischen Standard zu unterstellen. Andererseits scheinen die angeführten Daten jedoch eines zu belegen: Zumindest wesentliche menschliche Grundwerte, wie die Rechte auf ein unversehrtes Leben, persönliche Freiheit, Achtung der Würde scheinen nach wie vor zu gelten.

---

16 Quelle: Polizeiliche Kriminalstatistik 1999. Bundeskriminalamt. Inklusive ausländische Einwohner.

17 Zu berücksichtigen ist, dass ein Anstieg dieses Anteils bei relativ konstanter Zahl der Straftäter auch steigen kann, wenn sich Bevölkerungszahl rückläufig entwickelt.

18 Also, doch ein Rückgang der Moral und eine Zunahme der Rücksichtslosigkeit?

19 Die Gesamthäufigkeitszahl gibt die bekanntgewordenen Fälle je 100 000 Einwohner an und wird in der amtlichen Statistik ausgewiesen.

20 Quelle: Polizeiliche Kriminalstatistik 1997. Bundeskriminalamt.

21 Ähnlich ging jedoch auch Krelle vor. Vgl. hierzu Krelle (1998), S. 3 f.

22 Demgemäß geht eine niedrige Moral mit einer hohen Zahl an Straftaten einher.

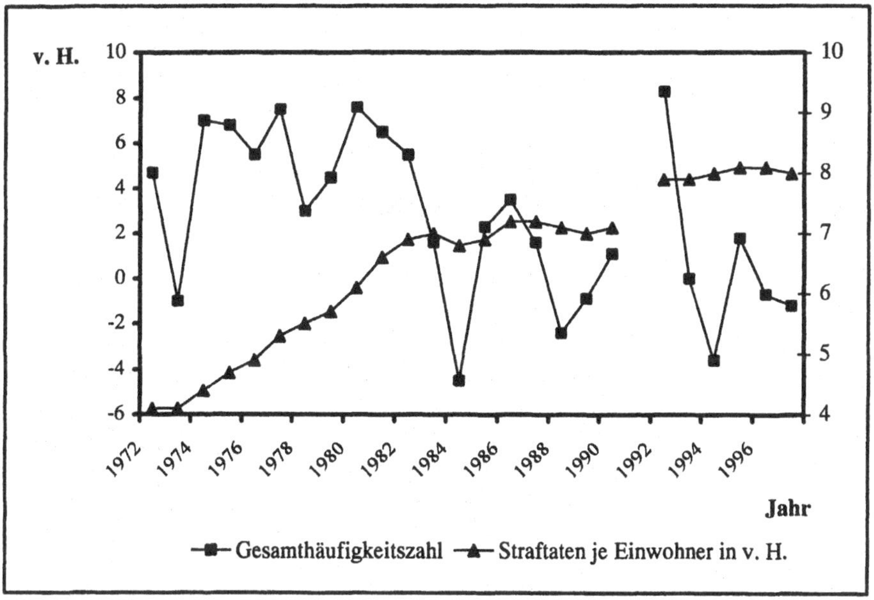

Abbildung 1: Veränderung der Gesamthäufigkeitszahl in Prozent[23]

Empirisch zeigt sich also, dass ein Mindestmaß an Moral vorhanden ist, d. h., Menschen verfügen neben kriminellen oder egoistischen auch über kooperative oder altruistische Neigungen.[24] Diesen Punkt hat z. B. auch schon ADAM SMITH gesehen, wenn er schreibt:

> „Mag man den Menschen für noch so egoistisch halten, es liegen doch offenbar gewisse Prinzipien in seiner Natur, die ihn dazu bestimmen, an dem Schicksal anderer Anteil zu nehmen, und die ihm selbst die Glückseligkeit dieser anderen zum Bedürfnis machen, obgleich er keinen anderen Vorteil daraus zieht, als das Vergnügen, Zeuge davon zu sein."[25]

Und diese Fähigkeit schreibt er nicht nur tugendhaften und human empfindenden Menschen zu, sondern auch den ärgsten Rohlingen und schärfsten Verächtern der Gemeinschaftsgesetze. Auch sie sind nach seiner Ansicht nicht von diesen Gefühlen vollkommen frei.[26]

---

23 Quelle: Polizeiliche Kriminalstatistik 1997. Bundeskriminalamt. Für das Jahr 1991 lagen keine Werte vor.

24 Unter Altruismus wird im weiteren ein Verhalten verstanden, welches neben dem eigenen Wohl auch das Wohl anderer berücksichtigt und gegebenenfalls sogar in den Vordergrund rücken kann.

25 Smith (1994), S. 1.

26 Vgl. Smith (1994), S. 2.

Ist dieses System auf Dauer endogen zu stabilisieren, oder ist der Diagnose zuzustimmen, dass ein allgemeiner Werteverfall eingesetzt hat, der sich weiter fortsetzen wird? Sollte letzteres der Fall sein, müsste in letzter Konsequenz die individuelle Freiheit und Eigenverantwortlichkeit der Individuen zunehmend durch eine restriktivere staatliche Gesetzgebung eingeschränkt werden. Ein moralischer Minimalstandard müsste von außen (exogen) durch staatliche Ordnungspolitik[27] durchgesetzt werden. HOBBES Leviathan lässt grüßen!

II Vorgehensweise

Ein wesentliches Ziel der vorliegenden Arbeit ist es, aufzuzeigen, dass sich auch in Gesellschaften, die sich aus einer Vielzahl eigeninteressierter Individuen zusammensetzt, ein gewisser Bestand an Moral erhalten kann. Der folgende Teil B dient zunächst einer grundlegenden Definition der verwendeten Begriffe: Ökonomik, Ökonomie, Ethik und Moral. Anschließend erfolgt eine Darstellung der wesentlichen Charakteristika und Eigenschaften der Wissenschaft Ethik und ihrem Erkenntnisobjekt Moral. Die wesentlichen Gegensätze der Ökonomik und der Ethik werden in Teil B III aufgezeigt. Teil C zeigt wesentliche Leitbilder, mögliche Motivationen und Voraussetzungen für moralisches Verhalten sowie mögliche Probleme auf. Es wird sich zeigen, dass eine Vielzahl ethischer Ansätze und Auffassungen bestehen, die entsprechend unterschiedliche moralische Kriterien formulieren. Exemplarisch wird eine *deontologische*[28] Ethik (KANT) und eine *teleologische*[29] Ethik (MILL) dargestellt. Die Gegensätze scheinen unüberbrückbar, doch das Ziel ist das gleiche: Es geht darum Möglichkeiten aufzuzeigen, wie Menschen ein *gutes* Leben führen können. Es wird sich zeigen, dass jedes Individuum zahlreiche Beweggründe für ein moralisches Handeln haben kann (Teil C IV). Die Wirtschaftsethik als ethische „Teildisziplin" setzt mit ihrer Betrachtung grundsätzlich an drei Ebenen an. In Teil D werden daher zunächst die unterschiedlichen Perspektiven und Ansatzpunkte der Wirtschaftsethik dargestellt. Hierzu wird anschließend auch erforderlich sein, zu überprüfen, ob dass „Menschenbild" des homo oeconomicus, wie es in der Ökonomik verwendet wird, mit normativen Ansprüchen, wie sie in der Ethik gestellt werden, kompatibel sein kann. Die wesentlichen Probleme beider Disziplinen finden ihren Ursprung nicht zuletzt im ökonomischen Verhaltensmodell des homo oeconomicus, dem unterstellten Individualismus und der Zweck-Mittel-Rationalität (Teil D VI). In Teil D VII wird aufgezeigt, dass der Kontrast zwischen ethischen und ökonomischen Verhaltensmöglichkeiten an Schärfe verliert, wenn

---

27 Wenngleich angemerkt werden kann, dass die Realität zeigt, dass auch Gesetze nicht dazu führen müssen, dass Wirtschaftssubjekte sich moralisch verhalten.

28 Sie stellt die Moralität des Willens in den Vordergrund.

29 Sie beurteilt die moralische Wünschbarkeit des realisierten Ziels.

das ökonomische Verhaltensmodell etwas realitätsnäher gestaltet wird. Grundsätzlich scheint es auch möglich, dass sich in einer Welt voller homines oeconomici ein „Moralstock“ *endogen* bildet und erhält.

Die weitere Vorgehensweise wird darin bestehen, dass sich in Teil E eine Betrachtung unter evolutorischen Aspekten anschließt. Grundlegende Gedanken zur evolutorischen Ausbildung von (moralischen) Regeln stammen von FRIEDRICH AUGUST VON HAYEK (Teil E II). Sie erfahren in Teil E III eine Ergänzung. Es handelt sich hierbei um die Theorie der Synergetik bzw. Selbstorganisation, die eine fruchtbare Möglichkeit zu eröffnen scheint. Dieses wissenschaftliche Programm stammt ursprünglich aus der Physik und wurde mittlerweile auch auf zahlreiche (sozio-) ökonomische Probleme angewandt.[30] Grundgedanke des Konzepts der Selbstorganisation ist, dass sich relativ komplexe Gebilde (z. B. eine Gruppe oder Gesellschaft) selbst stabilisieren.[31] Dies wird möglich, da sie als Gesamtheit ihre innere Struktur (die einzelnen Mitglieder) organisieren und diese wieder mit der Gesamtheit interagieren.[32] Die Vorteile dieser Methode sind in den folgenden Punkten zu sehen:

- Die Untersuchung kann weiter auf der Grundlage des methodologischen Individualismus, wie er in der Ökonomik angewendet wird, erfolgen. Das heißt, es wird unterstellt, dass jedes Individuum selbst am besten weiß, was *gut* für es ist.

- Gleichzeitig wird gezeigt, dass durch das Zusammenspiel der einzelnen Individuen, Gruppen oder Organisationen ein selbstorganisatorischer Entwicklungsgang ausgebildet wird. Innerhalb dieses Prozesses erfolgt eine Stabilisierung der Verhaltensweisen. Dies trifft auch dann zu, wenn jeder in seinem eigenen Interesse handelt.

---

30 Brandes und Weise untersuchen mit Hilfe dieses Konzeptes z. B. die Arbeitsleistung von Arbeitsgruppen. Siehe z. B. Brandes und Weise (1995), S. 263-302. Weidlich wendet die Methode auf die Migration von Populationen an. Siehe Weidlich (1992), S. 39-63.

31 Sofern keine kritischen Gesellschaftssituationen bestehen. Zu denken ist z. B. an den Zusammenbruch der sozialistischen Gesellschaftsordnungen, quasi von heute auf morgen.

32 Ein Beispiel aus der Ökonomie stellt die Interaktion auf einem Markt dar. Die einzelnen Marktteilnehmer (Anbieter und Nachfrager) bilden durch ihr Angebot an Gütern und ihre Nachfrage nach Gütern einen Marktpreis. Dieser Marktpreis beeinflusst nun rückkoppelnd das Verhalten der Marktteilnehmer, in dem die Höhe (Änderung) des Marktpreises Einfluss auf das Verhalten der Anbieter und Nachfrager nimmt.

TEIL B GRUNDLAGEN UND ERSTE PROBLEME EINER ETHISCHEN BETRACHTUNG DER WIRTSCHAFT

I Ökonomik und Ökonomie

Diese Arbeit befasst sich mit ethischen und moralischen Problemen in der Gesellschaft und dem gesellschaftlichen Teilbereich der Wirtschaft. Um im weiteren Verlauf der Arbeit begriffliche Unklarheiten zu vermeiden, wird zunächst eine Definition der Begriffe Ökonomik und Ökonomie sowie Ethik, Moral und Moralität geboten. Insbesondere im Bereich der ethischen Theorie wird keine unbedingte Vollständigkeit beansprucht. Die Ethik als philosophische Disziplin blickt auf eine mehr als 2500jährige Geschichte zurück. In dieser Zeit wurde eine Vielzahl von ethischen Konzepten entwickelt, die sich zum Teil durch erhebliche Widersprüche auszeichnen und gegenseitig ausschließen. Anschließend werden die wesentlichen Gegensätze zwischen der wissenschaftlichen Disziplin Ökonomik einerseits, und Ethik anderseits dargestellt.

I.1 Ökonomik – Die Wissenschaft

Die Ökonomik (griech.: oikos = Haus, nómos = Gesetz) oder Wirtschaftswissenschaft, im engen Sinn, stellt wie auch die Soziologie oder die Politikwissenschaft eine Teildisziplin der Gesellschaftswissenschaften dar. Es handelt sich um diejenige Wissenschaft, deren spezifisches Erkenntnisobjekt die Wirtschaft oder Ökonomie darstellt. Sie untersucht als Wissenschaft wirtschaftliches Handeln von Menschen, das dem Ziel dient, den vorhandenen Bedarf an Gütern zu decken. Neben den ökonomischen Entscheidungen und Aktivitäten der Wirtschaftssubjekte, richtet sich das Interesse ökonomischer Betrachtung auf jene Institutionen,[33] die eine möglichst optimale Realisierung dieses Ziels ermöglichen. Analog den gesellschaftlichen Rahmenbedingungen innerhalb derer gewirtschaftet wird, ändert sich auch das jeweilige Erscheinungsbild des konkreten, wirtschaftlichen Handelns im Zeitverlauf. Dieser evolutorische Prozess umfasst z. B. neue und/oder verbesserte Produktionstechniken in den Unternehmen, sich ändernde Informationsstrukturen oder Rahmenbedingungen. Dennoch bleiben zahlreiche Probleme nach wie vor relevant, die im Zusammenhang mit der Verfügung über knappe Güter und Ressourcen und ihrem effizienten Einsatz stehen.[34] Es handelt sich dabei z. B. um das Problem der effizienten Faktorallokation oder der Einkommensverteilung.

Während die Wünsche (Präferenzen) der Wirtschaftssubjekte als unbegrenzt angesehen werden, sind die Ressourcen zu ihrer Befriedigung (Güter, Geld, Zeit

---

[33] Zum Begriff der Institution siehe u. a. Richter (1994), S. 2.
[34] Siehe hierzu Schneider (1967), S. 2.

etc.) knapp. Der Ökonomik als wissenschaftlicher Disziplin, geht es also um die Lösung des Problems, wie ein möglichst effizienter Ressourceneinsatz bei gegebenen Zielen und Wünschen der Wirtschaftssubjekte erreicht werden kann. Sie fragt danach, warum bestimmte wirtschaftliche Vorgänge und Ergebnisse auftreten, und welche Faktoren hierfür verantwortlich sind. Die Ökonomik stellt demzufolge eine positive Wissenschaft dar. Das heißt, sie will keine Aussagen darüber machen, wie der Wirtschaftsprozess sein soll[35] oder welche Präferenzen der Menschen richtig oder falsch sind, sondern darüber, warum ökonomische Prozesse so ablaufen, wie sie ablaufen.[36]

Anders formuliert, die Ökonomik als wissenschaftliche Disziplin betrachtet die Ursachen wirtschaftlicher Prozesse. Durch die ökonomischen Aktivitäten der Wirtschaftssubjekte wird ein bestimmtes Volkseinkommen erzeugt. Die Ökonomik will nun nicht festlegen, wie es auf die – an der Produktion beteiligten – Produktionsfaktoren verteilt werden *soll.* Sondern sie untersucht, wovon die Verteilung des Volkseinkommens in der Realität abhängt. Ihr Ziel ist es, die wirtschaftliche Wirklichkeit zu erklären.

Konstitutiv für die Ökonomik ist ferner das sogenannte Rationalprinzip. Homo oeconomicus legt jeder seiner Entscheidungen ein Optimierungskalkül zugrunde. Demgemäß wird unterstellt, dass die Menschen ausschließlich wirtschaftlich handeln. Diese Annahme findet ihre Begründung in dem Umstand, dass die Realität menschlichen Verhaltens durch die Notwendigkeit gekennzeichnet ist, ständig zwischen unterschiedlichen Handlungsalternativen zu wählen. Die Entscheidung für eine bestimmte Alternative ist dabei abhängig von dem zusätzlichen Nutzen, den sie erbringt, bzw. den entstehenden Kosten. Der hierbei zugrunde gelegte Kostenbegriff ist umfassend (als Alternativkosten) zu verstehen. Es handelt sich um die Kosten der nächstbesten nicht gewählten Alternative. Bei dieser Sichtweise entstehen einer Person bei jeder Entscheidung (Alternativ-) Kosten. Diese Kosten können einerseits moralisch motivierend, andererseits allerdings auch moralisch demotivierend wirken.[37]

Als Grundorientierung setzt die ökonomische Analyse bei einer Nutzenkalkulation am Selbstinteresse der einzelnen Handlungsträger an.[38] Die grundlegende

---

35 Sieht man an dieser Stelle von der Teildisziplin Wirtschaftspolitik ab, deren Ziel es ja gerade ist, wirtschaftliches Geschehen zu ordnen und zu lenken.

36 Ob diese Trennung in der Realität wirklich so strikt durchführbar ist, sei an dieser Stelle hingestellt.

37 Auf die Bedeutung von (Alternativ-) Kosten für moralische Entscheidungen wird noch genauer eingegangen.

38 Wobei gelegentlich darauf hingewiesen wird, dass dieses eigennützige Denken nicht mit blindem Egoismus oder Opportunismus zu verwechseln ist.

Annahme dieses methodologischen Individualismus und seines universellen Anspruchs führt zu der Konsequenz, dass gesamtwirtschaftliche oder gesellschaftliche Ergebnisse als Folge der bewussten Entscheidungen und Handlungen der Einzelpersonen erklärt werden können.[39] Charakterisiert man den Forschungsbereich der Ökonomik umfassender, kann man unter der Ökonomik die Wissenschaft verstehen, die sich mit der Allokation knapper Mittel bei konkurrierenden Zielen sowie den damit verbundenen menschlichen Entscheidungen befasst. Auf diese Weise öffnet sich die Möglichkeit für eine Anwendung der ökonomischen Methode auf (fast) alle Bereiche menschlicher Aktivität; denn alle Ressourcen sind knapp und stellen Personen vor rationale Wahlentscheidungen.[40]

Eine so verstandene ökonomische Wissenschaft ermöglicht dann nicht nur, wie in der konventionellen mikroökonomischen Haushalts- und Unternehmenstheorie, die Erklärung individueller Entscheidungen. Vielmehr sind auch Aufschlüsse über die Entstehung kollektiver Entscheidungen möglich. Die Ökonomik wird zur Sozialwissenschaft mit einem spezifischen Menschenbild, das sich von dem anderer Sozialwissenschaften unterscheidet.[41] Die Anwendung der ökonomischen Methode auf bestimmte wirtschaftliche oder soziale Probleme hat als positive Wissenschaft letztlich das Ziel, menschliche Handlungen zu erklären. Ziel der ökonomischen Wissenschaft ist es nicht, zu bewerten, ob Handlungen in einem bestimmten Sinn gut oder schlecht sind, sofern sie ökonomischen Kriterien genügen.[42] Einen normativen Charakter bekäme die Ökonomik erst dann, wenn sie ethische Prämissen[43] übernimmt und dadurch in die Lage versetzt würde, Werturteile zu fällen. Erst dann könnte mit Hilfe der ökonomischen Methode beurteilt werden, ob bestimmte wirtschaftliche Entwicklungen auch in einem außerökonomischen Sinne gut oder schlecht sind. Dann ginge es z. B. nicht mehr um die Frage, unter welchen Umständen die Wachstumsrate des Volkseinkommens *maximal* ist, sondern darum, ob die realisierte Verteilung des Volkseinkommens unter gegebenen Bedingungen *gerecht* ist.

---

39 Dieser individualistische Ansatz steht dem sogenannten holistischen Ansatz also diametral entgegen. Letzterer bestreitet, dass das Verhalten eines Kollektivs sich aus den Einzelhandlungen der Individuen ergibt, die über keinerlei Autonomie verfügen. Vgl. hierzu auch Weise (1990), S. 26. Als Vertreter des soziologischen Ansatzes kann Ralf Dahrendorf angeführt werden. Zum Konzept des homo sociologicus vgl. Dahrendorf (1977).

40 Vgl. hierzu in erster Linie Becker (1993), S. 7. Als Anwendungsbeispiel Ehe, Fruchtbarkeit und Familie, S. 187-225. Eine weitere Ausdehnung der ökonomischen Methode ist zu finden bei Becker und Becker (1998). Auch bei Frey (1990), S. 35-122.

41 Vgl. hierzu u. a. bei Frey (1990), S. 8 f.

42 Zum Begriff der Wertfreiheit vgl. Weber (1991), S. 176-237. Insbesondere S. 176-177, 187-190, bezogen auf die ökonomische Theorie S. 231-234.

43 Vgl. Schneider (1967), S. 9.

I.2 Ökonomie – Die Praxis

Gemäß der oben getroffenen weiten Abgrenzung von Ökonomik stellt die Ökonomie oder Wirtschaft einen der Gegenstandsbereiche der ökonomischen Wissenschaft dar. Die Ökonomie ist die tägliche Praxis des Lebens im Rahmen der wirtschaftlichen Tätigkeit. Der Begriff Wirtschaft beschreibt insofern zunächst alle Einrichtungen und Institutionen, die eine planvolle wirtschaftliche Tätigkeit der Wirtschaftssubjekte ermöglichen. Denn die Art und Weise, wie und von wem die ökonomischen Entscheidungen getroffen werden, hängt wesentlich von der konkreten Ausgestaltung der wirtschaftlichen Rahmenbedingungen (Wirtschaftsordnung, Institutionen) ab.

Ziel jeder wirtschaftlichen Aktivität ist die Deckung menschlichen Bedarfs mit Gütern, die den Erhalt der menschlichen Existenz sichern sowie die Bereitstellung solcher Waren und Dienstleistungen, die der Befriedigung darüber hinaus gehender Bedürfnisse (Kultur etc.) dienen. Es handelt sich also um die Vorgänge der Produktion von Waren und Dienstleistungen, deren Verteilung sowie um Prozesse der Einkommensentstehung, Einkommensverteilung und Einkommensverwendung. Im Bereich der Fabrikation geht es um konkrete Entscheidungen über Art und Menge der Produktionsfaktoren. Die Auswahl der geeigneten Produktionsmethode oder Faktorkombination, die Festlegung von Ausbringungsmengen. Darüber hinaus die monetäre Bewertung der in die Produktion eingesetzten Produktionsfaktoren, des Output und der Kostenkontrolle.

Vergleichbar den Problemen, die täglich im Bereich der Produktion von Gütern zu lösen sind, werden im Bereich der privaten Haushalte täglich Entscheidungen über knappe Ressourcen getroffen. Es handelt sich zunächst um die Frage der Einkommenserzielung und damit verbunden, um die Entscheidung, wie knappe Zeit auf die Arbeitszeit und die Freizeit verteilt werden soll. Ferner muss entschieden werden, wie das erzielte Einkommen auf Konsum und Ersparnis verteilt werden soll. Im Bereich der Ökonomie sind also konkrete Wahlhandlungen bedeutsam, die Probleme der täglichen Mittelbeschaffung und Mittelverwendung behandeln. Die Aufgabe wirtschaftlicher Tätigkeit ist demzufolge, die, in Relation zum vorhandenen Bedarf, knappen Mittel und Güter bestmöglich bereitzustellen und zu verteilen. Abschließend kann man den Unterschied zwischen der Ökonomik und der Ökonomie vielleicht mit dem folgenden Beispiel verdeutlichen: Auch ein mit dem Nobelpreis für Wirtschaftswissenschaften ausgezeichneter Forscher muss noch lange nicht dazu in der Lage sein, ein Unternehmen effizient zu leiten.

II Ethik und Moral

Die *Ethik* stellt seit ARISTOTELES (384-322 v. Chr.) eine wissenschaftliche Teildisziplin der Philosophie dar. Unter Ethik[44] (griech.: ethos = Gewohnheit, Sitte, Brauch) als praktischer Philosophie versteht man die Lehre vom richtigen bzw. guten Handeln und Leben. Der Ethik als wissenschaftlicher Disziplin geht es also um das moralische bzw. sittliche Verhalten des Menschen.[45]

Das Wort ethos kommt im griechischen Wortschatz in zwei Varianten vor: Zum Einen εοος (= Gewohnheit, Sitte, Brauch), eine Person handelt hiernach also dann ethisch, wenn sie sich aufgrund ihrer Erziehung an die Sitte ihrer Umgebung hält und ihre Handlungen an den allgemein anerkannten Normen dieser Umgebung ausrichtet. Zum Zweiten ∏οος (= Charakter). Im engeren Sinn würde jemand also erst dann ethisch handeln, wenn er sich nicht nur fraglos an die bestehende Sitte hält. Vielmehr muss er sich die Fähigkeit aneignen, dass jeweils Erforderliche aus eigener Einsicht und Überlegung zu tun.[46]

Der deutsche Begriff *Moral*, vom lateinischen (mos, mores = Sitte, Anstand, Gebrauch), hat prinzipiell den gleichen Gehalt wie das griechische Wort ethos. Er bezieht gleichzeitig aber auch die Bedeutung der beiden griechischen ethos Begriffe ein.

II.1 Ethik – Die Wissenschaft

Hinsichtlich der Verwendung der beiden Begriffe Ethik und Moral hat sich im ethischen Diskurs eine begriffliche Trennung etabliert. Während der Begriff der Moral das System von konkreten Handlungsanweisungen, Sitten oder Konventionen einer Gesellschaft beschreibt, stellt die Ethik die wissenschaftliche Dimension der Moral dar. Die Ethik beschäftigt sich also nicht damit, was in einer bestimmten Situation zu tun ist, welche Sitten oder Konventionen Geltung haben. Die Ethik als wissenschaftliche Disziplin sucht nach dem Moralprinzip oder den Moralprinzipien bzw. nach Kriterien, anhand derer menschliche Handlungen beurteilt werden können. Sie untersucht die Bedingungen, die es ermöglichen, dass moralische Normen und Werte in einem bestimmten sozialen Gebilde (Gruppe, Gesellschaft etc.) allgemeinverbindlichen Charakter erhalten können.[47]

---

44 Vgl. zum Folgenden u. a. Enderle et. al. (1993), S. 250 ff. Höffe et. al. (1992), S. 61 f. und 185 ff.

45 Vgl. hierzu, Pieper (1991), S. 25 f.

46 Vgl. Pieper (1991), S. 26.

47 Vgl. Pieper (1991), S. 28.

Die Ethik stellt also eine (philosophische) Wissenschaft dar, die unter anderem versucht, Moral zu begründen. Ähnlich dem oben gemachten Beispiel des Wirtschaftswissenschaftlers, kann man sich die unterschiedlichen Sichtweisen von Ethik und Moral verdeutlichen. Ein Mensch, der Ethik betreibt, handelt dadurch, dass er dies tut, noch lange nicht moralisch, sondern er denkt über die Moral aus der Sicht eines Wissenschaftlers nach.[48] Er handelt erst in dem Moment moralisch, wenn seine Handlung den – ethischen Aussagen – über richtiges und gutes Verhalten entspricht. An dieser Stelle wird wieder deutlich, dass es sich bei Ethik und Moral um Institutionen handelt, die die Gesamtheit von gewachsenen Werten in einer Gesellschaft bezeichnet und die das gesellschaftliche Miteinander durch ihre Existenz koordinieren.[49] Je nach Erkenntnisinteresse können im Rahmen der wissenschaftlichen Reflexion der Ethik – wie in Abbildung 2 dargestellt – drei Ebenen unterschieden werden.[50]

II.1.1 Die deskriptive Ethik

Bei der ersten Teildisziplin handelt es sich um die *deskriptive* oder empirische Ethik. Ihr Ziel ist es, die zahlreichen moralischen Phänomene, die in unterschiedlichen Gruppen, Institutionen oder Gesellschaften zu beobachten sind, zu erfassen und zu erklären. Zum Beispiel wird von der Mehrzahl der Menschen in jeder Gesellschaft und Kultur die moralische Regel: „Du sollst nicht töten!" faktisch eingehalten. Gleichzeitig kommen jedoch in unterschiedlichen Kulturen auch andere moralische „Standards" zum Tragen. Durch die deskriptive Ethik soll geklärt werden, warum das so ist.

II.1.2 Die normative Ethik

Die *normative Ethik* dient der Überprüfung bestehender Moral und der Begründung von Prinzipien richtigen Handelns. Damit ist nicht gemeint, dass konkrete Handlungsanweisungen aufgestellt werden, sondern es sollen Kriterien entwickelt werden, die es ermöglichen, Handlungen unter moralischen Gesichtspunkten zu beurteilen. Die normative Ethik fragt danach, was letztlich moralisch richtig ist. Um das obige Beispiel aufzugreifen: Jemand, der mit der Aussage

---

[48] Vgl. Pieper (1991), S. 29.

[49] Empirisch scheint sich hier auch zu zeigen, dass nach wie vor ein weitgehender Konsens über die gesellschaftlichen Werte zu bestehen scheint. Wäre dies nicht der Fall, könnten diese Werte nicht dauerhaft Bestand haben. Das Beispiel der ehemaligen sozialistischen Staaten soll nicht überstrapaziert werden, aber es hat gezeigt, dass in diesem Fall staatlich verordnete Werte keinen Bestand haben können. Dauerhaft können sie nur erhalten bleiben, wenn sie von der Mehrheit der Bevölkerung getragen werden.

[50] Vgl. zum folgenden bei Höffe (1992), S. 62.

konfrontiert wird: „Du sollst nicht töten!“, könnte fragen: „Warum soll ich niemand töten, wenn ich das will?“ [51]

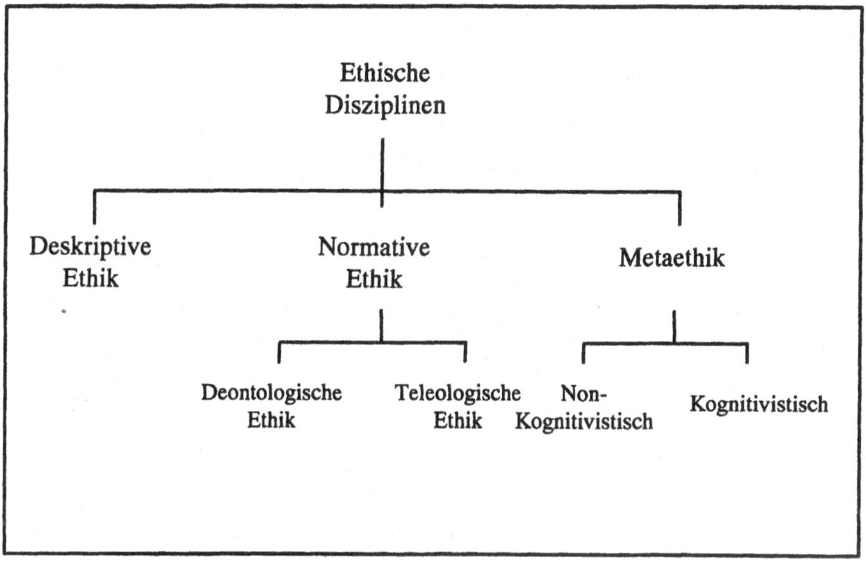

Abbildung 2: Disziplinen der Ethik

Aufgabe der Ethik wäre es eine Antwort zu geben, die stichhaltig und rational einsichtig ist. Moralischen Gebote und Verbote sollen so begründet sein, dass sie nicht mehr hinterfragt werden können. Hierzu stehen zwei unterschiedliche Methoden zur Verfügung. Es handelt sich um die *deontologische* Ethik einerseits, die *teleologische* Ethik andererseits.

Die ethische Beurteilung einer Handlung kann zum einen unmittelbar mit dieser Handlung verbunden sein. Dies wird dann der Fall sein, wenn die Handlung unabhängig von ihren Folgen als richtig angesehen wird (*deontologische Ethik*).[52] Die deontologische Auffassung unterstellt also, dass es bestimmte Handlungen

[51] An dieser Stelle soll ein *grundlegender Hinweis* erfolgen. Diskussionen im Kollegenkreis haben folgendes Problem gezeigt: Wie gehe ich in einem moralischen Diskurs mit einem Individuum (Amoralisten) um, der diese Auffassung vertritt? Antwort: Gar nicht, sofern er sich nicht wenigstens auf eine sachliche Diskussion einlässt. Eine Person, die grundlegende Regeln menschlichen Zusammenlebens für sich ausschließt, entbehrt jeglicher Diskussionsgrundlage. Bei den weiteren Betrachtungen wird ein *„Durchschnittsmensch“* betrachtet.

[52] Vgl. hierzu die detaillierte Darstellung in Teil C I.1.

gibt, die als solche, d. h. aus sich selbst heraus, gut und daher richtig sind. Hierzu ist es erforderlich, bestimmte Oberste oder universale Prinzipien zu finden, die es ermöglichen, ein Sollen zu fordern.

Zum anderen kann das Verhalten eines Menschen aufgrund der daraus entstehenden Auswirkungen ethisch beurteilt werden (*teleologische Ethik*).[53] Der wesentliche Vorteil der Methode liegt wahrscheinlich in dem Umstand, dass es möglich ist, empirisch zu erfassen, wie sich Menschen in bestimmten Situationen wirklich verhalten oder verhalten können. Hier geht es weniger um die Frage, wie Menschen sie sich gemäß bestimmter Sollensvorschriften verhalten sollten.

II.1.3 Die Metaethik

Die *Metaethik* untersucht die sprachlichen Ausdrücke und Formen moralischer Aussagen und versucht sie zu rechtfertigen. Ihr geht es also nicht darum, moralische Prinzipien aufzustellen und zu fordern, sondern darum ethische Sätze zu analysieren.[54] Die Metaethik untersucht die sprachliche Bedeutung moralischer Sätze und Prädikate wie z. B. „gut" und „falsch", „Pflicht" usw. Sie fragt ferner danach, wie sich Urteile über das moralisch Richtige rechtfertigen lassen. Im Wesentlichen können zwei Richtungen unterschieden werden, der *Non-Kognitivismus* und der *Kognitivismus*.[55]

Vertreter des *Non-Kognitivismus* gehen davon aus, dass der Bereich oberster (sittlicher) Werte nicht wissenschaftlich erkannt werden kann. Aus diesem Grund muss er der wissenschaftlichen Erkenntnis vorgegeben werden. Ob diese vorgegebenen Werte letztlich gerechtfertigt sind, kann nicht beurteilt werden. Sie bestreiten also die Möglichkeit einer rationalen Begründung und damit die universelle Geltung von Werten. Non-Kognitivisten kommt es nicht auf die Handlung selbst an, sondern auf ihre Nützlichkeit bzw. ihr Ergebnis. Im Rahmen des Non-Kognitivismus erfolgt die Begründung einer Norm unter der Voraussetzung, dass bestimmte Ziele zu realisieren sind.[56]

Vertreter des *Kognitivismus* hingegen sehen zumindest die grundsätzliche Möglichkeit einige Normen zu finden, deren Gültigkeit ohne Vorgabe erkannt werden können, und die der Vernunft einsichtig sind. Im Gegensatz zum Non-

---

53 Vgl. hierzu die Ausführungen in Teil C I.2.

54 Vgl. hierzu Schrey (1988), S. 18 f.

55 Vgl. zum folgenden u. a. Kliemt (1987), S. 113. Siehe hierzu auch bei Höffe (1992), S. 172 f. und 137.

56 Vgl. zum Begriff des hypothetischen Imperativ auch Teil C I.1.1.

Kognitivismus werden Handlungen und Präferenzen der Menschen im Hinblick auf ihre ethische Rechtfertigung überprüft. Im Rahmen des Kognitivismus werden also bestimmte Handlungsregeln zugrundegelegt. Ein Beispiel ist der kategorische Imperativ von KANT.[57]

II.1.4 Das Augenmerk der Ethik

Die Ethik beschäftigt sich also mit der Frage, ob Normen oder Handlungen sittlich guten Zielen und Zwecken genügen. Sie sucht Antworten auf die Fragen, ob Handlungen gut oder böse, richtig oder falsch sind. Sie beschäftigt sich mit dem guten Leben, dessen Voraussetzungen und Umsetzung. Sie versucht, möglichst rational, d. h. ohne eine Letztbegründung durch übergeordnete Instanzen, wie z. B. Gott und die Religion oder politische Instanzen, Handlungen normativ-moralisch zu beurteilen. Die Ethik versucht damit wissenschaftlich Möglichkeiten für das „gute" Handeln von Individuen aufzuzeigen, und zu begründen. Sofern Ethik bei ihrer Reflexion diesen induktiven Weg[58] nimmt, wird unterstellt, dass bestimmte Handlungen unter moralischen Aspekten gut oder schlecht sind. Ethik versucht dann zu begründen, warum dies so ist.[59] Während seit Aristoteles die Ethik einen weiten Bogen spannte (sie umfasste die Ethik, die Ökonomie und die Politik) verengte sich ihre Bedeutung später und wurde zur Moralphilosophie. Die Betrachtungsweise der Ethik verengte sich dadurch auf die individuellen Aspekte guten Handelns,[60] die Moral.

Eine wichtige Voraussetzung für die Wirksamkeit ethischer Vorstellungen im täglichen Leben, ist wie später gezeigt wird, dass die von den ethischen Idealen angesprochenen Individuen dazu bereit sind, nach ethischen Maßstäben zu handeln und zu leben. Denn die besten ethischen Vorschläge bleiben nutzlos, wenn den Individuen die Bereitschaft dazu fehlt, sich entsprechend zu verhalten.

II.2 Moral – Die Praxis

Den Erkenntnisgegenstand der wissenschaftlichen Ethik stellt die *Moral* dar. Es handelt sich hierbei um konkrete Handlungsregeln, Sitten, Konventionen oder Bräuche und Institutionen, die das individuelle Verhalten des Einzelnen bestimmen. Moral stellt ein dem persönlichen Ermessen des einzelnen Individuums überwiegend entzogenes und komplexes System von Handlungsbeschränkungen

---

57 Eine detaillierte Darstellung erfolgt in Abschnitt Teil C I.1.1.

58 Dies impliziert, dass die deduktive Vorgehensweise (vom Allgemeinen zum Einzelnen) als nicht sehr erfolgreich angesehen wird.

59 Vgl. hierzu auch bei Ricken (1998), S. 20.

60 Ein gewisser Umkehrprozess ist im wirtschaftsethischen Ansatz von Homann festzustellen. Er vertritt eine Institutionen- bzw. Sozialethik, in der die Rahmenordnung in den Vordergrund tritt.

und Wertmaßstäben dar. Die folgenden Aussagen stellen beispielsweise moralische Appelle oder Urteile dar: „Du sollst Verträge einhalten!“, oder: „Du sollst anderen helfen!“ Bei Ehrlichkeit, Redlichkeit und Hilfsbereitschaft handelt es sich demgemäß um moralische Lebensarten, oder Tugenden. Der Vertrag, bzw. das Vertragsrecht kann als moralische Institution bezeichnet werden.[61] Moralisch richtige Handlungen sind insofern Handlungen, die die Bedürfnisse und Wünsche anderer Menschen berücksichtigen.[62]

Ein solches moralisches System ist nach weitverbreiteter Ansicht[63] im Zeitverlauf dadurch entstanden, dass innerhalb einer Gruppe bestimmte Handlungen auf eine weitgehende, gemeinsame Akzeptanz bzw. Ablehnung gestoßen sind. In diesem Entwicklungsprozess kam es dazu, dass von den Mitgliedern der Gemeinschaft gegenseitig bestimmte Handlungen gefordert bzw. untersagt und ein Fehlverhalten sanktioniert wurde. Das Besondere an moralischen Normen ist also, dass diese Regeln in den meisten Fällen nicht extern, von einer gesetzgebenden Instanz, gesetzt wurden oder werden.[64] Vielmehr haben sie sich in einer Gesellschaft aufgrund einer weitgehend akzeptierten, gelebten und weitergegeben Konvention entwickelt und stabilisiert.[65]

II.2.1 Eigenschaften der Moral

Moral begründet ein System gegenseitiger Forderungen.[66] Wesentliches Merkmal moralischer Ansprüche wie Ehrlichkeit, das Einhalten von Versprechen etc. ist, dass sie häufig mit den eigentlichen Interessen der Adressaten kollidieren. Darüber hinaus bewerten sie das menschliche Verhalten entweder unmittelbar oder mit Blick auf seine Folgen. Moralische Ansprüche sind ferner kategorischer Natur, d. h. sie sollen unabhängig vom Interesse des Individuums eingehalten werden.[67] Sie fordern universelle Gültigkeit, d. h. sittliche Forderungen beanspruchen, dass sie nicht nur auf bestimmte Einzelfälle zutreffen, sondern vielmehr auf eine Vielzahl von Begebenheiten übertragbar sind.

---

61 Siehe hierzu auch Ricken (1998), S. 13.

62 Vgl. Patzig (1994), S. 7.

63 Vgl. hierzu Ricken (1998), S. 10. Implizit bei Patzig (1983), S. 11 f.

64 Anzumerken bleibt, dass sich solche Normen auch auf der Grundlage von exogen gesetzten Regeln bilden können. Vgl. zu diesem Punkt Hayek (1980) Bd. 1, S. 68 f. Auf das Konzept der spontanen Ordnung, sowie die Genese von Regeln wird in Teil E noch detailliert eingegangen.

65 Diese Sichtweise ist auch bei Friedrich August von Hayek zu finden. Er unterscheidet zwischen, (biologisch) ererbten, gelernten und gesetzten Regeln. Vgl. Hayek (1980), Bd. 1, S. 68 f., Bd. 3, S. 213, 216.

66 Vgl. Tugendhat (1996), S. 330.

67 Vgl. hierzu auch Teil C I.1.1.

Geltende Moralvorstellungen schränken durch ihre Existenz das Handeln der Einzelperson durch ihren normativ fordernden bzw. untersagenden Charakter ohne Zweifel ein. Innerhalb dieser Grenzen ermöglichen sie hierdurch jedoch gleichzeitig für jedes Gesellschaftsmitglied die maximale Freiheit.[68] Diese moralischen Grenzen sind klar abgesteckt, denn die Freiheit eines Individuums findet dort ihr Ende, wo die Freiheit eines anderen berührt wird. Ihre Begründung kann Moral im ersten Schritt dadurch erlangen, dass aufgrund dieses Umstandes jedes Individuum grundsätzlich rationale Gründe haben kann ein bestehendes Moralsystem zu erhalten.[69] Die Verantwortung für moralisches Handeln fällt auf das einzelne Individuum zurück. Moralische Normen werden daher in bestimmten Situationen eingehalten und in anderen Situationen gebrochen. Wie häufig dies der Fall ist, hängt beispielsweise von den näheren Umständen, sowie vom Grad der Moralität des einzelnen Individuums ab.

II.2.2 Die Sanktion unsittlichen Verhaltens

Ein wesentlicher Unterschied zwischen moralischen und gesetzlichen Normen, ist in der Sanktionierung[70] eines Normbruchs zu sehen. Wird eine moralische Norm übertreten, so erfolgt die Vergeltung im Wesentlichen nicht durch eine formelle, d. h. von einer staatlichen Obrigkeit durchgesetzte Strafe. Wesentlich ist eine Sanktion durch die anderen Mitglieder der Gemeinschaft. Hierbei kann es sich z. B. um Tadel oder Abbruch sozialer Kontakte handeln. Der genannte Aspekt ist konstitutiv für Sanktionen unsittlichen Verhaltens.[71] Moralische Normen erhalten ihre Funktionsfähigkeit durch eine gegenseitige Kontrolle der Individuen. Jeder Einzelne ist sich darüber bewusst, dass andere Personen sein Verhalten beobachten und bewerten. Dies geschieht genauso, wie er das Verhalten anderer beurteilt, billigt oder missbilligt. Da sich jeder dessen bewusst ist, wird jede Person daher darauf bedacht sein, sich so zu verhalten, dass sie nicht getadelt wird.[72]

---

68 Vgl. Pieper (1991), S. 20.

69 Vgl. Tugendhat (1996), S. 331.

70 Unter einer Sanktion wird beim weiteren Vorgehen eine Tätigkeit verstanden, mit deren Hilfe Normen in einer Gemeinschaft durchgesetzt werden. Dies kann durch eine Belohnung erfolgen, wenn die Norm eingehalten wurde. Wahrscheinlicher ist die Bestrafung bei einer Normübertretung. Der Ökonom würde in diesem Fall sagen, dass Sanktionen eine Handlung mit Kosten belegen. Vgl. Eger und Weise (1990), S. 73, insbesondere Anmerkung 7.

71 Vgl. Tugendhat (1996), S. 330.

72 Vgl. hierzu schon bei Smith (1994), S. 169. Siehe auch bei Pannenberg (1996), S. 23.

II.2.3 Der Wandel moralischer Normen

Da sich im Lauf der Zeit die Wertvorstellungen der Menschen wandeln, ändern sich im Rahmen dieser historischen und gesellschaftlichen Entwicklung auch die konkreten Inhalte einer Moral.[73] Anders ausgedrückt: Der Inhalt eines bestimmten Moralsystems kann sich ändern, wenn die konkreten Handlungsanweisungen obsolet sind. In diesem Fall:

> „... treten an die Stelle alter Sollensforderungen neue, als »zeitgemäßer« anerkannte Normen, die jedoch ebenfalls keineswegs »ewig« gelten, sondern in der Praxis ständig hinterfragbar, kritisierbar, modifizierbar bleiben müssen."[74]

Die Entstehung und „Evolution" unterschiedlicher moralischer Vorstellungen hängt darüber hinaus nicht unwesentlich von den konkreten Lebens- und Umweltbedingungen ab, in denen sie sich entwickelt haben.[75] So zeigt z. B. ein Blick in den islamischen Raum, dass zum Teil erhebliche Unterschiede zu mitteleuropäischen Moralvorstellungen existieren, und dass dortige Moralvorstellungen eine stabilere Entwicklung aufweisen[76] als in den westlichen Ländern.[77] Auch kann a priori nicht ausgeschlossen werden, dass Gesellschaften, die sich unter weitgehend identischen Umwelt- und Lebensbedingungen entwickeln, unterschiedliche moralische Standards hervorbringen.

---

73 Ein Beispiel hierfür stellt das kanonische Zinsverbot dar. Dieses Verbot nahm Argumente auf, die schon durch Aristoteles vorgetragen wurden. Es untersagte Christen zu dieser Zeit Geld gegen Zins auszuleihen. Eine kurze Darstellung von Gründen und Ausnahmen ist zu finden bei: Schinzinger (1994), S. 26. Dieses Verbot wurde, wie ausreichend bekannt, später aufgehoben. Wahrscheinlich nicht zuletzt, da auch die Kirche Geld gegen Zins ausleiht. Ob dies nun der ausschlaggebende Grund war oder nicht, sei an dieser Stelle dahingestellt. Für die angesprochene These, dass sich der Inhalt von Moral ändern kann, aber dennoch bestimmte moralische Ansprüche erhalten bleiben spricht jedoch der Umstand, dass Inhalte christlicher Moral sonst weitgehend stabil waren und sind.

74 Pieper (1991), S. 43.

75 Vgl. Pieper (1991), S. 32.

76 Diese Aussage soll keinesfalls einen wertenden Charakter besitzen.

77 In Teilen des islamischen Raumes existiert auch heute noch ein Verbot Geld gegen Zins auszuleihen. Vgl. hierzu Ghaussy (1986), S. 61 ff. Zum Teil führt diese Praxis dann auch zu recht diffusen Praktiken der Kreditgewährung. Es gibt einige Staaten (z. B. die Vereinigten Arabischen Emirate, Iran) in denen grundsätzlich auf Bankeinlagen keine Zinsen gewährt werden dürfen. Andererseits ist unternehmerische Gewinnerzielung grundsätzlich legitim. Der Ausweg: Finanziert eine Bank z. B. Investitionsprojekte eines Unternehmens, die einen Gewinn erwirtschaften, dann erhöht dies den Gewinn der Bank. Von dem erwirtschafteten Gewinn erhalten die Bankkunden eine Dividendenausschüttung. Vgl. hierzu Anmerkung 159, S. 65.

Die Realität zeigt, dass sich die Geltung eines bestimmten Moralsystems auf bestimmte Teilgruppen, Gesellschaften, Kulturkreise, Zeitabschnitte oder Regionen beschränkt, und dass ferner auch einzelne Angehörige dieser Gruppen unterschiedliche Moralvorstellungen haben. Folgendes Problem entsteht: Es ist grundsätzlich nicht möglich, die Geltung spezifischer moralischer Normen ohne weiteres von einer Gruppe auf eine andere zu übertragen, bzw. objektive moralische Ansprüche geltend zu machen.[78] Genau dieser Umstand, dass nebeneinander und zum gleichen Zeitpunkt eine Vielzahl von Moralen existieren, führt zu einem Vorwurf, dem des ethischen Relativismus.

II.2.4 Die Universalismus / Relativismus Debatte

Das in der Realität durchaus unterschiedliche und zum Teil stark voneinander abweichende Wertevorstellungen in verschiedenen Ländern existieren verdeutlicht Tabelle 1. Die Ergebnisse erscheinen auf den ersten Blick überraschend. Verwunderlich ist beispielsweise, dass Japaner offensichtlich der Selbstverwirklichung einen weitaus höheren Stellenwert einräumen als Amerikaner, Deutsche oder Russen. Gleichzeitig das „Gruppendenken" (Zeile 5) jedoch stärker ausgeprägt ist als in Deutschland. Sollten also die einleitend beklagten Individualisierungstendenzen in Japan schwächer sein als in Deutschland? Oder ist genau das Gegenteil der Fall? Ist damit zusammenhängend das Eigeninteresse in Japan schwächer ausgeprägt als in den anderen Ländern? Oder ist genau das Gegenteil der Fall? Bereits an dieser Stelle entstehen Schwierigkeiten einer Interpretation.

Ungleich schwieriger scheint die Aufgabe zu sein, eine objektive Bestimmung dessen zu finden, was als gut oder schlecht angesehen werden kann. Eine zum Teil kontroverse Debatte wird in der sogenannten Universalismus-Relativismus-Auseinandersetzung geführt.[79] Im Rahmen dieser Diskussion geht es letztlich um die Frage, ob der menschlichen Erkenntnis Grenzen gesetzt sind. Gemeint ist, ob es möglich ist, objektiv zu bestimmen, was gut oder schlecht, richtig oder falsch ist. Ist es z. B. möglich einen für alle Gesellschaften oder Kulturen gleichermaßen gültigen Begriff von Gerechtigkeit zu bestimmen?

---

[78] Vgl. hierzu u. a. bei Ricken (1998), S. 31.

[79] Vgl. hierzu Höffe (1992), S. 225. Ausführungen zum Problem des Relativismus sind auch bei Friedrich August Hayek zu finden. Vgl. hierzu Hayek (1996b), S. 300-302. An der genannten Stelle heißt es beispielsweise (S. 300): „Die grundlegende Schlußfolgerung [ist] jedoch, daß die Gemeinsamkeit unserer Zivilisation und alle menschlichen Werte das Ergebnis eines langen Evolutionsprozesses sind, in dessen Verlauf die Werte, die die Ziele menschlicher Tätigkeit bestimmen, erschienen und sich wandelten...", bzw.: „Wir haben ebenso wenig Veranlassung, ihnen ewige Existenz zuzuschreiben, wie der menschlichen Rasse selbst."

Tabelle 1: Soziale Werte in verschiedenen Ländern in Prozent[80]

Werte / Land	BRD	USA	Russland	Japan
Selbstverwirklichung	4,8	6,5	8,8	36,7
Sinn für Eigentum	28,6	5,1	23,9	2,3
Sicherheit	24,1	16,5	5,7	10,9
Selbstrespekt	12,9	23,0	10,1	4,7
Warme Beziehungen mit anderen	7,9	19,9	23,3	27,6
Spaß am Leben haben	10,1	7,2	9,7	7,5
Gut angesehen sein	6,1	5,9	8,5	2,1
Sinn für Leistung	5,4	15,9	10,1	8,3

In erster Linie vertreten Sozialwissenschaftler die relativistische Ansicht, dass es nicht möglich sei, die Allgemeingültigkeit aller oder einiger moralischer Maßstäbe zu bejahen. Die Beantwortung dieser Frage sei vielmehr nur aus dem jeweiligen historischen, kulturellen oder situativen Rahmen heraus möglich.[81]

Die vorgetragene Argumentation ist die folgende: Es besteht eine Vielzahl unterschiedlicher moralischer Regelsysteme mit zum Teil unterschiedlichen und sich widersprechenden Normen. Diese Normen können sich überdies im zeitlichen Verlauf auch ändern. Es ist daher nahezu unmöglich, eine beständige und objektiv geltende Norm zu finden, die als allgemeingültig angesehen wird. Die philosophische Gegenargumentation ist die folgende: Es ist nicht von der Hand zu weisen, dass in unterschiedlichen Kulturen unterschiedliche moralische Verhaltensregeln existieren. Es ist ferner nicht auszuschließen, dass ein Verhalten, das zu einer bestimmten Zeit an einem Ort richtig ist, zur gleichen Zeit an einem anderen Ort falsch ist. Die abweichenden Verhaltenskodizes basieren jedoch in den meisten Fällen zumindest auf sehr ähnlichen moralischen Grundeinstel-

80 Quelle: Englis (edt.) (1994), S. 59.

81 Genauso, wie Werte letztlich gesellschaftlich mitgeprägt werden, ihren Ausdruck in sozialen Institutionen finden und vom Einzelnen im Sozialisationsprozess aufgenommen werden. Vgl. hierzu Hamberger (1996), S. 106.

lungen.[82] Die zu beobachtenden Unterschiede im Verhalten unterschiedlicher Kulturen und die Beurteilung ihrer moralischen Richtigkeit oder Falschheit beziehen sich zumeist auf – mehr oder weniger – konkrete Normen des Alltags.[83] In den Hintergrund treten die – häufig – übereinstimmenden Grundhaltungen.[84]

Der Ursprung dieser unterschiedlichen Verhaltensweisen lässt sich im Wesentlichen auf verschiedene Rahmenbedingungen des Lebens sowie deren bewusster Aufnahme und Verarbeitung finden. PATZIG führt als Beispiel eine Praxis der Eskimos an. In dieser Kultur ist es üblich, dass die Kinder ihre alten und schwachen Eltern töten. Diese Vorgehensweise wird bei einem Mitteleuropäer intuitiv zu Entrüstung führen. Aufgrund der sehr harten Lebensumstände der Eskimos, so wird weiter angeführt, gehe dieses Verhalten aber durchaus konform mit der auch bei uns weithin allgemein anerkannten moralischen Forderung die Eltern zu ehren. Angesichts der schweren Umweltbedingungen erspart man ihnen hierdurch einen relativ langen und qualvollen Tod.[85] Unterschiedliche Verhaltensnormen können also zumindest zum Teil auf andersgeartete Rahmenbedingungen zurückgeführt werden. Unterschiedliche Wertesysteme und veränderte Normen können teilweise durch veränderte Randbedingungen begründet werden. Bei einem Blick auf fremde Kulturen sollte also zunächst auch beachtet werden, dass die eigene subjektive Beobachtungsperspektive eine andere sein kann.

II.2.5 Die Moralität – Fähigkeit zur kritischen Reflexion

Gleich welche Position man gegenüber dem Vorwurf des Relativismus einnehmen mag, der folgende Aspekt der Moralität wird hiervon nicht berührt. Darüber hinaus wird der Unterschied zwischen einer beliebigen gesetzlichen Norm und einer moralischen Regel, spätestens dann erkennbar, wenn man sich im Folgenden näher mit dem Bedeutungsgehalt der Moralität auseinandersetzt. Unter *Moralität*[86] oder auch *Sittlichkeit* kann man einfach ausgedrückt die Neigung bzw. den Grad der Strenge verstehen, mit der ein Individuum bereit ist, moralischen Normen zu folgen. Personen mit einer hohen Moralität halten moralische

---

[82] Beispielsweise auf die Pflicht für die Eltern oder die Kinder zu sorgen. Vgl. Patzig (1983), S. 79 ff.

[83] Diese Möglichkeit räumt m. E. auch Hayek ein: „Während wir wissen, daß alle [diese] Werte relativ zu etwas sind, wissen wir noch nicht, im Hinblick worauf sie relativ sind. Vielleicht können wir die allgemeine Klasse der Umstände angeben, die sie zu dem gemacht haben was sie sind, aber wir kennen nicht die speziellen Bedingungen, denen die von uns vertretenen Werte zuzuschreiben sind, noch wissen wir, welches unsere Werte sein würden, wenn jene Bedingungen andere gewesen wären." Hayek (1996b), S. 300.

[84] Vgl. Patzig (1983), S. 80.

[85] Vgl. Patzig (1983), S. 80.

[86] Eine genaue und sehr detaillierte Beschreibung des Begriffs ist zu finden bei Höffe (1992), S. 247 ff.

Normen nicht aufgrund von Angst vor möglichen Sanktionen durch irgendeine Autorität ein, sondern vielmehr aufgrund einer inneren Selbstbindung. Ein „Moralist" befolgt gesellschaftliche Regeln nicht nur, weil es ihm von seinen Eltern oder sonst irgendeiner Instanz beigebracht wurde, oder weil sie zu irgendeinem anderen Zweck nützlich sind. An dieser Stelle und beim weiteren Vorgehen soll die Bezeichnung *Moralist* nicht negativ gewertet werden.[87] Gemeint ist also nicht der „Moralapostel",[88] dessen Lebensinhalt in „verbalmoralischen" Attacken gegen den Rest der Gesellschaft besteht, und der für sich den Standpunkt einnimmt, das seine Ansicht die einzig wahre sei. PRIDDAT weist beispielsweise darauf hin, dass die heutige Moral gespalten auftritt. Einerseits als private Vorstellung darüber, wie die anderen sich zu verhalten haben, andererseits als: „... Klage über den Verlust der Moral als öffentlicher, nämlich als Betrachtung über das Fehlen jeglicher Moral bei den anderen aus der Perspektive der eigenen."[89]

Moralität ist dann nicht identisch mit Moral im oben dargestellten Sinn. Moralität bedeutet, dass ein Mensch sein Leben in allen Bereichen verantwortungsvoll führt, auch wenn er u. U. gelegentlich einmal gegen einzelne Normen verstößt, sofern er hierzu gute Gründe hat.[90] Ein Mensch mit hoher Moralität erkennt also nicht nur die Gültigkeit bestimmter moralischer Normen an, sondern versucht auch ihre Verwirklichung im täglichen Leben. Was dem moralischen Vermögen

---

87 Das Problem des Moralisierens sieht auch Marx (1997), S. 123.

88 In der soziologischen Forschung würde man solche Individuen höchstwahrscheinlich als Akteure identifizieren, die sich einer Entdifferenzierungsbewegung anschließen oder gründen. Die Differenzierung moderner Gesellschaften wird von Akteuren dieser Kategorie als Gefahr für die kollektiven Voraussetzungen von Lebenschancen angesehen. Gemäß dieser Auffassung führt eine gesellschaftliche Ausdifferenzierung zu einer Pluralisierung der Gesellschaft, die dazu führt, dass sich viele selbständige, einheitslose Werte bzw. Werteordnungen ausbilden. Die Ausdifferenzierung der Gesellschaft wird als Bedrohung einer universellen und als traditionell ausgebildeten Moral gesehen. Interessanterweise sind es – nach soziologischer Auffassung – insbesondere fundamentalistische oder nationalistische Bewegungen, die sich so konstituieren. Vgl. zu dieser Argumentation bei Halfmann (1996), S. 186.

89 Priddat (1994b), S. 47. Siehe auch S. 25 Anmerkung 1.

90 Diesen Aspekt sieht auch Hayek: „[Die] Flexibilität der freiwilligen Regeln macht auf dem Gebiet der Moral eine allmähliche Entwicklung und spontanes Entstehen möglich, und läßt Spielraum, so daß neue Erfahrung zu Abänderungen und Verbesserungen führen kann. Eine solche Entwicklung ist nur möglich mit Regeln, die weder erzwungen noch willkürlich auferlegt werden – *Regeln, deren Befolgung zwar als Verdienst angesehen wird, und die auch von den meisten befolgt werden, aber doch vom Einzelnen durchbrochen werden können, wenn sie fühlen, daß sie genügend starke Gründe haben, um der Kritik der Mitmenschen standzuhalten.*" Hayek (1991), S. 79. Hervorhebung vom Verfasser. Gleichzeitig kommt in den Ausführungen zur Geltung, dass ein wesentliches Kennzeichen moralischer Sanktion die Kritik der Gesellschaftsmitglieder ist.

dieser Person zuträglich ist, wird als „richtig" und „gut" angesehen, und soll daher getan werden und umgekehrt.[91] Ein Moralist lässt sich also – wie anschließend gezeigt wird – nicht nur von Grundsätzen leiten, denen er sich dann in Fragen sozialer Interaktion unterordnet.

Die Moralität oder das moralische Vermögen, die sittliche Kompetenz einer Person kann vielmehr eine bestehende Moral rechtfertigen oder ablehnen. Dies setzt allerdings voraus, dass die bestehenden Regeln – wie oben beschrieben – vom Einzelnen nicht nur eingehalten, sondern auch beurteilt werden. „Du sollst nicht stehlen!" ist z. B. eine moralische Aussage. Eine Person, die sich nur an diese Regel hält, weil sie sich im klaren darüber ist, dass sie existiert und Angst vor Sanktionen hat, handelt nicht moralisch.[92] Er verhält sich in dieser Situation nur regelkonform. Eine moralische Dimension würde dann erreicht, wenn der Regeleinhaltung ein bewusster Entscheidungsprozess[93] vorangegangen ist und das Individuum:

> „... nach reichlicher Überlegung, d. h. in kritischer Distanz sowohl zu seinen eigenen Interessen als auch zu den Urteilen anderer, selbst bestimmt, welche Ziele für ihn, für eine Gruppe von Menschen oder auch für alle Menschen insgesamt gut, d. h. erstrebenswerte Ziele sind, ... "[94]

Ein moralischer Mensch würde nicht stehlen, da er sich darüber klar wird, dass es an sich nicht gut ist zu stehlen, auch wenn die Ertappungswahrscheinlichkeit Null ist. Der Markstein der Moralität besteht also im Wesentlichen darin, dass die begründete Autorität vom betreffenden Individuum selbst errichtet, und nicht durch äußeren oder inneren Zwang aufdiktiert wird. Moralität verlangt gewissermaßen, dass man in Entscheidungssituationen immer wieder überdenkt, ob das angestrebte Ziel oder die möglichen Mittel jene sind, die man „guten Gewissens" wollen kann. Moralität setzt also immer Denkprozesse voraus. Moralität stellt insofern auch einen Kompromiss zwischen dem eingenommenen moralischen Standpunkt einerseits, und den individuellen Interessen andererseits dar.

---

91 Vgl. Smith (1994), S. 249. Auch wenn er im weiteren anführt, dass diese Fähigkeit letztlich auf göttliche Fügung zurück zu führen ist.

92 Vgl. Pieper (1991), S. 22.

93 Insofern ist ein möglicher Anknüpfungspunkt zum ökonomischen Verhaltensmodell gefunden. Eine rationale moralische Entscheidung ist eine Entscheidung, nur die Bewertungskriterien sind andere. „Die rationale moralische Entscheidung verfährt nach moralischen Vorzugskriterien, d. h. nach "ethischen Präferenzen", die von den gewöhnlichen oder "Handlungspräferenzen" unterschieden werden." Priddat (1994b), S. 28. Vgl. hierzu auch Teil D VII.4.

94 Pieper (1991), S. 22.

II.3 Fazit

Der Bereich der Ökonomie ist der Bereich der Güterproduktion und des Güteraustausches. Aufgrund der Knappheit von Ressourcen und Gütern, sind die Prinzipien ökonomischer Effizienz und leistungsgerechter Einkommensverteilung zu bejahen. Dies gilt letztlich auch für ein Verhalten welches sich auf ein *wohlverstandenes* Eigeninteresse stützt.[95] Dies ergibt sich ganz einfach aus der Tatsache, dass aus reiner Nächstenliebe zwar Güter und Einkommen ohne Probleme umverteilt werden können, eine ausreichende quantitative Verfügbarkeit aufgrund dieser Motivation jedoch nicht gewährleistet werden kann. Die Ökonomik stellt jene Wissenschaft dar, sie sich (positiv) wissenschaftlich mit den Vorgängen im Bereich der Wirtschaft beschäftigt, ohne wesentliche normative Wertungen abzugeben.

Die Ethik als wissenschaftliche Disziplin befasst sich mit der Frage, ob es für die Menschen allgemeine und für alle Menschen gültige Handlungsmaßstäbe gibt, anhand derer man sein Handeln bewerten kann. Sie gliedert sich in drei große Bereiche: die *deskriptive*, die *normative* Ethik und die *Metaethik*. Während die deskriptive Ethik empirische Untersuchung innerhalb realer Normensysteme betreibt, bildet die normative Ethik fordernde bzw. untersagende Sätze, die mit moralischen Aspekten verbunden sind. Zu denken ist z. B. an die Aussage: „Es ist sittlich falsch, zu lügen". Die Metaethik schließlich analysiert ethische Aussagen oder begründet normative ethische Theorien. Die Ethik beschäftigt sich also mit normativen Fragen darüber, was moralisch richtig und falsch ist, was im konkreten Einzelfall und im allgemeinen sinnvoll und wünschenswert wäre. Wie die gefundenen Aussagen zu begründen und umzusetzen sind.

Der Begriff Moral bezieht sich auf ein Mehr oder Weniger umfangreiches System von Regeln, deren Inhalt festlegt, was z. B. als gut oder schlecht zu beurteilen ist. Moral bietet Handlungsvorschläge, in dem sie bestimmte Handlungen untersagt oder fordert. Von besonderer Bedeutung ist der Begriff der Moralität: Denn sofern ein Individuum soziale oder juristische Regeln nur aus Vorsicht oder Berechnung einhält, etwa nach dem Motto „Schlag du mich nicht, dann Schlag ich dich nicht", handelt – im strengen Sinn – nicht sittlich, sondern weil ihm dieses Verhalten Vorteile bringt. Moralität indessen setzt voraus, dass man aufgrund einer internalisierten Einsicht und bewusster Überlegung handelt.

Mögliche Probleme zeichnen sich bereits ab: Ökonomen verstehen ihre wissenschaftliche Disziplin positiv, die Ethik ist durch einen normativen Charakter gekennzeichnet. Rationale moralische Entscheidungen orientieren sich an ethi-

---

[95] Das (ein wohlverstandenes) Eigeninteresse nicht mit Egoismus gleichzusetzen ist, wird später erläutert.

schen Präferenzen. Diese Art der Präferenzen sind nach ethischer Auffassung auf einer übergeordneten Ebene angesiedelt. Wie der Begriff der Moralität deutlich machte, ist Moral das Ergebnis eines Entscheidungsprozesses.[96] Im folgenden Abschnitt wird sich zeigen, dass das hauptsächliche Problem zwischen Ethik und Ökonomik die in der ökonomischen Theorie unterstellte Eigennutzorientierung der Akteure darstellt. Einen abschließenden Überblick über die wesentlichen Systemzusammenhänge von Ethik, Moral Gesellschaft und Wirtschaft gibt Abbildung 3.[97]

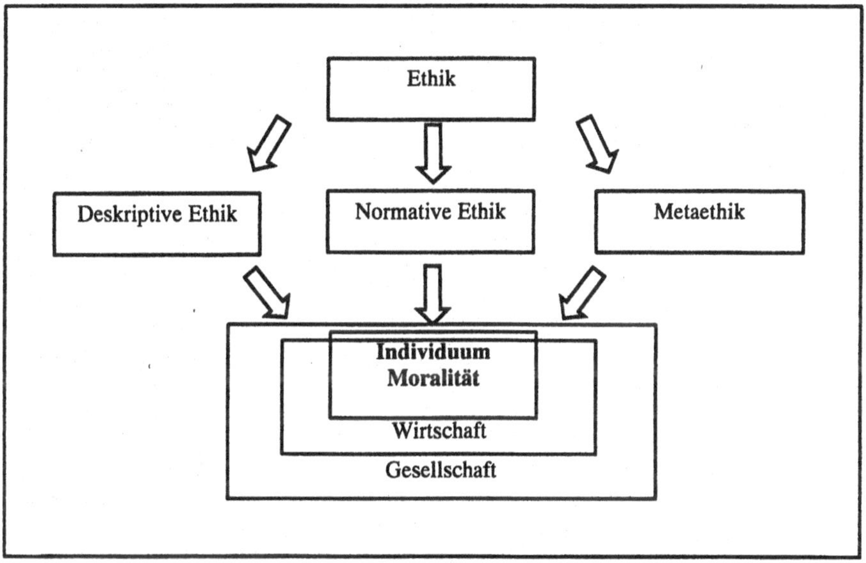

Abbildung 3: Zusammenhänge von Ethik, Moral, Gesellschaft und Wirtschaft

III Die Gegensätze zwischen Ökonomik und Ethik – Ein Fazit

Beide wissenschaftlichen Disziplinen, sowohl die Ethik als auch die Ökonomik beschäftigen sich wie dargestellt wurde mit Problemen der sozialen Ordnung

---

96 Vgl. Priddat (1994b), S. 29.

97 Die Wirtschaftsethik, soviel an dieser Stelle, beschäftigt sich mit dem Problem, wie eine Umsetzung ethischer Leitsätze im gesellschaftlichen Teilbereich der Ökonomie ermöglicht werden kann.

und der gesellschaftlichen Integration.[98] Die Betrachtungsperspektive ist jedoch eine andere. Für die Ökonomik ist konstitutiv, dass die soziale Ordnung durch die unsichtbare Hand des Marktes realisiert wird. Ökonomisches Handeln steht letztlich unter dem Prinzip des rationalen Eigeninteresses. Diesem Prinzip wird allerdings häufig eine universelle Geltung zugesprochen und nicht nur auf rein ökonomische Beziehungen angewendet.[99] Im Gegensatz hierzu beansprucht die Ethik, dass nur die Prinzipien praktischer Vernunft Geltung haben, und dass die ökonomische Vernunft, bzw. das ökonomische Prinzip nur ein Teil dieser praktischen Vernunft ist.

Die Ethik versucht das Ziel sozialer Ordnung durch die allgemeine und freiwillige Befolgung von Normen zu erreichen. Von den Akteuren wird (normativ) verlangt, dass sie in bestimmten Situationen auf eine individuelle Vorteilskalkulation verzichten d. h., dass sie moralisch und nicht strategisch handeln.[100] Die wesentlichen Gegensätze von Ethik und Ökonomik werden in den folgenden Abschnitten aufgezeigt. Anschließend werden exemplarisch – zwei wichtige – ethische Theorien dargestellt. Sie zeichnen sich – wie deutlich gemacht wird – zwar durch unterschiedliche Auffassungen aus, doch verfolgen sie ein gemeinsames Ziel: Sie zeigen auf, dass durch Moral gesellschaftliche Koordinationsprobleme gelöst werden können.

III.1 Die unsichtbare Hand der Ökonomik – Förderung des Wohlstands

III.1.1 „Kanalisiertes“ Eigennutzstreben und gesellschaftliche Wohlfahrt

Der Grundgedanke der „unsichtbaren Hand“ wurde von *Adam Smith* durch sein Werk „An Inquiry into the Nature and Causes of the Wealth of Nations“ im Jahre 1776 verbreitet.[101] Seiner Auffassung nach ist es gerechtfertigt, dass jeder Einzelne seine eigenen Interessen in den Vordergrund stellt, und dass dieses Verhalten legitim ist. Von Eigeninteresse geleitete Handlungen werden durch die unsichtbare Hand des Marktes gelenkt, und organisieren die unterschiedlichen Interessen der Gesellschaftsmitglieder. In der ökonomischen Analyse wird individuell rationales, eigennütziges Handeln der Individuen mit dem Ziel der Nutzenmaximierung[102] bei gegebenen Präferenzen und Restriktionen unterstellt. Durch wirtschaftliche Interaktion wird, so die Grundannahme, im Ergebnis ein

---

98 Siehe hierzu auch Homann (1994), S. 21. Zur soziologischen Perspektive vgl. auch Voss (1985), S. 38.

99 Als bekanntester Vertreter dieser Auffassung ist – wie oben angeführt – sicherlich Gary S. Becker zu nennen.

100 Aufgrund ethischer Präferenzen, die das Wohl anderer Individuen mit einbeziehen.

101 Im Folgenden wird die deutsche Ausgabe verwendet.

102 Vgl. hierzu ausführlich Teil D VI.

ökonomisches Gleichgewicht realisiert. Ist ein solches Gleichgewicht einmal erreicht, so ist es stabil, da keines der Wirtschaftssubjekte, bei jeweils gegebenem Verhalten oder Strategie der anderen, einen Anreiz dazu hat, sein eigenes Verhalten oder seine Strategie zu wechseln. Von diesem Standpunkt aus wird argumentiert, dass eine marktwirtschaftliche Ordnung nicht a priori als unmoralisch verurteilt werden kann, sondern dass im Gegenteil sogar moralisch durchaus wünschenswerte Ergebnisse herbeigeführt werden.

Ein freier Markt und Wettbewerb als Koordinationsmechanismus menschlicher Interaktion erlaubt es den einzelnen Individuen, ihre eigenen Interessen nach eigenem *Willen*[103] – jeweils begrenzt durch die der anderer Individuen – weitgehend zu verwirklichen.[104] Der Wettbewerb dient der Kontrolle der Wirtschaftssubjekte, d. h. er verhindert die Ausbeutung einzelner Akteure durch andere und schafft auf diese Weise in der Marktsphäre eine spontane soziale Ordnung.[105]

Sofern zwischen den Wirtschaftssubjekten Konkurrenz herrscht, stellt sich auf dem Markt ein Ausgleich von Angebot und Nachfrage ein, und es wird eine übermäßige Konzentration von Macht auf beiden Seiten verhindert. Wettbewerb zwischen den Produzenten verhindert die Verschwendung knapper Ressourcen und ist wesentliche Triebkraft wirtschaftlicher Entwicklung. Marktpreise liefern jene Informationen, die für eine rasche und effiziente Ressourcenallokation notwendig sind, und sind anderen institutionellen Regelungen überlegen.[106]

Unter diesen Wettbewerbsbedingungen tritt jeder Akteur mit anderen in solche Tauschbeziehungen, die seinen individuellen Nutzen maximieren. Dies führt im Ergebnis dazu, dass durch die Existenz perfekter Märkte und freier Preisbildung ein paretooptimaler Gleichgewichtszustand erreicht wird.[107] Die Marktwirtschaft strebt einem Zustand zu, in dem es nicht mehr möglich ist, ein Individuum besser zu stellen, ohne dass ein anderes schlechter gestellt wird. Bezogen auf das Marktgleichgewicht bei vollkommener Konkurrenz heißt das, dass eine Mehrproduktion eines Gutes nur durch Verzicht auf ein anderes Gut möglich ist. Dies

---

103 Zum Problem der Willensfreiheit vgl. Teil C III.1.

104 Vgl. Lohmann und Priddat (1997), S. 9.

105 Zum Begriff der spontanen Ordnung vgl. Hayek (1994a), S. 35. Unter dieser spontanen Ordnung versteht Hayek eine soziale Ordnung, die durch die freie Interaktion der Akteure entsteht, da die Akteure bestehende Regeln allgemein akzeptieren. In gewisser Weise greift Hayek mit dieser Feststellung dem im weiteren Verlauf darzustellenden synergetischen Ansatz zur Erklärung sozialer Ordnung voraus, der das Entstehen einer sozialen Ordnung ebenfalls ohne bewusste menschliche Planung zu erklären sucht.

106 Vgl. Hayek (1994a), S. 37.

107 Vgl. zu dieser Ansicht unter anderem bei Rothschild (1992), S. 33.

bedeutet ferner, dass ein Haushalt seinen Nutzen nur durch die Nutzenminderung eines anderen Haushaltes erhöhen kann. Es handelt sich bei dem beschriebenen Zustand der *Paretooptimalität* also um einen Zustand effizienter Produktion und Güter- bzw. Einkommensverteilung.[108]

Der scheinbare Widerspruch zwischen dem individuellen Ziel Gewinnmaximierung und sittlichen Pflichten wird – aus ökonomischer Perspektive – also aufgelöst, wenn man zwischen der privatwirtschaftlichen und der gesamtwirtschaftlichen Perspektive unterscheidet. Ein Akteur, der ökonomisch tätig wird, hat das subjektive Ziel der Nutzen- bzw. der Gewinnmaximierung. Objektiv stellt er seine Leistung dadurch in den Dienst der Gesellschaft, da er jene Güter herstellt, die von den anderen Gesellschaftsmitgliedern am meisten gewünscht werden.[109]

Der Markt und die Verfolgung der eigenen Interessen gewährleisten also aus ökonomischer Sicht, dass die einzelne Person nicht von der Hilfsbereitschaft anderer Menschen abhängig ist, sondern unabhängig von ihnen, ihre eigenen Interessen verwirklichen kann.[110] Als Ergebnis kommt es schließlich dazu, dass „... the divergent and seemingly opposed interests of different individuals fully harmonized."[111] Durch die interdependenten Beziehungen der einzelnen Individuen entsteht die beschriebene spontane soziale Ordnung. Diese ermöglicht es, dass durch die Verfolgung der eigenen Interessen das gesellschaftliche Interesse mehr gefördert wird, als dies der Fall wäre, wenn die einzelnen Individuen dies bewusst anstreben würden.[112] Bisher wurde gezeigt, dass Märkte – nach ökonomischer Ansicht – das ungezügelte Eigeninteresse der Akteure disziplinieren, und in für die Gesellschaft nützliche Bahnen lenken. Diesen Umstand kann man sich ohne größere Probleme verdeutlichen.

---

108 An dieser Stelle ist allerdings kritisch anzumerken, dass eine Aussage darüber, ob es sich bei der resultierenden Einkommens- oder Güterverteilung um eine, wie auch immer definierte, gerechte Verteilung handelt nicht möglich ist. Faktisch könnte ein Zustand, der als paretooptimal bezeichnet wird auch mit einem gesellschaftlichen Zustand sehr starker sozialer Ungerechtigkeit oder Ungleichheit einhergehen. Auf diesen Punkt macht z. B. Rawls aufmerksam. Vgl. Rawls (1993), S. 92 f. Er weist darauf hin, dass alle gesellschaftlichen Zufälligkeiten ausgeschlossen sein müssen, damit ein paretooptimaler Zustand auch als gerechter Zustand gelten kann. Alle Menschen müssen daher über annähernd gleiche Fähigkeiten, Ausgangsverteilungen u. ä. verfügen und müssen frei von Diskriminierungen jeglicher Art sein. Als Beispiel führt er an, dass eine Gesellschaft in der Sklaverei besteht, unzweifelhaft Zustände realisieren kann, die dem Prinzip der Paretooptimalität entsprechen. Und das eine Situation ohne Sklaverei durchaus paretoinferior sein kann.

109 Vgl. hierzu auch Kerber (1989), S. 246.

110 Siehe hierzu schon Smith (1988), S. 17.

111 Gauthier (1986), S. 83.

112 Vgl. Smith (1988), S. 371.

Ein Unternehmer beispielsweise kann sein Profitinteresse letzten Endes nur dann dauerhaft verwirklichen, wenn er seinen Kunden und deren Wünschen innerhalb gewisser Grenzen entgegenkommt. Dies bedeutet allerdings nichts anderes, als dass der Unternehmer im Grunde seine Interessen nur indirekt verwirklichen kann, da eine gegenseitige Abhängigkeit zwischen ihm und seinen Kunden besteht. Gleiches gilt für andere Interdependenzbeziehungen. Menschen beachten sich gegenseitig, da sie auf Zusammenarbeit und Kooperation angewiesen sind und dies auch wissen.[113]

Kann man unter den institutionellen Bedingungen einer funktionierenden Wettbewerbsordnung auf moralische Ansprüche und Regeln verzichten, da über Wettbewerbsprozesse alles in ein gesellschaftliches Optimum gelenkt wird?

III.1.2 Moralische Voraussetzungen des Marktes und darüber hinaus

Diese Ansicht über den Markt findet man, auf den ersten Blick, auch bei dem Philosophen DAVID GAUTHIER, wenn er schreibt: „... the perfect market, were it realized, would constitute a morally free zone, a zone within wich the constraints of morality would have no place.“[114] Gleichzeitig führt er allerdings einschränkend aus, dass: „Morality arises from market failure” ..., und weiter, ... „because the world is not a market, morality is a necessary constraint on the interaction of rational persons.”[115] Folgt man diesem Standpunkt, ist die Konsequenz, dass Moral als Koordinationsmechanismus spätestens dann notwendig wird, wenn man den Boden marktwirtschaftlicher Koordination verlässt bzw. diese versagt.[116]

Hinreichend bekannt ist den Ökonomen der Marktversagenstatbestand der externen Effekte.[117] Bei einer reinen marktwirtschaftlichen Koordination werden externe Kosten der Produktion bzw. des Konsums vom Verursacher nicht berücksichtigt. Sofern die marktwirtschaftliche Koordination funktioniert, erzielen knappe Ressourcen, nach denen eine relativ hohe Nachfrage besteht, auf dem Markt entsprechend hohe Marktpreise. Dies führt dazu, dass die Nachfrager die Ressourcen entweder sparsam einsetzen oder durch relativ billigere Substitute ersetzen. Der Markt führt also zu einer effizienten Ressourcenallokation. Sofern

---

113 Dies kann letztlich auch als Sinn jeder Moral angesehen werden, nämlich die wechselseitige Berücksichtigung anderer Interessen, auch ohne ein Gefühl der Sympathie für andere. Vgl. Tugendhat (1996), S. 327.

114 Gauthier (1986), S. 84.

115 Gauthier (1986), S. 84.

116 Hinzu tritt der Aspekt, dass in der Realität häufig Märkte bestehen, die die Kriterien vollkommener Wettbewerbsmärkte nicht erfüllen.

117 Ein weiteres Beispiel wäre die Bereitstellung von öffentlichen Gütern.

sich jedoch nicht alle Produktions- oder Konsumtionseffekte auf den Marktpreis auswirken, funktioniert dieser Mechanismus nicht mehr. Externe Effekte nehmen also quasi am Preismechanismus vorbei Einfluss auf den Nutzen anderer Akteure, die für diese negative Beeinträchtigung ihrer Person nicht entschädigt werden.[118]

Aber wie sieht es mit der Annahme weiter aus, dass ein perfekt organisierter Markt ohne moralisches Verhalten auskommt? Stellen wir uns eine Situation vor, in der zwar freier Wettbewerb herrscht, jedoch keinerlei sittliche Grundsätze vorhanden sind. Es ist zumindest fraglich, ob in dieser Situation freiwilliger Tausch auf Dauer Bestand haben kann. Denn auch ein marktwirtschaftlicher Tausch, der unter zahlreichen Unsicherheiten erfolgt, benötigt bei vollkommener Konkurrenz ein gewisses Vertrauen, dass die Tauschpartner sich korrekt verhalten und vereinbarte Verträge erfüllen. Sofern Verträge nicht vollkommen spezifiziert sind, hat jeder Akteur ständig Anreize, sittliche Maßstäbe zu missachten.[119] Ein freiwilliger Tausch zwischen Transaktionspartnern käme auf Dauer nicht mehr oder nur unter sehr schweren Bedingungen zu Stande. Eine wirtschaftliche Ordnung wie die Marktwirtschaft, die in aller erster Linie auf dem Prinzip des freiwilligen Tausches beruht, wäre langfristig nicht mehr funktionsfähig.[120] Moral übernimmt also auch in einer freien Wettbewerbswirtschaft eine bedeutsame Rolle. Sie ermöglicht, wie noch zu zeigen ist, auch wirtschaftliche Prozesse effizient zu gestalten.[121]

Sie gewährleistet, dass sich die wesentlichen Institutionen wettbewerblicher Ordnung wie z. B. Privateigentum und Eigeninteresse gesamtwirtschaftlich wünschenswert auswirken.[122] Anders formuliert, unsittliches Verhalten erhöht die Transaktionskosten und führt dadurch zu Wohlfahrtsverlusten.[123]

III.2 Die sichtbare Hand der Ethik – Einschränkung des Eigeninteresses

Die Ethik ist, wie dargestellt wurde, die Wissenschaft, deren Gegenstand die Moral ist. Sie versucht Möglichkeiten eines guten Lebens aufzuzeigen und Kriterien bereitzustellen, anhand derer die menschliche Praxis hierauf überprüft werden kann. Die Ethik wird auf einer normativen Ebene tätig, sie untersucht was sittlich begründet und vernünftig ist. Sie beansprucht aber eben auch, Hand-

---

[118] Die wesentlichen ökonomischen Lösungsvorschläge sind bekannt, es handelt sich um die Pigou-Steuer sowie die Verhandlungslösung von Coase.

[119] Vgl. zu diesem Punkt auch Baurmann und Kliemt (1995), S. 33.

[120] Siehe hierzu Kirchgässner (1996), S. 224 f.

[121] Vgl. zu diesem Punkt Rothschild (1992), S. 15.

[122] Vgl. hierzu Arbeitsgemeinschaft selbständiger Unternehmer e. V. (ASU) (1990), S. 12.

[123] Vgl. Arbeitsgemeinschaft selbständiger Unternehmer e. V. (ASU) (1990), S. 16.

lungsanleitungen bereit zu stellen, d. h. aufzuzeigen, wie die aufgefundenen Erkenntnisse im konkreten Einzelfall umzusetzen sind. Die bereitgestellten moralischen Urteile fordern eine universelle Geltung. Das heißt, unabhängig davon, ob der Einzelne an dem Ziel der geforderten Handlung ein Interesse hat oder nicht. Die aufgezeigten moralischen Werte und Normen sollen auf der individuellen Ebene aufgenommen werden und als handlungsleitende und interne Steuerung des Individuums auftreten. Die bewusste Überlegung darüber, ob Handlungen „gut" oder „böse", „richtig" oder „falsch" und damit „sittlich" oder „unsittlich" sind, obliegt dann den einzelnen Menschen. Und zu Überlegungen dieser Art ist, von wenigen Ausnahmen abgesehen, jeder Mensch in der Lage. Das heißt, jede Person ist dazu fähig, ihre Aktivitäten im Hinblick auf ihre moralische Qualität abzuwägen. Von einem Handelnden wird daher zumindest erwartet, dass er seine Handlung unter diesem Aspekt überprüft. Vom Standpunkt der Moralität aus gesehen, handelt es sich also um den Willen eines Individuums, sich kritisch an Regeln des sozialen Miteinanders zu orientieren.

Im konkreten Fall kann dies bedeuten, dass ein Individuum eigennütziges hinter moralisches Verhalten zurückstellt. Das Prinzip der Moralität ist insofern weitreichender als das Prinzip des rationalen Eigeninteresses, da bei Entscheidungen die Interessen anderer nicht nur dann berücksichtigt werden, wenn es den eigenen Zielvorstellungen dienlich ist. Dies wird konsequenterweise unabhängig vom aktuellen Kontext gefordert, denn eine moralische Verantwortung ist einerseits nicht delegierbar, andererseits zeit- und raumunabhängig. Die moralische Verantwortung bleibt auch dann die Aufgabe des Individuums, wenn es in Institutionen (z. B. Unternehmen) irgendwelcher Art integriert ist, oder bestimmten Sachzwängen unterliegt (z. B. Wettbewerb).

III.3 Das Dilemma Eigeninteresse vs. „Gemeininteresse"

Der Konflikt zwischen der Ethik und der Ökonomik wird deutlich, denn ökonomisch und ethisch richtiges Verhalten müssen bei weitem nicht zusammenfallen. In der Mehrzahl der Fälle wird dies wahrscheinlich auch nicht der Fall sein. Insofern ist moralisches Verhalten für ein eigeninteressiertes Individuum nicht unbedingt als selbstverständlich anzusehen. Ein sittliches Verhalten kann für den Akteur im Zweifel auch Nachteile nach sich ziehen. Moralische Erwägungen können gebieten, dass das Individuum zugunsten anderer Menschen auf die Befriedigung eigener Bedürfnisse verzichtet. Vom ökonomischen Standpunkt aus, handeln Menschen eigeninteressiert und zweckrational. Die Entscheidung für eine Handlung wird aufgrund einer Nutzenberechnung getroffen.[124] Deswegen

---

[124] In Teil D VI wird gezeigt, dass der Nutzen anderer Personen grundsätzlich Bestandteil der individuellen Nutzenfunktion sein kann.

besteht die latente Gefahr, dass ökonomische Sachzwänge der Wirtschaft moralisches Handeln zumindest in der Mehrzahl der Fälle ausschließen können.[125]

Für den wirtschaftlich Handelnden entsteht daher immer in solchen Situationen ein Dilemma, wenn Handlungen ökonomisch zwar sinnvoll, unter moralischen Gesichtspunkten jedoch problematisch sind.[126] In solchen Situationen geraten ökonomische Anforderungen und Sachzwänge mit moralischen Normen und Pflichten in Konflikt. Insofern scheint Moral dann keine Chance zu haben, wenn eine sittlich motivierte Handlung zu unwirtschaftlichen Ergebnissen führt.[127] Vom ökonomischen Standpunkt aus, kann für rationale Akteure gleichermaßen begründet werden, dass es in bestimmten Situationen in ihrem Selbstinteresse liegt, bestehende Regeln zu brechen, um als free-rider von der Regeleinhaltung anderer zu profitieren. Genauso ist es möglich, bestehende Informationsasymmetrien auszunutzen und hierdurch seinen Nutzen zu erhöhen.[128] Der Bereich der Marktsphäre scheint also bestens dazu geeignet, moralisches Verhalten der Individuen zu erodieren.

III.4 Fazit

Ist also als bisheriges Ergebnis festzuhalten, dass die Idee eines ethisch richtigen Lebens dann aufgegeben wird, wenn man die ökonomische Perspektive einnimmt? Anders gefragt: Muss ökonomische Effizienz und rationales Selbstinteresse als alleinige Richtschnur menschlicher Handlungen angesehen werden?

---

125 So ist es für ein Wirtschaftssubjekt aufgrund einer Nutzenkalkulation z. B. in kurzfristiger Perspektive ökonomisch sinnvoll, Ressourcen einzusparen, beispielsweise durch widerrechtliche Entsorgung von Abfällen. Es kann für einen Akteur im eigenen Interesse liegen und rational sein, Bestechungsgeld zu zahlen oder Ähnliches. Vom ethischen Gesichtspunkt aus werden diese Verhalten jedoch Widerspruch auslösen.

126 Ein Beispiel, aus der jüngeren Vergangenheit, stellt die geplante Versenkung der Brent Spar durch die Shell AG dar. Die Kosten der günstigen Variante Tiefwasserentsorgung (Versenkung) betrugen rd. 12 Mio. GBP, die Kosten einer horizontalen Demontage rd. 46 Mio. GBP. Die Folgen des geplanten Vorhabens sind bekannt. Vgl. zu den angegebenen Kosten Abendschein und Seeber (1998), o. S.

127 So führt Homann in diesem Zusammenhang auch an, dass Anbieter die sich nicht an die Regeln des Wettbewerbs halten, „... und das heißt für die Marktanbieter im Prinzip nichts anderes als Gewinnmaximierung, ... aus diesem ausscheiden." Unabhängig davon, ob sie hierzu nun nicht in der Lage waren oder aufgrund einer moralischen Motivation nicht wollten. Vgl. hierzu u. a. Homann und Blome-Drees (1992), S. 34.

128 Diese Konstellation ist für Principal-Agent-Probleme typisch. Der Principal kann beispielsweise die Aktivitäten des Agent nicht beobachten. Es besteht die Gefahr der hidden action. Das heißt, der Agent kann mögliche Misserfolge beispielsweise durch ungünstige Einflüsse begründen und auf diese Weise seine eigenen Leistungsdefizite verbergen. Ein möglicher Lösungsvorschlag erfolgt in Teil D VII.4.3.

Oder gibt es auch im Bereich sozioökonomischer Aktivitäten moralische Aspekte, die einen Einfluss auf die Ziele und die zur Verfügung stehenden Mittel nehmen können? Auch den Ökonomen sind zahlreiche Fälle bekannt, in denen Handlungen, die unter Effizienzgesichtspunkten durchgeführt werden, von unerwünschten Ergebnissen begleitet werden. Zu nennen ist wieder das Problem der externen Effekte. Aber auch in den Fällen, in denen eine bestimmte Produktion oder Produktionsstruktur nicht mit externen Effekten einhergeht, wird der Gedanke eines menschengerechten Lebens berührt. So ist beispielsweise der Export von Rüstungsgütern – auch in Krisengebiete – nach wie vor an der Tagesordnung.[129] Menschliches Handeln kann jedoch nicht auf ökonomisches Handeln reduziert werden, sondern steht in einem größeren Handlungszusammenhang.

Ein strenger *Dualismus*[130] wonach zwei unterschiedliche und nicht miteinander verbindbare oder in Beziehung stehende Anforderungen an menschliches Handeln gerichtet werden, ökonomische einerseits, ethische andererseits, ist m. E. nicht sinnvoll und war es auch in der ökonomischen Theorie nicht immer.[131] Hinzu tritt, dass in dem Umfang, in dem sich die zahlreichen Individuen einer Gesellschaft an sittlichen Prinzipien ausrichten und ihre Entscheidungen sorgfältig überdenken, hierdurch die Verlässlichkeit der gegenseitigen Verhaltenserwartungen ansteigt.[132] Die ökonomischen Vorteile sittlichen Verhaltens wurden bereits umschrieben. Durch ein zunehmendes Vertrauen und gegenseitige Verlässlichkeit ist es möglich, knappe Ressourcen einzusparen. Dies ist möglich, da staatliche Kontroll- und Sanktionsmechanismen verringert werden können, die diese Ressourcen sonst aufnehmen würden.

Die bisherigen Abschnitte dienten der Klärung der Begriffe Ökonomik, Ökonomie, Ethik und Moral. Ferner wurden die wesentlichen Widersprüche zwischen den unterschiedlichen Sichtweisen und Vorgehensweisen von Ökonomik und Ethik bzw. Ökonomie und Moral dargestellt. Stark konzentriert und auf den Punkt gebracht, liegt das wesentliche Problem darin, dass es sich bei der Ökonomik um eine Wissenschaft handelt, die eine positive Wissenschaftsauffassung vertritt. Sie versucht reale Vorgänge im Bereich der Ökonomie zu erklären, ohne

---

129 Man denke an die Beteiligung deutscher Unternehmen bei der Errichtung von Giftgasanlagen in Libyen oder im Irak.

130 Vgl. zu diesem Begriff Homann (1994), S. 10.

131 So gehörten Ethik und Ökonomik bereits in der griechischen Philosophie zusammen. Adam Smith hat als Professor für Logik und Moralphilosophie vor dem *Wohlstand der Nationen* (1776) die *Theorie der ethischen Gefühle* (1759) veröffentlicht. Auch John Stuart Mill hat neben seinen *Prinzipien der politischen Ökonomie* (1848) zu ethischen Themen publiziert z. B.: *Der Utilitarismus* (1863).

132 Auf diesen Aspekt den auch Hayek betont wird in den Teilen E II.2.4.1 und II.2.4.2 detaillierter eingegangen.

letztlich zu beurteilen, ob diese Vorgänge „gut“ oder „schlecht“ sind. Der Ethik als Wissenschaft hingegen geht es letztlich auch darum Handlungsanweisungen zu formulieren, d. h. sie hat einen normativen Charakter.

Dennoch, philosophische Erkenntnisse bieten einen Umfangreichen Katalog an Ideen, die zur Lösung praktischer Probleme in Wirtschaft und Gesellschaft beitragen können.[133] Um zu überprüfen, ob die dargestellten Probleme – durch den Rückgriff auf *klassische* ethische Ansätze – einer einfachen Lösung zugeführt werden können, werden im folgenden Abschnitt zwei wesentliche Ansätze exemplarisch dargestellt. Es handelt sich um:

- eine deontologische Ethik (KANT) und
- eine teleologische Ethik (MILL).

Es wird sich zeigen, dass sittliches Handeln an die Erfüllung gewisser Voraussetzungen gebunden ist.[134] Dies bedeutet nichts anderes, als dass auch aus ethischer Perspektive – wenngleich enge – Grenzen für moralisches Handeln eingeräumt werden. Es handelt sich um das Problem der Freiheit. Es wurde bereits angedeutet, dass in der Realität durchaus moralisches Verhalten zu beobachten ist. Letzteres ist auch darauf zurückzuführen, dass es für jedes Individuum – wie gezeigt wird – zahlreiche Beweggründe geben kann, sich sittlich zu verhalten.[135]

---

[133] Vgl. Müller-Merbach (1992), S. 5.
[134] Vgl. hierzu Teil C III.
[135] Vgl. Teil C IV.

TEIL C LEITBILDER, BEWEGGRÜNDE UND PROBLEME DER MORAL

I Deontologische Ethik vs. Teleologische Ethik

Es wurde bereits mehrfach darauf hingewiesen, dass sich zunehmend jene Stimmen mehren, nach deren Ansicht, in den gegenwärtigen modernen und komplexen Gesellschaften keine einheitliche moralische Ordnung mehr zu bestehen scheint. In früheren Zeiten hatten Moral, geschriebenes und ungeschriebenes Recht unzweifelhaft einen gemeinsamen Anker – die Religion. Traditionelles moralisches Handeln war mit religiösen Institutionen[136] und deren Prinzipien nahezu untrennbar verbunden. Sie hatte einen für alle Menschen gleichermaßen relevanten und begründeten Hintergrund, nämlich Gott.[137] Diese oberste Instanz und die durch ihn in Aussicht gestellte Belohnung oder Bestrafung menschlichen Verhaltens im Jenseits, stellte einen wesentlichen Anhaltspunkt dar. Dieser gemeinsame Bezugspunkt menschlichen Lebens und Zusammenwirkens ist heute nicht mehr gegeben.[138] Bei den Individuen machte sich zunehmend die Ansicht breit, dass sie nicht Objekt eines vorbestimmten Schicksals sind welches in Demut erduldet werden muss, sondern das sie ihr Leben vielmehr in eigener Verantwortung gestalten wollen. Insbesondere die christlichen Konfessionen und ihre traditionellen Grundsätze haben ihre gesellschaftliche Integrationskraft und ihre Rolle als moralisches Fundament eingebüßt. Das zeigt sich nicht zuletzt an der Unzufriedenheit mit dem klerikalen Gebaren[139] und den rückläufigen Mitgliederzahlen der Kirchen.

Doch auch heute sind in pluralistischen Gesellschaften – neben den kodifizierten Regeln – grundlegende und allgemein anerkannte Regeln des Zusammenlebens als gesellschaftliche Koordinationsmechanismen[140] notwendig. Dies liegt an dem grundlegenden Sachverhalt, dass tagtäglich eine Vielzahl von sozialen Interaktionen koordiniert werden muss.

Mehr noch, gerade weil diese Vielzahl von individuellen und gruppenspezifischen Ansichten und Interessen existieren, scheint die Existenz solcher Regeln

---

136 Diese Auffassung vertritt auch bei Hayek. Vgl. Hayek (1996b), S. 97.

137 Vgl. Horster (1997), S. 367.

138 Auch wenn eine vom FOCUS in Auftrag gegebene emnid-Umfrage ergab, dass erstaunlicherweise 52 v. H. der erwachsenen Befragten glauben das es eine Hölle gibt. Vgl. FOCUS, Nr. 46, (1997), S. 282.

139 Dies wird nicht zuletzt durch die Abtreibungsproblematik verdeutlicht.

140 Wenngleich eine Reihe von Philosophen sicherlich bestreiten wird, dass Moral nur ein Koordinationsmechanismus ist.

notwendig. Das Problem liegt auf der Hand, wie ist es möglich einen verbindlichen Katalog moralischer Regeln aufzustellen, aus welchen Regeln soll er sich zusammensetzen und wie kann er rational begründet und vermittelt werden?

Empirisch scheint sich jedenfalls zu zeigen, dass nach wie vor gewisse moralische Vorstellungen in der Bevölkerung vorhanden sind. Sei diese Moral nun genetisch verankert, durch die elterliche Erziehung, durch die Schule, oder andere Institutionen vermittelt worden. Menschen verfügen über das Wissen um moralische Tugenden und Werte. Jedes Individuum ist dazu fähig, auf der Grundlage geltender Sitten, moralische Entscheidungen und Wertungen zu treffen, und tut dies in der Realität auch mehr oder weniger häufig.[141] Aber was kann unter Moral konkret verstanden werden, und wie kann man den Begriff Moral greifbarer machen? Oder anders gefragt, was ist es eigentlich, was die Menschen in der heutigen Gesellschaft verloren haben? Vorausgesetzt die Kritiker beklagen den Verlust der Moral in der Bevölkerung zu recht. Hierzu werden zunächst zwei gegensätzliche moralische Konzepte dargestellt, um auf dieser Grundlage den Versuch einer „pragmatischen" und greifbaren Beschreibung zu unternehmen.

I.1 „Die Pflicht rechtfertigt die Ergebnisse!"

I.1.1 Der Kategorische Imperativ – Deontologische Ethik

Eine der sicherlich bekanntesten moralischen Regeln ist unter der Bezeichnung kategorischer Imperativ bekannt und stammt von IMMANUEL KANT. Sie lautet in einer hinreichend geläufigen Formulierung: „Handle nur nach derjenigen Maxime, durch die du zugleich wollen kannst, daß sie ein allgemeines Gesetz werde."[142]

Und an anderer Stelle: „ Handle so, dass du die Menschheit sowohl in deiner Person als in der Person eines jeden andern jederzeit zugleich als Zweck, niemals bloß als Mittel brauchst."[143] Oder, im Gegensatz zu KANTs Gebotsformel, auch in der umgangssprachlichen Verbotsformel als Goldene Regel bekannt: „Was du nicht willst, dass man dir tu, dass füg' auch keinem anderen zu."

---

[141] So wird Gewalt als Mittel der Konfliktlösung von der Mehrzahl der Menschen abgelehnt. Diebstahl, Betrug und Ähnliches ist weitgehend abgelehnt. Wie sich immer wieder zeigt, ist die Bevölkerung spontan zur Hilfe und Unterstützung von Menschen in Not bereit.

[142] Kant (1989), S. 236.

[143] Vgl. Kant (1989), S. 251. Patzig merkt an, dass die Bezeichnung *„der"* kategorische Imperativ auf eine terminologische Unkorrektheit von Kant zurückzuführen sei. Bei der angeführten Formel handelt es sich für ihn vielmehr um das Prinzip welches hinter einer Vielzahl von kategorischen Imperativen steht (z B.: „Sag die Wahrheit!", „Halte deine Versprechen!" o. ä. Vgl. hierzu Patzig (1983), S. 153.

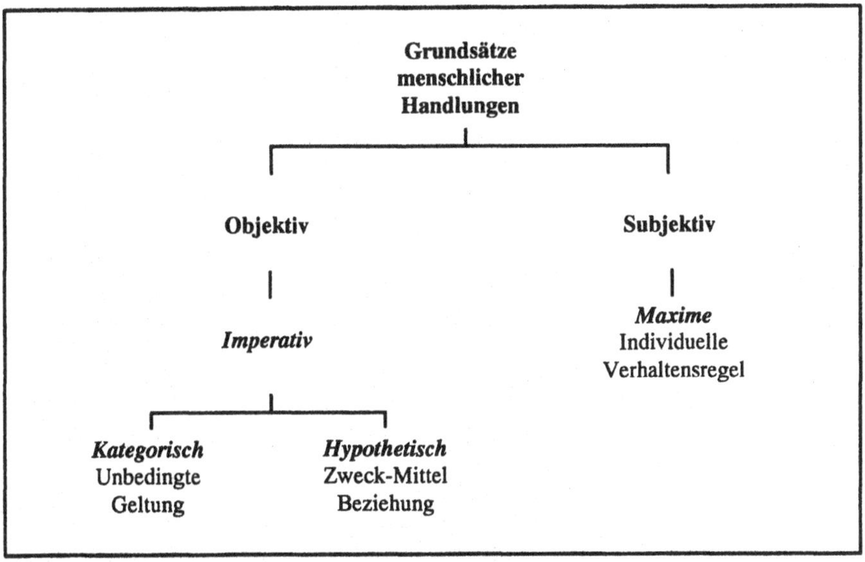

Abbildung 4: Grundsätze menschlicher Handlungen nach Kant

Die wesentlichen Bestimmungsgründe menschlicher Handlungen im Anschluss an KANT sind in Abbildung 4 dargestellt und werden im Folgenden erläutert. KANTS Forderung ist, dass der kategorische Imperativ[144] für jeden einzelnen rationalen Menschen Geltung haben soll. Imperativ ist zunächst nichts anderes als die grammatische Bezeichnung für den Modus des Verbs, der der Formulierung von Befehlen oder Aufforderungen dient. KANT unterscheidet zwei Arten von Imperativen, den *kategorischen* und den *hypothetischen.*[145]

Kategorisch bedeutet soviel wie absolut, unbedingt oder entschieden.[146] Der Ausdruck „kategorisch" bezeichnet nicht den Nachdruck mit der moralische Tugenden gefordert werden, sondern die Verbindlichkeit dieser Imperative. Im Unterschied hierzu verlangt ein hypothetischer Imperativ eine Handlung nur „bedingt", d. h. vor dem Hintergrund, dass eine bestimmte Absicht erreicht werden soll.[147] Denkbar währe beispielsweise die folgende Aussage: „Wenn du gut Tennis spielen willst, musst du hart trainieren."[148]

---

144 Vgl. z. B. Patzig (1983), S. 151-153.
145 Vgl. Vgl. Kant (1989), S. 228.
146 Vgl. auch bei Aul (1983), S. 62.
147 Vgl. Kant (1989), S. 229. Das ökonomische Prinzip stellt in diesem Sinne also einen hypothetischen Imperativ dar.
148 Vgl. auch bei Aul (1983), S. 63.

Die moralische Geltung des kategorischen Imperativs indessen ist unabhängig von den einzelnen Wünschen oder Zielen, die ein Mensch hat.[149] Für KANT stellen einzig kategorische Imperative eine ethisch relevante Kategorie dar, da hypothetische Imperative auf eine Zweck-Mittel-Relation abstellen.[150] Die Ziele und Wünsche des Menschen werden von KANT als Anreiz für eine moralische Handlung erst gar nicht in Betracht gezogen. Der kategorische Imperativ betrifft:

> „.... nicht die Materie der Handlung und das, was aus ihr erfolgen soll, sondern die Form und das Prinzip, woraus sie selbst folgt und das Wesentlich-Gute derselben besteht in der Gesinnung, der Erfolg mag sein, welcher er wolle."[151]

Orientierte sich das Handeln an den Wünschen und Bedürfnissen des Individuums, könnte für den einen Menschen richtig sein, was für den anderen falsch ist. Eine allgemeingültige Moral wäre folglich ausgeschlossen. Sie muss demnach unabhängig von den menschlichen Wünschen und Neigungen sein. Die Anerkennung des moralischen Grundsatzes muss vielmehr aus reiner Anerkennung für das Gesetz oder die Gebote der Sittlichkeit erfolgen.[152]

Eine Handlung ist demnach moralisch, wenn die Maxime, aufgrund derer sie ausgeführt wurde, eine gute ist. Wobei unter einer Maxime ein subjektiver Wollenssatz oder ein Grundsatz verstanden wird, der über einen unterschiedlichen Allgemeinheitsgrad verfügen kann.[153] Zum Beispiel: „In einer Situation A will ich Handlungen vom Typ B ausführen."[154] Die Maxime eines Menschen ist insofern zunächst sittlich neutral.[155] Sie erfährt ihre moralische Erweiterung durch die Prüfung, ob man selbst wollen kann, dass andere nach der gleichen Maxime handeln wie man selbst.[156]

Nach KANT ist das, was an einer Handlung moralisch beurteilt wird, die Handlungsabsicht, wobei der Ausdruck „Absicht" hier nicht das Erreichen eines beabsichtigten Zieles meint, also z. B. ein hohes Einkommen. Der moralische Wert eines Handlungszieles ergibt sich durch den Wert des Wollens. Sofern das Wollen einer bestimmten Handlung verallgemeinert werden kann, erhält es gemäß dem kategorischen Imperativ einen moralischen Wert.[157]

---

149 Vgl. Kant (1989), S. 231.
150 Vgl. auch bei Aul (1983), S. 63.
151 Kant (1989), S. 231.
152 Vgl. Kant (1989), S. 231.
153 Vgl. Kant (1989), S. 236.
154 Vgl. Höffe (1992), S. 201.
155 Vgl. Aul (1983), S. 65.
156 Ein denkender „Durchschnittsmensch" wird Tötung insofern ablehnen.
157 Vgl. Kant (1989), S. 237.

Darüber hinaus bezieht sich die Forderung nach Verallgemeinerung nicht auf die einzelne Handlung, die Grundlage einer Gesetzgebung sein soll, sondern eben auf die zugrundeliegenden Maximen oder Grundsätze. Sofern man über den Nutzen der Verhaltensmaxime nachdenkt, kann man sie mit KANT nicht mehr als moralische bezeichnen.[158] Dieser Anspruch an die Sittlichkeit einer Handlung wird auch anderer Stelle deutlich. „Das *motivum morale* muss also ganz rein an und für sich erwogen und von anderen Motivis der Klugheit und der Sinne abgesondert werden."[159] Die Verbindlichkeit moralischer Forderungen, wie z. B.: „Halte Versprechen!", „Sag die Wahrheit!" u. ä., ergibt sich für KANT allein aus der allgemeinen Geltung dieser moralischen Forderungen.[160]

Und genau dieser Sachverhalt ist es dann auch, der eine moralische Forderung von anderen Ansprüchen unterscheidet denen Menschen sich gegenübersehen.[161] Denn diese kategorischen Imperative haben den Anspruch unabhängig von den subjektiven Zielen, den Absichten oder konkreten Lebensumständen wie der individuellen Leistungsfähigkeit, dem sozialen Stand o. ä. des Menschen zu gelten. Sie machen zwischen einem Handelnden und jeder anderen Person, die in einer sittlich vergleichbaren Situation ist, keinerlei Unterschiede.[162]

I.1.2 „Theorie und Praxis" – Die Umsetzung ist schwierig

Der kategorische Imperativ als grundsätzliche Richtschnur und die oben beispielhaft angeführten Verhaltensmaximen macht unzweifelhaft – auch unter ökonomischen Gesichtspunkten – Sinn. Hieran ändert auch die ökonomische Verhaltensannahme des rationalen und eigeninteressierten Menschen nichts. Auch homo oeconomicus müsste ihnen zustimmen können und könnte sie sich aneignen. Diesen Sachverhalt kann man sich auch an dem folgenden Beispiel verdeutlichen. Wenngleich genauso deutlich wird, dass ganz offensichtlich eine nicht unerhebliche Kluft zwischen der rationalen Einsicht eines Menschen in die Richtigkeit der moralischen Regel und der praktischen Umsetzung besteht.

Intuitiv scheint es zunächst einleuchtend zu sein, dass ein Zustand, in dem Schuldner die Forderungen ihrer Gläubiger nicht bedienen, nicht dauerhaft sein kann. In einer Welt, in der alle Individuen ihre Schulden – gleich welcher Art – nicht bedienen, würde es dauerhaft zu keinen Kreditbeziehungen mehr kommen. Früher oder später würde kein Kreditgeber mehr darauf vertrauen, dass seine

---

158 Also, beispielsweise eine Überlegung, ob die Tötung eines Menschen für mich einen Nutzenzuwachs erbringt.

159 Kant (1991), S. 28.

160 Vgl. Patzig (1983), S. 153.

161 Vgl. Patzig (1983), S. 151.

162 Vgl. Kant (1989), S. 244.

Forderung ohne größeren Aufwand (z. B. durch Inkasso oder andere juristische Schritte) erfüllt wird. In dieser Welt macht es keinen Sinn sich unsittlich zu verhalten, und das gegebene Rückzahlungs*versprechen* nicht einzuhalten. Im Gegenteil, dass es sogar sinnvoll ist, sich sittlich korrekt zu verhalten, kann sich jeder Mensch selbst vor Augen führen. Er kann sich nämlich fragen, zu welchen Ergebnissen eine Handlung führen kann, wenn jeder so handeln würde, wie er es gerade vorhat.

Anschließend kann das Individuum prüfen, ob es wollen kann, dass dies zur Realität wird. Im Ergebnis müsste man also nach rationaler Überlegung folgern, dass diese Praxis nicht überhand nehmen kann. Denn, wenn sich alle so verhielten, wie man selbst es vorhat, käme man persönlich nicht mehr zum Zuge. Ein erfolgreicher Betrug würde nämlich voraussetzen, dass für den Kreditgeber zumindest die Möglichkeit der Tilgung seiner Forderung bestünde. Wenn allerdings jeder Kreditgeber weiß, dass dies in der allgemeinen Praxis nicht der Fall ist, würden solche Kreditbeziehungen unterbleiben.[163] An dieser Stelle mag der Ökonom entgegenhalten, dass es sich hierbei um nichts anderes als um ein Nutzenkalkül handelt. Entgegen einer reinen Nützlichkeitserwägung besteht das Gute der Handlung nach KANT allerdings darin, dass vernunftgeleitete Menschen es sich als Pflicht auferlegen, sich über bestimmte Neigungen und Wünsche hinwegzusetzen; in unserem Fall also über den Wunsch, Kredite nicht zurückzuzahlen. Darüber hinaus stünde unser Regelbrecher vor einem Begründungsproblem. Wenn er sich unsittlich verhält und seine Kredite nicht zurückzahlt, verbindet er mit seinem Verhalten für sich ein Sonderrecht. Er nimmt für sich in Anspruch, sich aus der Gemeinschaft auszusondern und andere Menschen so zu behandeln, wie er selbst von ihnen sicherlich nicht behandelt werden will. Für dieses Verhalten wird er kaum eine rationale Begründung finden.[164]

Die Ausführungen haben verdeutlicht, dass es sich bei der kantischen Ethik um eine *Tugend-* oder *Gesinnungsethik* handelt. Gemäß dieser Auffassung ist nach KANT eine Handlung nur dann moralisch oder gut, wenn der Handelnde nach einer guten[165] Pflicht (deontologische Ethik)[166] handelt und die konkreten Handlungsumstände dabei außer Acht lässt. Eine moralisch gute Handlung ist als nur eine Handlung, die aus dem Pflichtbewusstsein heraus erfolgt, eine Handlung, deren Prinzip auch verallgemeinert werden kann.

---

163 Vgl. hierzu auch die Gedanken zur evolutionsstabilen Strategie in Teil D VII.5.3.

164 Vgl. Patzig (1983), S. 154 und 156.

165 Unter diesem sittlich Guten ist ein Gutsein zu verstehen, dass nicht für irgendjemanden oder irgendwas gut ist, sondern das an sich (absolut) gut ist. Vgl. hierzu beispielsweise Höffe (1979), S. 9.

166 Eine ausführliche Diskussion des Begriffes ist u. a. zu finden bei Steigleder (1992), S. 304 ff.

Wenn ein Mensch z. B. immer die Wahrheit sagt, und zwar nicht nur deshalb, weil es für ihn so bequemer ist, sondern weil er erkannt hat, dass er seine Mitmenschen respektiert. Er also begriffen hat, dass Lügen falsch ist, dann handelt er aus einem Gefühl der Pflicht heraus und seine Handlung ist richtig. Deontologische Theorien behaupten also, dass es einige Handlungen gibt, die immer unsittlich sind, und zwar vollkommen unabhängig von ihren Folgen. Ein auf KANT zurückgehendes Beispiel: Ein Mann versteckt einen Freund, der zu Unrecht verfolgt wird. An der Tür wird er vom Verfolger gefragt, ob er seinen Freund versteckt hat. Nach KANT müsste die Antwort „Ja" lauten. Die Regel „Du sollst nicht Lügen!" entspricht dem kategorischen Imperativ, da durchaus jeder wollen kann, dass andere immer wahrhaftig sind und niemals lügen.[167]

I.1.3 Probleme der deontologischen Ethik

Allerdings verbleiben zumindest noch zwei Probleme.[168] Einerseits ist KANT folgend eine moralische Handlung, sofern sie nicht aus Pflichttreue erfolgt, keine moralische Handlung. Andererseits bleibt das (möglicherweise auch unerwünschte) Ergebnis der pflichtgemäßen Handlung einer moralischen Bewertung verschlossen, sofern es sich um eine Handlung handelt, die als solche moralisch oder sittlich gut angesehen wird.

In der Praxis spielen die Überlegungen über mögliche Folgen unterschiedlicher Handlungsalternativen bei der Beurteilung der moralischen Qualität einer Handlung durchaus eine Rolle. Der Handelnde versucht, aufgrund seiner Erfahrung, voraussehbare Folgen seiner Handlungen zu ermitteln. Dass, was für den Einzelnen absehbar wird, hängt dann im einzelnen von seinem Wissen, von seiner Erfahrung und von der Gründlichkeit seiner Überlegungen ab.[169] Die reine Gesinnungsethik – im Sinne KANTS – berücksichtigt die Folgen einer Handlung nicht oder nur unzureichend.[170] Genau diese Folgen sind es aber, die für den von einer Handlung Betroffenen entscheidend sind.

Die Gesinnung des Handelnden mag noch so gut sein, wenn die gemäß seiner Auffassung sittliche Handlung für eine andere Person negative Auswirkungen hat. In diesem Fall werden die Konsequenzen auch durch die Überzeugung, sittlich gehandelt zu haben, nicht weniger negativ.[171]

---

167 Vgl. Kant (1969) S. 423-430. Vgl. hierzu und zum folgenden auch Horn (1996), S. 46 f.

168 Wohlwissend, dass es für Kollegen der Fachdisziplin sicherlich mehr sind.

169 Vgl. hierzu auch Teil C III.3.

170 Wenngleich an dieser Stelle eingewendet werden kann, dass der kategorische Imperativ bereits impliziert die Folgen einer Handlung zu bedenken.

171 Andererseits würde man natürlich auch den Handelnden ungerecht beurteilen, wenn man ihm nur die Konsequenzen der Handlung vorhält, und seine Gesinnung außer Acht lässt.

Zunächst bleiben zwei Fragen offen: Wie kann die moralische Qualität einer Handlung ermittelt werden, ohne die Handlungsfolgen zu berücksichtigen? Und wie ist die Prüfung der Verallgemeinerung einer Maxime ohne Kenntnis ihrer praktischen Konsequenzen möglich. Hinzu tritt ein weiteres Problem: Aufgrund der hohen Komplexität moderner Gesellschaften ist es häufig gar nicht bzw. nur sehr schwer möglich, den Zusammenhang zwischen einer bestimmten Handlung und den direkt und indirekt entstehenden Handlungsfolgen festzustellen.[172] Erschwerend ist zu berücksichtigen, dass es in vielen Fällen nicht leicht fällt, die individuelle Zurechenbarkeit der Handlungsfolgen zu ermöglichen. Ein Mensch, der sich – im Sinne KANTS – also tugendhaft verhält, läuft ferner Gefahr von den anderen ausgebeutet zu werden.[173] Auf den Punkt gebracht: Eine reine Gesinnungs- oder Pflichtethik und ihre sittliche Umsetzung stellt hohe Ansprüche an die moralische Integrität der einzelnen Individuen. Denn ein Mensch, der sich im Sinne KANTS sittlich verhält, tut dies auch dann, wenn die anderen dies nicht tun und er die negativen Auswirkungen zu tragen hat.

I.2 „Das Ergebnis zählt!“

I.2.1 Der Utilitarismus – Teleologische Ethik

Die reine Pflichtethik spart die Folgen einer Handlung aus. Demgegenüber rückt die *Verantwortungs-*, *Vernunft-* oder auch *konsequentialistische Ethik* die Handlungsfolgen in den Vordergrund der moralischen Beurteilung. Im Rahmen dieser teleologischen Ethik werden bei jeder Handlung sowohl die direkte und kurzfristige Auswirkung als auch mögliche und längerfristige Nebenwirkungen berücksichtigt. Dieser Ansatz fragt also nicht unmittelbar danach, welche allgemein verbindlichen und unveränderlichen moralischen Regeln bestehen. Welches Verhalten man an den Tag legen muss, um sich ihnen gemäß sittlich zu verhalten. Er zielt vielmehr darauf ab, zu beurteilen, inwiefern Handlungen bei gegebenen Handlungsumständen dazu in der Lage sind, bestimmte Ziele zu realisieren. In den Vordergrund der moralischen Betrachtung rückt bei den konsequentialistischen Theorien der Wert des Handlungsresultates. Eine Handlung gilt hiernach also dann als moralisch, und ist demgemäß durchzuführen, wenn das Ziel, das sie anstrebt, als sittlich gut beurteilt werden kann. Der sicherlich bekannteste (und Ökonomen auch zugänglichste) Vertreter einer teleologischen Theorie ist der Utilitarismus (Utilität = Nützlichkeit).[174] Von einer detaillierten Unterscheidung zwischen Akt- und Regel-Utilitarismus soll hier abgesehen werden. An

---

[172] Vgl. zu dieser Problematik auch Teil D I.2.

[173] Vgl. Koslowski (1994), S. 140.

[174] Der Utilitarismus wurde 1789 von Jeremy Bentham in seiner *Introduction to the Theory of Morals and Legislation* begründet, und von John Stuart Mill im Jahr 1863 in seinem *Utilitarianism* verfeinert.

dieser Stelle nur soviel: *Regel-Utilitaristen* vertreten die Meinung, dass es bestimmte Regeln oder moralische Normen gibt (z. B.: „Sag die Wahrheit!"), die eingehalten werden müssen, um den Gesamtnutzen zu mehren. Vertreter eines *Akt-Utilitarismus* sehen Regeln als Richtlinien an, die im Zweifelsfall aufgegeben werden können, sofern der resultierende Nettonutzen durch den Bruch der Regel vergrößert wird.[175]

I.2.1.1 Die Grundsätze utilitaristischer Ethik

Sieht man von diesen unterschiedlichen Strömungen innerhalb der utilitaristischen Theorie ab, kann man folgende Gemeinsamkeiten anführen.[176] Es handelt sich um:

- Das *Konsequenzenprinzip*, d. h. die sittliche Qualität einer Handlung, oder bestimmter Handlungsregeln ergibt sich aus den resultierenden Folgen.[177]
- Das *Utilitätsprinzip*, d. h. die Folgen einer Handlung werden anhand des entstehenden Nutzens gewertet.
- Das *Hedonismusprinzip*, d. h. der Nutzen drückt sich aus in der Erfüllung menschlicher Bedürfnisse.
- Das Prinzip der *universellen Geltung*, d. h. für die Beurteilung einer Handlung als moralisch oder unmoralisch ist nicht das Glück des Handelnden relevant, sondern das Glück aller von der entsprechenden Handlung Betroffenen.

Bereits an dieser Stelle soll darauf hingewiesen werden, dass der Utilitarismus nichts mit Egoismus[178] zu tun hat, denn der Utilitarismus fordert nicht, dass ein einzelnes Individuum sein eigenes Glück maximieren soll.

---

[175] Vgl. hierzu u. a. bei Wolf (1994), S. 95 ff. Auch bei Pieper (1991), S. 237 ff.

[176] Vgl. zum folgenden Karmasin (1996), S. 30 f.

[177] Vgl. zur Kritik dieser Position beispielsweise bei Hayek (1994), S. 221, Anmerkung 117. Ebenfalls zu finden bei Hayek (1996a), S. 72.

[178] Vgl. hierzu Höffe (1992), S. 202. Als Vertreter einer egoistischen Ethik kann MAX STIRNER angeführt werden. Siehe hierzu Stirner (1972), z. B: S. 358. „Mein Verkehr mit der Welt besteht darin, dass Ich sie genieße und so sie zu meinem Selbstgenuss verbrauche." Während die utilitaristische Moralvorstellung also das Wohl anderer Menschen in ihre Betrachtung mit einschließt, bezieht sich die sogenannte egoistische Ethik nur auf das langfristige Wohlergehen eines einzelnen Individuums oder einer Gruppe. Vgl. hierzu auch Höffe (1992), S. 202. Es handelt sich hierbei um eine selbstinteressierte Ausrichtung der Handlung, auf die Befriedigung der eigenen Wünsche und Bedürfnisse. Während der Utilitarismus die Zurückstellung eigener Interessen hinnimmt, ist dies im Rahmen einer egoistischen Ethik nicht möglich. Ob in diesem Sinne überhaupt von einer Ethik gesprochen werden kann, sei dahingestellt.

I.2.1.2 Die Konzeption utilitaristischer Ethik

Der wesentliche Grundgedanke der utilitaristischen Theorie ist der, dass man alle Güter, die sich ein Mensch wünschen kann, in zwei Gruppen aufteilen kann. Die erste Kategorie enthält solche Dinge, die ein Mensch wünscht, um mit ihrer Hilfe bestimmte Ziele zu realisieren. Es handelt sich also um Güter, die einen instrumentellen Charakter haben. Zu denken ist hier z. B. an Geld, Vermögen o. ä. Bei der zweiten Gütergruppe handelt es sich um solche Dinge, die von Menschen ihrer selbst willen gewünscht werden, sie werden als intrinsische Güter bezeichnet. Nach utilitaristischer Sicht stellt nun Glück das höchste intrinsische Gut dar, da Glück allein nicht nur Mittel zum Zweck ist. Vielmehr stellt Glück das Ziel der Menschen dar. Alle anderen Güter sind nur Mittel um einen Zustand des Glückes zu ermöglichen.[179]

Nach utilitaristischer Auffassung sind Handlungen also dann moralisch richtig, sofern sie „ ... die Tendenz haben, Glück zu befördern, und insoweit moralisch falsch, als sie die Tendenz haben, das Gegenteil von Glück zu bewirken."[180] Das Glück oder die Wohlfahrt der Gesellschaft ergibt sich nach utilitaristischer Denkweise als Gesamtsumme der Glücksempfindungen der einzelnen Gesellschaftsmitglieder, wobei die einzelnen Gesellschaftsmitglieder mit gleicher Gewichtung in die Betrachtung eingehen. Sofern eine Person also eine Entscheidung zu treffen hat, muss sie – nach utilitaristischer Anschauung – jede in Betracht kommende Handlungsalternative prüfen. Die Prüfung hat dahingehend zu erfolgen, dass der mögliche Umfang an Glück und Unglück, der für die – direkt oder indirekt – Betroffenen aus der Handlung entstehen kann, ermittelt wird. Die moralisch richtige Handlung bzw. Regel ist dann diejenige, die per Saldo den größten Zuwachs an Glück erbringt.[181]

Kritisiert wurde dieser utilitaristische Standpunkt insbesondere wegen der Verwendung der Begriffe Glück [happiness][182] und Unglück [unhapiness]. Wobei der wohl prominenteste Vertreter utilitaristischer Gedanken JOHN STUART MILL unter Glück Lust [pleasure] und das Freisein von Unlust [pain] versteht. Un-

---

179 Vgl. auch bei Mill (1976), S.21.

180 Mill (1976), S. 13.

181 An dieser Stelle freut sich der Ökonom!

182 Zu relevanten Größen die sich auf das Wohlempfinden der Menschen auswirken vgl. auch die empirische Studie von Frey und Stutzer. Sie kommen beispielsweise zu dem Ergebnis, dass direkte Demokratie und Föderalismus das „Glücksempfinden" positiv beeinflussen. Daneben treten die folgenden (individuellen) Determinanten in den Vordergrund: Arbeitslosigkeit, Einkommen und Bildung. Berücksichtigt wird allerdings auch die Inflationsrate, sowie die Arbeitslosenquote. Vgl. hierzu Frey und Stutzer (2000), S. 159.

glück [unhapiness] bedeutet hierbei Unlust und das Fehlen von Lust.[183] Ein Leben, so die Kritik, welches allein nach der Mehrung von Lust bzw. der Vermeidung von Unlust strebt und keine höheren oder edleren Ziele hat, sei – so der Vorwurf – verwerflich. Lässt man MILL seine Vorstellung des Prinzips *des größten Glücks für die größte Zahl* jedoch konkretisieren, wird das Bild utilitaristischer Moral deutlicher. MILL zielt mit seiner Vorstellung utilitaristischer Moral nicht nur auf jene Handlungsregeln und Handlungsvorschriften ab, die Vermeidung von Unlust bzw. die quantitative und *qualitative*[184] Mehrung des Glücks für eine einzelne Person ermöglichen. Im Gegenteil er will diese Vorstellung für die gesamte Menschheit verstanden wissen. Ebenso, sofern es irgendwie möglich ist, auch für die gesamte fühlende Natur. Denn der Utilitarismus zielt nicht nur auf das größte Glück eines Einzelnen, sondern auf das größte Glück überhaupt.[185] MILL fordert im Geist dieser Nützlichkeitsethik, dass durch Gesetze und Erziehung die Interessen jedes Einzelnen mit den Interessen der Gesamtheit in Einklang gebracht werden müssen.[186] Reiner Egoismus wird in der utilitaristischen Theorie ausgeschlossen, denn der Mensch soll seine Gesinnung so ausrichten:

> „... daß er nicht nur unfähig wird, die Möglichkeit eines Glücks für sich selbst mit einer Handlungsweise, die dem Gemeinwohl zuwider ist, zusammenzudenken, sondern auch so, daß ein unmittelbares Motiv zur Förderung des allgemeinen Wohl in jedem einzelnen einer der gewohnheitsmäßigen Handlungsantriebe wird und die damit verbundenen Gefühle und Gesinnungen im Bewußtsein jedes Menschen einen hervorragenden Platz einnehmen."[187]

I.2.2 Probleme des Utilitarismus und der teleologischen Ethik

Dennoch hat auch der Utilitarismus in mancher Hinsicht Schwächen. Hier stellt sich zunächst ein empirisches Problem. Um die Folgen einer Handlung bewerten zu können, muss es zunächst möglich sein, die resultierenden Konsequenzen einer Handlung und ihren Einfluss auf die Wohlfahrt der Betroffenen zu ermitteln. Damit zusammenhängend stellt sich die Frage, welche Folgen beurteilt werden sollen, nur die absichtlichen Hauptfolgen oder auch (möglicherweise) unbeabsichtigte Nebenwirkungen der Handlung? Offen bleibt weiter, mit welchen Kriterien die quantitative Wertung des Glücks erfolgen soll. Welcher Zu-

---

183 Vgl. Mill (1976), S. 13.

184 Qualitativ bedeutet an dieser Stelle, dass nicht nur ein Mehr oder Weniger an Glück, Lust etc. in die Betrachtung der Handlungsfolgen eingehen soll, sondern auch die Beurteilung ob eine Handlung z. B. besser oder schlechter ist als eine andere. Mill hierzu: „Die Anerkennung der Tatsache, daß einige Arten der Freude wünschenswerter und wertvoller sind als andere, ist mit dem Nützlichkeitsprinzip durchaus vereinbar." Mill (1976), S. 15.

185 Vgl. Mill (1976), S. 21.

186 Vgl. Mill (1976), S. 30 f.

187 Mill (1976), S. 31.

stand soll vorgezogen oder angestrebt werden? Ein Zustand, in dem eine relativ große Gesellschaft ein eher mäßig glückliches Leben führt, oder ein Zustand in dem eine relativ kleine Gesellschaft ein sehr vom Glück begünstigtes Leben führt? Ebenfalls unklar ist die Frage der Verteilung des Glücks. Welcher Situation ist der Vorrang zu geben? Einem Zustand, in dem zehn von hundert Gesellschaftsmitgliedern glückselig sind, und die restlichen neunzig Personen sehr bekümmert, oder eine Situation, in der alle Mitglieder der Gesellschaft weniger aber gleich glücklich sind? Schließlich würde der Utilitarismus im Zweifelsfall die Opferung einzelner Menschen tolerieren, sofern hierdurch das Wohl der Gesamtheit gefördert würde. Wer aber entscheidet in solch einer Situation, wer geopfert werden soll und wie soll festgestellt werden, ob und wie stark hierdurch die gesellschaftliche Wohlfahrt steigt?

I.3 „Gesinnung oder Verantwortung?“

Eine etwas modernere Abgrenzung ist die auf MAX WEBER zurückgehende Unterscheidung zwischen *Gesinnungsethik* und *Verantwortungsethik*.[188] Für Weber handelt der Gesinnungsethiker (deontologische Ethik) nur aufgrund verinnerlichter Normen, Werte oder Grundsätze. Er berücksichtigt die (möglichen) Folgen seiner Handlung nicht. Der Gesinnungsethiker handelt unter dem unbedingten Anspruch, dass – seiner Meinung nach – „Gute“ zu wollen. Im Gegensatz hierzu, handelt ein Mensch, dessen Maxime verantwortungsethisch ausgerichtet sind so, dass er die möglichen Folgen seiner Handlung bedenkt und verantwortet. Der Verantwortungsethiker (teleologische Ethik) beurteilt die Sittlichkeit seines Handelns also nicht mit Hilfe seiner subjektiven Intention, das „Gute“ zu wollen, sondern anhand der feststellbaren Ergebnisse der Handlung. In WEBERS Worten:

> „... es ist ein abgrundtiefer Gegensatz, ob man unter der gesinnungsethischen Maxime handelt – religiös geredet »der Christ tut recht und stellt den Erfolg Gott anheim«, oder unter der verantwortungsethischen: daß man für die (voraussehbaren) Folgen seines Handelns aufzukommen hat.“[189]

Womit freilich nicht zum Ausdruck gebracht werden soll, dass die Gesinnungsethik mit Verantwortungslosigkeit gleichzusetzen ist, oder dass Verantwortungsethik mit Gesinnungslosigkeit identisch ist.[190] Allerdings hat ein Mensch der gesinnungsethisch handelt, mit dem Problem zu kämpfen, dass er dies entweder ganz unterlässt, oder aber die Folgen der Handlung anderen Personen anlastet. Der Gesinnungsethiker lässt außer Acht, dass die Realisierung „guter“ Ziele

---

188 Vgl. Weber (1992), S. 70.
189 Weber (1992), S. 70.
190 Vgl. Weber (1992), S. 70.

häufig nur mit moralisch bedenklichen Mitteln realisierbar, bzw. mit negativen Begleitumständen verbunden sind.[191] Darüber hinaus ist weiter fraglich, ob das von ihm angestrebte Ziel überhaupt möglich ist. Die Gesinnungsethik scheitert nach WEBER genau an diesem Punkt. Denn welche Ethik kann festlegen wann und in welchem Umfang ein subjektiv als gut empfundenes und angestrebtes Ziel sittlich schlechte Mittel rechtfertigt.[192]

Auf der anderen Seite kämpft der Verantwortungsethiker mit dem Problem, dass jede Handlung sowohl vorhersehbare als auch unvorhersehbare Nebenwirkungen nach sich zieht. Hier stellt sich also ein Bewertungsproblem, denn welche Nebenwirkungen sollen in Kauf genommen werden und welche nicht? Inwiefern sind die relevanten Nebenwirkungen überhaupt vorhersehbar? Dieses Problem wird insbesondere durch die zunehmende Interdependenz in modernen Gesellschaften verschärft. Denn angesichts der wachsenden Interaktionen erscheint es zweifelhaft, dass ein einzelner Mensch alle Handlungsfolgen abschätzen und bei seiner Handlung berücksichtigen kann.

I.4 Ein abschließender Vergleich

Anhand zweier Beispiele wird im Folgenden abschließend ein Vergleich zwischen der deontologischen Ethik kantianischer (oder gesinnungsethischer Prägung) und der teleologischen Ethik utilitaristischer (oder verantwortungsethischer) Provenienz durchgeführt.

I.4.1 Tötung

Die Antwort auf die Frage, ob Tötung moralisch gerechtfertigt werden kann, wird je nach ethischem Standpunkt unterschiedlich ausfallen. Mit der teleologischen Theorie des Utilitarismus z. B. kann die Frage durchaus bejaht werden. So im Falle des Tyrannenmordes, oder wenn es z. B. in einer Notlage notwendig ist, Geiselnehmer zu töten, um die Geiseln zu befreien. Unzweifelhaft kann in solch einer Situation argumentiert werden, dass hierdurch das Glück der Gesellschaft,[193] bzw. der Geiseln[194] gesteigert werden kann. Beziehungsweise, dass in

---

191 Vgl. Weber (1992), S. 71.

192 Vgl. Weber (1992), S. 72. Patzig entschärft dieses Problem zum Teil. Er weist darauf hin, dass Handlungen immer innerhalb eines konkreten Situationsrahmens stattfinden. In unterschiedlichen Situationen können verschiedenartige moralische Forderungen in Konkurrenz zueinander stehen. Nach Patzigs Ansicht gilt beispielsweise das Wahrheitsgebot nicht absolut, sondern nur, sofern keine übergreifenden Gesichtspunkte zu berücksichtigen sind. Daher nimmt ein Akteur der lügt, dann keine sittliche Schuld auf sich, wenn er einer dringenderen moralischen Verpflichtung nachkommt. Vgl. Patzig (1994), S. 170.

193 Sofern nicht ein neuer Diktator den Platz des alten einnimmt.

194 Sofern hierdurch nur der Geiselnehmer beseitigt wird.

dieser Situation die – sonst – unmoralische Tötung eines Menschen einem guten Zweck dient und daher Notwehr darstellt. In beiden Fällen würde eine deontologische Ethik dies mit der normativen Forderung: „Du sollst nicht töten!“ verneinen, und zwar unabhängig davon, ob durch diese Handlung der Zustand der Welt verbessert wird oder nicht. Der guten Gesinnung bzw. der Pflicht nicht zu töten wird der Vorrang eingeräumt.

I.4.2 Freifahrerverhalten

Eine Ökonomen hinreichend bekannte Fragestellung, stellt das Problem des Schwarzfahrers dar. Spielen wir die obige Problematik der Kreditbeziehungen noch einmal durch. Die Kreditnehmer stehen vor der Wahl entweder ihre Schulden ordnungsgemäß zu tilgen, oder aber das (vertragliche) Versprechen, den Kredit zu gegebener Zeit zurückzuzahlen, zu brechen.

Die Argumentation eines Teleologen könnte in dieser Situation lauten: Für den Fall, dass alle anderen ihre Kredite ordnungsgemäß tilgen besteht keinerlei Gefahr, dass entsprechende Gesetze, Kontrollen und Sanktionen verschärft werden. Folglich würden z. B. die Transaktionskosten in der Zukunft auch nicht wesentlich ansteigen. Zeichnen sich andererseits alle anderen Individuen durch eine sehr schlechte Zahlungsmoral aus, dann nützt es für die Zukunft auch nichts, wenn ich mich jetzt redlich verhalte und meine Zahlungsversprechen in Zukunft immer einhalte. Gesetze und Kontrollen werden in diesem Fall sowieso verschärft und die höheren Kosten habe auch ich dann künftig zu tragen. Er kommt also zu dem Ergebnis, dass es für ihn zulässig (und auch individuell rational) ist, seine Kredite nicht ordnungsgemäß zu tilgen. Gleichsam müsste er allerdings sowohl aus utilitaristischer Sicht als auch aus verantwortungsethischer Sicht einräumen, dass ein solcher Zustand gesellschaftlich unerwünscht ist und deshalb nicht erstrebenswert ist. Sofern er also die individuelle Sichtweise ablegt, muss er zu dem Ergebnis kommen, dass es unsittlich ist, seine Zahlungsversprechen nicht einzuhalten.

Aus deontologischer Sicht ist ein solcher Gedankengang von vornherein abzulehnen. Das Individuum wäre dazu „verpflichtet“ Versprechen und somit seine Zahlungsverpflichtungen einzuhalten. Und dies unabhängig davon, ob die anderen Mitglieder der Gesellschaft dies tun oder nicht. Im Ergebnis würde die unredliche Verhaltensweise darauf hinauslaufen, dass sich ein Individuum durch bewussten Bruch einer getroffenen Übereinkunft und auf Kosten anderer Personen persönliche Vorteile verschafft. Derjenige, der sich nicht an bestehende Regeln hält, profitiert durch sein Verhalten davon, dass sich die Mehrheit der Gesellschaftsmitglieder eben an die bestehenden Regeln hält. Es wurde bereits darauf hingewiesen, dass dieser Zustand auf Dauer nicht stabil sein kann,[195] sofern er nicht durch eine hinreichend große Anzahl von Normbefolgern bzw. von außen stabilisiert wird.

I.5 Fazit

Wie sieht es mit der Beurteilung der beiden Theorien aus, ist es möglich eine der beiden Auffassungen klar vorzuziehen? Eine Antwort fällt nicht leicht. Wie die philosophische Diskussion zeigt, ist auch jeder Repräsentant der dargestellten Theorien dazu in der Lage, die von ihm vertretene Auffassung gegenüber der Kritik der Gegenposition zu vertreten.

Der Vorteil der teleologischen Ethik gegenüber der Pflichtethik liegt m. E. darin, dass es möglich wird, die Handlungsfolgen, die sich aus der Handlung ergeben, zu bewerten.[196] Eine Handlung ist demnach dann moralisch, wenn sie zu (gesellschaftlich) erwünschten Ergebnissen führt. Sie ist unmoralisch, wenn sie sittlich nicht wünschenswerte Resultate herbeiführt. Dem genannten Vorteil der konsequentiellen Ethik steht allerdings auch ein Nachteil gegenüber. Macht man alleine das Ergebnis einer Handlung zum Maß der moralischen Beurteilung, nimmt man eine gewisse Beliebigkeit in Kauf. Denn, wie die Beispiele gezeigt haben, kann die gleiche Handlung in einem Fall als sittlich gut und in einem anderen Fall als moralisch schlecht beurteilt werden. Die Frage, die es unter ethischen Gesichtspunkten zu beantworten gilt lautet also: Welche Gründe kann ein Individuum zu einem sittlichen Verhalten bewegen, und wie kann ein Akteur sich sittlich korrekt verhalten?

II Moral – Beachtung informeller Regeln und prüfendes Denken

Die Ausführungen der beiden vorausgegangenen Abschnitte machten deutlich, dass beide ethischen Theorien nicht vollends überzeugen konnten. Unabhängig davon, ob sie wie im ersten Fall den moralischen Wert einer Handlung aufgrund des Wertes der Handlung (Deontologie) beurteilen, oder aber wie im zweiten Fall aufgrund des Wertes der Ergebnisse (Teleologie) bestimmen. Jeweils isoliert betrachtet haben beide ethischen Theoriesysteme Schwierigkeiten, wenn es um die Findung allgemeingültiger ethischer Prinzipien geht.

Sicherlich, wie schon mehrfach erwähnt, verhalten sich die meisten Menschen in einem bestimmten Sinne moralisch. Viele Menschen bekommen häufig ein schlechtes Gewissen, wenn sie durch ihr Verhalten andere Menschen ausnutzen oder schädigen. Sie richten ihre Handlungen durchaus nach der Einsicht aus,

---

195 Vgl. hierzu auch Koslowski (1994), S. 137 ff.
196 Sieht man von den bestehenden Problemen einer monetären Bewertung ab.

dass ihre eigenen Interessen nicht als alleinige Richtschnur für ihr Verhalten dienen können. Dies heißt, Menschen nehmen auch einen moralischen Standpunkt ein und berücksichtigen jedenfalls teilweise auch die Interessen der anderen. Gleichzeitig wurde ebenfalls darauf hingewiesen, dass eine latente „Gefahr" derart besteht, dass sittliche Ansprüche ihre Begründung verlieren können. Sollte es für einen Akteur keine vernünftigen Gründe geben, sich sittlich zu verhalten, müsste damit gerechnet werden, dass ein rationales Individuum moralische Hemmungen überwindet und seine eigenen Interessen in den Vordergrund stellt.

Zu hinterfragen bleibt daher, welche Motivation ein Individuum, neben seinem Pflichtgefühl oder der Nützlichkeit der Handlung überhaupt haben kann, sich moralisch zu verhalten. Denn sittliches Handeln fordert im Zweifelsfall, dass das Individuum auf die Befriedigung eigener Bedürfnisse verzichtet, und bestimmte Aktivitäten unterlässt, auch wenn sie in seinem eigenen Interesse liegen würden. Oder anders gefragt, warum ist die Zahl der Menschen, denen sittliche Überlegungen gleichgültig sind nicht viel größer? Auch wenn sich Menschen mit einer unmoralischen Vorgehensweise Vorteile verschaffen können. Welches Fundament hat Moral und wie kann man den Begriff der Moral greifbar machen und zugleich die Defizite der exemplarisch dargestellten Moralauffassungen vermeiden.

II.1 Eine Begriffsbestimmung

II.1.1 Die deskriptive Perspektive

Der Wortgebrauch stammt vom lateinischen Ausdruck „mos" ab, was mit „Sitte oder Gewohnheit" übersetzt wird.[197] Es handelt sich hierbei also um die in einer Gesellschaft eingelebten, oder von einer Person verinnerlichten Verhaltensregeln. Demgemäß wird der Begriff Moral sehr häufig als ein bestehendes Normensystem, ein Gefüge von Handlungsregeln, Maximen, Sitten, kurz die gelebte Gesinnung beschrieben. Dieses Regelsystem hat sich zum Teil durch Konvention, Tradition oder Ähnlichem entwickelt.[198] Aus der deskriptiven Perspektive sind sittliche Begriffe und damit das Wesen der Moral grundsätzlich auf ihre gesellschaftliche Funktion rückführbar.[199] So auch HAYEK:

> „Die Moralregeln sind instrumental in dem Sinn, daß sie hauptsächlich eine Hilfe für die Erreichung anderer menschlicher Werte sind; da wir jedoch nur selten wissen können, was

---

[197] Wie in Teil B II.2 bereits beschrieben.

[198] So zu finden z. B. bei Horn (1996), S. 17, Höffe (1992), S. 185 f., Pieper (1991), S. 42. Gleichermaßen bereits bei Hayek (1996a), beispielsweise S. 19, 72.

[199] Vgl. Anzenbacher (1992), S. 279 ff.

> von ihrer Befolgung im einzelnen Fall abhängt, muß diese Befolgung als ein Wert an sich angesehen werden, als eine Art Zwischenziel, das wir verfolgen müssen, ohne im besonderen nach seiner Berechtigung zu fragen."[200]

Exemplarisch können zwei weitere Beispiele einer Moraldefinition angeführt werden. So spricht der Philosoph HARMAN dann von Moral, wenn:

> „... die Moral auf die Regeln und Sitten zurückgeht, welche die Gesellschaft auf bestimmte Weise durchsetzt, eine Weise, die in verschiedenen Theorien vielleicht verschieden spezifizieren werden."[201]

Der Ökonom LESCHKE spricht z. B. von:

> „... moralischen Normen, d. h. jene[n] abstrakten Regeln, die allgemein akzeptabel erscheinen, jedoch nicht hinreichend formal-juristisch oder durch ein anderes bewußt errichtetes institutionelles Design sanktioniert werden, ... "[202]

An anderer Stelle[203] beschreibt er moralisches Handeln als ein Handeln, welches sich innerhalb von Regeln bewegt, die von den Mitgliedern der Gesellschaft als gerecht akzeptiert werden. Eine Person handelt hiernach unmoralisch, wenn sie gegen diese allgemein anerkannten Regeln verstößt und sie handelt moralisch, wenn sie sich *freiwillig* an diese Regeln hält.[204] Von diesem genuin *moralischen* Verhalten ist ein *moralkonformes* Verhalten der Individuen zu unterscheiden. Von einem moralkonformen Verhalten kann demnach dann die Rede sein, wenn eine Person entweder freiwillig moralisch handelt, aber auch dann – und das ist der Unterschied – wenn die Person sich aus Sanktionsangst an moralische Regeln hält.

Der Ansicht von LESCHKE kann an dieser Stelle – von philosophischer Warte – ein Argument entgegengehalten werden. Diese beiden Verhaltensweisen können vom Standpunkt der Moral aus inhaltlich nicht gleich beurteilt werden. Sicherlich, auf den ersten Blick scheint es relativ unerheblich, ob man sich aufgrund von rationalem Eigeninteresse oder Moralität an bestehende Regeln hält. Für einen Außenstehenden ist es häufig auch gar nicht ersichtlich, ob die begangene Handlung genuin moralisch oder *nur* moralkonform ist. Vom gesellschaftlichen Standpunkt aus ist es für ein reibungslos funktionierendes Miteinander letzten Endes auch egal, ob die Akteure sich moralisch im engeren Sinne verhalten. Oder ob sie bestehende Regeln nur aufgrund eines rationalen Kalküls einhalten.

---

200 Hayek (1991), S. 84.
201 Harman (1981), S. 112.
202 Leschke (1996), S. 77.
203 Vgl. Leschke (1996), S. 78.
204 Beziehungsweise die Individuen verinnerlichen bestimmte Regeln und sind deshalb zu einer spontanen Sanktionen von Regelbrechern bereit.

Vom sittlichen Standpunkt aus, wird die Sache allerdings dann kritisch, wenn man sich vor Augen führt, welche Motivation sich hinter der Aktivität verbirgt. Denn moralisch korrektes Verhalten zeichnet sich dadurch aus, dass eine begangene Handlung aus Moralität und (möglicherweise) einem zu Grunde gelegten Moralprinzip entspringt. Wobei an dieser Stelle nicht darauf eingegangen wird, ob dies nun deontologisch oder teleologisch begründet ist. Ist der Ursprung der Handlung jedoch allein das rationale Eigeninteresse des Handelnden, kann – nach verbreiteter Ansicht – von einem moralischen Handeln nicht die Rede sein.

Exemplarisch hierfür kann die Ansicht des Philosophen E. TUGENDHAT angeführt werden. Auch er sieht Moral als ein informelles in einer Gemeinschaft allgemein anerkanntes Normensystem an,[205] doch gleichzeitig fasst er den Begriff der Moral wesentlichen enger. Für ihn liegt die Besonderheit moralischer Vorschriften darin, dass der Verstoß gegen eine moralische Norm bei der betreffenden Person zu einer inneren Sanktion führt. Die betroffene Person aufgrund ihres unsittlichen Verhaltens ein Schamgefühl oder Vergleichbares empfindet.[206] Für die Moral ist es TUGENDHAT folgend konstitutiv, dass eine Person die eine moralische Regel bricht, vom Tadel oder der Entrüstung anderer Gesellschaftsmitglieder in ihrem „Kern" getroffen wird.[207] Dies setzt natürlich voraus, dass die Gesellschaftsmitglieder überhaupt über diesen moralischen Kern verfügen.[208] Darüber hinaus wird einen Egoisten, der über ein *„lack of moral sense"* verfügt, und der sich bewusst von der (moralischen) Gemeinschaft ausgrenzt, keine innere Sanktion treffen.[209] Einen solchen Menschen wird man aller Wahrscheinlichkeit nach auch nicht davon überzeugen können, dass es richtig ist, sittlich zu handeln. TUGENDHAT bestreitet im weiteren Gang auch nicht, dass Regeln die als sittliche angesehen werden durch äußere Sanktionen in Kraft gesetzt werden können. Allerdings wendet er sich entschieden dagegen, solche Regeln noch als moralische zu bezeichnen. Denn für jene Personen, die sich nur aufgrund ihrer staatlich sanktionierten Geltung an sie halten, stellen sie keine moralischen Normen mehr dar, sondern ganz einfach Gesetz.[210] Eine Handlung kann nach seiner Meinung also nur dann als moralische bezeichnet werden, wenn sie ihren Ur-

---

205 Vgl. Tugendhat (1992), S. 320.
206 Vgl. Tugendhat (1992), S. 321 und 325 f.
207 Vgl. Tugendhat (1984), S. 133.
208 Harman hierzu: „Diese ansonsten einleuchtende Vorstellung hat die Schwierigkeit, dass die Gesellschaft nur Prinzipien durchsetzen kann, die von den Mitgliedern der Gesellschaft allgemein akzeptiert werden; und wir alle sind uns darüber einig, daß die moralischen Vorschriften und die gesellschaftlichen Vorschriften nicht immer dieselben sind." Harman (1981), S. 73.
209 Vgl. Tugendhat (1992), S. 322.
210 Vgl. Tugendhat (1984), S. 133.

sprung in dieser inneren sittlichen Sanktion findet, in der Moralität des Menschen. Sofern die Motivation der Handlung eine andere ist, muss die entsprechend Verhaltensweise als moralkonform bezeichnet werden.

II.1.2 Die präskriptive Perspektive

Einen Schritt weiter – als dieser deskriptive Moralbegriff – geht ein Moralbegriff, den man als *präskriptiv* bezeichnen kann.[211] Hiernach wird moralisches Handeln nicht nur aus dem sozialen Kontext heraus beschrieben. Vielmehr werden bestimmte moralische Prinzipien vorgegeben und die Realisierung bestimmter Sachverhalte vorgeschrieben.[212] Anders als der bisher beschriebene Moralbegriff umfasst er also nicht nur die durch gesellschaftliche Konventionen geschaffenen Regeln und das an diesen Regeln ausgerichtete Verhalten von Menschen. Eine Person, die in einem präskriptiven Sinne eine moralische Forderung oder Regel geltend macht, nimmt explizit eine bestimmte moralische Grundhaltung ein.[213] Moralisches Handeln oder moralische Urteile sind damit gleichbedeutend mit ethisch gerechtfertigt, oder auch sittlich richtig. Moral stellt in diesem Sinn einen Ordnungsbegriff dar.[214] Die Funktion von Moralurteilen liegt darin, Richtlinien für menschliches Verhalten zur Verfügung zu stellen.[215] In diesem präskriptiven Sinn kann eine Handlung dann als sittlich bezeichnet werden, wenn sie geltenden sittlichen Normen entspricht oder sie durch bestehende moralische Regeln ethisch begründet ist. Weiter muss gewährleistet sein, dass eine Person auf die entsprechende Handlung unaufgefordert verzichtet, sofern sie davon ausgeht, dass die erste der genannten Bedingung nicht erfüllt ist.[216]

Der deskriptive Moralbegriff beschränkt sich also darauf, gesellschaftliche Normensysteme zu beschreiben und zu erklären. Die Bedeutung moralischer Regeln und ihre Anerkennung wurde in einem Erziehungs- und Sozialisierungsprozess gelernt. Der deskriptive Moralbegriff zielt nicht darauf ab Kriterien bereit zu stellen, mit deren Hilfe die moralische Qualität einer Handlung beurteilt werden kann. Er strebt es auch nicht an moralische Orientierungshilfen bereitzustellen. Demgegenüber zielt der präskriptive Moralbegriff darauf ab, solche Regeln bereitzustellen, die prinzipiell moralische Geltung haben sollen.[217]

---

211 Siehe auch Anzenbacher (1992), S. 283 ff.
212 Vgl. hierzu auch Pieper (1991), S. 217.
213 Vgl. Hare (1983), S. 44.
214 Vgl. zur Charakterisierung von Moral als Ordnungsbegriff bei Pieper (1991), S. 42.
215 Vgl. hierzu Hare (1983), S. 87.
216 Vgl. hierzu Hare (1983), S. 62 f.
217 Vgl. hierzu auch Pieper (1991), S. 217 f.

Der Begriff der Moral wird im Rahmen der präskriptiven Perspektive nicht aus seiner empirischen und faktischen Geltung beschrieben, sondern durch seine ethisch begründbare und normative Gültigkeit.[218]

II.2 Fazit

Halten wir abschließend fest: Moral ist durch folgende Aspekte gekennzeichnet:

- Sie ist auf Regeln und Sitten zurückzuführen, die in einer Gesellschaft gelten.
- Diese Regeln und Sitten sind nicht institutionell verankert.
- Ihre Geltung wird auf bestimmte Art und Weise durchgesetzt.[219]
- Unmoralisches Handeln wird nicht institutionell sanktioniert.

Im Weiteren wird unter moralischem Handeln ein Handeln verstanden, welches die folgenden Kriterien erfüllt.[220] Moralisches Handeln ist ein Handeln, das sich innerhalb eines allgemein anerkannten Regelwerks bewegt. Diese Regeln werden von der Mehrzahl der Gesellschaftsmitglieder als gerecht akzeptiert. Eine Person verhält sich in diesem Sinne moralisch, wenn sie im Rahmen einer kritischen Reflexion (Prinzip der *Moralität*) diese gemeinsam geteilte Auffassung berücksichtigt. Sie sich ferner in relevanten Situationen *freiwillig* an diese Normen hält, sofern sie – sei dies nun deontologisch oder teleologisch begründet –[221] ihr guten Gewissens zustimmen kann. Eine Handlung als solche ist nicht genuin moralisch. Sie erhält ihren moralischen Status durch die Bewertung aus dem Blickwinkel der Moralität. Einer moralischen Handlung geht immer eine moralische Bewertung und sittliche Entscheidung voraus.[222] Neben dieser sittlichen Haltung gibt es den eigeninteressierten Standpunkt des Menschen. Sittliche Entscheidungen stellen eine Abwägung zwischen diesen beiden Gesichtspunkten dar.[223]

---

218 Vgl. hierzu Hare (1983), S. 31 f.

219 Die genauere Ausgestaltung und Spezifikation erfolgt in unterschiedlichen Theorien mehr oder weniger stark voneinander abweichend.

220 Wohlwissend, dass es sich hierbei schon um eine sehr milde Auffassung von sittlichem Verhalten handelt.

221 Es wurde bereits gezeigt, dass weder die Pflicht, noch dass Ergebnis allein die Moralität einer Handlung begründen kann. Eine einfache Kombination jedoch scheint dazu geeignet. Man kann sich fragen, ob man ein bestimmtes Verhalten oder Resultat verallgemeinert wissen will.

222 Vgl. auch Hamberger (1996), S. 104.

223 Vgl. Hamberger (1996), S. 104.

„Moralische Handlungen sui generis gibt es nicht. Moralisch werden Handlungen durch Bewertungen von gewöhnlichen Handlungen.“[224] Eine wie auch immer bestimmte oder begründete Moral bleibt jedoch rein akademisch, wenn sie nicht umgesetzt wird. Im folgenden Abschnitt wird sich zeigen, dass bereits eine „weiche“ Auffassung von Moral gewisse Realisierungsprobleme aufweisen kann. Eine wichtige Bedingung für die Verwirklichung von Moral ist die Freiheit. Ein unfreies Individuum kann nicht moralisch oder unmoralisch han-deln. Gleichzeitig wird man einem unfreien Akteur auch keine sittliche Verant-wortung für seine Handlungen zu sprechen.

III Freiheit als Voraussetzung moralischen Handelns

Der Mensch ist frei geboren, und dennoch ist er überall in Ketten.
Jean-Jacques Rousseau

III.1 Willensfreiheit

Wann kann eine bestimmte Handlung als sittlich oder unsittlich beurteilt werden, und wann kann dem Handelnden eine moralische (oder auch juristische) Verantwortung für seine Handlung zugesprochen werden? Die philosophische Literatur nennt als wesentliche Voraussetzung für die moralische Verantwortung einer Person die Freiheit des Individuums. Die menschliche Freiheit kann sich auf unterschiedliche Bereiche erstrecken. Zunächst bezeichnet der Begriff der Willensfreiheit die Fähigkeit eines Menschen, aus eigenem und freiem Willen Entscheidungen zu treffen. Diese Willensfreiheit ist immer dann gegeben, wenn ein Mensch, sich ungezwungen und eigenbestimmt seinen eigenen Willen und seine eigenen Ziele bilden kann. Der Mensch muss frei von Zwängen irgendwelcher Art so handeln können, wie er selbst will.[225] Die moralische Be- oder Verurteilung einer Handlung setzt also notwendigerweise voraus, dass der Handelnde in einer bestimmten Situation auch hätte anders handeln können als er es in dieser Lage getan hat. In dem Fall, in dem eine moralische Verurteilung erfolgt, bedeutet dies, dass er entgegen seiner tatsächlichen Handlung auch moralisch hätte handeln können.

---

224 Priddat (1994), S. 264.

225 Siehe hierzu z. B. bei Ricken (1998), S. 173 ff. Ausführliche Darstellungen dieses Problems sind u. a. auch zu finden bei Mackie (1989), S. 257-289, auch bei Tugendhat (1992), S. 334-351.

Sofern eine Person ihre Entscheidung nicht frei und ohne Zwang treffen kann, kann man ihre Entscheidung auch als unfreiwillig bezeichnen.[226] Die Zuweisung moralischer Verantwortung für die Handlung ist in diesem Fall zumindest stark zweifelhaft.[227]

Das Problem der Willensfreiheit kann unter zwei verschiedenen Aspekten betrachtet werden. Es handelt sich hierbei um die *äußere* und die *innere Autonomie*.[228] Eine Person ist von äußeren Einflüssen dann frei, sofern sie ihre Aktivitäten ohne die Machtausübung anderer Personen oder Institutionen (z. B. den Staat) frei wählen kann.[229] Wird eine Person unmittelbar durch Zwang oder Drohung, d. h. die Anwendung physischer oder psychischer Gewalt in der Wahl ihres Wollens (ihrer Ziele) behindert, dann wählt der Handelnde nicht freiwillig oder absichtlich. Vielmehr wird ihm ein fremder Wille von außen aufgezwungen.[230] So wird man beispielsweise einer Person, auf die eine Waffe gerichtet ist, und die durch diese Drohung zu einer Handlung gezwungen wird – die sie unter normalen Umständen nie begangen hätte – keine Schuld anlasten.[231]

Der zweite Aspekt ist der der inneren Freiheit oder Autonomie. Während die inhaltliche Beschreibung der äußeren Freiheit keinerlei Schwierigkeiten bereitet, verhält es sich mit dem Begriff der inneren Freiheit ungleich komplexer. Das Problem der inneren Autonomie wird als eine der wichtigsten philosophischen

---

226 Bezogen auf die juristische Verantwortung berücksichtigt auch das deutsche Strafgesetzbuch z. B. in Paragraph 34 solche Situationen. Dort heißt es: „Wer in einer gegenwärtigen, nicht anders abwendbaren Gefahr für Leben, Leib, Freiheit, Ehre, Eigentum oder ein anderes Rechtsgut eine Tat begeht, um die Gefahr von sich oder einem anderen abzuwenden, handelt nicht rechtswidrig, wenn bei Abwägung der widerstreitenden Interessen, namentlich der betroffenen Rechtsgüter und des Grades der ihnen drohenden Gefahren, das geschützte Interesse das beeinträchtigte wesentlich überwiegt."

227 Vgl. zu diesem Punkt schon Aristoteles. Aristoteles (1991), S. 149. Eine etwas andere Auffassung vertritt Koslowski, wenn er schreibt: „Dabei spielt es keine Rolle, ob die Handlung in voller Willensfreiheit und Autonomie vollzogen wurde oder nur Tendenzen vollendet und Einflüsse oder Entwicklungen aufgenommen hat. Entscheidend ist: ohne den willentlich Handelnden wäre die Wirklichkeit anders verlaufen." Koslowski (1994), S. 253.

228 Vgl. Tugendhat (1992), S. 334 f.

229 Zunehmende staatliche Regulierungen stellen also auch ein moralisches Problem dar. Die einzelnen Individuen werden in ihrer Autonomie eingeschränkt.

230 Vgl. auch Hamberger (1996), S. 15.

231 Wenngleich es natürlich durchaus möglich ist, dass sich die Person selbst moralische Schuld zusprechen kann, dass sie in dieser Situation so gehandelt hat. Sie kann sich selbst vorwerfen, dass sie aus Angst eine sittlich verwerfliche Tat begangen hat. Diesen Punkt sieht wohl auch Kant, denn er räumt dem Menschen auch in dieser Situation die Möglichkeit ein, die geforderte Handlung zu unterlassen, da der Mensch die Folter oder Qual aushalten kann. Vgl. Kant (1991), S. 39.

Probleme angesehen. Eine detailliertere Betrachtung würde an dieser Stelle jedoch zu weit führen.[232] Nur soviel: Ob ein Mensch in seinem Innern autonom ist, hängt stark mit der Frage zusammen, ob er im Moment seiner Willensbildung zurechnungsfähig ist,[233] oder ob sein Wille durch innere Zwänge bestimmt wird. Moralische Verantwortlichkeit setzt also auch in diesem Sinne voraus, dass die Entscheidung einer Person als solche moralisch hätte ausfallen können. Zurechnungsfähigkeit meint, dass eine Person persönlich für ihr Handeln, bzw. Nichthandeln verantwortlich zu machen ist. Dies bedeutet nichts anderes, als dass sie im Moment ihrer Entscheidung urteilsfähig war. Einem Geisteskranken wird man demgemäß keine Verantwortung für seine Entscheidungen zusprechen.[234] Für den weiteren Gang der Untersuchung bedeutet dies: Menschen, die sich gemäß der ökonomischen Theorie individuell rational verhalten, können nicht in diese Kategorie eingeordnet werden. Ein Akteur, der z. B. illegal Sondermüll entsorgt, oder eine Person die Steuern hinterzieht, wird dies – im Regelfall – nicht aufgrund irgendwelcher inneren, psychischen Zwänge tun. Vielmehr ist davon auszugehen, dass er dies – sofern Unkenntnis ausgeschlossen ist und die ökonomische Verhaltensmaxime Geltung hat – zurechnungsfähig und im Bewusstsein einer möglichen Strafe tut.

III.2 Determinismus

Ein denkbarer Extremfall, und das genaue Gegenteil der völligen Willensfreiheit wäre ein Zustand, in dem das menschliche Verhalten vollständig *determiniert* ist. Die Vorstellung, die hinter dieser Ansicht steht, ist die, dass der Wille des Menschen letztlich vollkommen durch äußere Einflüsse bestimmt ist. Zu denken ist beispielsweise an Naturgesetze, die genetische Ausstattung des Menschen, und/oder innere Impulse (z. B. Triebe, Zwang, Leidenschaft oder Ähnliches).[235] Wenn der Determinismus also zutrifft, dann wäre die Rede von einem menschlichen Willen unsinnig. Der Mensch und sein Charakter ist z. B. aufgrund seiner genetischen Ausstattung, seiner Erziehung oder sonstiger Einflüsse in seinen Willensentschlüssen unfrei.

---

232 Vgl. zu einer ausführlichen Darstellung des Problems u. a. bei Tugendhat (1992), S. 334 ff und die dort angegebene weiterführende Literatur.

233 Vgl. Tugendhat, (1992), S. 336.

234 Vgl. auch Strafgesetzbuch Paragraph 20: „Ohne Schuld handelt, wer bei Begehung der Tat wegen einer krankhaften seelischen Störung, wegen einer tiefgreifenden Bewußtseinsstörung oder wegen Schwachsinns oder einer schweren anderen seelischen Abartigkeit unfähig ist, das Unrecht der Tat einzusehen oder nach dieser Einsicht zu handeln." Von einem möglichen Missbrauch dieser Regelung sei abgesehen.

235 Vgl. hierzu Pieper (1991), S. 136 f. Auch bei Hare (1983), S. 80 f. Auf eine weitergehende Differenzierung in „weichen und harten" Determinismus soll an dieser Stelle verzichtet werden. Zur Kritik dieser Auffassung siehe auch bei Hare (1983), S. 80 f.

Führt man diesen Gedanken weiter, bedeutet dies nichts anderes, als dass ein Mensch in einer beliebigen Situation gar nicht anders entscheiden und handeln kann, als er eben in dieser Situation entscheidet und handelt. Sein Wollen und die Wahl einer Handlung ist für ihn bereits vorherbestimmt. Die Konsequenz: Sofern man das Verhalten eines Menschen in der Vergangenheit vollständig erklären kann, ist es möglich sein Verhalten in der Zukunft vorherzusehen.[236] Im Ergebnis könnte die Person also für ihre Entscheidungen und Handlungen nicht verantwortlich gemacht werden, da sie bereits fremdbestimmt festgelegt sind.[237] Ist das menschliche Denken und somit auch das Handeln für zukünftige Ereignisse schon bestimmt, dann wäre der Mensch, von einem objektiven Standpunkt aus betrachtet, für seine Handlungen nicht verantwortlich zu machen.[238] In diesem Fall führt er sozusagen zwanghaft Dinge aus, und ist nicht wirklich frei. Moralische Urteile über das Verhalten eines Individuums sind in so einer Welt deplaziert.[239] Willensfreiheit meint daher, dass der Wille einer Person sich ohne inneren und/oder äußeren Zwang frei und autonom bilden kann. Dass die Person sich selbst entscheiden kann, wie sie handeln will, und das sie schließlich auch so handelt, wie sie selbst es will.[240]

III.3 Die Freiheit des Willens ist gegeben – Ein ökonomisches Beispiel

Wie verhält es sich mit der moralischen Verantwortung einer Person in Fällen, die zwischen den beiden genannten Extremfällen – vollkommene Willensfreiheit bzw. vollständige Determination – liegen? Beispielsweise sind Situationen denkbar, in denen zwar keine unmittelbare Bedrohung durch körperlichen Zwang besteht, eine Person sich aufgrund einer Krise oder sonstigen Bedrohung jedoch in einer Zwangslage befindet. In der Regel verbleiben der betroffenen Person in

---

236 Vgl. Koslowski (1994), S. 253. Gegen diese Auffassung verwahrt sich auch Hayek, wenn er schreibt: „Die individuelle Persönlichkeit würde für uns das gleiche einzigartige und unberechenbare Phänomen bleiben, das wir, so mögen wir hoffen, durch empirische Praktiken wie Lob und Tadel so beeinflussen, dass es sich in eine gewünschte Richtung bewegt, dessen individuelle Handlungen wir aber im allgemeinen nicht voraussagen oder kontrollieren können, weil wir die Informationen über alle die konkreten Tatsachen, die es bestimmen, nicht erhalten können." Hayek (1972), S. 30.

237 „Eine letzte Frage bleibt offen: die Frage, ob wir letztlich für irgendeine unserer Handlungen verantwortlich sind. Ich möchte diese Frage so formulieren: Wie kann jemand für seine Handlungen verantwortlich sein, da diese doch aus einem Charakter entspringen, der durch Faktoren – zu einem gewissen Teil Erbfaktoren, zum größten Teil jedoch Faktoren, die der frühkindlichen Umwelt entstammen – geprägt, geformt und zu dem, was er ist, gemacht worden ist, durch Faktoren, die er nicht selbst gemacht und die er sich nicht selbst ausgesucht hat?" Hospers (1976), S. 330.

238 Vgl. hierzu auch bei Hayek (1991), S. 92.

239 Siehe bei Hare (1983), S. 80.

240 Vgl. auch Anzenbacher (1992), S. 77f.

einer solchen Situation allerdings noch Wahlmöglichkeiten. Stellen wir uns einen Manager vor, der vor der Wahl steht, entweder eine bestimmte Anzahl von Arbeitnehmern zu entlassen, um dadurch den Fortbestand seines Unternehmens zu sichern. Zum anderen hat er die Möglichkeit die Beschäftigten zu halten, wodurch die Zukunft des gesamten Unternehmens in Frage gestellt werden kann.

Ist unser Manager für die von ihm zu treffende Entscheidung moralisch verantwortlich? Der Handlungsrahmen ist ihm vorgegeben, d. h. die möglichen Alternativen die ihm zur Verfügung stehen, werden ihm in dieser Situation ohne Zweifel von außen aufgezwungen. Hinzu treten weitere Zwänge: Denn die Entscheidungsfreiheit des Managers wird durch unternehmensinterne und rechtliche Regeln als auch durch die Interessen anderer Bezugsgruppen wie z. B. die der Eigen- oder Fremdkapitalgeber eingeschränkt. Seine äußere Autonomie ist also unzweifelhaft von zahlreichen Einflussfaktoren begrenzt. Allerdings wird die Entscheidung für oder gegen eine der möglichen Alternativen, sofern sie ihrerseits nicht von übergeordneter Instanz vorgegeben ist, von ihm persönlich getroffen bzw. zumindest von ihm beeinflusst.

Entscheidet sich unser Manager nun für die erste Alternative, dann kann diese Entscheidung isoliert gesehen als unmoralisch gewertet werden. Durch seine Entscheidung greift er in diesem Fall in die äußere Autonomie der Betroffenen ein. Durch den Arbeitsplatzverlust wird die Freiheit der betroffenen Personen durch mögliche Einkommens-, Reputationsverluste oder sonstige Nachteile materieller oder immaterieller Art zusätzlich[241] eingeschränkt. Sieht man die erste Entscheidung dagegen im Vergleich mit der zweiten Alternative, kann die sittliche Bewertung durchaus zu einem anderen Ergebnis gelangen. Auch wenn man die Möglichkeit erste Alternative sittlich ablehnt, so muss das noch lange nicht bedeuten, dass dies auch der Fall ist, wenn es um die Wahl der ersten Möglichkeit an Stelle der zweiten geht.[242] Das heißt, von diesem Standpunkt aus kann es durchaus vernünftig und auch sittlich vertretbar sein, eine Entscheidung zu Gunsten der ersten Alternative zu treffen. Durch diese Entscheidung ist es möglich, Schlimmeres zu vermeiden, nämlich den möglichen Verlust der gesamten Arbeitsplätze.

Gleich wie man seine Entscheidung nun auch beurteilt, zu bedenken ist in jedem Fall, dass die Verantwortlichkeit des Managers durch diese Notlage nicht eingeschränkt wird. In diesem Beispiel hat der Manager die Freiheit eine der Alternativen zu wählen und ist damit für seine getroffene Entscheidung sittlich ver

---

241 Zusätzlich deshalb, da ihre Freiheit bereits vorher durch das institutionelle Arrangement im Unternehmen eingeschränkt war.

242 Vgl. Mackie (1989), S. 260.

antwortlich. Er hat die Möglichkeit, über die Handlungsalternativen nachzudenken und kann sie ausführen oder unterlassen. In dem Moment aber, in dem er seine Entscheidung für eine der Alternativen trifft, entscheidet er sich für diese Möglichkeit,[243] und: „Die Schuld trifft den, der wählt; der Himmel ist schuldlos."[244] Beziehungsweise in den Worten HAYEKS: „Wenn die Menschen handeln können, wie sie es für richtig halten, müssen sie auch für die Ergebnisse ihrer Handlungen verantwortlich gemacht werden."[245]

III.4 Eingeschränkte Freiheit – Die Freiheit des Willens bleibt

Wie verhält es sich nun aber mit der Freiheit des Willens? Ist der Wille des Menschen, wie nach deterministischer Ansicht vollkommenen vorherbestimmt, oder ist der Mensch in seinem Willen vollkommen frei? Dies ist eine Frage von erheblichem Gewicht, „mit dem Problem von Freiheit und Determination steht und fällt die Moral ... "[246] Denn moralisch kann nur das sein, was aus Freiheit geschieht und nicht in irgend einer Art und Weise erzwungen, vorherbestimmt oder zufällig ist.

Sicherlich ist keine dieser beiden Extrempositionen vollkommen zutreffend. Weder ist der Mensch vollkommen frei, in dem Sinne, dass sein Wille von Einflüssen jeder Art vollkommen frei ist, noch ist der menschliche Wille, sein Denken und Handeln vollkommen vorherbestimmt.[247] Unzweifelhaft ist, dass ein Teil der menschlichen Verhaltens- und Triebstruktur, seiner körperlichen und kognitiven Fähigkeiten genetisch vorbestimmt ist. Das heißt, ein bestimmtes „Wissen" wurde im Laufe der biologischen Evolution erworben und in den Genen gespeichert.[248] Da es sich für das Überleben als nützlich erwiesen hat, wurde es im Rahmen einer natürlichen Auslese von Generation zu Generation weitergegeben.[249]

Bei Menschen handelt es sich also um Wesen, die schon zu Beginn ihres Lebens bestimmte Bedürfnisse haben, d. h. sie wollen etwas. Die konkrete Art der Bedürfnisse hängt neben der genetischen Ausstattung auch von dem natürlichen Umfeld ab, in dem sich eine Person befindet. Die von Geburt an vorhandenen Verhaltensstrukturen sind dem Menschen jedoch nicht starr und unveränderlich

243 Vgl. zu diesem Punkt auch Aristoteles (1991), S. 149.
244 Platon (1991), S. 199 f.
245 Hayek (1991), S. 95.
246 Pieper (1991), S. 136.
247 Vgl. Pieper (1991), S. 139.
248 Vgl. hierzu u. a. Singer (1990), S. 1.
249 Die sogenannte evolutorische Ethik baut z. B. auf der Grundaussage auf, dass auch das moralische Verhalten der Menschen sich auf biologische Wurzeln stützt.

angeboren. Die vererbten Grundfähigkeiten, Bedürfnisse und auch die moralische Urteilsfähigkeit[250] eines Menschen werden in seiner weiteren Entwicklung durch seine Erziehung und seine Sozialisation beeinflusst. Während dieses Prozesses werden sie entweder gefördert oder unterdrückt. Dem heranwachsenden Menschen werden die Verhaltensregeln der Gemeinschaft im sozialen Umgang mit anderen Gesellschaftsmitgliedern anerzogen. Jeder Mensch stellt demgemäß einen Teil der Gesellschaft dar, und ist insofern auch durch eine Vielzahl von Einflüssen teilweise fremdbestimmt.[251] Andererseits bleibt es jedem Menschen selbst überlassen (sieht man von Zwang ab) von bestimmten (unter Umständen auch triebhaften) Wünschen zunächst einmal abzusehen. Er kann zunächst überprüfen, ob das was er will, wirklich das ist, was er wollen kann.[252] Moralische Freiheit, als *handlungsbegründende* Freiheit,[253] zeichnet sich dadurch aus, dass man gewissenhaft darüber urteilen kann, ob man dieses oder jenes tun soll. Für diese Freiheit der Wahl einerseits und die Möglichkeit das sittlich Richtige zu wollen andererseits bestehen keine Grenzen.[254]

III.5 Handlungsfreiheit

Während der Begriff der Willensfreiheit die Tatsache beschreibt, dass ein Individuum sich frei von Einflüssen irgendwelcher Art seinen eigenen Willen bilden kann, bezieht der Begriff der *Handlungsfreiheit* sich auf die hieraus resultierende Handlung. Handlungsfreiheit umfasst zwei Aspekte: Es handelt sich hierbei zunächst um den Umstand, dass ein Individuum grundsätzlich die Möglichkeit dazu hat, verschiedene Handlungsalternativen zu erkennen,[255] was zunächst voraussetzt, dass der betreffenden Person überhaupt unterschiedliche Handlungsalternativen zur Verfügung stehen. Anschließend gilt es, die verschiedenen Alternativen hinsichtlich ihrer einzelnen Vor- und Nachteile, ihrer Zweck-Mittel-Relation, ihrer Umsetzbarkeit und Moralität gegeneinander abzuwägen. Schließlich muss aus der Menge der zur Verfügung stehenden Handlungsmöglichkeiten diejenige ausgewählt werden können, mit deren Hilfe man das gewünschte Ziel realisieren kann. Handlungsfreiheit setzt also die Möglichkeiten zum Handeln voraus, und ist daher auch von den äußeren Voraussetzungen abhängig, denen sich eine Person gegenübersieht.[256]

---

[250] Vgl. hierzu z. B. das Stufenschema nach Kohlberg, in: Kohlberg (1974), S. 60 f.

[251] Vgl. Pieper (1991), S. 139. Der Aspekt gegenseitiger Einflussnahme wird in Teil E III.4 noch aufgegriffen.

[252] Vgl. Pieper (1991), S. 140.

[253] Vgl. Pieper (1991), S. 141.

[254] Vgl. hierzu u. a. Pieper (1991), S. 140.

[255] Siehe hierzu auch bei Höffe (1992), S. 71.

[256] Vgl. Ricken (1998), S. 178.

Faktisch findet die Handlungsfreiheit des Menschen demzufolge in der Realität aufgrund zahlreicher Restriktionen ihre Grenzen. Zunächst kommt die physische und psychische „Grundausstattung" des Individuums ins Spiel. So können kluge, gut ausgebildete und informierte Menschen eher potenzielle Handlungsalternativen erkennen und dadurch ihren Handlungsspielraum erweitern, als ungebildete und schlecht informierte Menschen. Dahingehend sind einem Kind, einem Kranken oder einem Armen engere Handlungsspielräume gesetzt als einem Erwachsenen, einem Gesunden oder Reichen. Darüber hinaus werden die Möglichkeiten einer Person das sittlich Gewollte auch wirklich zu tun, durch die aktuelle Situation, die vorhandene Ressourcenausstattung, ökonomische oder ökologische Sachzwänge, unglückliche oder unvorhergesehene Umstände, o. ä. eingeschränkt.[257]

In der Mehrzahl der Fälle wird es nur selten gelingen, die als sittlich richtig empfundene Handlung zu finden – sofern man sie für sich findet – und anschließend auch wirklich ausführen zu können. Häufig ist es nur sehr schwer möglich, das moralisch Gebotene zu finden, vielfach sind nur Kompromisse möglich und in sehr seltenen Fällen ist es unmöglich, überhaupt richtig zu handeln.

III.6 Begrenzte Handlungsfreiheit aber freier Wille

Bezogen auf unseren Manager bedeutet dies also zunächst nichts anderes, als dass er sich nicht für eine Alternative entscheiden kann, von der er genau weiß, dass er sie letzten Endes gar nicht verwirklichen kann.[258] Es ist nicht auszuschließen, dass er persönlich davon überzeugt ist, dass es unter sittlichen Gesichtspunkten nicht die richtige Entscheidung ist, Arbeitnehmer zu entlassen. Dennoch findet seine persönliche Handlungsfreiheit Grenzen, die ökonomische Situation des Unternehmens, seine Fähigkeit Informationen zu beschaffen, sowie die Ungewissheit über die künftige Entwicklung und Wirkungen seiner Handlungen. Seine verbleibende Handlungsfreiheit und sein Handlungsspielraum ist im Folgenden dann um so größer, je besser er in der Lage ist, die gegenwärtige und die künftige Situation abzuschätzen, und je weniger brisant die aktuelle Lage ist. Sittlich verantwortlich handeln würde er in dieser Situation dann, wenn er im Rahmen des für ihn Möglichen gewissenhaft alle für eine Entscheidung wichtigen Aspekte heranzieht. Die möglichen Handlungsfolgen gegeneinander abwägt, und transparent macht, warum er so handelt wie er handelt.[259] In dem Moment jedoch, in dem er sich willentlich – wenn auch unter Zweifeln – für diejenige Alternative entscheidet, die für ihn das beste Mittel zu

---

257 Vgl. hierzu und zum folgenden Pieper (1991), S. 141.

258 Vgl. Ricken (1998), S. 178.

259 Vgl. Ricken (1998), S. 182.

seinem (*frei*) gesetztem Ziel darstellt, übernimmt er für diese Entscheidung und die anschließende Handlung die sittliche Verantwortung.[260] Nun hat er für die Folgen seiner Handlung vor sich selbst und vor anderen auch Rechenschaft abzulegen.[261]

III.7 Fazit

Der Willensfreiheit, und der Moralität eines Menschen sind nach philosophischer Auffassung keine Grenzen gesetzt. Diese Freiheit des Willens findet jedoch sehr häufig ihre Grenzen in der Handlungsfreiheit des Menschen, denn: „[Z]um Wollen des Guten gehört Moralität, zum Tun des Guten gehört auch Glück."[262] Gleichzeitig heißt „handeln" innerhalb vorgegebener Spielräume und unter Unsicherheit und Zweifel nicht, dass man von der Verantwortung für seine Entscheidung, Handlung und der Handlungsfolgen entbunden ist. Vielmehr muss die betreffende Person nach bestem Wissen und Gewissen die möglichen Folgen gegeneinander abwägen und versuchen eine sittliche bzw. die beste Entscheidung zu treffen.[263] In diesem Moment handelt er jedoch – im obigen Sinne – moralisch.

Auch in einer weitgehend auf individueller Freiheit beruhenden Gesellschaft ist – wie gezeigt wurde – niemand vollkommen frei in dem Sinne, dass er tun und lassen kann was er will. Jeder Einzelne muss seine Wünsche und Handlungen in aller Regel einschränken. Da sich Moral auf das Handeln bzw. das nicht Handeln des Einzelnen bezieht, stellt den Ansatzpunkt oder Ort jeden moralischen Handelns zunächst das Individuum dar. Auch in den Situationen, in denen eine Handlung von einer Gruppe von Personen (z. B. in einem Unternehmen) durchgeführt wird, setzt diese „Gesamthandlung" zunächst die kognitive Leistung und Aktivität einer einzelnen Person voraus. Diese Handlung ist, wie oben bereits angeführt, neben den konkreten Lebensumständen (z. B. den Umweltzuständen) von der Situation (z. B. frei von Zwang) und dem Ziel der Handlung abhängig.[264]

Zu fragen ist an dieser Stelle also nach dem Grund: Warum handeln Menschen, insbesondere in Situationen, denen eine bewusste Entscheidung vorangegangen ist, moralisch? Warum werden moralische Normen mehr oder weniger häufig

---

260 Zum Verantwortungsbegriff vgl. auch bei Anzenbacher (1992), S. 13 f.
261 Siehe hierzu bei Koslowski (1994), S. 256.
262 Pieper (1991), S. 142.
263 Vgl. Koslowski (1994), S. 256.
264 Vgl. Molitor (1989), S. 7. Ziel eines Handelnden kann es durchaus sein, sich das Eigentum anderer anzueignen. Sofern der Betroffene dieser Handlung nicht freiwillig zustimmt, handelt es sich allerdings um ein Ziel, das die Freiheit des Anderen berührt und daher unter moralischen Gesichtspunkten nicht realisiert werden soll.

eingehalten? Und zwar auch in den Fällen, in denen die Normabweichung nicht durch externe Instanzen sanktioniert wird oder werden kann. Welche Motivation kommt für moralisches Verhalten in Frage? Dies ist auch von Bedeutung, da eine bestehende Norm die nicht eingehalten wird, in praxi keine Bedeutung hat. Bei diesem Aspekt ist es unerheblich, ob es sich um Regeln gesetzlicher oder moralischer Art handelt. Dieser Gesichtspunkt ist ferner von Bedeutung, da es durchaus möglich ist, bestimmte Normen von einem objektiven Standpunkt aus zu begründen. Beispielsweise, dass es in allen Gesellschaften unmoralisch ist, jemanden zu töten. Damit ist allerdings noch nicht gewährleistet, dass ein Individuum von seinem subjektiven Standpunkt aus Grund dazu hat, sich an diese Regeln zu halten. Diese Gedanken werden im folgenden Abschnitt aufgenommen. Es wird aufzuzeigen sein, welche subjektive Motivation ein Individuum haben kann, sich an sittliche Regeln, gleich welcher Art, zu halten. Hierzu werden einige – einer Vielzahl denkbarer – Antriebe (z. B. gutes Leben,[265] Sympathie u. ä) dargestellt. Es wird sich zeigen, dass jeder Mensch gute Gründe für ein „sittliches" Verhalten finden kann.

IV Mögliche Motivationen zur Einhaltung sittlicher Normen

In Abbildung 5 sind die wesentlichen Gründe eines sittlichen Verhaltens schematisch dargestellt. Es handelt sich um die Verinnerlichung von Normen und Werten, die Sanktionsvermeidung und ein *wohlverstandenes* Eigeninteresse.

IV.1 Internalisierte sittliche Normen motivieren

Grundsätzlich gibt es zwei Möglichkeiten, die dazu führen können, dass Normen und Werte Teil der menschlichen Persönlichkeit werden. Dieser Prozess der Internalisierung kann *unbewusst* oder *bewusst*, d. h. willentlich ablaufen.

IV.1.1 Unbewusste Internalisierung von Normen

Menschen stehen nicht isoliert in ihrer Umwelt, sondern wachsen in einem sozialen Umfeld (Familie, Schule, Beruf) auf und damit in eine Gemeinschaft mit moralischen Regeln hinein.[266] Diese gesellschaftlichen Regeln und Verhaltensweisen werden von jedem Individuum mehr oder weniger stark aufgenommen (internalisiert) und in der Praxis vollzogen. Dieser Vorgang der Internalisierung kann mehr oder weniger stark unbewusst ablaufen. Menschen übernehmen ganz einfach bestimmte, in der näheren Umgebung akzeptierte und gelebte Normen. Sie halten sich aus Gewohnheit an diese Normen und Konventionen.

---

265 Vgl. bei Aristoteles (1991), S 105 f.
266 Vgl. Patzig (1983), S. 33.

Im Regelfall benötigt die Aufnahme der Normen auch keine unterstützenden externen Sanktionen. Darüber hinaus ist es auch nicht zwingend notwendig, dass die betreffende Person die Quelle oder die innere Logik dieser Regeln kennt und hinterfragt.[267]

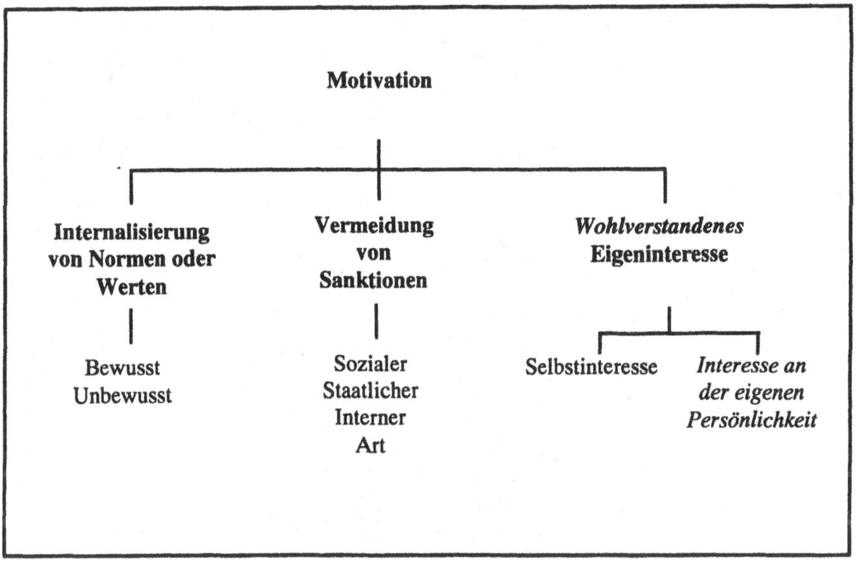

Abbildung 5: Motivation zur Regeleinhaltung

IV.1.2 Bewusste Internalisierung von Normen

Die Internalisierung kann ebenfalls durch eine bewusste Übernahme erfolgen. Ein Individuum erkennt eine Norm als sinnvoll an und stimmt ihr zu. Aus diesem Grund übernimmt es sie und verhält sich gemäß dieser Regel. In diesem Fall wird einem Menschen z. B. bewusst, dass eine bestimmte Regel für das gesellschaftliche Miteinander dienlich ist. Möglich ist ferner, dass ein Individuum eine bestimmte Norm seiner selbst wegen übernimmt. Die Verinnerlichung erfolgt in diesem Fall also nicht deshalb, weil erkannt wird, dass Normen und deren Einhaltung Sinn machen, sondern da die Person sich durch die Internalisierung der Norm als Person einfach besser fühlt. Sie übernimmt die Regel als per-

---

[267] Diesen Aspekt führt auch Buchanan an. „For some purposes, it may suffice to recognize that the moral constraints that guide some aspects of our behavior have evolved in the long process of cultural evolution and that we cannot expect to understand either their origins or their internal logic." Buchanan (1994), S. 63. Dieser Aspekt wird in Teil E II detailliert dargestellt.

sönlichen Wertmaßstab. Diese Identitätsbildung kann zusätzlich dadurch verstärkt werden, dass einer Person, die sich an gesellschaftlich allgemein anerkannte Regeln hält gesellschaftliche Anerkennung entgegengebracht wird. Beziehungsweise eine Ablehnung durch die anderen Gesellschaftsmitglieder vermieden wird. In ökonomischen Kategorien ausgedrückt: Im ersten Fall kann die Person einen zusätzlichen Nutzen realisieren, im zweiten Fall eine Nutzenminderung vermeiden.[268] Im Unterschied zu sanktionierten Normen, werden diese internalisierten Regeln und Verhaltensweisen Teil der Persönlichkeit. Sie werden zu Werten einer Person und erhalten hierdurch den Status eines autonomen Handlungsmotivs. In der ökonomischen Theorie können diese Werte zu den Präferenzen gezählt werden.[269]

IV.2 Gegenseitige Anerkennung der Individuen motiviert

Menschen können Normen oder Regeln also verinnerlichen und sich aus diesem Grund gemäß dieser Regeln verhalten. Als weiteres Motiv tritt eine Reziprozitätserwartung hinzu. Individuen handeln hiernach dann sittlich, wenn sie wissen, erwarten oder zumindest hoffen können, dass sich auch ihre Interaktionspartner entsprechend verhalten. Eine so motivierte Handlung verhält sich dann vergleichbar einer Tauschhandlung auf dem Markt, bei der sich Leistung und Gegenleistung entsprechen.[270] Im Hinblick auf die Reaktion des Partners bestehen zum Teil erhebliche Unsicherheiten. Insofern wird moralisches Handeln, das auf dem Prinzip der Gegenseitigkeit beruht, insbesondere in kleinen Gruppen auftreten,[271] bzw. je häufiger die einzelnen Interaktionspartner aufeinander treffen.[272]

Die Entscheidung für oder gegen eine sittliche Handlung kann in diesem Fall in ein ökonomisches Kosten/Nutzen-Kalkül überführt werden. Demnach wird sich ein Akteur in einer bestimmten Situation dann sittlich verhalten, wenn sein erwarteter Nutzen – sofern der Partner sich später entsprechend seiner Erwartung verhält – die erwarteten Kosten übersteigt. Er wird sich demgemäß unsittlich

---

268 Vgl. hierzu Horn (1996), S. 19.

269 Vgl. Gäfgen (1989), S. 88.

270 Hierauf zielt letztlich auch der sogenannte Kontraktualismus ab. Im Rahmen des Kontraktualismus wird begründet, warum es für jeden einzelnen Akteur sinnvoll ist, sich einem vereinbarten System wechselseitiger Normen zu unterwerfen, sofern die anderen Akteure dies gleichfalls tun. Letztlich wird der Anspruch an ein vernünftiges Verhalten der anderen durch eine Art impliziten Vertrag begründet. Vgl. hierzu grundlegend die umfangreichen Ausführungen von Rawls (1993).

271 Zur Relevanz der Gruppengröße für kooperatives bzw. moralisches Handeln vergleiche auch Teil C IV.5.

272 Vgl. hierzu u. a. bei Axelrod (1995), S. 160.

verhalten, sofern die erwarteten Kosten – die im durch ein abweichendes Verhalten seines Gegenübers – entstehen seinen Nutzen aus der Handlung übersteigen.

IV.3 Der Versuch Sanktionen zu vermeiden motiviert

Im Fall von extern sanktionierten Normen handelt es sich letzten Endes um eine andere Kategorie von Verhaltensregeln, doch auch sie richten einen moralischen Anspruch an die Adressaten.[273] In Fällen, in denen Verhaltensregeln eingehalten werden, erfolgt selten eine Belohnung. Andererseits wird die Nichteinhaltung jedoch meist bestraft. Als zusätzliches Motiv moralisch zu handeln, tritt daher eine „Anreizmotivation" hinzu, die darin besteht, Strafen zu vermeiden. Die bestehenden gesellschaftlichen Sanktionsmechanismen gewährleisten, dass sich Individuen gemäß der gültigen Normen verhalten. Im Wesentlichen können drei Möglichkeiten der Sanktion unterschieden werden, die unterschiedliche Qualitäten aufweisen. Die Sanktionierung eines Fehlverhaltens kann durch die Gemeinschaft, durch eine staatliche Instanz oder die Persönlichkeit des Menschen selbst erfolgen.

IV.3.1 Vermeidung sozialer Sanktionen

In diesem Fall erfolgt die Kontrolle des Verhaltens und die mögliche Bestrafung eines Akteurs durch die anderen Gesellschaftsmitglieder. Sofern das Verhalten einer Person gegen bestehende Regeln der Gemeinschaft verstößt, erfolgt eine „soziale" Reaktion auf dieses Verhalten. Ein von bestehenden Normen abweichendes Verhalten wird dadurch möglich, dass in einer Gemeinschaft Regeln bestehen, deren Übertretung ein auffallendes Verhalten konstituiert. Ein divergierendes Verhalten ist also die Konsequenz der Anwendung von Regeln durch andere und der Sanktionierung der Person, die diese Regeln missachtet.[274] Ein Akteur hält sich demgemäß an bestehende Normen, da er diese Sanktion der Gemeinschaftsmitglieder in Form von Tadel, Missbilligung, Ächtung o. ä. scheut. Soziale Normen beeinflussen das Verhalten der Gesellschaftsmitglieder dadurch, dass sie bestimmte (gewünschte) Aktivitäten lohnend machen und unerwünschte Aktivitäten für den Akteur unattraktiv machen. Sie stabilisieren dadurch die soziale Interaktion und schaffen Handlungssicherheit. Sozial sanktionierte Normen werden durch die Interaktion der einzelnen Gemeinschaftsmitglieder erzeugt, und bieten dem einzelnen Menschen gleichzeitig einen Orientierungspunkt, an dem er sein Verhalten ausrichten kann.[275]

---

273 Sofern man unterstellt, dass rechtliche Normen ein Mindestmaß an moralischem Gehalt haben.

274 Becker (1973), S. 8.

275 Vgl. hierzu Eger und Weise (1990), S. 73 und die Ausführungen in den Teilen E II.2.4.1 und III.4.2.

Einschränkend muss jedoch angeführt werden, dass es unrealistisch ist anzunehmen, dass unsittliches Verhalten automatisch zur sofortigen Verbannung aus der Gemeinschaft oder Bestrafung durch die anderen Mitglieder der Gemeinschaft führt. Im Zweifelsfall wird in vielen Fällen ein unmoralisches Verhalten eines Akteurs erst gar nicht bemerkt. Darüber hinaus ist anzuzweifeln, ob ein einmaliger Regelbruch automatisch zu einer gesellschaftlichen Ächtung führt.[276]

IV.3.2 Vermeidung staatlicher Sanktionen

Eine spezielle Form stellt die staatliche Überwachung und Sanktionierung menschlichen Verhaltens dar. Die Qualität dieser rechtlichen Normen und Sanktionen ist im Vergleich zu der bisher genannten inoffiziellen, eine andere. Staatlich verhängten und durchgesetzten Strafen kann man im Zweifelsfall nicht so leicht entgehen, wie sozialem Tadel. Darüber hinaus sind staatlich durchgesetzte Strafen, seien sie finanzieller oder physischer Art, im Regelfall spürbarer als soziale Maßregelungen. Auch hier kann die Entscheidung des Individuums grundsätzlich einem ökonomischen Kalkül folgen: Ein potenzieller Normbrecher kann den erwarteten Nutzen, den er aus dem Normbruch realisiert, mit den auftretenden Kosten des Normbruchs – unter Einbeziehung einer möglichen Ertappungs- und Ahndungswahrscheinlichkeit – vergleichen. Er wird dann dieser ökonomischen Kalkulation folgend die Norm übertreten, wenn der realisierbare Nettonutzen des Normübertritts positiv ist.[277] Diese Vorgehensweise dürfte allerdings für einen Durchschnittsmenschen[278] nicht der Regelfall sein. Auf Dauer und im Durchschnitt hält die Mehrheit der Individuen sich an staatliche implementierte Regeln.[279]

IV.3.3 Vermeidung interner Sanktionen

Die bisherige Betrachtung richtete sich auf „soziale" Repressalien durch Mitglieder einer Gemeinschaft, bzw. staatliche Instanzen. Darüber hinaus ist jedoch denkbar, dass die Ahndung eines Regelbruches durch die betroffene Person selbst erfolgt.[280] Ein Individuum hat bestimmte Regeln oder Werte so stark verinnerlicht, dass ein von ihm begangener Normbruch interne „Kosten" in Form von Scham, eines schlechten Gewissen o. ä. auslöst. Ein Akteur unterlässt un-

---

[276] Letztlich ist auch fraglich ob dies sinnvoll ist.

[277] Vgl. zu diesem ökonomischen Ansatz der Kriminalität im Wesentlichen bei Becker (1993), S. 39 ff. Auch bei Kunz (1993), S. 181-207.

[278] Eher ist davon auszugehen, dass *rationale* „Kriminelle" diese Art der Kalkulation ihren Aktivitäten zugrundelegen.

[279] Vgl. hierzu auch die in Teil A I.2 angeführte Kriminalstatistik.

[280] Gemeint ist hier allerdings nicht so etwas wie ein sich selbst beigefügter körperlicher Schaden, auch wenn dies im Einzelfall möglich sein kann.

moralische Handlungen um seiner eigenen Persönlichkeit willen. KIRSCH spricht in diesem Zusammenhang von einem *Interest in his own self.*[281] Für den Philosophen TUGENDHAT stellt indessen diese Form der Sanktionierung die einzige dar, die eine Moral konstituiert.[282]

KIRSCH versteht unter diesem *interest in his own self* folgendes: Individuen erhöhen ihr persönliches Wohlbefinden nicht nur durch die Nutzung und in Anspruchnahme von Gütern oder anderen externen Werten. Individuen können ihr Wohlergehen auch durch Sicherung ihrer inneren Werte, ihrer eigenen Persönlichkeit erhöhen. Beide Möglichkeiten, externe Werte einerseits und interne Werte andererseits können sich gegenseitig fördern, als auch ausschließen. Zu letzterem kann es beispielsweise kommen, sofern sich eine Person dazu entschließt, zusätzliche externe Werte (z. B. Geld oder Macht) zu erlangen und es hierzu erforderlich ist, interne Werte aufzugeben. Im Ergebnis verfügt sie möglicherweise über ein höheres Vermögen doch ihre Persönlichkeit hat darunter gelitten.[283] Diese Unterscheidung zwischen dem interest in his own self und dem selfinterest hat wie im Folgenden dargestellt wird, durchaus Auswirkungen, wenn es um die Frage geht, ob homo oeconomicus kooperativ (oder auch moralisch) handeln kann.

IV.4 Wohlverstandenes Eigeninteresse motiviert

IV.4.1 Selbstinteresse

Die allgemeine Akzeptanz moralischer Normen, wie etwa z. B. nicht zu töten, nicht zu lügen, seine Versprechen einzuhalten etc., sind notwendige Voraussetzungen menschlichen Zusammenlebens. Eine dauerhafte Koordination menschlichen Verhaltens ist nur auf einer dauerhaften und vertrauensvollen Grundlage möglich. Es erscheint unzweifelhaft, dass sich wahrscheinlich kein Individuum wünschen kann, Mitglied einer Gemeinschaft zu sein, in der sittliche Normen keine Geltung haben. Ein Leben, bei dem man ständig darauf aufpassen muss, nicht belogen und betrogen zu werden, erscheint höchstwahrscheinlich niemandem sonderlich attraktiv. Sicherlich fällt auch die Vorstellung darüber relativ leicht, wie das gesellschaftliche Miteinander aussehen würde, wenn man sich im Durchschnitt nicht mehr darauf verlassen könnte, dass die Interaktionspartner ihre Versprechen einhalten und man ständig übervorteilt wird. Dies heißt jedoch nichts anderes, als dass jedes Mitglied einer Gemeinschaft ein gesundes Interesse daran hat, dass ein bestehendes moralisches Übereinkommen, gleich wie

---

281 Vgl. Kirsch (1997), S. 52.
282 Vgl. Tugendhat (1992), S. 317.
283 Vgl. Kirsch (1997), S. 52.

minimal, erhalten bleibt. Allerdings wird wohl niemand erwarten können, dass sich seine Interaktionspartner ihm gegenüber auf Dauer an Regeln halten werden, wenn er diese ständig aus Eigeninteresse übertritt.[284] Insofern hätte auch ein eigeninteressierter Akteur nach rationaler Überlegung ohne Zweifel einen Grund dazu, sich an sittliche Regeln zu halten. In diesem Fall würden ihm durch sein moralisches Verhalten zwar unter Umständen kurzfristig Nachteile entstehen, doch kann er hierdurch langfristig auch Vorteile erzielen.[285] Und dass es unter bestimmten Bedingungen durchaus lohnend sein kann, die Verfolgung eigener Interessen zurückzustellen hat nicht zuletzt auch die Spieltheorie gezeigt.[286] Trotz der gemachten Überlegungen: Problematisch bleiben in diesem Zusammenhang solche Situationen, in denen sittliche Überlegungen vom Akteur fordern, gegen seine langfristigen Interessen zu handeln. Das zuletzt angesprochene Problem kann jedoch durchaus einer Lösung zugeführt werden.

IV.4.2 Interesse an der eigenen Persönlichkeit

Dies wird möglich, sofern der Akteur sein Verhalten nicht nur an seinem Selbstinteresse ausrichtet, sondern er zusätzlich sein interest in his own self berücksichtigt. Ein bekanntes Beispiel ist der Beitrag zur Bereitstellung öffentlicher Güter. Stellen wir uns eine Stadt vor, die täglich einen Verkehrskollaps erleidet. Eine kollektiv sinnvolle Lösung dieses Problems: Die Akteure schränken ihren privaten PKW-Verkehr ein und steigen auf öffentliche Verkehrsmittel um. Für jeden Einzelnen entstehen durch die Einschränkung seiner Mobilität (mögliche Zeitverluste o. ä.) jedoch Kosten. Handelt unser Akteur rein eigeninteressiert, wird er diese Nutzenverluste nicht auf sich nehmen.[287] Anders sieht dies jedoch aus, wenn er sich bei seiner Entscheidung durch sein interest in his own self leiten lässt.[288] In diesem Fall würde er einsehen, dass es auch für ihn *persönlich* sinnvoll ist, zu dem öffentlichen Gut saubere Luft und bequemer Verkehr beizutragen.

---

284 Vgl. zu diesem Punkt auch bei Koslowski (1994), S. 138 f.

285 Kritisch anzumerken bleibt allerdings, dass wie oben bereits erwähnt nicht jeder Normübertritt erkannt und sanktioniert wird, was natürlich einen Regelbrecher begünstigt.

286 Vgl. zu einer spieltheoretischen Analyse moralischen Handelns u. a. bei Leschke (1995), S. 209-231, Weise (1995), S. 73-105. Krelle (1996), 227-241.

287 Für den eigeninteressierten homo oeconomicus würde sich in dieser Situation als dominante Strategie unzweifelhaft ergeben, seinen PKW weiter zu nutzen und darauf zu hoffen, dass andere Akteure auf ihren PKW verzichten. Für homo oeconomicus wäre die optimale Lösung die, dass die anderen auf ihr PKW verzichten und er allein sein Auto weiter nutzt. Homo oeconomicus könnte in diesem Fall die Nutzenverluste vermeiden, die ihm durch den Verzicht auf seinen PKW entstehen.

288 Vgl. Kirsch (1997), S. 61.

IV.5 Kleine Gruppen wirken stabilisierend und motivierend

Ein nicht zu unterschätzender Faktor bei der Lösung sozialer Dilemmata ist die Größe der relevanten Bezugsgruppe. Sofern die Bezugsgruppe in der die Akteure stehen hinreichend klein ist, werden zwei wichtige Voraussetzungen geschaffen, die eine kooperative Lösung sozialer Probleme erleichtern. Die Beziehungen zwischen den Gruppenmitgliedern werden *dauerhaft* und die unmittelbaren Kontakte *häufiger*.[289] Beides begünstigt ein Klima, in dem Kooperation (moralisches Handeln) entstehen kann. Denkbar ist z. B., dass die Akteure aus dem obigen Beispiel miteinander verhandeln und sich auf einen selbstbindenden Vertrag einigen. Im konkreten Fall könnten sie sich darauf einigen, eine Fahrgemeinschaft zu gründen. In kleinen Gruppen ist dies durchaus möglich, man kennt sich, kann das Verhalten der anderen Mitglieder beobachten, und ein abweichendes Verhalten gegebenenfalls sanktionieren. Mit zunehmender Größe der entsprechenden Gruppe nimmt die Möglichkeit dieser gegenseitigen Einflussnahme ab. Die genannte Möglichkeit einer Verhandlungslösung wird in großen Gruppen nicht zuletzt aufgrund stark steigender Transaktionskosten erschwert, wenn nicht sogar unmöglich. Es ist nahezu unwahrscheinlich, dass sich alle von dem Problem betroffenen Akteure in gegenseitigen Verhandlungen darauf einigen können, auf ihren PKW zu verzichten.

Haben sich jedoch einzelne Akteure dazu entschlossen in einer kleinen Gruppe zusammenzuarbeiten, so ist häufig folgendes zu beobachten: Die Gruppenmitglieder achten nicht nur ihre eigenen Interessen, sondern auch auf das soziale Ansehen, welches ihnen innerhalb dieser Gruppe entgegengebracht wird. Die Interaktion der Mitglieder lässt quasi (*selbstorganisatorisch*) einen Zwang zur Kooperation entstehen. Dieser positive „Gruppendruck“ kann durch das wohlverstandene Eigeninteresse der einzelnen Mitglieder als auch soziale Sanktion der anderen Gruppenmitglieder zusätzlich stabilisiert werden. Unbestreitbar ist natürlich, dass sich diese Kooperation innerhalb der Gruppe letzten Endes für jedes der Gruppenmitglieder lohnen muss. Dennoch ändert dies nichts an dem Umstand, dass innerhalb der Gemeinschaft das Verhalten jeden Akteurs zum Teil vom Verhalten der jeweils anderen abhängt.[290] Als unintendiertes Nebenprodukt entstehen durch die eigeninteressierte Kooperation und die gegenseitige „Kontrolle“ Normen. Diese Regeln erhöhen und stabilisieren die Verlässlichkeit in der Gruppe.[291] Beispielsweise ist regelmäßig zu beobachten, dass insbesondere in kleinen Städten und Gemeinden eine recht ausgeprägte Bereitschaft zur

---

[289] Die genannten Möglichkeiten zur Kooperationsförderung gehen auf Axelrod zurück. Vgl. hierzu Axelrod (1995), S. 116.

[290] Vgl. Schenk und Weise (1995), S. 130.

[291] Vgl. Schenk und Weise (1995), S. 131.

Kooperation und gegenseitiger Unterstützung besteht.[292] Ungleich schwieriger wird die Durchsetzung dieser Normen allerdings in großen Gruppen, da die einzelnen Individuen sich nicht mehr persönlich kennen und sich auch nicht mehr gegenseitig kontrollieren können.[293]

V Unterschiede und Gemeinsamkeiten der beiden Ansätze – Ein Fazit

Ethische Theorien versuchen sittliche Forderungen sowohl objektiv einerseits, als auch von der subjektiven Perspektive andererseits zu begründen. Exemplarisch wurde eine – wenn nicht sogar die wesentliche – deontologische Theorie kurz umrissen. Es handelte sich um die Ethik von Immanuel KANT, deren Grundgedanken folgendes enthalten.[294] Das, was eine Handlung letztlich moralisch macht, ist ihre Handlungsabsicht.[295] Der sittliche Wert eines Handlungszieles ergibt sich aus dem Wert des Willens. Der moralische Wert des Wollens einer bestimmten Handlung ergibt sich gemäß dem kategorischen Imperativ in der Verallgemeinerbarkeit dieses Wollens. Insofern ergibt sich die Verbindlichkeit sittlicher Ansprüche, wie z. B. „Halte Versprechen!“ u. ä., für KANT aus der allgemeinen Geltung dieser moralischen Forderungen.

Eine andere ethische Hauptströmung ist die teleologische Theorie.[296] Ihre Hauptthese ist, dass sich der Wert einer Handlung aus dem Wert ihres Ergebnisses ergibt. Die sicherlich bekannteste teleologische Theorie ist der Utilitarismus. Der Grundgedanke ist der Folgende: Handle so, dass aus der Handlung für alle von dem Vorgang in irgendeiner Art und Weise Betroffenen Glück entsteht. Gemäss utilitaristischer Ansicht ist eine Handlung dann sittlich, sofern sie die Tendenz hat das menschliche Glück zu fördern, und sie ist unsittlich, wenn sie tendenziell das Glück der Menschen mindert.

Es wurde aufgezeigt, dass die beiden Theorien in bestimmten Fällen – unter Verwendung unterschiedlicher Argumentation – zum gleichen Ergebnis kommen können.[297] Andererseits sind jedoch auch völlig unterschiedliche Bewertungen einer Handlung möglich. Beide Theorien sind durch gewisse „Mängel“ gekenn-

---

292 Vgl. hierzu Axelrod (1995), S. 117.

293 Wenngleich einschränkend festzustellen ist, dass sich jede Gesellschaft in eine Vielzahl kleiner Gruppen (Bekanntenkreis, Verein, Kollegenkreis etc.) untergliedert. Insofern ist das angeführte Problem zu relativieren.

294 Vgl. Teil C I.1.

295 Wobei in Teil C I.1 bereits darauf hingewiesen wurde, dass der Ausdruck „Absicht“ nicht die Realisierung eines Zieles meint, also z. B. ein hohes Einkommen.

296 Vgl. hierzu Teil C I.2.1.

297 Vgl. Teil C I.5.

zeichnet. Dem „philosophischen Laien“ fällt an dieser Stelle eine entgültige Bewertung darüber, welcher der beiden Ansätze die größte Leistung zuzusprechen ist, nicht leicht. Letztlich ist dies vielleicht auch nicht so ausschlaggebend. Durch eine wichtige Gemeinsamkeit zeichnen sich beide Theorien aus. Sie versuchen solche Möglichkeiten aufzuzeigen und Bewertungskriterien bereitzustellen, die es Menschen ermöglichen, ein selbstbestimmtes, gutes, verantwortliches und kooperatives Leben zu führen.

Auch in weitgehend auf individueller Freiheit beruhenden Gesellschaften ist kein Individuum vollkommen frei in dem Sinne, dass es tun und lassen kann was es will. Jeder Einzelne muss seine Wünsche und Handlungen in aller Regel einschränken. Und an der Erhaltung einer – auch minimalen – sittlichen Übereinstimmung kann jedes Individuum ein Interesse haben. Sei dies, da man Sanktionen vermeiden will, oder aufgrund der Tatsache, das man ein erfülltes an einem wohlverstandenen Selbstinteresse ausgerichtetes Leben führen will.[298] Vom Blickwinkel der gesellschaftlichen Koordinationsfunktion von Moral ist es unter Umständen auch nicht entscheidend, ob ein moralkonformes oder sittliches Verhalten im engeren Sinn an den Tag gelegt wird. Im Zweifelsfall kann dies sowieso nicht festgestellt werden. Allerdings sittlich ist eine Handlung nur dann, wenn ihr Motiv moralischen Ansprüchen genügt. Eine sittliche Handlung, ist eine Handlung die entweder aufgrund eines sittlichen Motivs (Deontologie) begangen wird, oder aber ein moralisch wünschenswertes Ziel anstrebt (Teleologie). In jedem Fall aber setzt sie Reflexion im Sinne der Moralität voraus. Die Moralität eines Menschen stellt indessen keinen Selbstzweck dar, vielmehr ist sie ein Mittel zum Zweck. Sie soll ein friedliches Zusammenleben ermöglichen, um auf diesem Weg einen größtmöglichen Freiheitsspielraum zu gewährleisten.[299] Der vorausgegangene Abschnitt verdeutlichte, dass es auch für rationale und eigeninteressierte Individuen zahlreiche Veranlassungen dazu geben kann, sich sittlich zu verhalten. Die Gemeinsamkeit zum ökonomischen Verhaltensmodell: Sowohl die Ethik als auch die Ökonomik unterstellen ein Menschenbild, welches Menschen als Akteure sieht, die wohlüberlegt handeln. Sei dies nun homo oeconomicus und seine rationalen Überlegungen mit dem Ziel sein Wohlergehen zu erhöhen. Oder „homo moralis“ und dessen rationale Reflexion über sittliches Verhalten. Der Gegensatz bleibt jedoch: Homo oeconomicus handelt eigeninteressiert.

Auch wenn bislang gezeigt werden konnte, dass zahlreiche Motive für moralisches Verhalten existieren, schließt sich die Frage an, wie sich das Problem in marktwirtschaftlich organisierten Gesellschaften verhält. Wettbewerb stellt einen

---

[298] Vgl. auch Teil C IV.
[299] Vgl. Pieper (1991), S. 45.

Wettkampf dar, in dem alle Wettbewerber gegeneinander antreten. Innerhalb dieses Rahmens bestehen unzweifelhaft ökonomische Sachzwänge. Kann ein Unternehmen nicht mit der Konkurrenz mithalten, so scheidet es aus dem Wettbewerb aus. Das Problem verschärft sich also: Auch wenn ein Individuum von seinem subjektiven Standpunkt aus sittliches Handeln gut heißt, stehen dieser Auffassung ökonomische Erfordernisse gegenüber. Wirtschaftsethik als ethische Teildisziplin beschäftigt sich mit sittlichem Verhalten im gesellschaftlichen Teilsystem der Wirtschaft. Anschließend werden die unterschiedlichen Perspektiven und Ansatzpunkte wirtschaftsethischer Probleme dargestellt. Es handelt sich um die *Mikroebene* (Individualethik), die *Mesoebene* (ethische Aspekte organisierter Einheiten) und die *Makroebene* (d. h. die gesellschaftliche Perspektive). Wieder wird sich zeigen, dass sich die spezifischen Probleme dieser drei Perspektiven auf die ökonomische Sichtweise des Menschen zurückführen lässt. Die wesentlichen Verständigungsprobleme zwischen Ethik und Ökonomik finden ihren Ausgangspunkt im ökonomischen Verhaltensmodell des homo oeconomicus, dem unterstellten Eigeninteresse, der Zweck-Mittel-Rationalität und der Kosten-Nutzen-Abwägung. Aus diesem Grund wird im folgenden Abschnitt eine Darstellung dieses Modells erfolgen. Im Anschluss wird verdeutlicht, dass bereits geringe Modifikationen es ermöglichen können – wenngleich *eigennutzorientiertes* – sittliches Verhalten in das Modell zu integrieren. Berücksichtigt man anschließend weitere Erkenntnisse aus der sozialwissenschaftlichen Forschung, kann demonstriert werden, dass die oben dargestellten Gegensätze zusätzlich an Schärfe verlieren.

TEIL D WIRTSCHAFTSETHISCHE PERSPEKTIVEN UND ÖKONOMISCHES VERHALTENSMODELL

Bei der Wirtschaftsethik handelt es sich um jene *normative* Disziplin, die sich mit dem sittlichen, moralisch richtigen Verhalten der Menschen – den gelebten Normen, den Tugenden und Pflichten – im gesellschaftlichen Teilsystem Wirtschaft beschäftigt. Im folgenden Abschnitt wird die Frage näher betrachtet, ob ethikfreies Handeln im Markt möglich ist, oder möglicherweise die wirtschaftliche Koordination sinnvoll ergänzt werden kann.

Zunächst werden mögliche Paradigmen einer Wirtschaftsethik dargestellt, denn je nach gewählter Perspektive wirtschaftsethischer Betrachtung kann eine unterschiedliche Fragestellung angebracht sein (vgl. Abbildung 6).

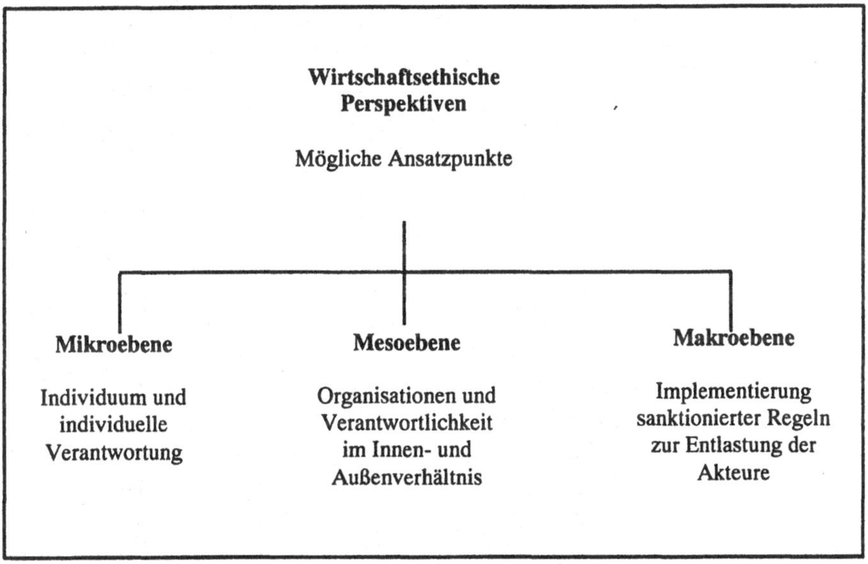

Abbildung 6: Perspektiven der Wirtschaftsethik

Konkret handelt es sich dabei um die Frage, wem die Ethik Verantwortung für eine Handlung zuspricht. Wirtschaftsethik kann sich erstens mit dem Handeln eines einzelnen Wirtschaftssubjektes befassen. Diese Betrachtungsperspektive kann man als die *Mikroebene* bezeichnen. Der zweite Aspekt wirtschaftsethischer Betrachtung betrifft die Aktivitäten von Organisationen (Unternehmen, Behörden etc.), es handelt sich um die sogenannte *Mesoebene*. Die dritte und letzte Blickrichtung der Wirtschaftsethik ist die *Makroebene*, es handelt sich hierbei um den Bereich der gesellschaftlichen Koordination durch Ethik.[300] Im Hinblick auf das zu untersuchende Problem erscheint insbesondere die Unterscheidung zwischen der Individualethik auf der einen, der Sozialethik auf der anderen Seite sowie das Verhältnis der beiden Ansätze als besonders interessant. Beginnen wir also mit der Betrachtung dieser drei unterschiedlichen Paradigmen, ihrer Charakteristik, ihrer spezifischen Probleme und ihrer Zusammenhänge.

I Individualethik – Die Mikroebene

Unter Individualethik wird nicht verstanden, dass der Einzelne ständig durch moralische Appelle „belastet" wird.[301] Es wird auch nicht darunter verstanden, dass ihm durch ständiges Moralisieren Schuldgefühle aufgedrängt werden sollen. Dennoch kann jedes Individuum seine Denk- und Handlungsweisen nur für sich selbst ändern und letztlich muss daher jeder zunächst bei sich selbst damit anfangen über sein Verhalten nachzudenken. Jeder Einzelne muss für sich selbst denken und darf nicht gedankenloser Mitläufer sein. Auf der Mikroebene des Individuums sind die allgemeinen moralischen Überzeugungen des Individuums angesiedelt. Es handelt sich also um jene sittlichen Intuitionen, Werte und Normen, die ihm als „interne" Steuerung und Handlungsmotive dienen.

Die individuelle Freiheit eines Menschen kann indessen nicht an ein bestimmtes sozialkonformes Verhalten gebunden sein und dadurch verdient werden. Sie stellt also nicht irgendein Privileg dar, das erworben werden muss, sondern sie ist das Prinzip liberaler Gesellschaften. In diesem Sinne gibt es in einer freiheitlichen Gesellschaft nur einzelne Individuen in einer Gemeinschaft von Individuen. Und es gibt in solchen Gesellschaften nur Pflichten von einzelnen Menschen gegen einzelne Menschen. Der einzige Grund aus dem man Zwang – sei es nun durch gerichtliche Strafen oder moralischen Tadel – auf den Willen eines Menschen ausüben darf ist demgemäß der, dass er Schaden bei anderen verhindert.

Gleichzeitig begründet dieses Recht auf Freiheit für jedes Individuum auch die Pflicht über seine Handlungen und die Handlungsfolgen nachzudenken. Individuelle Freiheit muss – so einfach (und schwer) dies nach wie vor ist – ihre Grenzen dort finden, wo sie die Freiheit des anderen stört oder zerstört. Die Summe der Rechte und Pflichten der Einzelnen ergibt noch kein gesellschaftliches Ganzes; Quantität schlägt nicht ohne weiteres in Qualität um. Ständig muss der Mensch im Verlauf seines Lebens Entscheidungen treffen.

---

300 Vgl. hierzu Lenk und Maring (1996), S. 9.

301 Die Probleme die sich hieraus ohnehin ergeben würden, werden in Teil D III dargestellt.

Diese Entscheidungen führen zu Handlungen, und die Aktivitäten ziehen Folgen nach sich. Die Individualethik (im normativen Sinn) untersucht in diesem Zusammenhang, ob es allgemeine moralische Handlungsmaßstäbe gibt, mit deren Hilfe Menschen ihr Handeln bedenken und bewerten können. Sie versucht solche sittlichen Regeln zu finden und zu begründen, die den Menschen in den Fällen Unterstützung bieten, in denen eine Orientierung notwendig ist. Hierzu unterbreitet sie Vorschläge dafür, welche Handlungen aus sittlicher Sicht getan oder unterlassen werden sollten. Eine wohlverstandene Individualethik dient letzten Endes auch dem Individuum als Person, denn sie unterstützt das Individuum als solches. Der Individualethik geht es keinesfalls nur darum, dass sich ein Akteur unreflektiert an einen möglicherweise starren Normenkatalog hält. Sie zielt darauf ab, dass Personen ihre Entscheidungen selbst und wohlüberlegt treffen.[302]

Für die Folgen einer Handlung, sei dies als Konsument oder Produzent, als Arbeitnehmer oder Arbeitgeber, als Wähler oder Politiker ist jedes Individuum persönlich verantwortlich. Demgemäß setzt sich die Individualethik mit dem moralisch richtigen Verhalten des Einzelnen auseinander, und richtet ihr Augenmerk auf die Motive und Handlungen der Individuen.[303] Sie befasst sich mit jenen Normen, Maximen und Verhaltensweisen, die das Verhalten des einzelnen Gesellschaftsmitgliedes regeln sollen. Der Individualmoral geht es um die Pflichten des Individuums gegen sich selbst und seine Mitmenschen.[304]

Damit verbunden ist auch die Frage wann, in welchem Umfang und unter welchen Umständen der Einzelne für seine Handlung moralisch verantwortlich ist, bzw. verantwortlich gemacht werden kann. Der Individualethik, sofern sie Wirtschaftsethik ist, geht es um die persönliche Realisierung von moralischen Werten, wie Ehrlichkeit, Aufrichtigkeit, Vertrauenswürdigkeit, deren Umsetzung und der Verantwortung der Akteure im Bereich der Wirtschaft. Sie sucht eine Antwort auf die Frage, was im ökonomischen Kontext moralisch gerechtfertigt und richtig ist, was sinnvoll und wünschenswert wäre. Letzten Endes versucht sie auch begründete Antworten darauf zu finden, wie ein Verhalten, das diese Ziele anstrebt, im konkreten Fall umzusetzen ist. Sie zielt auf die „innere Moral" eines Menschen seine sittliche Charakterfestigkeit ab.

---

302 Vgl. hierzu in Teil B II.2.5, den Begriff der Moralität.

303 An dieser Stelle sei auf die in den Teil C. I gemachte Unterscheidung zwischen der deontologischen (Handlungsmotive) und der teleologischen (Handlungsziel) Ethik verwiesen.

304 Vgl. Höffe (1992), S. 128.

Für den Ansatzpunkt individualethischer Normen bedeutet dies, dass sie – in ökonomischen Termini – an den Präferenzen der Akteure ansetzt. Sie strebt an, die Präferenzen der Akteure positiv zu beeinflussen, sofern ein moralisches Defizit vorhanden ist. Die Individualethik prüft und bewertet allgemeine, gesellschaftlichen Prinzipien, deren Gültigkeit, wie auch immer begründet,[305] vorausgesetzt werden. Auf dieser Grundlage versucht sie diese Prinzipien der Vernunft des Individuums zu vermitteln.

I.1 Ansatzpunkte der Individualmoral

Die moralische Betrachtung und Beurteilung richtet sich im Rahmen der Individualethik in erster Linie auf die Handlungsmotive und konkreten Handlungen eines Akteurs, sowie die Handlungsfolgen. Wie später gezeigt wird, kann eine geeignete Rahmenordnung moralisches Handeln zwar erleichtern, dies ändert allerdings nicht an dem Sachverhalt, dass die unmittelbare Verantwortung für eine bestimmte Handlung bei der einzelnen Person liegt.

Durch jede *Handlung* wird bei gegebenen Handlungsbeschränkungen ein bestimmtes *Ziel* angestrebt. Zur Verwirklichung dieses Ziels werden aus der Menge der zur Verfügung stehenden *Mittel* solche ausgewählt, von denen sich der Akteur den größten Erfolg verspricht. Das vom Handelnden angestrebte Ziel, die eingesetzten Mittel und schließlich die resultierenden Folgen unterliegen also einer moralischen Beurteilung. Probleme entstehen hier, wenn die individuellen *Motive*, *Ziele*, *Mittel* oder *Handlungsfolgen* mit moralischen Ansprüchen kollidieren.

Einer Beurteilung unterliegt zunächst das *Ziel*, das ein Akteur erreichen will. Vom moralischen Standpunkt aus gibt es zwei mögliche Konfliktfelder: Einerseits ist nicht jedes, vom Akteur gewünschte und angesteuerte Ziel moralisch erwünscht, andererseits existieren moralische Pflichten oder Regeln, deren Verwirklichung der Akteur vermeiden will. Ähnlich verhält es sich mit den zur Verfügung stehenden *Mitteln*; denn nicht jedes Mittel, das der Erreichung der beabsichtigten Zielverwirklichung dient, ist gemäß herrschender moralischer Ansicht erlaubt.

In beiden Fällen (Zielkonflikt und Mittelwahl) wird von dem Handelnden erwartet, dass er prüft, ob sein Ziel oder Mittel sittlichen Ansprüchen genügt. Im Zweifelsfall wird an das Individuum die moralische Forderung gerichtet, im Konfliktfall moralisch verantwortlich zu handeln. Dies bedeutet nichts anderes, als moralisch unerwünschte Ziele aufzugeben bzw. moralisch unangebrachte Mittel nicht zu ergreifen. Für den Handelnden heißt dies also nicht mehr und

---

[305] Zum Problem der Begründung moralischer Normen vgl. auch Teil C.

nicht weniger, als dass er in dem Fall, in dem seine Interessen mit denen der „Gemeinschaft" kollidieren seine eigenen Interessen hinter die der Gemeinschaft zurückstellen soll.

Wie sieht es in den Fällen aus, in denen zwar die eingesetzten Mittel als solche oder das angestrebte Ziel der Handlung nicht unsittlich sind. Durch die Handlung des Akteurs jedoch bestimmte Nebenwirkungen oder externe Effekte entstehen, die unter moralischen Gesichtspunkten zweifelhaft sind? Die Nebenwirkung ist zwar nicht unmittelbar angestrebt, doch ist sie untrennbar mit der Aktivität des Individuums verbunden.[306] Möglicherweise wird sie von dem Akteur auch in Kauf genommen, sofern sie ihm bekannt ist.[307] Die ethische Antwort ist naheliegend; denn wenn die originäre Handlung mit einer unerwünschten Nebenwirkung einhergeht, muss die innere moralische Überzeugung den Akteur zumindest dazu veranlassen die einzusetzenden Mittel und das angestrebte Ziel zu überprüfen und im Zweifelsfall die Handlung vermeiden.

I.2 Grenzen der Individualmoral

Der zuletzt genannte Aspekt stellt ein wesentliches moralisches Problem dar. Denn eine moralische Verantwortung für seine Handlungen kann dem Individuum nur dann angelastet werden, wenn es die Konsequenzen seiner Entscheidung oder Handlung wenigstens annähernd abschätzen kann.[308] Während die moralische Bewertung der eigentlichen Intention oder der eingesetzten Mittel auf den ersten Blick noch relativ einfach scheint,[309] ist dies bei den negativen Auswirkungen (z. B. negativen externen Effekten der Produktion) nicht mehr möglich. Genau dieser Punkt ist jedoch heikel. Im Wesentlichen können zwei Gründe hierfür genannt werden: Einerseits müsste dem Akteur bekannt sein, welches die konkreten Nebenwirkungen seiner Handlung sind und mit welcher Eintrittswahrscheinlichkeit und Stärke sie auftreten werden. Ein Abwägen aller möglichen Folgen, die über die mit einiger Sicherheit vorhersagbaren hinaus-

---

306 Vgl. Molitor (1989), S. 31.

307 Vgl. Koslowski (1990), S. 13.

308 Vgl. hierzu auch Homann et. al. (1988), S. 23. Allerdings auch schon bei Hayek (1994), S. 24. An der genannten Stelle heißt es: „Verhaltensregeln können vom Individuum nur verlangen, daß es diejenigen Konsequenzen seiner Handlungen berücksichtigt, die es selbst vorhersehen kann."

309 Beispielsweise kann das Ziel eines zufriedenen Lebens nicht als schlecht bezeichnet werden. Gleiches gilt für das ökonomische Ziel der effizienten Produktion von Gütern. Wenn das Ziel eines zufriedenen Lebens allerdings so ausgerichtet wird, dass es auf die alleinige Mehrung des materiellen Wohlstandes zielt und dieses Ziel auch noch durch Raub, Betrug o. ä verwirklicht werden soll, liegt eine negative Bewertung sehr nahe. Wenn das Ziel der Produktion wissentlich z. B. mit umweltschädlichen Produktionsmethoden realisiert werden soll verhält es sich genau so.

geht, stellt den Handelnden vor ein großes Problem. Andererseits ist es grundsätzlich fraglich, ob er über alle für die Beurteilung notwendigen Informationen verfügt. Aufgrund der großen Handlungsinterdependenzen in sozioökonomischen Systemen ist dies sehr unwahrscheinlich. Zwar handelt immer nur ein einzelner Mensch, doch das Resultat dieser Handlung ist aufgrund der gegenseitig abhängigen Wirkungszusammenhänge nicht nur von der unmittelbaren Handlung des Akteurs, sondern auch von den Reaktionen der anderen Personen abhängig.[310]

Es schließt sich die Frage an, ob es für den Akteur vom Zeit- und Kostenaufwand vertretbar und überhaupt möglich ist, sich das erforderliche Wissen zu beschaffen.[311] Damit nicht genug: Unterstellen wir, dass sich die betreffende Person trotz der Schwierigkeiten, das für eine moralische Entscheidung erforderliche Wissen aneignen kann. In diesem Fall stellt sich für das Individuum das Problem, der Bewertung. Wie sollen die unterschiedlichen Komponenten der Handlung bewertet werden?[312] Sind das Handlungsziel, die eingesetzten Mittel und die „externen Effekte" der Handlung gleich zu beurteilen?[313] Oder zeichnen sich die unterschiedlichen Handlungselemente durch unterschiedliche moralische Qualitäten aus und sind daher verschieden stark zu bewerten?[314] Ein bekanntes Sprichwort lautet: „Der Zweck heiligt die Mittel"; demnach ist also bei einem als hinreichend gut empfundenen Ziel jedes Mittel recht um dieses Ziel zu realisieren.[315] Oder muss auch in den Fällen, in denen das angestrebte Ziel als hinreichend gut angesehen wird, dennoch eine Prüfung erfolgen? Grundsätzlich stellt sich hier auch die Frage, ob es überhaupt einen Sinn macht, zu unterstellen, dass nur die Ziele und nicht die Mittel, die zu ihrer Verwirklichung beitragen für eine moralische Beurteilung relevant sind.[316]

Abschließend ist noch ein weiterer Aspekt zu beleuchten. Angenommen, die genannten Probleme können vom Handelnden gelöst werden. Er war also in der Lage sich das notwendige Wissen zu beschaffen, d. h. er konnte alle möglichen Wirkungen und Nebenwirkungen ermitteln und sie einer angebrachten Bewertung unterziehen. Ist der Akteur dann auch noch fähig die von ihm ausgewählte Handlung frei und ohne Zwang auszuführen? Das heißt, verfügt er neben der

---

310 Vgl. hierzu auch Homann et. al. (1988), S. 22. Siehe hierzu gleichermaßen die Unterscheidung zwischen Handlungs- und Willensfreiheit in Teil C III.1 und Teil C III.5.

311 Vgl. Molitor (1989), S. 31.

312 Siehe zu diesem Problem, Mackie (1989), S. 203.

313 So die teleologische Auffassung.

314 So die deontologische Auffassung.

315 Vgl. zu diesem Punkt auch Molitor (1989), S. 31.

316 Siehe Mackie (1989), S. 202.

Willensfreiheit auch über die notwendige Handlungsfreiheit?[317] In den meisten Fällen wird die individuelle Handlungsfreiheit in der Realität eingeschränkt. So existieren z. B. Gesetze, die die Handlungsunfähigkeit der Individuen einschränken. Bedeutsamer ist allerdings die Frage, inwiefern z. B. ein Wettbewerber, der in Konkurrenz mit anderen steht, freien Willens ethikkonform handeln kann. Verneint man diese Frage, räumt man dadurch ökonomischen Sachzwängen den Vorrang ein, „befreit" man das Individuum dadurch von moralischer Verantwortung für seine Handlungen.[318]

I.3 Fazit

Nimmt man die individualethische Position ein, so unterstellt man damit implizit, dass sich in einer Gesellschaft mit einem hohen moralischen Standard ethisch wünschenswerte Ziele einstellen werden. Sofern dies nicht der Fall ist, fällt die Verantwortlichkeit auf die Individuen zurück, die Selbstverantwortlichkeit des Einzelnen wird in den Vordergrund gestellt. Einschränkend wurde festgestellt, dass Probleme existieren, die die individuelle Verantwortlichkeit eines einzelnen Menschen einschränken.

Ansatzpunkte einer moralischen Beurteilung sind das angestrebte Ziel, die eingesetzten Mittel und die auftretenden Nebenwirkungen. Der Umsetzung eines moralisch richtigen Handelns stehen folgende Probleme gegenüber:

- ein Informationsproblem
- ein Bewertungsproblem
- ein Autonomieproblem.

Halten wir abschließend fest: Für die einzelnen Akteure ist es äußerst schwierig festzustellen, welche Wirkungen und Nebenwirkungen ihre Handlungen mit welcher Wahrscheinlichkeit und Stärke nach sich ziehen. Zudem müssten sie ihren Wert im Hinblick auf das angestrebte Ziel abschätzen und bewerten können.[319] Aufgrund der hohen Komplexität gesellschaftlicher und wirtschaftlicher Prozesse und den hierdurch entstehenden Informationsproblemen ist dies nur sehr schwer möglich. Hinzu tritt, dass nicht ausgeschlossen werden kann, dass diese Komplexität und Anonymität moderner Gesellschaften einen Abbau indi-

---

[317] Vgl. zu dieser Unterscheidung Teil C III.

[318] Unter anderem an diesem Punkt setzt auch wieder das wirtschaftsethische Konzept Homanns an.

[319] Vgl. Molitor (1989), S. 31. Ob homo oeconomicus aufgrund dieser Voraussetzungen der geeignete Protagonist ist, oder ob es diese Eigenschaften sind, die ihn für moralische Handlungen vollkommen inkompatibel machen wird ausführlich in Teil D VI untersucht.

vidueller Moral fördern kann.[320] Räumt man ökonomischen Sachzwängen den Vorrang ein, ergeben sich kaum Spielräume für freie moralisch motivierte Handlungen. In einem komplexen System, wie marktwirtschaftlich organisierten Gesellschaften, scheint es unmöglich, bestehenden Systemzwängen mit individueller Tugend entgegentreten zu können. In diesem Fall macht man sich grundsätzlich ausbeutbar.[321] Der Wirksamkeit einer individualethischen Motivation und damit einhergehend der Durchsetzung individualethischer Ansprüche können in diesem Fall nur sehr geringe Chancen eingeräumt werden.[322] Beides kanalisiert sich offensichtlich in der Einsicht, dass Moral zu institutionalisieren ist.[323] Hierzu stehen grundsätzlich zwei Ebenen zur Verfügung. Es handelt sich dabei um die Mesoebene der Organisationen und die Makroebene gesellschaftlicher Regeln. Beide Möglichkeiten werden daher in den folgenden Abschnitten erläutert.

Dennoch wird sich zeigen, dass Ethik hier im Sinne einer Individualethik eine wichtige gesellschaftliche Bedeutung hat, da sie verbindliche Handlungsorientierungen formuliert, die einer Vielzahl von Einzelpersonen ein konfliktfreies Zusammenleben ermöglicht. Die ethische Wertorientierung jedes einzelnen Akteurs bildet somit einerseits eine wichtige Voraussetzung für die Setzung rechtlicher Normen, sie bleiben andererseits eine unabdingbare Voraussetzung um mögliche rechtliche Lücken zu schließen.[324] Sofern sich die Mitglieder einer Gesellschaft zu einer solchen ethischen Orientierung entschließen, bzw. sich die Orientierung an gemeinsamen Grundwerten durch das gegenseitige Wechselspiel stabilisiert, steigt die Verlässlichkeit der wechselseitigen Handlungs- und Verhaltenserwartungen. Im Ergebnis kann ein Vertrauenskapital gebildet werden, welches dazu angetan ist, gesellschaftliche Transaktionskosten zu senken. Denn in einer solchen Gesellschaft können staatliche Überwachungs- und Kontrollmechanismen zumindest eingeschränkt (gegebenenfalls komplett eingespart) werden. Individuelles sittliches Verhalten, so lässt sich zusammenfassend feststellen, ist wichtig, damit Gesellschaften reibungslos und effizient bestehen können.

---

320 Vgl. Homann (1993), S. 65.

321 Vgl. Homann (1993), S. 65.

322 Als besonders konsequente Vertreter dieser Ansicht sind zu nennen, u. a. Homann und Blome-Drees (1992), beispielsweise auf S. 21.

323 Vgl. Homann (1993), S. 65.

324 Vgl. zu dieser Funktion der Moral bei Koslowski (1988), S. 31-37.

II Institutionenethik – Die Mesoebene

Für eine ethische Beurteilung und Steuerung gleichermaßen relevant sind Aktivitäten von Kooperationen (Unternehmen, Behörden etc.). Es handelt sich hierbei um Zusammenschlüsse einzelner Individuen in unterschiedlichen Organisationsformen.

II.1 Ansatzpunkte der Unternehmensethik

Der spezifische Ansatzpunkt einer – wie auch immer verstandenen – Unternehmensethik ist der Bereich unternehmerischer Aktivitäten. Unternehmerische Tätigkeit entfaltet sich im Rahmen von zahlreichen Entscheidungen und Handlungen im Bereich der Produktion, der Beschaffung und des Absatzes. Die Frage, nach der sittlichen Verantwortlichkeit von Unternehmen, impliziert eine wesentliche Frage: Ob, und wenn ja, welcher, eigenständige moralische Status kommt Unternehmen oder Organisationen überhaupt zu, und wenn ja welcher?[325]

Beginnt man bei der kleinsten denkbaren Unternehmung, dem Einzelunternehmen ist die Frage rasch beantwortet. In diesem Fall fällt die sittliche Verantwortung für Aktivitäten des Unternehmens, ohne Zweifel, dem Eigentümer des betreffenden Unternehmens zu. Die moralische Kompetenz fällt in diesem Fall auf das individuelle moralische Empfinden und sittliche Wertesystem des Eigentümer-Unternehmers zurück. Bei juristischen Personen, also im Regelfall großen, von Managern gesteuerten, Unternehmen hängt die sittliche Kompetenz jedoch auch von dem kollektiven Wertesystem des Unternehmens ab. Man kann an dieser Stelle zwischen dem *Formalziel* der Unternehmung einerseits – der Gewinnmaximierung – und dem *Sachziel*, d. h. der Aufstellung zur Verwirklichung des Formalziels geeigneter Handlungsprogramme unterscheiden.[326] Der unternehmensethische Handlungsbedarf entsteht in diesem Fall beim Übergang vom unternehmerischen *Formalziel* zum *Sachziel*. Hierdurch können konfliktrelevante Tatbestände entstehen. An dieser Stelle liegt die sittliche Verantwortung also zunächst bei den entscheidenden Managern.

Lässt man die individuelle Ebene der Einzelunternehmung außer Acht, konzentriert sich die folgende Betrachtung auf die Mesoebene der Unternehmen oder

---

[325] Das Problem der organisatorischen Verantwortung – so viel angedeutet – stellt sich wenn man davon ausgeht, dass die Institutionen (Gewerkschaften, Unternehmen, Arbeitgeberverbände) eine größere Machtfülle und damit verbunden eine höhere gesellschaftliche Verantwortung besitzen als jene Einzelpersonen, die ihr angehören bzw. die sie erst konstituieren.

[326] Vgl. zu dieser Unterscheidung Steinmann und Löhr (1997), S. 29.

allgemeiner der Organisationen und Institutionen.[327] Folgt man der obigen Definition setzt die Unternehmensethik am sittlichen, tugendhaften und verantwortlichen Handeln von Organisationen und Kooperationen an. Der Wirtschaftsethik, sofern sie Unternehmensethik ist, geht es um das verantwortungsvolle Verhalten der „Unternehmen". Den strategischen und operativen Aktivitäten der Unternehmen werden von der Unternehmensethik also moralische Qualitäten zugeschrieben. Von diesem Standpunkt aus, setzt die Unternehmensethik nicht direkt an der Sittlichkeit der individuellen Handlungen der Unternehmensmitglieder an. Vielmehr fasst – die so verstandene Unternehmensethik – jedes einzelne Unternehmen als *eigenständigen Akteur* auf, dessen Aktivitäten nicht unmittelbar aus den individuellen Handlungsweisen der Unternehmensmitglieder abgeleitet werden können.[328] Unternehmen werden als Handlungssystem aufgefasst, die auf der Mesoebene ein sekundär handelndes System darstellen.[329]

Ethisch relevante Probleme entstehen überall da, wo (zunächst) einzelne Akteure tätig werden und durch diese Aktionen andere Individuen betroffen werden. Gleiches gilt für Unternehmen, sofern durch ihre Tätigkeit andere Personen oder Organisationen berührt werden. Dies bedeutet nichts anderes, als das Unternehmen nicht in einem „moralfreien Raum" agieren. Sie sind Teil eines gesellschaftlichen Umfeldes und sehen sich daher sittlichen Ansprüchen gegenüber. An diesem grundsätzlichen Problem ändert auch das Handeln im wirtschaftlichen Raum nichts, denn auch wirtschaftliches Handeln ist sittlich zu verantwortendes Handeln. Oder anders formuliert: „Der Markt ist keine ethikfreie Zone."[330] Für Unternehmen bestehen zwei mögliche Konfliktfelder: gegenüber externen Bezugsgruppen, wie Kunden, Lieferanten oder der Öffentlichkeit und gegenüber internen Bezugsgruppen, d. h. den einzelnen Mitgliedern der Unternehmung.

Ob das Management eines Unternehmens, welches sich, nach STEINMANN UND LÖHR in (ethischen) Konfliktfällen um die friedliche Beilegung des Konfliktes bemühen soll,[331] als homogene Gruppe gesehen werden kann, soll vernachlässigt werden. Welches aber sind die spezifischen Probleme der Unternehmensethik?

---

327 Unter einer Organisation wird in Anlehnung an Küpper ein kollektiver Akteur verstanden, der auf der Grundlage einer auf Dauer angelegten formalen Struktur und eingebettet in den institutionellen Rahmen der Gesellschaft bestimmte Ziele realisieren will. Vgl. hierzu bei Küpper (1997), S. 55. Im weiteren Verlauf soll nur noch von Unternehmensethik gesprochen werden, da die behandelten Probleme ohne weiteres auch auf andere Organisationen übertragen werden können.

328 Vgl. zu diesem Punkt Küpper (1997), S. 54.

329 Vgl. Lenk und Maring (1998), S. 25.

330 Koslowski (1990), S. 18.

331 Vgl. Steinmann und Löhr (1997), S. 12.

Zunächst ist auf die Ansicht zu verweisen, dass sich der Blick auf solche Konflikte richtet, die weder durch die Koordination des Marktes einerseits noch durch staatliche Ordnungspolitik andererseits geregelt werden können.[332]

Was die Ansatzpunkte der Unternehmensethik anbelangt, kann ohne weiteres auf oben verwiesen werden.[333] Es handelt sich um die Handlungsmotive (Ziele) der Unternehmung und ihre Aktivitäten, d. h. die Auswahl und den Einsatz von Mitteln zu ihrer Verwirklichung. Daran schließen sich die intendierten Wirkungen und die (möglicherweise) nicht intendierten Nebenwirkungen der ökonomischen Aktivitäten des Unternehmens an. Mit diesen Ansatzpunkten sind ebenfalls die oben bereits angeführten Informations-, Bewertungs- und Autonomieprobleme verbunden.[334]

Das einzelwirtschaftliche Ziel jedes Unternehmens ist es, so die gängige ökonomische Auffassung, bei gegebenen Umweltbedingungen den Gewinn zu maximieren. Gegen die traditionelle ökonomische Handlungsmaxime der *Gewinnmaximierung*[335] sind grundsätzlich keine ethischen Einwände zu erheben. Seine Rechtfertigung erhält das Gewinnstreben, da es integraler Bestandteil der marktwirtschaftlichen Handlungskoordination ist.[336] Der Zusammenbruch der ehemaligen zentralen Planwirtschaften in Osteuropa hat zudem empirisch belegt, dass die marktwirtschaftliche Organisationsform die beste Möglichkeit darstellt, um das Knappheitsproblem zu lösen, und Mangelsituationen zu vermeiden.[337]

Denn gerade weil die Unternehmen ihre Gewinne maximieren wollen, werden sie in der Idealvorstellung durch die Konsumentenwünsche gelenkt, und auf dem Markt findet wieder, durch die unsichtbare Hand gelenkt, ein gleichge-

---

332 Vgl. hierzu Steinmann und Löhr (1992), S. 236.

333 Vgl. Teil D I.1.

334 Wahrscheinlich haben allerdings Unternehmen zumindest bei dem Aspekt der Informationsbeschaffung einen Vorteil.

335 Steinmann und Löhr sprechen in diesem Zusammenhang wie oben bereits beschrieben bei dem Ziel Gewinnmaximierung von dem *Formalziel* der Unternehmung, in Unterscheidung zum *Sachziel*, worunter sie die Unternehmensstrategien verstehen. Vgl. Steinmann und Löhr (1997), S. 15 f.

336 Vgl. hierzu Steinmann und Löhr (1997), S. 28.

337 Vgl. auch Teil B III.1. Mangelsituationen sind konfliktträchtig und ökonomische Effizienz ist dazu geeignet Mangelsituationen abzumildern, und dadurch den sozialen Frieden zu sichern. Insofern kann die marktwirtschaftliche Koordination als gerechtfertigt angesehenen werden. Vgl. Steinmann und Löhr (1997), S. 28. Vgl. hierzu auch die Ausführungen bei Guth (1990), S. 76 f.

wichtiger Interessenausgleich statt.[338] Problematisch wird das Ziel Gewinnmaximierung aber in konkreten Einzelfällen, in denen, diese „Generalabsolution"[339] nicht erteilt werden kann. Dann ist: „Unternehmensethik ... als eine *selbst auferlegte Beschränkung* der unternehmerischen Mittelwahlen zur Gewinnerzielung zu verstehen."[340] Sofern das Markt- und Regelsystem Mängel aufweist, ist diese Lücke durch einen geeigneten Moralkodex[341] des Unternehmens auszufüllen. Im Einzelfall ist durch eine ethische Selbstverpflichtung des Unternehmens auf die Realisierung möglicher Gewinne zu verzichten. Nach STEINMANN UND LÖHR kann dieses Verhalten allerdings nur durch eine langfristige Existenz des Unternehmens gesichert werden. Um innerhalb einer wettbewerblich organisierten Wirtschaft die langfristige Existenz eines Unternehmens zu gewährleisten, ist es notwendig, dass das betreffende Unternehmen Gewinne realisiert. Im wirtschaftsethischen Konzept von STEINMANN UND LÖHR erhält das Prinzip der Gewinnerzielung prinzipiell eine Richtigkeitsvermutung. Es wird also durchaus nicht als unsittlich angesehen.[342] STEINMANN UND LÖHR gestehen zwar ein, dass einzelne Unternehmen nur unter bestimmten Bedingungen dazu in der Lage sind, unter den systematischen Voraussetzungen einer Wettbewerbswirtschaft sittlichen Ansprüchen zu entsprechen. Gleichzeitig betonen sie jedoch die folgenden Aspekte: Unternehmen, die über eine hinreichende Rentabilität, und die notwendigen Handlungsspielräume verfügen, haben einen Spielraum für sittliches Verhalten. Darüber hinaus kann das Gewinnprinzip in ethischen Konfliktfällen durchaus seine Grenzen finden.[343]

Die so verstandene Unternehmensethik verkleinert ohne Zweifel den Handlungsspielraum von Unternehmen. Gleichzeitig ist hierdurch bestimmt, was unter ethischem Engagement von Unternehmen nicht gemeint ist. Konkret sind solche Fälle auszuschließen, in denen Ethik als Mittel gesehen wird, das im Innenverhältnis die Motivation der Mitarbeiter fördert, und im Außenverhältnis als

---

[338] Geht man noch einen Schritt weiter, hat das „Unternehmen" in der neoklassischen Theorie nur wenig Raum für freie Entscheidungen, denn die wesentlichen Handlungsparameter (Preise) sind marktlich vorgegeben. Interessanterweise ist in der traditionellen Ökonomik der Gedanke einer „dienenden Unternehmung", die sich bei ihren Entscheidungen im Wesentlichen nur an den Wünschen der Konsumenten ausrichten kann, implizit enthalten. Hier liegt ein Anknüpfungspunkt zur Individualmoral vor. Sofern die Individuen „sittliche" Produkte wünschen, sind diese von den Unternehmen bereitzustellen.

[339] So werden z. B. auch Waffen effizient produziert, und die vorhandene Nachfrage nach Waffen kann durch diese Produktion befriedigt werden. In welchen Fällen dies als ethisch legitim angesehen werden kann an dieser Stelle nicht geklärt werden.

[340] Steinmann und Löhr (1997), S. 26. Hervorhebung im Original.

[341] Vgl. Steinmann und Löhr (1992), S. 247.

[342] Vgl. hierzu z. B. Steinmann und Löhr (1997), S. 27.

[343] Vgl. Steinmann und Löhr (1992), S. 245.

zusätzlicher Erfolgsfaktor wirkt.[344] Beispielsweise in Situationen, in denen es möglich ist, durch die Inkaufnahme von Gewinneinbußen möglicherweise längerfristige Gewinnsteigerungen zu realisieren. Denn in diesem Fall wäre die Unternehmensethik nur Mittel zum Zweck.

II.2 Felder der Unternehmensethik

Mögliche Konfliktfelder oder Legitimationszwänge entstehen für ein Unternehmen, wie für jedes Individuum, zunächst in seinem Außenverhältnis. Es handelt sich um solche Fälle, in denen durch die Aktivität des Unternehmens Konflikte mit bestimmten Bezugsgruppen und deren Zielen oder Ansprüchen entstehen oder entstehen können. Ethische Konflikte können darüber hinaus auch im Innenverhältnis der Unternehmung entstehen.

II.2.1 Das Außenverhältnis

Durch das gesellschaftliche Umfeld des Unternehmens werden zahlreiche (auch ethische) Anforderungen und Ansprüche[345] an das Unternehmen herangetragen. Das gesellschaftliche und wirtschaftliche Umfeld des Unternehmens setzt sich aus den Eigentümern, Lieferanten, Konsumenten, Anwohnern, Kommunen usw. zusammen. Mögliche Anspruchsfelder sind: Lieferantenbeziehungen, Lärmbelästigung sowie nachdrücklich ethische Ansprüche z. B. die Vermeidung von Diskriminierung oder die Nutzung von Macht. Das Unternehmen bzw. das Management ist aufgefordert, zur Lösung auftretender Konflikte beizutragen. Es kann sich dabei im Einzelnen um Forderungen nach einer umweltfreundlichen Produktion, nach umweltfreundlichen und nicht schädlichen Produkten oder Wertstoffketten usw. handeln. Dazu gehört auch die Internalisierung der auftretenden Nebenwirkungen unternehmerischer Tätigkeit auf freiwilliger Basis. Angesichts hoher Arbeitslosenquoten wird die Forderung nach Schaffung von Ausbildungs- und Arbeitsplätzen immer stärker vertreten.

Diese Aufzählung macht deutlich, dass es in der Vielzahl von Fällen Ansprüche geben wird, die einen wichtigen Umstand übersehen: Die Handlungsrestriktionen und die hierdurch entstehenden Sachzwänge, denen sich Unternehmen im Wettbewerb gegenüber sehen. Allerdings ist dabei zu beachten, dass, sofern kei-

---

344 Vgl. Steinmann und Löhr (1992), S. 245. Nach Steinmann und Löhr verliert eine Ethik, die nur Mittel zum Zweck ist, in diesem Fall ihr Konfliktlösungspotential.

345 Von Ansprüchen die Koslowski als »moral aggression« bezeichnet, d. h. in Moralität verkleidete Aggression, die auf Missgunst o. ä beruht wird hier abgesehen. Vgl. hierzu Koslowski (1990), S. 15.

ner der Wettbewerber seine Interessen durch eine gefestigte Machtposition[346] besser durchsetzen kann als die anderen, die Restriktionen Markt und Recht für alle Wettbewerber gleichermaßen gelten. Die ethische Verantwortung und der Legitimationszwang des Managements wird insbesondere in Fällen evident, in denen, trotz der (für alle) gegeben Restriktionen, Konflikte entstehen, die nicht bereits durch Markt und Recht beseitigt werden.[347] In diesen Fällen wird vom „Unternehmen" verantwortliches Handeln verlangt.

II.2.2 Das Innenverhältnis

Das zweite Feld der Unternehmensethik bezieht sich auf das Innenverhältnis der Unternehmen. Unternehmen stellen relativ komplexe Gebilde dar, in denen eine Vielzahl von Individuen arbeitsteilig und hierarchisch organisiert tätig sind. Im Rahmen dieser Interaktionsprozesse wird es immer zu Situationen kommen, die für eine ethische Betrachtung relevant sind, bzw. die ein moralisches Verhalten der Akteure erfordern. So kann z. B. die individuelle Moral eines Mitarbeiters mit den Anforderungen kollidieren, die aufgrund seiner Mitgliedschaft in der Organisation an ihn herangetragen werden.

Ethisch relevante Probleme können beispielsweise im Bereich der Personalführung entstehen. So kann es z. B. zu ungerechtfertigten Benachteiligungen bestimmter Personengruppen (Frauen, Ausländer o. ä.) kommen. Auch sind Fälle denkbar, in denen die individuellen Einstellungen und Entscheidungen einzelner Mitarbeiter zu einem „unmoralischen Verhalten" des gesamten Unternehmens führen.[348] Unternehmensethik hat in diesen Fällen die Aufgabe, Mittel bereitzustellen, die die Voraussetzung dafür schaffen, dass ethische Konflikte nach Möglichkeit gar nicht erst entstehen. Beziehungsweise in Fällen, in denen sie bereits bestehen, vernünftige Lösungen zu ermöglichen, die für alle Beteiligten konsensfähig sind. Ziel der Unternehmensethik ist demnach, analog der Individualethik, solche selbstverpflichtenden Normen bereitzustellen, die sowohl die internen als auch die externen ökonomischen Handlungen der Akteure in einem moralisch korrekten Sinn koordinieren.

---

346 Dieses Machtproblem hätte allerdings wieder eine eigene moralische Dimension. Denn Macht, egal ob sie hier zunächst auf den wirtschaftlichen Bereich beschränkt ist, oder ob sie sich auf den zwischenmenschlichen Bereich bezieht, öffnet für den der über Macht verfügt Gestaltungsrechte. Er kann Menschen und Objekte beeinflussen und bedarf insofern einer Legitimation. Vgl. hierzu Koslowski (1990), S. 23.

347 Vgl. Steinmann und Löhr (1997), S. 30.

348 Vgl. Steinmann und Zerfaß (1997), S. 3920.

II.2.3 Ein Beispiel für ein moralisches Dilemma – Der Fall Levi Strauss

Dass die Lösung ethischer Konflikte häufig nicht einfach ist, zeigen auch die Erfahrungen, die der Jeans-Hersteller Levi Strauss & Co. machte.[349] Im Jahre 1991 führte das Unternehmen Einkaufsrichtlinien ein, die bei der Auftragsvergabe an Zuliefererbetriebe in Entwicklungsländern galten. Levi Strauss lehnte in diesen Richtlinien u. a. Kinderarbeit ab, fordert von den Zulieferbetrieben bestimmte Mindeststandards im Bereich Arbeitszeit, Lohn und Arbeitsbedingungen und Umweltschutz. Ferner soll die politische Situation in den betreffenden Ländern überprüft, und sofern Menschenrechte verletzt werden oder sonstige Gefahren für die Beschäftigten entstehen, die Geschäftsverbindung abgebrochen werden.

Trotz dieser freiwilligen Selbstbindung geriet das Unternehmen in einen ethischen Konflikt. Als das Unternehmen Zulieferfirmen überprüfte, stellte Levi Strauss fest, das in drei dieser Unternehmen Kinder arbeiteten. Das Problem bestand darin, dass in dem Fall, in dem Levi Strauss die betroffenen Firmen dazu gezwungen hätte, die Kinder zu entlassen, für die betroffenen Familien eine, wenn nicht sogar die einzige Haupteinnahmequelle entfallen wäre. Der Ausweg aus diesem Dilemma bestand in der folgenden Lösung: Die betroffenen Kinder besuchen bis zum Erreichen eines gesetzlichen Mindestalters die Schule. Während dieser Zeit erhalten sie von den Zuliefererfirmen weiter ihren Lohn und werden nach Ende der Schulausbildung auf Wunsch wieder eingestellt. Levi Strauss übernimmt die Kosten für Bücher und Schulgeld.[350]

Ein wesentlicher Grundstein eines sittlich operierenden Unternehmens besteht in der von den Mitarbeitern geteilten Wertorientierung des Unternehmens. Die Wertvorstellungen hängen jedoch weniger von einem in dem Unternehmen implementierten Normenkatalog ab. Vielmehr gilt es, die gemeinsamen ethischen Grundeinstellungen der Mitarbeiter zu fördern und zu stabilisieren. Unternehmensethik kann in diesem Sinne, als eine Synthese von individueller Ethik und institutioneller Ethik verstanden werden. Einerseits müssen die individuellen sittlichen Grundeinstellungen und Tugenden der einzelnen Organisationsmitglieder durch organisatorische Unterstützung erhalten und gefördert werden.[351]

---

[349] Vgl. zum folgenden Haas (1994), S. 1-3. Das Beispiel ist auch bei Kleinfeld (1999) auf den Seiten 396 f. zu finden.

[350] Für weitere Aktivitäten von Levi Strauss & Co. siehe www.levistrauss.com.

[351] Vgl. hierzu auch Hackmann (1998), S. 55.

Andererseits ist der institutionelle Rahmen und die gemeinsame unternehmerische Zielsetzung auf das eigenverantwortliche Handeln der sie konstituierenden Akteure angewiesen.[352]

Selbst wenn es der Unternehmensleitung einerseits gelingt ethische Leitlinien im Unternehmen zu implementieren und es andererseits gelingt die institutionelle Ethik durch eine hinreichend stark ausgeprägte individuelle Ethik der Organisationsmitglieder zu stützen, treten neue Erschwernisse auf. Unternehmerische Aktivitäten und Handlungsweisen werden häufig durch bestehende ökonomische Sachzwänge erschwert. Bevor im Folgenden Abschnitt untersucht wird, ob dieses Problem durch eine Ordnungsethik gelöst werden kann, ist zu prüfen, ob diese Argumentation gerechtfertigt ist.

II.3 Grenzen und Probleme der Unternehmensethik – Ökonomische Sachzwänge, Marktdetermination und komplexe Struktur

Das Kernproblem der Unternehmensethik kristallisiert sich – so die Erklärung – in den ökonomischen „Sachzwängen“, denen sich Unternehmen gegenübersehen. Das Hauptargument lautet wie folgt: Innerhalb der systemischen Bedingungen des Marktes und der universellen Geltung ökonomischer Rationalität ist keine Motivation zu sittlichem Handeln möglich. Unternehmen stehen in einem marktwirtschaftlichen Wettbewerb, dieser schränkt den Entscheidungsspielraum für unternehmerische und insbesondere moralische Entscheidungen sehr stark ein.[353] Das marktwirtschaftliche System verlangt der Unternehmensführung durch den Wettbewerbsdruck eine langfristige Gewinnmaximierung ab. Unternehmen, die über einen längeren Zeitraum keinen Gewinn erzielen, scheiden aus dem System aus. Insofern scheitert das ethische Engagement eines Unternehmens offensichtlich spätestens in dem Moment, in dem es zu Gewinneinbußen führt. Zwar währe es schön, wenn unternehmerische Entscheidungen sowohl unter ökonomischen als auch unter ethischen Gesichtspunkten getroffen werden. Andererseits muss man jedoch zur Kenntnis nehmen, dass im Geschäftsleben alle möglichen „Gesetze“ und Regeln gelten, aber kaum ethische.

Insbesondere in der traditionellen Mikroökonomik werden Unternehmen als ausschließlich den Interessen der Kunden dienende Einheiten angesehen. Sie werden durch Wettbewerbsprozesse und Preissignale auf dem Markt gesteuert. Die Konsequenz dieser Sichtweise ist, dass für Aktivitäten, die nicht dem Gewinn-

352 Vgl. hierzu auch Kleinfeld (1999), S. 370. Ebenfalls bei Gerum (1992), S. 265.

353 Demgemäß käme an dieser Stelle wieder die Position Homanns zum Zuge. Nach seiner Ansicht ist der systematische Ort der Moral in einer Marktwirtschaft die Rahmenordnung. Diese Rahmenordnung sei so zu gestalten, dass sie quasi ein moralisches Fundament legt, das für alle Wettbewerber gleichermaßen gültig ist.

oder erwerbswirtschaftlichen Prinzip folgen, grundsätzlich kein Raum ist.[354] Für Mitglieder solcher Organisationen bleibt bei dieser Sicht der Unternehmung nur Raum für solche Aktivitäten, die einer ökonomischen Rationalität folgen. Indessen benötigt eine funktionsfähige Unternehmensethik verantwortungsbewusste, eigenständig denkende und handelnde Mitglieder, denn letztlich ist wieder nur der einzelne Mensch dazu in der Lage, situativ mit seinen Entscheidungen zu reagieren.

Die Durchsetzung der Unternehmensethik wird zusätzlich durch die arbeitsteilige Organisation und die damit einhergehende Aufteilung von Kompetenzen, von Führungs- und Ausführungshandlung erschwert.[355] Wer ist für die Handlung einer Institution verantwortlich? Die Individuen oder die Institution, der sie angehören? Die persönliche Zurechnung wird aufgrund der teilweise sehr komplexen und anonymen Ausgestaltung von Organisationen erschwert.[356] Eine Antwort auf diese Frage ist nicht leicht zu finden. Allerdings ist dieser Aspekt wichtig, wenn es um die Zuweisung einer sittlichen Verantwortung geht. Die Ursache dieser Problematik scheint jedenfalls teilweise auf die mechanistische Sichtweise der Unternehmung innerhalb der Ökonomik und der Marktdetermination unternehmerischer Entscheidungen rückführbar.

II.4 Fazit

II.4.1 Unternehmen haben eine Motivation zu sittlichem Verhalten

STEINMANN fordert in seinem unternehmensethischen Konzept, dass Unternehmen, die über eine gewisse (ausreichende) Rentabilität verfügen, gewissermaßen eine sittliche Vorreiterrolle übernehmen sollen. Gemeint ist, dass diesen Unternehmen ein ausreichender Puffer zur Verfügung steht, um sich innerhalb der bestehenden Konkurrenz behaupten zu können. Fraglich bleibt allerdings, was unter einer ausreichenden Rentabilität zu verstehen ist. Wie hoch muss die Rentabilität sein, um das ethische Engagement – in Frage kommender Unternehmen – zu aktivieren? Und darüber hinausgehend: Wie verhält es sich mit dem ethischen Engagement der Unternehmen in den Fällen, in denen eben keine wie auch immer verstandene „hinreichende“ Rentabilität vorhanden ist?

Fällt Sittlichkeit also doch ökonomischen Sachzwängen zu Opfer? Sicherlich haben sowohl Manager als auch Politiker heute (neben Nutzen-, Rentabilitäts-

---

354 Es ist daher auch nicht verwunderlich, dass diese Sicht der Unternehmung auch aus betriebswirtschaftlicher Sicht kritisiert wird. Vgl. exemplarisch Braun (1985), insbesondere auf den Seiten 144-161.

355 Vgl. beispielsweise bei Steger (1990), S. 192.

356 Vgl. Lenk und Maring (1998), S. 28.

und Gewinnzielen) auch sittliche Ziele in ihrem Katalog. Jedoch können diese Zielausrichtungen auch in das Nutzen- bzw. Gewinnstreben eingearbeitet werden. Beispielsweise haben nicht zuletzt die Ereignisse um die Brent-Spar gezeigt, dass die Bildung eines Renommees als Wettbewerbsfaktor dient. Sofern es Unternehmen z. B. auf Märkten, auf denen homogene Güter gehandelt werden, gelingt bei den Nachfragern Ansehen zu erlangen, kann sich dies positiv auf die Gewinnlage auswirken.[357]

Unternehmen, insbesondere Großunternehmen stehen im Interesse der Öffentlichkeit und sind für ihre Aktivitäten verantwortlich. Unternehmensethik ruft dann zu verantwortlichem Handeln auf, wenn trotz vorhandener rechtlicher oder wettbewerblicher Restriktionen ethische Konflikte im Bereich unternehmerischen Handelns entstehen. Das betrifft das Tagesgeschäft der Unternehmen, in dem noch zahlreiche Handlungsspielräume für ein ethisches Engagement verbleiben. In den Fällen jedoch, in denen Unternehmen dennoch ein ethisches Engagement an den Tag legen, handelt es sich zunächst um eine freiwillige Verpflichtung.[358] Derartige Unternehmen würden die Folgen ihrer Aktivitäten aus freien Stücken bedenken und gegebenenfalls aufzeigen. Ein – in diesem Sinne – sittlich agierendes Unternehmen würde nicht darauf warten, dass bestehende Lücken entdeckt werden und von Seiten des Gesetzgebers geschlossen werden. Dieses Unternehmen würde mögliche Fehlentwicklungen und sittlich fragwürdige Aktivitäten von selbst vermeiden.[359]

Die Motivation eines Unternehmens zu einem sittlichen Verhalten wird insbesondere dann steigen, wenn das betreffende Unternehmen einer starken öffentlichen Kontrolle oder Kritik ausgesetzt ist.

Denkbare Gründe hierfür:[360]

- Unternehmen können sich mit ethisch relevanter Technologie (Gentechnik, Tierversuche) beschäftigen.

- Die hergestellten Produkte können unter sittlichen Aspekten zweifelhaft erscheinen (z. B. Rüstungsindustrie).

---

357 Entsprechen gegensätzlich zeigte sich die umgekehrte Wirkung. Die Umsätze von (Shell) gingen für einen bestimmten Zeitraum stark zurück.

358 Demgemäß würde man dieses Verhalten im Sinne Kants als ein moralisches Verhalten bezeichnen. Vgl. hierzu Abschnitt Teil C I.1.1.

359 Natürlich kann von dem Unternehmen nicht verlangt werden, dass es hierdurch schwere Wettbewerbsnachteile erlangt.

360 Vgl. zu den folgenden Punkten z. B. bei Kleinfeld (1999), S. 383.

- Unternehmen können über eine besondere (Markt-) Macht verfügen (so z. B. Banken). Macht jedoch impliziert als solche stets moralische Verantwortung.[361]

Es ist davon auszugehen, dass insbesondere Unternehmen dieser Gruppen eine höhere Sensibilität für sittlich belangvolle Probleme entwickelt haben. Der Grund scheint recht naheliegend: Vorbeugende Maßnahmen sind sinnvoller als Ausbesserungsmaßnahmen. Etwas salopp formuliert: „Vorbeugen ist besser als Heilen." Unternehmerische Aktivitäten frei nach dem Motto: „Ist der Ruf erst ruiniert, lebt es sich völlig ungeniert" kann je nach Größe und wirtschaftlicher Stabilität eines Unternehmens durchaus zu seinem Ausscheiden aus dem Markt führen.[362] Haben die Nachfrager das Vertrauen in ein Unternehmen erst einmal verloren, kann die Wiederherstellung der Reputation zu einer kostspieligen und langwierigen Angelegenheit werden.

Sind Moral und Ethik also doch nur dann interessant, wenn es sich für Unternehmen auszahlt? JA UND NEIN, denn vermutlich ist zumindest auf Dauer ein Aspekt – nämlich der realisierbare Nutzen – nicht ohne den anderen, den aufrichtigen Grundsatz zu ermöglichen. Im Hinblick auf die ökonomischen Sachzwänge, denen sich Unternehmen gegenübersehen ist der wirtschaftliche Erfolg eines Unternehmens nicht nur gerechtfertigt, sondern er ist für das wirtschaftliche Überleben notwendig. Insofern muss sich ein ethisches Engagement für ein Unternehmen letztlich auch lohnen.

Ausgehend von der unternehmerischen Zielstellung der Gewinnmaximierung müssen auch Absichten wie die Vermeidung von Effizienzeinbußen und Kosten berücksichtigt werden. Mögliche Ursachen sind allerdings auch ein schlechtes Betriebsklima oder Reputationsverluste. Diese spielen eine Rolle bei den Anstrengungen um eine sittliche und verantwortungsvolle Unternehmensführung. Die entsprechenden Bemühungen sind im Zweifelsfall dann zum Scheitern verurteilt, wenn das einzige Motiv die Maximierung der Unternehmensgewinne ist, und nicht gleichzeitig ein glaubwürdiges Interesse an sittlichem Verhalten und eine entsprechende innere Grundhaltung der Akteure hinzu tritt.[363]

---

[361] Dieser Gesichtspunkt wurde zuletzt im Rahmen der Phillip-Holzmann Probleme angesprochen. Dort handelte es sich namentlich um die gesamtwirtschaftliche Verantwortung der Banken.

[362] Vgl. Kleinfeld (1999), S. 384.

[363] Vgl. Kleinfeld (1999), S. 390.

II.4.2 Verantwortungsbewusste Individuen sind wichtig

Unternehmen oder andere Organisationen erhalten ihre Handlungsfähigkeit und Verantwortlichkeit alleine durch Menschen. In den Worten von LENK UND MARING:

> „Denn es gibt .... kein sekundäres Handeln ohne primäres Handeln; sekundäres Handeln ohne primäres Handeln währe gar nicht möglich – ebenso liefe kooperative Verantwortung ohne persönliche Verantwortung der Beteiligten innerhalb der Kooperationen leer: Es geht also um eine *Ergänzung* und *Vermittlung* der Verantwortungstypen und nicht um eine Ersetzung oder Abschiebung der Verantwortlichkeit.“[364]

Aus dem selben Grund erlangen sie die Fähigkeit zur moralischen Verantwortlichkeit, sie erhalten sie aufgrund der Moralität ihrer Mitglieder.[365] Eine Unternehmung als solche verfügt nicht über eine eigene innere sittliche Instanz: Nur ein einzelner Mensch hat ein Pflichtgefühl oder kann Scham empfinden. Die individuelle sittliche Grundhaltung der Mitglieder eines Unternehmens ist – wie bereits oben erwähnt – eine wichtige Grundlage für die ethische Wertorientierung des Unternehmens. Den Individuen wird hier nicht nur die Rolle eines homo oeconomicus zugewiesen. Menschen wird die Fähigkeit zugesprochen, in Übereinstimmung mit geltenden und als gerechtfertigt angesehenen Normen, zu handeln.[366]

In diesem Sinne ist es auch im Bereich der Unternehmensethik letztlich die Aufgabe der institutionellen Ethik, den geeigneten Rahmen für individuelles sittliches Handeln zu schaffen.[367] Allerdings ist dieser Rahmen auf diejenigen Akteure angewiesen, die innerhalb dieses Rahmens handeln und über eine entsprechende sittlich motivierte Innensteuerung verfügen. Der institutionelle Rahmen bleibt wirkungslos, wenn er nicht durch eine hinreichende Grundhaltung getragen wird. Andererseits kann der geeignete Rahmen sittliches Verhalten der Individuen unterstützen.[368] Denn die Sittlichkeit des Einzelnen geht irgendwann verloren, sofern keine unterstützenden institutionellen Rahmenbedingungen gegeben sind. Das Arrangement von institutioneller und individueller Moral ist eine

---

364 Lenk und Maring (1998), S. 27. Hervorhebung im Original.

365 Vgl. Kleinfeld (1999), S. 377.

366 Vgl. hierzu auch bei Matten (1998), S. 19. Die Gewinnung der entsprechenden Normen erfolgt nach dieser Vorstellung in einem Diskursverfahren. Innerhalb eines praktischen Diskurses an dem alle Betroffenen beteiligt werden, sollen jene Normen gefunden werden, die zur Lösung des Konfliktes beitragen. Zum Begriff und einer kurzen Darstellung der Diskursethik vgl. auch Höffe, 1992, S. 42 f. Grundlegend sind die Arbeiten von Apel und Habermas. Siehe beispielsweise Apel (1986), S. 3-31.

367 Vgl. zu diesem Punkt auch Hackmann (1998), S. 55.

368 Vgl. zu diesem Punkt auch Hackmann (1998), S. 55.

wichtige Voraussetzung für die Steuermöglichkeit der Unternehmensethik. Dieser Umstand betrifft alle Ebenen des Unternehmens, insbesondere die Ebene der Unternehmensleitung, die gewissermaßen eine Vorbildfunktion[369] einnimmt und gegebenenfalls einen Beitrag zur Lösung moralischer Probleme des Unternehmens zu bringen hat.[370]

Eine Möglichkeit die genannten Probleme zu lösen, wird in der Gestaltung des Ordnungsrahmens gesehen. Das ethische Engagement der Unternehmen wird – wie anschließend erläutert – in diesem Fall durch rechtliche Regeln bzw. eine geeignete Ordnungspolitik abgesichert.[371] Ohne eine moralische Betrachtung individueller und unternehmerischer Aktivitäten scheint man allerdings – wie im Folgenden Abschnitt aufgezeigt wird – auch in diesem Fall nicht auskommen. Dies ist auch dann der Fall, wenn eine weitgehend funktionierende Rechtsordnung implementiert ist. Es wird verdeutlicht, dass auch in diesem Konzept spezifische Probleme auftreten.

III Sozialethik – Die Makroebene

III.1 Der Hintergrund – Wettbewerb und Dilemmastruktur

III.1.1 Erwünschte Dilemmastrukturen

Die wesentlichen Merkmale eines marktwirtschaftlich organisierten Wirtschaftsystems wurden bereits dargestellt.[372] Markt und Wettbewerb stellen demnach Koordinationsmechanismen dar, die durch die folgenden Punkte beschrieben werden können:

- Auf Märkten werden individuelle Handlungen dadurch koordiniert, dass an jede Handlung die Bedingung geknüpft ist, dass der von einer Handlung negativ Betroffene dieser Handlung zustimmen muss. Für den negativen Einfluss wird die entsprechende Person oder Institution (durch einen Marktpreis) angemessen entschädigt.[373]

---

369 Wenngleich Untersuchungen insbesondere bei jüngeren Führungskräften häufig auftretendes opportunistisches Verhalten festgestellt haben. Siehe hierzu Kaufmann et. al (1986), S. 257 ff. Zum Begriff Opportunismus siehe Williamson (1985), S. 47. Er versteht hierunter ein eigennütziges Verhalten mit List und Tücke. Bezeichnend ist an dieser Stelle auch, dass empirische Studien den Schluss zu lassen, dass das moralische Urteilsvermögen bei Wirtschaftsstudenten stark defizitär ist. Siehe hierzu Löhr (1998), S. 201.

370 Vgl. Steinmann und Löhr (1997), S. 30.

371 Vgl. hierzu ausführlich Teil D III.2.

372 Vgl. Teil B III.1.

373 Vgl. zu diesem Punkt Eger und Weise (1990), S. 98.

- Wettbewerb dient der Kontrolle der Wirtschaftssubjekte. Er verhindert – sowohl auf der Anbieterseite als auch auf der Nachfragerseite – die Ausbeutung einzelner Akteure durch andere.

- Wettbewerb auf der Angebotsseite, d. h. zwischen Produzenten, verhindert die Verschwendung knapper Ressourcen und ist eine wesentliche Triebkraft wirtschaftlicher Entwicklung. Wettbewerb führt dazu, dass sich die besten Problemlösungen rasch verbreiten, führt zu besserer Produktqualität, niedrigeren Preisen und effizienteren Produktionsverfahren.

Um mit FRIEDRICH AUGUST VON HAYEK zu reden, ist es gerade der Wettbewerb als Entdeckungsverfahren,[374] der es ermöglicht, diese gesellschaftlich erwünschten Ergebnisse zu realisieren. Markt- und Wettbewerbsprozesse sind nach HOMANN nicht nur unter dem Blickwinkel der Effizienz zu betrachten. Sie stellen auch das bisher beste bekannte Mittel zur Verwirklichung der Solidarität der Menschen dar, hierdurch erhalten sie im Prinzip ihre ethische Rechtfertigung.[375] Solidarität meint hier die (wirtschaftliche) Zusammenarbeit der Menschen unter geeigneten (Spiel) Regeln. Sofern eine geeignete Rahmenordnung implementiert ist, wird das Gewinnstreben der einzelnen Akteure – nach HOMANNS Ansicht – vielmehr zu einer moralischen Pflicht. Durch diese Verhaltensweise wird den Interessen der Allgemeinheit am besten gedient.[376] HOMANN spricht in diesem Zusammenhang von auch von erwünschten Dilemmastrukturen.[377] Die Kehrseite der Medaille: Für den im Wettbewerb stehenden Produzenten gilt: „Wer sich nicht an die Regeln des Wettbewerbs hält – und das heißt für die Marktanbieter im Prinzip nichts anderes als Gewinnmaximierung –, der wird mit wirtschaftlichem Ruin bestraft."[378]

III.1.2 „Unerwünschte" Folgen des Wettbewerbssystems

Das ethische Problem ist folgendes: Sowenig, wie Justitia schwarz und weiß unterscheiden kann, kann der Markt unterscheiden, ob ein Unternehmen im Wettbewerb nun aufgrund mangelnder Leistung nicht mithalten kann oder, ob das Unternehmen aufgrund moralischer Motive nicht mehr am Wettbewerbsprozess teilnehmen will.[379]

---

[374] Vgl. Hayek (1969), S. 249, 256 f.
[375] Vgl hierzu auch Homann (1994), S. 14.
[376] Vgl. Homann und Blome-Drees (1992), S. 36.
[377] Vgl. z. B. bei Homann (1995), S. 8 f.
[378] Homann und Blome-Drees (1992), S. 34.
[379] Vgl. Homann und Blome-Drees (1992), S. 34.

Diesen Zusammenhang sah bereits MAX WEBER, denn die kapitalistische Wirtschaftsordnung zwingt diejenigen, die in marktlicher Konkurrenz stehen, sich an die bestehenden Regeln wirtschaftlichen Handelns zu halten:

> „Der Fabrikant, welcher diesen Normen dauerhaft entgegenhandelt, wird ökonomisch ebenso unfehlbar eliminiert, wie der Arbeiter, der sich ihnen nicht anpassen kann oder will, als Arbeitsloser auf die Straße gesetzt wird.“[380]

Eine moralische Gesinnung oder ein sittlich richtiges Verhalten im Wettbewerb hat dann keine Chance mehr, wenn für ein Unternehmen damit Kostenerhöhungen verbunden sind, die es nicht erwirtschaften kann. Durch das sittliche Engagement des Unternehmens erlangt es Wettbewerbsnachteile.[381] Mehr noch, es ist nicht auszuschließen, dass ein einzelner Akteur – so HOMANN – allen anderen Akteuren sein unsittliches Verhalten aufzwingt. Mögliche Folge ist, dass sich hierdurch die moralische Basis der Wettbewerbswirtschaft weiter absenkt.[382] Nach HOMANN kann es folglich auch keinen Sinn machen, von Unternehmen zu verlangen, dass sie egoistische, strategische Handlungen durch moralische ersetzen sollen.[383] Die Vorstellung, dass man sittliche Einstellungen und Verhalten unter den systemischen Voraussetzungen des Wettbewerbs in den Motiven und Handlungen der Akteure ansiedeln kann, ist kontraproduktiv, da sie zu Lasten der ökonomischen Effizienz geht.[384]

Der Wettbewerb ist also durch die Strukturen eines Gefangenendilemmas gekennzeichnet.[385] Diese Situation zeichnet sich bekanntermaßen dadurch aus, dass die dominante Handlungsstrategie der Akteure das Defektieren ist. Unabhängig von dem Verhalten des Gegenspielers führt diese Nichtkooperation für den Defekteur zu einer höheren Auszahlung (in diesem Fall also Gewinn) als bei einem kooperativen Verhalten. Das Problem ist erkennbar: Für jeden Akteur ist es unabhängig vom Verhalten der anderen lohnend, defekt zu handeln, auch wenn sich in diesem Fall alle schlechter stellen. Die betroffenen Individuen sind ohne

---

380 Weber (1993), S. 16.

381 Vgl. Homann und Blome-Drees (1992), S. 36.

382 Vgl. zu diesem Punkt Homann (1990), S. 35. An dieser Stelle drängt sich allerdings die Frage auf, warum dieser Prozess des Entmoralisierens nicht in die andere Richtung verlaufen kann. Vollkommen unberücksichtigt bleibt, dass es durchaus denkbar ist, dass ein Unternehmen die Voreiterrolle für sittliches Handeln innerhalb des Wettbewerbs übernehmen kann und sich diese Verhaltensweise verbreitet. Vgl. hierzu auch die Ausführungen in Teil E II.3.3.

383 Vgl. Homann (1995), S. 9.

384 Vgl. Homann und Blome-Drees (1992), S. 36.

385 Vgl. Homann (1995), S. 8. Zur grundlegenden Beschreibung und möglichen Auflösungen des Gefangenen-Dilemmas vgl. bei Axelrod (1995). Weitere Darstellungen sind u. a. zu finden bei Olson (1968).

Zweifel darüber informiert, dass es grundsätzlich eine gemeinsame Auflösung der Dilemmasituation gibt, gleichzeitig orientieren sie sich jedoch an ihrem eigenen Nutzen. Dieser Nutzen kann im genannten Fall dadurch erhöht werden, dass die Akteure die grundsätzliche Kooperationsbereitschaft der jeweils anderen ausnutzen. Dieser Umstand führt dann höchstwahrscheinlich dazu, dass auch eine Person, die unter sonstigen Umständen grundsätzlich dazu bereit wäre, kooperativ zu handeln, defekt handeln wird, sofern sie individuell rational handelt. Hierfür ist auch nicht zwingend notwendig, dass ein Interaktionspartner bereits defektiert hat, sondern für den Akteur reicht bei seiner Entscheidung bereits das Wissen darüber aus, dass ein anderer defektieren könnte. Auch prinzipiell kooperationswillige Akteure müssten also stets damit rechnen, dass sie durch Gegenspieler ausgebeutet werden und würden im Ergebnis vorbeugend defektieren.

Im Resultat führen Strukturen dieser Art zu einem suboptimalen gesellschaftlichem Ergebnis. Die betroffenen Akteure ziehen sich gemeinsam in einen Zustand gegenseitiger Schädigung, in dem jedes der betroffenen Individuen einen niedrigeren Ertrag erzielt, als dies im Kooperationsfall möglich wäre. Das Fatale an diesem Zustand ist, dass es sich um einen stabilen Zustand handelt. Falls einer der Akteure eine freiwillige Vorleistung erbringt, macht er sich grundsätzlich ausbeutbar.[386]

Wie lässt sich diese Situation vermeiden, bzw. wie könnte eine gegenseitige Kooperation realisiert werden? Eine vertragliche Lösung allein ist wahrscheinlich keine geeignete Lösung, da jeder Akteur, letztlich wieder die Möglichkeit hätte zu defektieren, sofern er hierdurch seinen Nutzen erhöhen könnte. Eine notwendige, allerdings nicht ausreichende Voraussetzung ist, dass es sich um ein sogenanntes „Superspiel"[387] handelt. Das bedeutet, es gibt unabsehbar viele Spiele und die Zukunft bleibt offen. Jeder der Akteure hat die Gelegenheit zur Revanche.

---

386 In Anlehnung an Herder-Dorneich kann man diese Situation auch als „Rationalitätenfalle" bezeichnen. Vgl. hierzu, Herder-Dorneich (1992), S. 21 f. Ein passendes Beispiel hierfür stellt die gesetzliche Krankenversicherung dar. Sofern sich ein Versicherter sparsam verhält muss er diesen Verzicht alleine tragen. Sofern hierdurch eine Kostenersparnis möglich wird, wird diese auf die Gemeinschaft der Versicherten umgelegt. Im umgekehrten Fall jedoch kommt der Versicherte in den vollen Genuss der Leistungen, während die Kosten dieses Mehrverbrauches auf die Gemeinschaft der Versicherten verteilt werden. So gesehen ist es also für jeden Einzelnen durchaus individuell rational seinen Leistungsverbrauch auszuweiten und sich auf diesem Wege einen Teil der Ausgaben, die er auf jeden Fall leisten muss, wieder anzueignen.

387 Axelrod bezeichnet diesen Umstand als „Schatten der Zukunft". Hierdurch soll die Bedeutung der Zukunft im Verhältnis zur Gegenwart vergrößert werden. Vgl. Axelrod (1995), S. 113.

III.1.3 Lösung durch moralische Appelle

Moralische Appelle, die sich an die Vernunft oder die Moralität der Individuen richten, sind in dieser Situation nicht sonderlich Erfolg versprechend. Eine Person wird im Zweifelsfall ihr Handeln nur dann ändern, wenn sie sieht, dass andere ihr Verhalten ebenfalls dauerhaft ändern. Im Extremfall kann es sogar dazu kommen, dass moralische Appelle zu einer Erosion der bestehenden Moral führen. Dies ist möglich, sofern ein Akteur sein Verhalten an sittlichen Forderungen ausrichtet, und aufgrund dieses Verhaltens von den anderen Akteuren ausgebeutet wird.[388] Jeder Einzelne hat unter diesen Verhältnissen also nur geringe Möglichkeiten positiv auf sittliche Appelle zu reagieren. Darüber hinaus kann diese Dilemmastruktur, wie beschrieben, sogar äußerst fruchtbar sein. Allerdings muss das eigeninteressierte Handeln der Akteure durch Regeln so kanalisiert werden, dass sich die gewünschten Ergebnisse ausbilden können.[389] Moral hat dann in diesem Sinne also nichts mehr mit individuellen Tugenden oder Moralität zu tun, sondern sie wird aufgefasst als eine Art Spielregel im Wettbewerb, die dafür zu sorgen hat, dass niemand ausgebeutet wird.

III.2 Ansatzpunkt der Sozialethik – Die Rahmenordnung der Gesellschaft

Besonders erschwert wird eine individuelle moralische Gesinnung durch die hohe Komplexität moderner Gesellschaften. Der dargebotene Ausweg aus der Dilemmasituation ist die Schaffung von Rahmenbedingungen, die verhindern, dass individuelle oder institutionelle Fehlhandlungen auftreten. HOMANN z. B. betont in diesem Zusammenhang besonders den Umstand, dass es in einer marktwirtschaftlichen Ordnung nahezu unmöglich ist, an der Individualmoral anzuknüpfen. In einer Wettbewerbsordnung bestehen nach seiner Meinung die beschriebenen Dilemmasituationen, die einer individuellen sittlichen Grundhaltung und Verhaltensweise der Akteure entgegenstehen.

So hat ein umweltfreundliches Produktionsverfahren nach dieser Sichtweise nur dann eine Chance, eingeführt zu werden, wenn es sich unter den Bedingungen des Wettbewerbs für das Unternehmen lohnt. Originär moralische Aspekte wie der Schutz der natürlichen Umgebung, haben hier in unternehmerischen Entscheidungen keinen Platz. Überall da, wo durch den Wettbewerb negative Begleiterscheinungen zum Tragen kommen (z. B. ruinöser Wettbewerb, Wettbewerbsbeschränkungen, etc.) muss von Seiten der Rahmenordnung dafür gesorgt werden, dass dies verhindert wird.[390]

---

[388] Vgl. zu diesem Argument Homann (1993), S. 57.
[389] Vgl. Homann (1995), S. 11.
[390] Vgl. Homann (1995), S. 10.

Die sittlichen Probleme der Marktwirtschaft sind systematisch kollektiver Art.[391] Sie müssen daher einer kollektiven Lösung zugeführt werden. Der Sozial- (oder Ordnungs-) ethik[392] kommt die Rolle zu, die einzelnen Akteure durch vorgegebene Spielregeln (Gesetze) auf der Ebene der Spielzüge, d. h. der ökonomischen Aktivitäten, moralisch zu entlasten. Auf diese Weise soll Moral in einer auf Wettbewerb beruhenden Wirtschaftsordnung erst ermöglicht werden. Gelingen kann dies indessen nur – so HOMANN UND BLOME-DREES – wenn es sich für den Einzelnen nicht mehr lohnt sozial schädliche Aktivitäten zu realisieren.[393] Ziel der Ordnungsethik muss es sein, durch Regeln solche Anreize zu schaffen, die das individuelle, durch Eigeninteresse gesteuerte Verhalten der Akteure in allgemein erwünschte Bahnen lenken. Nach dieser Auffassung kann Moral in einer modernen Welt *nur* als Anreizmoral gestaltet werden.[394] „Der systematische Ort der Moral einer Marktwirtschaft ... [ist] ... die Rahmenordnung."[395]

Folgt man dieser These, erfolgt die Implementierung moralischer Werte in einer Marktwirtschaft über die Rahmenbedingungen. Die gesetzlichen Regeln sind so zu gestalten, dass es sich für den Einzelnen nicht mehr lohnt unmoralisch zu handeln, und zwar auch dann, wenn ein unsittliches Verhalten seinen eigentlichen Intentionen entsprechen würde. HOMANN entlastet damit den einzelnen Akteur von Moral und siedelt diese in der Rechts- und Wirtschaftsordnung an. Anders ausgedrückt, die Moral wandert von den Präferenzen der wirtschaftlichen Akteure in die Handlungsrestriktionen, die die individuellen Handlungen begrenzen. HOMANN UND BLOME-DREES selbst sprechen dann in diesem Sinne auch von der koordinierenden Rahmenordnung und den wirtschaftlichen Handlungen innerhalb dieser Rahmenordnung, oder auch von Spielregeln und Spielzügen.[396]

Der Vorteil dieser Lösung ist unzweifelhaft darin zu sehen, dass gesetzliche Regelungen für jeden gleichermaßen gelten. Sofern sie von allen eingehalten wer-

---

[391] Vgl. Homann und Blome-Drees (1992), S. 35 f.

[392] Vgl. hierzu u. a. bei Homann und Blome-Drees (1992), S. 35 ff. Auf das Problem, dass bei der Etablierung einer Ordnungsmoral entsteht, wird an späterer Stelle noch eingegangen. Homann setzt m. E. nämlich hier genau das voraus, was er an der genannten Stelle in gewisser Weise abspricht, nämlich Individualmoral.

[393] Vgl. Homann und Blome-Drees (1992), S. 36.

[394] Überdies – so Homann – hat in der bisherigen Geschichte noch kein Regelsystem längerfristig Bestand gehabt, wenn dieses System nicht durch Anreize (also Sanktionen und Belohnung) abgesichert worden wäre. Vgl. Homann (1997), S. 27.

[395] Homann und Blome-Drees (1992), S. 35. Auch an dieser Stelle taucht ein Problem auf, es stellt sich nämlich die Frage: Was passiert, wenn die Rahmenordnung versagt? In diesem Fall ist doch wieder die Moral des Individuums bzw. der Institution gefragt.

[396] Vgl. Homann und Blome-Drees (1992), S. 23.

den, entstehen für keinen der Wettbewerber Nachteile. Wettbewerb und Moral können nach dieser Ansicht nur dann miteinander in Einklang bleiben, wenn sie auf unterschiedlichen Ebenen angesiedelt werden und unsittliches Verhalten im Wettbewerb nicht belohnt wird.[397] Durch diese Trennung ökonomischer Aktivitäten von sittlichen Forderungen und Ansprüchen wird es möglich, wettbewerbliche Aktivitäten allein an Effizienzgesichtspunkten auszurichten.

III.3 Grenzen der Sozialethik

III.3.1 Kosten der Überwachung

Der Nachteil der zuletzt angeführten Lösung liegt auf der Hand. Gesetze erhalten ihre Geltung bzw. Wirksamkeit nicht ohne weiteres durch ihre reine Existenz, sondern sie müssen durch staatliche Instanzen durchgesetzt werden. In Fällen, in denen eine Norm übertreten wird, muss eine Sanktion erfolgen. Dies erfordert einen Apparat, der die Einhaltung der Gesetze kontrolliert, Normbrecher verfolgt und sanktioniert. Es ist einsichtig, dass eine wirksame Überwachung des Verhaltens einen hohen Aufwand und damit Kosten verursacht. Die Kosten der Überwachung, die im Regelfall durch staatliche Instanzen durchgeführt werden, werden in diesem Fall im Wesentlichen von den Mitgliedern der Gemeinschaft finanziert.[398] Ein Umsetzungsproblem ist erkennbar, denn grundsätzlich stehen zwei Möglichkeiten zur Verfügung: Entweder sehr strenge Gesetze und entsprechend hohe Kontrollkosten oder milde Gesetze und niedrigere Kontrollkosten.[399] Während im ersten Fall die individuelle Freiheit in dieser Gemeinschaft eingeschränkt wird, ist im zweiten Fall eine gewisse Moralität der Individuen erforderlich.

III.3.2 Die Ausgestaltung der Rahmenordnung

III.3.2.1 Inhalt und Flexibilität der Spielregeln

Offen bleibt in dem Konzept von HOMANN UND BLOME-DREES allerdings, wie die geeignete Rahmenordnung auszusehen hat.[400] Ein mögliches Problem wurde bereits angedeutet. Die Rahmenordnung ist zu keinem Zeitpunkt ihres Bestehens, de facto optimal realisiert. Dies trifft sowohl unter moralischen Gesichtspunkten zu, als auch aus dem Blickwinkel der Effizienz. Die zu regelnden Sach-

---

397 Vgl. Homann und Blome-Drees (1992), S. 40.

398 Der Vorteil einer moralischen Gemeinschaft: Die genannten Kosten fallen niedriger aus.

399 Grundlegend kann dieses Problem durch ein ökonomisches Kalkül optimiert werden.

400 Nach Homann und Blome-Drees handelt es sich bei den Spielregeln um allgemeine und (relativ) stabile Regeln, konkret handelt es sich dabei also um die bestehenden Gesetze. Vgl. Homann und Blome-Drees (1992), S. 23.

verhalte und damit die Inhalte der Regeln ändern sich im Zeitverlauf ständig. Dieser Sachverhalt führt dazu, dass der bestehende Ordnungsrahmen der Realität hinterherläuft.[401] Einerseits entstehen in der Rahmenordnung Lücken andererseits können bereits vorhandene Defizite noch verstärkt werden.[402] In diesem Fall müsste die individuelle Moral, bzw. die Institutionenethik, diese Lücke ausfüllen.

Die Moral wird von der Ordnungsebene also wieder auf die Handlungsträger zurückgewiesen. Andererseits muss ein rechtskonformes Verhalten noch lange kein moralisch richtiges Verhalten darstellen. Solche Fälle sind insbesondere im Hinblick auf das vielzitierte Problem der Globalisierung möglich. So z. B., wenn ein Unternehmen unter unterschiedlichen Rechtsordnungen im In- und Ausland tätig ist.[403] Ein deutsches Unternehmen welches im Inland keine Kinder beschäftigt, handelt sowohl regelkonform als auch moralkonform. Das gleiche Unternehmen kann in einer ausländischen Niederlassung jedoch legal Kinder beschäftigen. HOMANN UND BLOME-DREES reden in diesem Zusammenhang von einer Moralarbitrage. Ebenfalls möglich ist, dass Unternehmen ihren Standort ins Ausland verlagern, weil dort geringere Umweltstandards gelten. So einfach die Lösung dieses Problems zu finden ist, so schwer ist ihre Umsetzung. Die Ordnungsethik kann nicht national begrenzt sein, sondern muss international umgesetzt werden.

III.3.2.2 Zur Zusammengehörigkeit von Sozial- und Individualethik

Die angesprochenen Problemfelder deuten bereits darauf hin, dass auch im Regelfall, einer vorhandenen gesetzlichen Rahmenordnung, diese Ordnungsethik auf ein Mindestmaß an Individualmoral angewiesen ist.

Neben den bereits besprochenen Gründen, sind im Wesentlichen noch die folgenden Punkte zu nennen:[404]

- Der Ordnungsrahmen selbst unterliegt einer moralischen Beurteilung durch die einzelnen Mitglieder der Gesellschaft. Jede einzelne Person muss ihm daher zustimmen können.
- Die Ethik sucht solche Regeln, die ein gutes Leben ermöglichen. Die Vorstellung darüber, was ein gutes Leben ist, und wie es realisiert werden kann, entsteht bei den einzelnen Menschen.

---

401 Vgl. hierzu auch bei Steger (1990), S. 191.
402 Vgl. Homann und Blome-Drees (1992), S. 115.
403 Vgl. hierzu und zum folgenden Beispiel Homann und Blome-Drees (1992), S. 116.
404 Vgl. zum folgenden Homann et. al. (1988), S. 25, auch bei Kettner (1994), S. 247 ff.

- Ebenfalls notwendig ist die Moral der einzelnen Person dann, wenn bestehende Normen nahezu problemlos übertreten werden können, da die Sanktion eine sehr geringe Eintrittswahrscheinlichkeit hat.

III.3.2.3 Begrenzte Erfassungs- und Verarbeitungskapazität

Den genannten Punkten fehlt noch ein ganz wesentlicher Aspekt oder sie enthalten ihn bestenfalls nur implizit. Ein wie auch immer gearteter Ordnungsrahmen wird von Menschen gemacht. So auch HOMANN UND BLOME-DREES:

> „Damit gehen persönliche moralische Intentionen und Motivationen nicht in die wirtschaftlichen Handlungen, sondern in die Gestaltung der Regeln für diese wirtschaftlichen Handlungen ein.“[405]

An anderer Stelle, jedoch ohne auf dieses Problem näher einzugehen:

> „Die langfristige Veränderung und Weiterentwicklung der Regeln durch politische Spielzüge wird deutlich von ökonomischen Spielzügen unterschieden, auch wenn bei den politischen Spielzügen die gleiche ‚Motivation‘ bzw. Interessenlage zugrundegelegt wird.“[406]

In der Realität ist es jedoch nahezu unmöglich, alle möglichen und zu regelnden Sachverhalte zu erfassen. Es ist darüber hinaus äußerst schwierig, jene Fälle festzulegen, in denen es z. B. einerseits legal bzw. andererseits illegal ist, Waffen zu exportieren.

III.3.2.4 Selbstinteressiertes Handeln der Akteure

Ein weiteres Problem des Konzeptes liegt in dem folgenden Aspekt. Wer überwacht die staatlichen Instanzen, Politiker und Bürokraten, die die Rahmenordnung wesentlich mitbestimmen? Beziehungsweise; welche Anreize müssen geschaffen werden, um zu verhindern, dass die entsprechenden Personen in ihren Ämtern eigennützige Interessen verfolgen? Die Vergangenheit hat jedenfalls gezeigt, dass die öffentliche Verwaltung für Korruption anfällig ist. Welchen Anlass sollte ein eigeninteressierter Mensch haben, auf einmal die Perspektive zu wechseln? Warum sollte er mit einer moralischen Überzeugung einer Norm zustimmen und zu ihrer Implementierung und Überwachung beitragen? Durch diese Aktivität schränkt er seinen eigenen Handlungsspielraum erheblich ein. Er verringert die Möglichkeiten seine eigenen Interessen durchzusetzen. HOMANN sieht diese Problematik: er schließt die Motivation und die Charaktere der Politiker aus der Betrachtung aus und verweist wieder auf ihre Handlungsbedingun-

---

405 Vgl. Homann und Blome-Drees (1992), S. 40.
406 Vgl. Homann und Blome-Drees (1992), S. 41.

gen, also auf die Rahmenordnung.[407] Allerdings bleibt die Frage offen, wie dies zu geschehen hat. Moral und sittliche Motivation des Einzelnen sind offensichtlich unverzichtbar.[408] Anders formuliert: Ohne die Moral des Einzelnen kommt auch keine Moral in die zu schaffende, bzw. zu modifizierende Rahmenordnung.

Der Grundgedanke ist offensichtlich Folgender: Der Gesetzgeber hat in erster Linie das Gemeinwohl im Sinne. Aus diesem Grund werden Gesetze und Normen realisiert, die dieses Gemeinwohl fördern und insofern auch moralischen Ansprüchen genügen. Kritisiert werden kann diese Auffassung unter anderem im Hinblick auf den in der Realität stattfindenden politischen Prozess. Betrachtet man die Praxis politischen Handelns, wird man diese Vorstellung eher anzweifeln. Die Probleme sind bekannt. Folgt man den Ergebnissen der Public-Choice-Theorie, ist letzten Endes jedes staatliche Handeln ein Handeln von Individuen. Diese folgen ihren eigenen Präferenzen und Interessen. Politiker haben dementsprechend eigene Ziele (Macht, Prestige, hohes Einkommen u. ä.), die sie durchsetzen möchten. Um diese Ziele möglichst gut zu realisieren, sind sie auf ihre Wiederwahl angewiesen. Sie werden wiedergewählt, wenn ihr „Angebot", also ihr politisches Programm eine ausreichende „Nachfrage" (Stimmen) findet. Insofern entsteht ein Markt für „Politik", auf dem verschiedene Anbieter miteinander konkurrieren. Fraglich ist: Wie es möglich sein soll, dass Individuen die zunächst ihre eigenen Interessen im Auge haben, und demgemäß Moral dann Moral sein lassen, wenn sie ihren Interessen widerspricht, sich im politischen Bereich anders verhalten sollen.

Anders formuliert, als Argument für die Notwendigkeit der Sozialethik wird die im ökonomischen Verhaltensmodell unterstellte Handlungsweise angeführt. Welche Motivation sollte ein Politiker aber haben, um dieses Streben aufzugeben? Oder handelt es sich bei politischen Handlungsträgern auf einmal doch um die dem Gemeinwohl dienenden Personen, die ihre eigenen Interessen in den Hintergrund stellen, wenn dies das allgemeine Interesse erfordert?

III.4 Fazit

III.4.1 Die Rahmenordnung kann nie perfekt ausgestaltet sein

Sofern es gelänge, einen perfekt ausgearbeiteten Ordnungsrahmen zu implementieren und auch durchzusetzen, würden bei einer ethischen Betrachtung und Beurteilung wirtschaftlicher Aktivität die einzelnen Wirtschaftsubjekte und Institutionen von einer ethischen Beurteilung ihrer Handlungen befreit. Die Moral wäre dann nicht mehr in den Handlungen (den Spielzügen), der Individuen zu

---

407 Vgl. Homann (1998) S. 22.

408 So auch Homann und Blome-Drees (1992), S. 39 und 41.

suchen, sondern hätte durch die Rahmenordnung (der kollektiven Spielregeln) für alle Akteure gleichermaßen Geltung.[409]

Dennoch stellt auch HOMANN an anderer Stelle fest, dass eine perfekte Rahmenordnung praktisch nur schwer zu realisieren ist. Als Grund weist HOMANN darauf hin, dass in der Realität sehr häufig unvollständige Verträge[410] vorliegen.[411] Insofern relativiert HOMANN die oben getroffene Aussage dahingehend, dass Ethik in modernen Gesellschaften zwar paradigmatisch Ordnungsethik ist, und dass der systematische *– jedoch keineswegs einzige –* Ort der Moral in einer Marktwirtschaft die Rahmenordnung ist.[412] Wenn die Rahmenordnung Defizite aufweist, sind nach HOMANN moralische Leitideen dazu geeignet, diese Defizite auszugleichen.[413] Das heißt, die Akteure müssen in diesem Fall die Rolle des Reservemannes übernehmen und etwaige Defizite dort ausgleichen, wo die Rahmenordnung nicht entsprechend etabliert ist. Unter den systematischen Bedingungen des Wettbewerbs ist dies mehr oder weniger häufig der Fall.[414] Hinreichend bekannt ist, dass staatliche Eingriffe keinesfalls immer zu einer optimalen Problemlösung führen. Warum also sollte dies hier der Fall sein? Staatliche Lösungen stellen häufig nur Minimallösungen dar, sind vielfach nicht ausreichend flexibel, weisen in der Mehrzahl aller Fälle Lücken auf und eröffnen häufig Umgehungsmöglichkeiten. Sofern Handlungen von Eigeninteresse gesteuert werden, ist in solchen Situation eher davon auszugehen, dass die vorhandenen Möglichkeiten zur Umgehung genutzt werden, als dass die Akteure bereitwillig die Lücken schließen.

III.4.2 Rückweisung der moralischen Initiative an die Unternehmen

Ist die vorhandene Rahmenordnung durch Mängel gekennzeichnet bzw. liegen unvollständige Verträge vor, haben die Unternehmen grundsätzlich zwei mögliche Strategien:[415]

- Eine Wettbewerbsstrategie, indem sie mit Hilfe von moralischen Vorleistungen versuchen, ihre Wettbewerbsposition zu verbessern. So ist z. B. daran zu denken, dass ein Unternehmen „ethische" Produkte auf den Markt bringt. Sittliches Verhalten wird in diesem Sinne also als Wettbewerbsparameter aufgefasst.

---

409 Vgl. Homann und Blome-Drees (1992), S. 35.
410 Vgl. zur Theorie der unvollständigen Verträge u. a. bei Richter und Furubotn (1996), S. 173 ff.
411 Homann (1995), S. 18 f.
412 Vgl. Homann (1995), S. 11. Hervorhebung vom Verfasser.
413 Vgl. Homann (1994), S. 18.
414 Vgl. Homann (1995), S. 20.
415 Vgl. zu den folgenden Punkten Homann (1995), S. 20 f.

- Eine politische Strategie zur Realisierung ethischer Forderungen. Ziel kann es sein, das Verhalten der Konkurrenten zu beeinflussen und die Rahmenordnung zu verbessern. Dies kann einerseits unter Mitwirkung des Staates geschehen, ist zugleich jedoch auch durch gegenseitige Absprachen (z. B. durch Branchenvereinbarungen), unter Verwendung einer informellen Strategie: „Wie du mir so ich dir!", möglich. Durch Anwendung dieser politischen Strategie soll gezielt versucht werden, das Verhalten der Mitwettbewerber zu beeinflussen.

Beide Strategien sind mit den Prinzipien und systematischen Bedingungen des Wettbewerbs vereinbar und begründen sich durch die individuelle Vorteilskalkulation der einzelnen Akteure. Auf eine Überwindung der ökonomischen Handlungslogik,[416] kann in diesem Konzept verzichtet werden.[417] Weiter ist eine dauerhafte Substitution staatlicher Regelungen durch eine sittliche Unternehmenspolitik auf Dauer nicht möglich. Die Gesellschaft muss sich mit geeigneten Regeln und Institutionen versorgen, die es ermöglichen, dass die einzelnen Akteure gewünschte Interaktionen durchführen, und gesellschaftlich unerwünschte unterlassen.[418]

III.4.3 Rückweisung der moralischen Initiative an die Individuen

Sofern die politischen Akteure nicht über einen bestimmten Grad an moralischer Kompetenz verfügen, muss ein Mindestmaß an gesellschaftlicher Moral vorhanden sein, um für die Gemeinschaft nützliche politische Entscheidungen durchsetzen zu können. Die individuelle Fähigkeit zwischen falsch und richtig zu unterscheiden, ist auch aus folgendem Grund wichtig: Es ist davon auszugehen, dass sich insbesondere Individuen zu Gruppen oder Interessenverbänden zusammenschließen, die ein unmittelbares Interesse an bestimmten politischen Entscheidungen haben. Durch ihre Kooperation können sie ihre Interessen besser durchsetzen. Diese Interessengruppen oder ihre Vertreter werden nicht selten „moralisierende" Argumente nutzen, um die Mehrheit der Gesellschaft von der Richtigkeit ihres Standpunktes zu überzeugen und hierdurch die Mehrheit auf ihre Seite zu bringen.[419] Es ist daher wichtig, dass der Einzelne die vorgebrachten Argumente von einem moralischen Standpunkt aus beurteilen kann. Die mögliche Gefahr, und hier ist HOMANN Recht zu geben, ist die, dass durch moralisieren die Moral in der Gesellschaft verdrängt wird.[420] Diese Gefahr besteht insbesondere in den Fällen, in denen es gelingt, den „moralischen" Anschau-

416 Ein Vertreter dieser Auffassung ist z. B. wie erwähnt Koslowski.
417 Vgl. Homann (1995), S. 21.
418 Vgl. Homann (1995), S. 34.
419 Vgl. zu diesem Punkt Leschke (1997), S. 220.
420 Vgl. Homann (1993), S. 54 ff.

ungen einer einzelnen Person oder einer Gruppe von Personen universellen Charakter zuzuschreiben. Gelingt es diesen Akteuren schließlich diese Anschauung umzusetzen, und in unmittelbare Handlungsanweisungen zu überführen, kann die friedliche Koexistenz in dieser Gesellschaft hierdurch gefährdet werden. Denkbar ist auch, dass moralische Akteure ausgebeutet werden und ihre Haltung aus diesem Grund aufgeben.

IV Zwischenergebnis: Verantwortung und Initiative des Einzelnen

Der letzte Abschnitt machte deutlich, dass es in modernen und komplexen Gesellschaften mit einer Wirtschaftsordnung, die auf Wettbewerbsprozessen beruht, schwer scheint, Moral beim Individuum zu verankern. Für die Akteure bestehen in zahlreichen Situationen Anreize unmoralisch zu handeln. Wiedereinmal scheint die Realität eine – an den Individuen ansetzende – moralische Beurteilung und Gestaltbarkeit, äußert schwer zu machen. Folgendes wurde veranschaulicht: Menschen, die sich das Prinzip der Moralität zu eigen gemacht haben, überdenken in „problematischen" Entscheidungssituationen, ob das von ihnen angestrebte Ziel oder das eingesetzte Mittel jenes ist, das sie „guten Gewissens" wollen können. Im Zweifel würden sie sich entgegen ökonomischer Anreize verhalten. Dies fällt sicher nicht immer leicht. Aber Moralität stellt unzweifelhaft einen Kompromiss zwischen dem eingenommenen moralischen Standpunkt einerseits, und den individuellen Interessen andererseits dar.

Dieses Problem der ethischen oder moralischen Verantwortung pflanzt sich schließlich auf der nächsten Ebene menschlicher Interaktion, der Ebene der Institutionen, weiter fort. Es wurde erörtert, dass dem Institutionen-Aspekt der Ethik zum Teil eine eigenständige Bedeutung eingeräumt werden kann. Organisationen stehen in Wechselbeziehungen mit ihrer Umwelt, und ihre Mitglieder interagieren im internen Verhältnis. Alle Aktivitäten und die sich hierdurch ergebenden Folgen können ebenso einer moralischen Beurteilung unterliegen, wie die eines Individuums.[421] Die grundsätzlichen Probleme: Unternehmen die sich – freiwillig – ethisch korrekt verhalten, machen sich – wie Individuen auch – grundsätzlich ausbeutbar. Sie können aufgrund ihres Engagements Wettbewerbsnachteile realisieren und aus dem Wettbewerb ausscheiden. Schließlich wurde verdeutlicht, dass eine erfolgreiche Unternehmensethik auf die Unterstützung der Organisationsmitglieder angewiesen ist.

---

[421] Gleichzeitig wurde verdeutlicht, dass Institutionenethik und Individualethik nicht untrennbar nebeneinander stehen. Es handelt sich bei diesen beiden Disziplinen nicht um isolierte Ansprüche an menschliches Handeln einerseits oder an das Handeln von Organisationen andererseits. Jede Organisation setzt sich aus einzelnen Menschen zusammen, die ihrerseits sowohl im Innen- als auch im Außenverhältnis handeln. Aus diesem Grund sind zunächst sie für ihre Handlungen verantwortlich.

Eine mögliche Lösung des Problems wurde aufgezeigt. Es handelt sich dabei um das Konzept der Sozialethik. Diese Makro-Ebene gesellschaftlicher Koordination zielt darauf ab, die Sittlichkeit von der individuellen bzw. institutionellen Sphäre auf den Bereich der gesellschaftlichen Abstimmung zu verlagern. Ihre Absicht ist es solche Anreize zu setzen, die Akteure davon abhalten, durch ein unsittliches Verhalten Vorteile in gesellschaftlichen Interaktionen und damit auch auf dem Markt zu erlangen. Dies heißt nichts anderes, als das für alle Akteure gleichermaßen geltende Regeln (Gesetze) zu implementieren sind. Die handelnden Individuen werden von der individuellen Kenntnis, Anerkennung und Einhaltung moralischer Regeln entlastet. Die Sozialethik sieht von dem Versuch einer moralischen Einflussnahme auf die Individuen ab, und setzt zur Realisierung von Moral auf äußere, institutionelle Anreizsysteme in Form von Normen.

In Abbildung 7 sind diese Zusammenhänge dargestellt. In der Darstellung wird berücksichtigt, dass der Individualethik eine tragende – wenngleich bislang äußerst unbeständige – Rolle zufällt. Die Bedeutung der individuellen moralischen Grundhaltung liegt in dem Umstand, dass niemand dazu gezwungen werden kann, sich moralisch bzw. ethisch korrekt zu verhalten. Versuche, dies zu erzwingen, werden in der Mehrzahl aller Fälle scheitern. Das Beispiel Levi Strauss zeigte ein moralisches Problem im Außenverhältnis. Doch auch im Innenverhältnis wurden Erfahrungen gemacht:

> „Wir mussten begreifen, dass man ethisches Verhalten nicht per Zwang in eine Organisation einpflanzen kann. Ethisches Verhalten hängt nämlich von den gemeinsam geteilten Grundeinstellungen der Mitarbeiter ab."[422]

In den bislang angestellten Betrachtungen zeigte sich, dass die Individualethik ein sehr schweres Unterfangen ist. So erscheint es äußerst schwierig, ethische Überlegungen und moralisches Verhalten allein im Individuum zu verorten. Gleichzeitig wurde aufgezeigt, dass institutionalisierte Ethiken gleichfalls spezifische Probleme aufweisen. Es erscheint zumindest fragwürdig, ob es ausreichend ist, Ethik und Moral in Institutionen zu verankern. Ein Mindestmaß an individueller Verantwortlichkeit scheint eine notwendige Voraussetzung für die wirkungsvolle Implementierung und Erhaltung institutioneller Regelungen zu sein. Wie im Folgenden gezeigt wird, ist die Beteiligung der Individuen im Bereich der Normenimplementierung nicht unerheblich. Beispielsweise können im Verhältnis von Moral und Recht Spannungen auftreten, bzw. ist regelkonformes Verhalten (Gesetzestreue) nicht mit ethischer Berechtigung gleichzusetzen. Beides macht eine Beurteilung durch die Individuen erforderlich.

---

422 Haas (1994) S. 1-3. Vgl. zu diesen Ausführungen auch Teil D II.2.3.

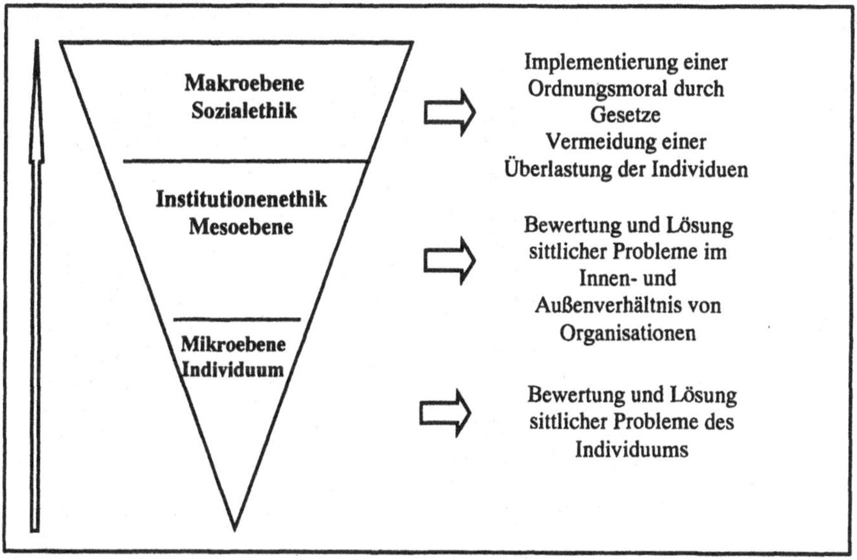

Abbildung 7: Zusammenhänge der Individual-, Institutionen- und Sozialethik

V Moral und Recht – Zum Verhältnis der Steuerungsmechanismen

Moral und Recht können als öffentliche Güter angesehen werden. Auf welche Art und Weise kann das öffentliche Gut *Moral* bereitgestellt werden? Probleme, die bei der Bereitstellung dieser Art von Gütern – durch private Anbieter – entstehen, sind hinreichend bekannt.[423]

Im Fall der Rechtsordnung mag die Antwort schnell gefunden sein, denn diese wird vom Gesetzgeber implementiert. Beziehungsweise veraltete Normen werden durch die gesetzgebenden Instanzen an sich ändernde Sachverhalte angepasst. Zwar ist hierdurch nicht zwingend gewährleistet, dass es sich um effiziente oder qualitativ hochwertige Regeln handelt, doch werden sie zur Verfügung gestellt.

423 In der ökonomischen Theorie wird unterstellt, dass öffentliche Güter in der Regel nicht vom Markt bereitgestellt werden, da grundsätzlich ein Schwarzfahrerproblem besteht. Das heißt, für ein rational handelndes Individuum besteht ein Anreiz das betreffende Gut zu nutzen, ohne einen eigenen Beitrag zur Bereitstellung des Gutes zu leisten. Wird dieses Gut trotzdem bereitgestellt, erfolgt es im Regelfall durch das Kollektiv (Staat) und wird durch die Gemeinschaft finanziert (Steuern).

Wie aber sieht es im Fall eines moralischen Normsystems aus? Jedes einzelne Individuum profitiert von einem bestehenden Moralsystem, denn durch die Koordinierungsfunktion moralischer Normen wird Handlungssicherheit geschaffen. In einer sehr moralischen Gesellschaft geht die Kriminalitätsrate gegen Null und die individuelle Sicherheit steigt stark an. Gleichzeitig hätte ein rational handelndes, unmoralisches Individuum einen starken Anreiz aus dem bestehenden Normsystem auszubrechen, und so auf Kosten derjenigen, die sich an die Normen halten, seinen Nutzen zu maximieren. Die Wahrscheinlichkeit hierfür wäre um so größer, je mehr in einer solchen Gesellschaft externe Normen durch interne substituiert wären. Könnte sich Moral in dieser Gesellschaft erhalten, oder wird der bestehende „Moralstock" erodieren?[424] Anders gefragt, kann sich in einer Gesellschaft und dazugehörigen Subsystemen ein moralischer Standard entwickeln, erhalten und wandeln und wenn ja, wie? Alternativ bzw. ergänzend sind staatliche Zwangsinstitutionen (Gesetze) denkbar, die für eine Implementierung eines bestimmten moralischen Standards sorgen?

V.1 Notwendigkeit und Vorteile staatlicher Rechtsgebung

Der Staat wird aktiv und erlässt sanktionierte Normen (Gesetze), wenn Handlungsbedarf gesehen wird.[425] So werden in jeder Gesellschaft aufgrund einer Vielzahl von wechselseitigen Beziehungen Konflikte entstehen. Daher sind (Individual-) rechte erforderlich, die diese Konflikte regeln.[426] Die Normen und Sanktionshandlungen werden durch den Staat institutionalisiert und monopolisiert, mit dem Ziel wichtige Güter (Leben, Gesundheit, Eigentum) zu schützen.

Der wesentliche Vorteil dieser Institutionalisierung ist insbesondere darin zu sehen, dass die Wahrscheinlichkeit steigt, Normbrecher zu ermitteln und zu sanktionieren. Dies ergibt sich, da an Stelle einer Vielzahl von „Laien" besondere Spezialisten die Einhaltung von Regeln kontrollieren und Normbrüche verfolgen (Polizei) und sanktionieren (Gerichte).[427] Sie verfügen über zahlreiche Informationsquellen[428] und erlangen – im Vergleich zu Laien – einen großen Informationsvorsprung. Hinzu tritt der Umstand, dass diese Spezialisten, im Gegensatz zu einzelnen Mitgliedern der Gesellschaft, durch ihren Beruf ein Interesse daran haben, Normbrüche zu ermitteln und zu sanktionieren. Durch die Mono-polisierung der Sanktionsprozesse wird ferner gewährleistet, dass Sanktionen für be-

---

[424] Der Verfasser vertritt die Auffassung, dass eine vollständige Erosion unter anderem aufgrund der in Teil E VII.5.3 angeführten Gründe unwahrscheinlich ist.

[425] Normen können sich aber auch gewohnheitsmäßig bilden, in diesem Fall spricht man auch von Gewohnheitsrecht.

[426] Vgl. Buchanan (1984), S. 33.

[427] Vgl. hierzu und zum folgenden Eger und Weise (1990), S. 81.

[428] Das oben angesprochene Informationsproblem wird also gemildert.

stimmte Straftaten normiert und dadurch Willkürhandlungen Einzelner ausgeschlossen werden. Die Transparenz, auch im Hinblick auf eine weitgehende Stabilität der Normen, steigt hierdurch für die einzelnen Mitglieder einer Gesellschaft an.[429]

V.2 Probleme im Bereich der Implementierung und Steuerung staatlicher Gesetze

Die positiven Wirkungen eines Rechtssystems sind unbestritten, dennoch entstehen im Rahmen der Implementierung Probleme. Man mag zunächst intuitiv dazu geneigt sein, staatlichen Instanzen und Politikern, die für ihre Realisierung verantwortlich sind, zu unterstellen, dass sie dies mit dem Ziel tun, das Gemeinwohl zu fördern. Indes verdeutlichen die Erkenntnisse der *Neuen Politischen Ökonomie*, dass auch Politiker nur Menschen sind. Sofern das ökonomische Menschenbild zutreffend ist, kann es daher auch ihr Verhalten treffend beschreiben. Denn – wenn diese Verhaltenshypothese zutreffend ist – welches Ziel sollten Individuen im politischen Feld verfolgen, „... wenn es ihnen dabei nicht um die Maximierung ihres eigenen erwarteten Nettonutzens geht?“[430] Von diesem Standpunkt aus, ist also nicht zwingend zu erwarten, dass jene Regeln in Kraft gesetzt werden, die von welchem Standpunkt auch betrachtet, als gerecht oder fair bezeichnet werden können. Doch auch bereits kodifizierte Regeln und Gesetze sehen sich unterschiedlichen Steuerungs- und Koordinierungsproblemen gegenüber. Mögliche Ursachen sind gesetzgebungstechnische Schwierigkeiten einerseits oder der Wandel zu regelnder Tatbestände andererseits.[431]

Im ersten Fall ergeben sich zunächst Probleme, die komplexen gesellschaftlichen Tatbestände in rechtliche *Regelungen umzusetzen.* Hierbei ist folgendes zu beachten: Die Normen sind im Optimalfall relativ allgemein zu formulieren. Der positive Nebeneffekt ist darin zu sehen, dass das Regelwerk übersichtlich bleibt. Gleichzeitig gilt es eine möglichst effiziente Funktionsweise der gesetzlichen Regelungen zu ermöglichen. Dies kann gegebenenfalls jedoch eine relativ detaillierte Auflistung einzelner Tatbestände erfordern.

Sofern es gelingt, diese Schwierigkeiten zu lösen, treten Schwierigkeiten im Bereich der *Vorbeugungs- und Sanktionierungswirkung* des Rechts auf. Dies gilt

---

429 Wenngleich die Kosten, eines so installierten Norm- und Sanktionssystems, relativ hoch sind. Obendrein ist ein anderer Aspekt zu berücksichtigen: Durch die Implementierung kodifizierter Regeln kann die Motivation des einzelnen Menschen sinken, Regeln zu internalisieren, bzw. ganz verdrängt werden. Letzteres bezeichnet Frey als *Verdrängungseffekt* einer Regulierung. Vgl. bei Frey (1997), S. 16.

430 Brennan und Buchanan (1993), S. 48.

431 Vgl. hierzu und zu den folgenden Problemen Gerum (1992), S. 255 ff.

insbesondere innerhalb von Organisationen, die durch eine zunehmende Komplexität von Entscheidungsprozessen gekennzeichnet sind. Es zeigt sich zunehmend, dass sich Mitglieder von Wirtschafts- oder Verwaltungsorganisationen auf die Kontrolle übergeordneter Instanzen verlassen. Sie fühlen sich aus der eigenen rechtlichen bzw. moralischen Verantwortung entlassen. In Bezug auf die Präventivfunktion des Rechts, besteht daher die Möglichkeit, dass diese gestört wird, sofern die Akteure ihre Verantwortung auf eine andere Ebene auslagern und der Einzelne sich hiervon nicht mehr angesprochen fühlt. Verstärkend kann hinzutreten, dass eine personale und rechtliche Zurechnung der Verantwortung schwer zu realisieren ist. Diese Zurechenbarkeit der Verantwortung ist allerdings für eine Sanktionierung obligatorisch.

Weiterhin kommt hinzu, dass sich sowohl im internen als auch im externen Umfeld der Akteure die ökonomischen, technischen und gesellschaftlichen Rahmenbedingungen im Zeitverlauf stetig *wandeln*. Hieraus resultiert das Erfordernis, gesetzliche Rahmenbedingungen an die sich ändernden Umstände anzupassen. Diese Anpassung ist jedoch nicht von heute auf morgen möglich.[432] Daher entsteht im Bereich der Gesetzgebung, das aus anderen Gebieten der Politik bekannte Problem, der time-lags. In der Folge kann es dazu kommen, dass z. B. durch den Einsatz neuer Techniken Fakten geschaffen werden, deren Auswirkungen irreversibel sind, ohne dass gesetzliche Regelungen vorhanden sind. Sofern innerhalb des so beschriebenen institutionellen Rahmen negative Entwicklungen vermieden werden sollen, ist man wieder bei der individuellen Verantwortlichkeit der Einzelnen angelangt.

V.3 Zum Verhältnis von Moral und Recht – denkbare Spannungsfelder

Ein besonderes Problemfeld tut sich insbesondere in solchen Situationen auf, in denen ein Zwiespalt zwischen rechtlichen und moralischen Ansprüchen besteht. Es wurde bereits angedeutet, dass Handlungen, die gesetzlich durchaus legitim sein können, nicht notwendigerweise als moralisch gerechtfertigt angesehen werden müssen. Insofern lassen sich grundsätzlich vier Fälle konstruieren, mit deren Hilfe das Verhältnis von Recht und Moral beschrieben werden kann. Mögliche Spannungsverhältnisse werden im Folgenden in Abbildung 8 verdeutlicht.

Vollkommen unproblematisch ist der *Fall I.* Sofern eine Handlung sowohl unter rechtlichen, als auch unter moralischen Aspekten korrekt ist, entstehen bei den Akteuren keine Unsicherheiten und Bewertungsprobleme. In vorangegangen

---

432 Es gibt zahlreiche Beispiele die belegen, dass – als notwendig angesehene – Gesetzesänderungen, sich aufgrund von Parteiinteressen, Einflussnahme von Interessenverbänden o. ä. über Jahre hinziehen können, bzw. gar nicht erfolgen. Zu denken ist an die geplanten Steuerreformen, die Reform der Rentenversicherung etc.

Abschnitten wurde mehrfach darauf hingewiesen, dass unternehmerisches Gewinnstreben als solches nicht unsittlich beurteilt wird; gleiches gilt für die juristische Perspektive.

Ähnlich unkompliziert stellt sich *Situation III* dar. Eine Handlung ist in diesem Fall aus rechtlicher Sicht illegal und eine moralische Beurteilung wird sie ablehnen. Beispielsweise sind Tötung und Mord sowohl vom moralischen als auch vom rechtlichen Standpunkt aus verboten.[433] Wirtschaftskriminalität wird durch den Staat und seine Organe juristisch verfolgt, als auch sittlich verurteilt. Insofern entsteht bei dieser Konstellation kein Spannungsverhältnis zwischen rechtlichen und sittlichen Ansprüchen. Die betroffenen Individuen bleiben von inneren Konflikten frei.

Streitfälle liegen in den *Fällen II und IV* vor. Bei diesen Konstellationen divergieren rechtliche und moralische Ansprüche. *Konstellation IV* stellt eine Situation dar, in der eine Handlung nach rechtlichen Kriterien zwar illegal ist, gleichzeitig jedoch moralisch geboten oder akzeptabel erscheint. Denkbar ist diese Kombination z. B. dann, wenn bestehendes Recht bei einer breiten Mehrheit der Bevölkerung auf (moralische) Ablehnung stößt. Als Beispiel kann z. B. die „Staatsflucht" von DDR Bürgern in die ungarische Botschaft herangezogen werden. Diese „Republikflucht" war nach geltendem DDR Recht ungesetzlich. Gleichzeitig lehnte die Bevölkerung zunehmend die stark reglementierten Gesellschaftsverhältnisse in der DDR ab. Die Ergebnisse sind hinreichend bekannt.[434] Inwiefern es zu einer Divergenz von gesetzlichen und moralischen Ansprüchen kommt, hängt allerdings auch von den in einer bestimmten Gesellschaft allgemein akzeptierten Moralstandards ab.

---

[433] Wenngleich auf Teil C und insbesondere auf die in Teil C I.4 dargestellten Probleme verwiesen werden muss. An der genannten Stelle wurde darauf hingewiesen, dass eine Ethik kantianischer Prägung im Zweifelsfall Tötung oder Mord untersagt. Utilitaristen würden milder urteilen, sofern der gesellschaftliche Nutzen gesteigert werden kann (z. B. Tyrannenmord).

[434] Auch hier entstehen ethische Bewertungs- und Beurteilungsprobleme: Was war die tatsächliche Motivation der Akteure? Ein rein eigeninteressierter Beweggrund, oder – zumindest teilweise – der Wunsch und Wille ein totalitäres System um der Freiheit Willen zu beseitigen. War die Republikflucht unter Umständen sogar unmoralisch? Diskussionen im Kollegenkreis haben folgendes Problem aufgezeigt: In erster Linie sind mobile, junge gut ausgebildete Bürger abgewandert. Das Problem: Alte, schwache und weniger mobile DDR Bürger bleiben in einem System zurück, welches aufgrund dieser Entwicklung höchstwahrscheinlich zusätzlich leidet. Der Verfasser sieht sich an dieser Stelle nicht in der Lage eine entgültige Bewertung zu bieten. Unabhängig hiervon kann jedoch verdeutlicht werden, dass Konflikte in solchen Situationen vorprogrammiert sind. Eine synergetische Interpretation dieser Vorgänge erfolgt in Teil E III.4.5.

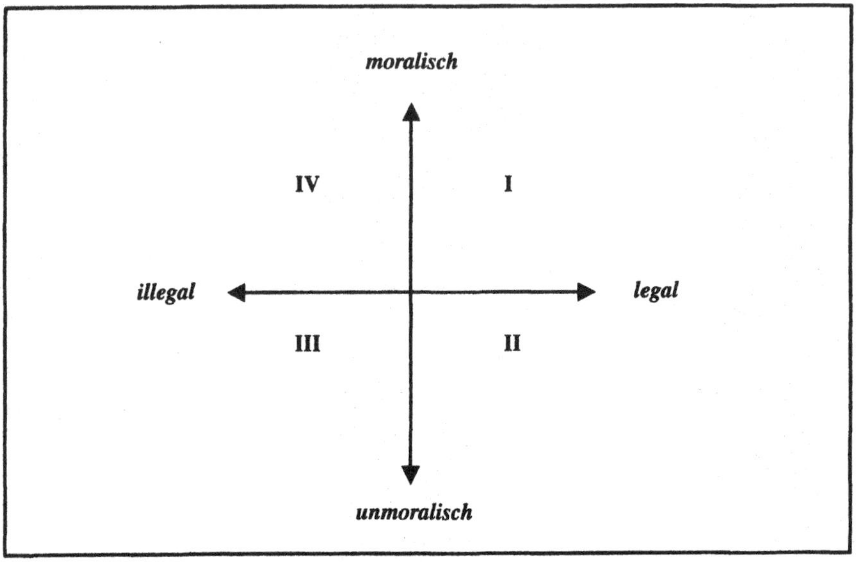

Abbildung 8: Mögliche Konstellationen von Recht und Moral

Bei einem Mitteleuropäer, löst die islamische Praxis Dieben die Hand abzutrennen, zumindest einen Widerspruch aus. Und auch innerhalb einer Gemeinschaft mit weitgehend gleichartigen Sitten werden unterschiedliche moralische Ansprüche wirksam, wie die Diskussion für und wider Abtreibung und Todesstrafe verdeutlichen.

Als besonders problematisch erweist sich der *Fall II*. Es handelt sich hier um solche Fälle, in denen die Rechtmäßigkeit einer Handlung unzweifelhaft ist. Gleichzeitig kollidiert sie jedoch mit geltendender Moral. Ein Beispiel: Die Entsorgung von Atommüll in Endlagern ist beispielsweise – bei Berücksichtung von Auflagen – gesetzlich erlaubt. Eine moralische Verantwortung gegenüber künftigen Generationen wird hier ausgeklammert. Mögliche Probleme und Umweltschäden, die aufgrund der langen Halbwertszeiten des Atommülls später entstehen können, werden auf künftige Generationen abgewälzt. Hierbei handelt es sich um eine durchaus „leichte“ Lösung des Problems, denn kommenden Generationen ist es heute nicht möglich, am politischen Entscheidungsprozess teilzunehmen.[435]

[435] In diesem Fall würde die moralische Verantwortung wieder auf die betreffenden Akteure und ihre Moralität verweisen.

Auch durch diese Problematik wird verdeutlicht, dass Gesellschaften – sofern sie eine stabile und auf weitgehender individueller Freiheit beruhende Entwicklung aufweisen – auf mündige und verantwortliche Mitglieder angewiesen sind. Dies bedeutet vom Standpunkt der Moralität nichts anderes, als das die Individuen bestehende Verhältnisse und individuelle Handlungsweisen kritisch hinterfragen. Gleiches gilt auch für die in einer Sozietät gültigen Regeln, gleichgültig ob sittlicher oder rechtlicher Natur. Insofern ist zu berücksichtigen, welchen Inhalt die relevanten Normen haben, und inwiefern sie sich im gesellschaftlichen Miteinander auswirken.

V.3.1 Norm-, Norminhalt und ihre Wirkungsweise

Normen, gleich ob moralischer oder gesetzlicher Natur, *gebieten* oder *verbieten* ein bestimmtes Verhalten. Eine Handlung soll unterlassen werden, wenn sie schlecht ist, und durchgeführt werden, wenn sie gut ist. Eine moralische Norm ergibt sich dadurch, dass in einer Gesellschaft bestimmte Taten durch die Gesellschaft gefordert bzw. untersagt werden. Die Einhaltung der Norm wird durch die Gesellschaftsmitglieder belohnt, eine Verletzung bestraft.[436] Sind bestimmte Normen institutionalisiert, handelt es sich nicht mehr um moralische, sondern um gesetzliche Normen. Die Sanktionsgewalt liegt in diesem Fall bei staatlichen Stellen.

Für jeden Einzelnen hat eine Norm drei wesentliche Aspekte:[437] Eine Norm stellt zunächst für jede Person eine Handlungsbeschränkung dar. In dem sie in bestimmten Situationen eine Handlung vorschreibt (Rechtsfahrgebot) oder verbietet (Diebstahl), wird der Einzelne in seinen Handlungen und damit seiner Freiheit eingeschränkt. Der besondere Anreiz gesetzliche Normen zu achten, sind staatlich durchgesetzte Sanktionen. Wird eine gesetzliche Norm übertreten, ist mit staatlichen Gegenmaßnahmen (Geldbuße, Freiheitsentzug o. ä.) zu rechnen. In ökonomischen Kategorien ausgedrückt, können die Sanktionen aus Sicht des Normbrechers als (zusätzliche) Kosten der Regelüberschreitung interpretiert werden. Aus dieser Einschränkung individueller Freiheit, resultiert gleichzeitig der wesentliche Vorteil von Normen. Durch ihre Existenz, Durchsetzung und weitgehende Einhaltung resultiert für jedes Mitglied der Gesellschaft ein Schutz vor unerlaubten Handlungen anderer Personen. Im Ergebnis führt dies zu einer

---

436 Im Zweifelsfall ist eher letzteres die Regel, denn relativ selten wird ein regelkonformes Verhalten explizit belohnt.

437 Vgl. Eger und Weise (1990), S. 66 ff.

Senkung von „Entscheidungskosten“, da das Verhalten unterschiedlicher Individuen in vielen Situationen durch vorhandene Normen vorgegeben ist.[438]

Für die Funktionsfähigkeit von Normen ist zunächst unerheblich, ob es sich um solche handelt, die vom Individuum verinnerlicht worden sind, oder um solche, die extern durch die Gesellschaft gesetzt worden sind. Wesentlich ist jedoch, dass – wie schon an anderer Stelle angeführt – diese Normen eingehalten werden. Damit verbunden ist letztlich auch die Frage, welchen Inhalt die Normen haben sollen. Denn mit zunehmender Akzeptanz der Norm durch die Adressaten steigt auch die Bereitschaft diese Normen einzuhalten. Jede Norm appelliert an den Einzelnen sie einzuhalten, d. h. sich gemäß der Norm zu verhalten. Ob diese Norm dann in der Realität wirklich Geltung hat, hängt letztlich von den Willensentscheidungen der Individuen ab.

Welchen konkreten Inhalt sollen Normen also haben, und was soll folglich als geboten (gut) oder verboten (schlecht) angesehen werden? Für die Ethik als wissenschaftliche Disziplin stellt sich das Problem, zu bestimmen, was „gut“ und was „böse“ ist.[439] Auf dieser Grundlage könnten moralische Normen entwickelt werden, die bei der Mehrheit der Gesellschaftsmitglieder auf Zustimmung treffen. Wie oben gezeigt, entstehen besondere Konfliktsituationen in Fällen, in denen moralische und gesetzliche Vorschriften nicht übereinstimmen. Um die Funktionsfähigkeit einer Norm – gleich welcher Natur – zu begünstigen bzw. zu erhöhen, sollten sie über die folgenden Eigenschaften verfügen:[440]

- Ihr Inhalt sollte einfach verständlich und möglichst allgemeingehalten sein.

  Allgemeingehalten dahingehend, dass eine bestimmte Norm auf eine Vielzahl von Fällen anwendbar ist. Beispielsweise macht eine Regel: „Du sollst nicht töten“, wenn nicht A der Fall ist und B zutrifft, aber nicht C Geltung hat ganz einfach keinen Sinn. Einfach verständlich in dem Sinne, dass Jedem auch ohne große kognitive Leistung klar ist, dass eine Handlung nicht durchgeführt werden soll, bzw. eine vorgeschriebene Handlung durchzuführen ist. Beispielsweise einfach: „Du sollst nicht töten!“

---

438 Man muss sich in der Mensa z. B. nicht überlegen ob man sich in die Warteschlange einreiht oder vordrängt, man weiß (jedenfalls im Durchschnitt), dass man dies nicht tut. Für den Fall, dass man sich doch vordrängt muss man zumindest mit „blöden“ Bemerkungen (Sanktion) der Anderen rechnen. Gleichzeitig weiß man jedoch auch, dass es nicht der Regelfall ist, dass sich Andere vordrängen.

439 Zu einer detaillierten Betrachtung des Begriffs „gut“ vgl. Höffe (1992), S. 109 ff. Eine ausführliche Behandlung, inklusive einer Darstellung sprachanalytischer Probleme, ist zu finden bei Mackie (1989), S. 60–79. Dieses und die folgenden Probleme stellen sich analog für gesetzliche Regeln.

440 Vgl. zu den folgenden Punkten bei Molitor (1989), S. 13 f.

- Die Zahl der Normanweisungen sollte zahlenmäßig begrenzt, und möglichst dauerhaft gestaltet sein.

  Die Zahl vorhandener Normen sollte auf ein Mindestmaß begrenzt sein, um die Aufnahmekapazität der Individuen nicht zu überfordern. In der Unzahl von Steuervorschriften finden sich im Regelfall nur Experten zurecht, die sich darauf spezialisiert haben. Normen müssen ferner eine gewisse Beständigkeit aufweisen. Ständig wechselnde Normen führen zu Unsicherheit, die Normadressaten verlieren mit der Zeit den Überblick darüber welche Norm zur Zeit gültig ist.

- Die Normen sollten untereinander widerspruchsfrei sein.

  Da sich ein Normenkatalog aus einer Vielzahl von einzelnen Normen zusammensetzt, muss gewährleistet werden, dass die einzelnen Teilregeln untereinander widerspruchsfrei sind. Die Funktionsfähigkeit einer Regel wird erhöht, wenn keine Ungewissheit darüber existiert, welche der unterschiedlichen Regeln in einer konkreten Situation gilt. Akut wird dieses Problem, wenn – wie oben beschrieben – unterschiedliche Normen zueinander in Widerspruch stehen. Ein Konflikt kann beispielsweise in folgender Situation entstehen: Es ist vom gesetzlichen Standpunkt legal Waffenexporte zu betreiben, sofern keine unmittelbare Krisensituation vorliegt. Vom sittlichen Standpunkt entsteht eine Streitfrage darüber, ob dies gewünscht werden kann.[441] Zumal nicht ausgeschlossen werden kann, dass die Waffen weitergeleitet werden können. Neben der Festlegung des konkreten Inhalts von Normen ist auch eine hierarchische Ordnung der einzelnen Regeln von Bedeutung.

Um die faktische Geltung von Normen zu ermöglichen, müssen sie – wie dargestellt – möglichst einfach gehalten sein. Die Geltung einer Regel, d. h. ihre Einhaltung durch die Mitglieder der Gesellschaft kann zusätzlich begünstigt werden, sofern sie vernünftig begründet werden kann. Sicherlich wird jeder Mensch in sittlichen Werten unterrichtet, sie werden ihm im Elternhaus, in der Schule etc. beigebracht. Sind diese Normen jedoch nicht hinreichend gut fundiert, d. h. haben Individuen keine rationalen Gründe sich moralisch zu verhalten, werden sie dies auch nicht tun. Insofern ist die Begründung sittlicher Regeln von großem Gewicht.

---

441 Auch an dieser Stelle kann auf Teil C und die dort dargestellten Probleme verwiesen werden. Eine Ethik kantianischer Prägung würde dies im Zweifelsfall untersagen. Die utilitaristische Sicht würde die Entscheidung von den möglichen Folgen abhängig machen.

V.3.2 *Normen müssen legitimiert und begründet werden können*

Zunächst stellt sich die Frage, wie eine einzuführende oder bestehende Norm gerechtfertigt werden kann. Aufgrund welcher Kompetenz kann eine Norm beanspruchen für den Einzelnen zu gelten? Damit verbunden ist die Frage, aufgrund welcher Autorität der Normgeber dazu befugt ist, eine Regel zu erzeugen.[442] Eine denkbare Rechtfertigung ist, dass sich Normen im Rahmen der soziokulturellen Evolution und menschlicher Interaktion im Zeitverlauf selbst ausbilden und festigen. Die einzelnen Mitglieder legitimieren und erhalten die Norm dadurch, dass sie sie im täglichen Leben einhalten. Wir hätten es in diesem Fall mit einem selbstorganisatorischen Prozess der Normentstehung und Stabilisierung zu tun.[443] Eine Vielzahl von Normen wird in der heutigen Praxis bewusst durch dazu befugte Gremien (Gesetzgeber, Unternehmensführung o. ä.) oder Einzelpersonen (Einzelunternehmen) in Kraft gesetzt. Hier gilt es, eine Legitimation für die Kompetenz des Normgebers zu finden. Die entsprechende Autorität muss in diesen Fällen durch die Rechtsordnung selbst abgesichert sein.[444] Im Fall der staatlichen Gesetzgebungsinstanz erfolgt die Legitimierung dann durch die Verfassung einerseits, und die Bevölkerung, die durch Wahlen, zumindest mittelbar den Prozess der Gesetzgebung beeinflusst andererseits.

Ein Legitimationsproblem kann bei der folgenden Konstellation entstehen: Die normgebende Institution als Ganzes ist zwar formal legitimiert. Allerdings weisen die an dem Vorgang der Normgebung beteiligten Personen unterschiedliche Wertesysteme, Ideale oder Vorstellungen auf, die sie in diesen Vorgang einbringen. Stellen wir uns vor, dass eine mögliche Regel für jeden Einzelnen hinreichend begründet ist. Das heißt, grundsätzlich kann jeder der Beteiligten einer zur Diskussion stehenden Norm zustimmen. Es existieren keine wesentlichen Unterschiede in den Wertesystemen und Ansichten der Beteiligten. Allerdings unterscheiden sich die betreffenden Personen z. B. durch ihre Parteizugehörigkeit und dadurch in ihren politischen Interessen. In der Folge wird es wahrscheinlich dazu kommen, dass solche Gesetze in Kraft gesetzt werden, die eine Einigung ermöglichen. Die ursprünglich möglicherweise sachlich und moralisch richtige Norm, entspricht dann vom Ergebnis her nicht mehr derjenigen, die im

---

442 Vgl. hierzu auch bei Kelsen (1990), S. 82.

443 Vgl. hierzu die ausführlichen Erläuterungen in den Teilen E II und III. Die Legitimation einer Norm kann ferner, ähnlich der deontologischen Normbegründung, transzendentalen Charakter haben und auf einer Letztbegründung beruhen. Die Norm würde ihre Legitimation dann dadurch erhalten, dass die Mehrheit der Gesellschaftsmitglieder z. B. an ein höheres Wesen glaubt. Auf dieses Wesen rückführbare Gesetze oder Regeln werden dann eingehalten.

444 Vgl. Kelsen (1990), S. 82.

politischen Entscheidungsprozess realisiert wurde.[445] Soll dem parlamentarischen Entscheidungsprozess – und den resultierenden Regeln – die allgemeine Akzeptanz nicht entzogen werden, ist es notwendig, dass jene Personen, die am politischen Entscheidungsprozeß beteiligt sind, ihre eigenen Interessen zurückstellen. Ein schwieriges Unterfangen, denn jeder Einzelne muss in solchen Situationen wieder über ein bestimmtes Maß an Individualmoral verfügen. Sofern es gelingt, den Prozess der Normgebung und die Regel als solche hinreichend zu legitimieren, schließt sich jedoch ein weiteres Problem an.

Normen schränken die individuelle Handlungsfreiheit der Akteure ein. Insofern muss die Norm gerechtfertigt werden[446] können. Es gilt offen zu legen, *warum* und *für wen* sie Geltung hat. Die Begründung muss im Optimalfall so erfolgen, dass die Adressaten ihr – trotz eingeschränkter Freiheit – zustimmen können. Hierzu müssen Antworten auf drei Fragen bereitgestellt werden:[447] Warum soll ich eine bestimmte Norm einhalten? Kann diese Norm überhaupt (moralisch) gerechtfertigt werden? Und grundlegend: Warum soll man sich überhaupt moralisch, oder einer Regel gemäß verhalten?[448]

---

445 Insofern, kann also hier auch die Rede von einem Staatsversagen sein.

446 Zum Begriff der Moral nimmt beispielsweise Hayek im Bezug auf David Hume eine dezidiert andere Stellung ein. Bei Hayek heißt es zum Problem der rationalen Begründung von Moral: „Dies führt uns nun zu dem Problem, das, wie nebenbei bemerkt, *David Hume* als erster klar gesehen hat, daß nämlich die menschliche Moral nicht ein Produkt der menschlichen Vernunft ist, sondern daß wir in Wirklichkeit nie verstanden haben, warum wird diese Moral anderen Moralregeln vorgezogen haben. Unsere Moral können wir gar nicht rational rechtfertigen, weil wir ja nicht wissen, was sie für uns getan hat." Hayek (1996b), S. 107. Hervorhebung im Original.

447 Vgl. hierzu Höffe (1992), S. 20 f.

448 Die beiden grundsätzlichen Möglichkeiten der ethischen Normbegründung wurden in Teil C I beschrieben. Die *deontologische* Methode versucht bestimmte Moralprinzipien aufzufinden, deren moralische Verbindlichkeit uneingeschränkte Geltung haben und unveränderlich sind. Das Fundament zu moralischem Verhalten wird also durch letzte, oberste Werte gelegt. Aus diesen Prinzipien wird ein unbedingtes Sollen abgeleitet. Die *teleologische* Methode bezieht sich auf ein höheres Ziel, das durch eine Regel gefördert werden soll. Die teleologische Vorgehensweise versucht die Begründung eines Moralprinzips mit Hilfe der Bewertung einer bestimmten Handlung für ein Individuum oder eine Gemeinschaft. Gehandelt werden soll dann, wenn sich als Folge ein gewollter und für gut befundener Zustand einstellt. Zu Problemen, die bei der letzten Vorgehensweise entstehen, vgl. u. a. bei Koslowski (1988), S. 159 f. Er betont besonders, dass Unsicherheiten im Hinblick auf die Randbedingungen des Handelns und die Reaktion anderer Individuen bestehen. Hierdurch wird es dem Einzelnen nahezu unmöglich die künftigen Folgen seiner Handlungen abzuschätzen. Dies gilt auch für die Fälle, in denen dem Handelnden vollständige Informationen über die Vergangenheit vorliegen würden, da dies nicht für die Zukunft gilt.

Grundsätzlich kann jedes Individuum einsehen, dass es für die Gesellschaft und für jeden Einzelnen Vorteile bringt, wenn man moralisch handelt. Dass es Sinn macht, wenn man sich im gegenseitigen Interesse an bestehende Regeln und Gesetze hält. Dennoch kann man den Standpunkt einnehmen, dass man sich persönlich nicht sittlich verhalten muss und ein Trittbrettfahrerverhalten sinnvoll ist. Aus diesem Grund ist es erforderlich, dem Einzelnen rational zu begründen, warum die Norm existiert; dass sie zu recht existiert und das es für jeden sinnvoll ist, sich an sie zu halten.

V.4 Fazit

Bislang wurden zahlreiche Argumente angeführt, die eines deutlich machen: Gesellschaftliche Probleme, wie sie sich beispielsweise im Rahmen der Implementierung von Normen zeigen, können nicht nur durch den „Staat" gelöst werden. Insbesondere die einzelnen Individuen müssen einen Beitrag hierzu leisten. Dies ist nicht so zu verstehen, dass der Einzelne dazu genötigt wird, ständig ethische Reflexionen zu betreiben und sich in jedem Moment sittlich zu verhalten. Dennoch, freiheitlich organisierte Gesellschaften sind zumindest innerhalb bestimmter Grenzen darauf angewiesen, dass die Bereitschaft vorhanden ist, bei der Gestaltung der Rahmenbedingungen mitzuwirken. Dies zeigte sich einerseits bei der Betrachtung der „Unternehmensethik" andererseits bei den gemachten Überlegungen zur Sozialethik. Gleich, ob die Legitimation von (sittlichen) Regeln durch einen gesetzten Ordnungsrahmen (Unternehmen oder Staat) erfolgt, die individuelle Legitimation durch die Moralität oder Sittlichkeit der Individuen, scheint in beiden Fällen dringend erforderlich.

Darüber deutet sich an dieser Stelle auch ein grundsätzlicher Aspekt an, auf den später noch detailliert einzugehen ist: Es ist nicht möglich bzw. sinnvoll, alle denkbaren Interaktionen durch staatliche Regelsetzung zu koordinieren. Notwendige Informationen stehen nicht zur Verfügung, der entstehende Aufwand währe in komplex gestalteten Gesellschaften viel zu groß und die individuelle Freiheit wird eingeschränkt. Vielmehr hat die Vergangenheit gezeigt, dass es erfolgversprechend ist, Rahmenbedingungen zu schaffen, innerhalb derer die Individuen frei agieren können.[449]

Zahlreiche der bisher angeführten Probleme im Bereich der Individual-, der Institutionen- und Sozialethik finden ihren Ursprung im ökonomischen Verhaltensmodell. Homo oeconomicus, der Protagonist wird als selbstinteressiertes und nutzenmaximierendes Individuum aufgefasst. Aus diesem Grund, schließt sich im Folgenden Abschnitt, eine kurze Darstellung dieser Auffassung an. Zunächst

---

[449] Vgl. Teil E II.

wird sich zeigen, dass es grundsätzlich möglich ist, Moralität in dieses Modell zu integrieren. Allerdings verbleibt ein „bitterer Beigeschmack", denn homo oeconomicus verhält sich nur sittlich, wenn es sich für ihn persönlich auszahlt. Es schließt sich eine kurze Kritik der wesentlichen Modellannahmen an. Es ist nicht von der Hand zu weisen, dass Menschen häufig überlegen, wie sie sich in bestimmten Situationen verhalten sollen, um für sich das Beste zu realisieren. Allerdings muss einschränkend angemerkt werden, dass diese Vorgehensweise nicht die Einzige ist. Individuelle Akteure können – wie gezeigt wird – gute Gründe dazu haben, sich an anderen Individuen zu orientieren. Ferner bestehen ökonomische, oder kognitive Beschränkungen, die dazu führen, dass nicht immer die beste Alternative gesucht wird. Häufig ist zu beobachten, dass sich Menschen mit einer als befriedigend empfundenen Lösung abfinden. Daher wird zu konstatieren sein, dass homo oeconomicus ein Modell oder eine Heuristik darstellt. Insofern sind in der Realität andere Einflüsse denkbar, die Einfluss auf das Verhalten nehmen. Der Kontrast zwischen Ökonomik und Ethik scheint hierdurch nicht mehr ganz so scharf auszufallen.

VI Das ökonomische Verhaltensmodell – Homo oeconomicus

„Der ökonomische Ansatz ist unmoralisch."
McKenzie, R. B. Tullock, G.

Ein grundlegendes Ziel der vorliegenden Arbeit ist es, aufzuzeigen, dass sich ein gewisser Bestand an Moral auch in Gesellschaften erhält, die sich aus einer Vielzahl eigeninteressierter Individuen zusammensetzt. Hierzu ist es erforderlich zu überprüfen, ob das „Menschenbild" des homo oeconomicus, wie es in der Ökonomik verwendet wird, mit normativen Ansprüchen, wie sie in der Ethik gestellt werden, kompatibel sein kann.

Um zu klären, ob Moral innerhalb des ökonomischen Verhaltensmodells eine Chance hat, wird zunächst homo oeconomicus vorgestellt. Homo oeconomicus ist ein „Individuum",[450] welches sich einer Welt gegenüber sieht, in der alle Ressourcen knapp sind. Daraus folgt unmittelbar, dass es ihm nicht möglich ist, alle Bedürfnisse (gleichzeitig) zu erfüllen. Im bleibt daher nichts anderes übrig, als zwischen unterschiedlichen Handlungsalternativen zu wählen. Üblicherweise wird unterstellt, dass er sich für diejenige Alternative entscheidet, die für ihn bei gegebenen und *stabilen Präferenzen* sowie *gegebenen Restriktionen* seinen er-

---

450 Als reine Heuristik fasst beispielsweise Andreas Suchanek homo oeconomicus auf. Vgl. hierzu Suchanek (1993). An anderer Stelle spricht er von homo oeconomicus als einer pragmatischen Reduzierung. Für ihn stellt homo oeconomicus ein Schema für spezifische Problemstellungen dar. Es handelt sich hierbei um die Ursachen für soziale Zustände oder Prozesse. Vgl. Suchanek (1997), S. 68 f.

warteten Nettonutzen maximiert. Der Ansatz unterstellt weiter, dass homo oeconomicus grundsätzlich *eigennützig* handelt. Das ökonomische Verhaltensmodell zeichnet sich also durch die folgenden vier Annahmen aus, die das eigentliche Kompatibilitätsproblem zwischen *homo oeconomicus* und *„homo moralis"* ausmachen können. Im Einzelnen handelt es dabei um:[451]

- den methodologischen *Individualismus*,
- die Annahme *eigennützigen* Handelns,
- die Annahme *gegebener* und *stabiler Präferenzen*,
- sowie die Annahme, *vollständiger Information* (d. h. alle relevanten Alternativen und Folgewirkungen von Handlungen sind bekannt).[452]

Die folgenden Abschnitte dienen der Überprüfung dieser Annahmen im Hinblick darauf, inwiefern es möglich ist, eine konsistente Verknüpfung von Moralität und homo oeconomicus zu ermöglichen.

VI.1 Methodologischer Individualismus und Eigennutzorientierung

Das Konzept des methodologischen Individualismus unterstellt, dass nur einzelne Individuen Träger von Handlungen sein können. Aktionen, egal ob rational oder irrational, gut oder böse, können nur von Individuen durchgeführt werden und nicht von irgendwelchen Institutionen, Organisationen oder Ähnlichem.[453] Alle Entscheidungen und die darauf aufbauenden Handlungen von Gruppen, lassen sich immer auf eine Entscheidung und Handlung eines Individuums oder einer Gruppe von Individuen zurückführen.

Dem so verstandenen ökonomischen Ansatz zur Erklärung menschlichen Verhaltens geht es jedoch nicht nur um die Beleuchtung individuellen Verhaltens. Vielmehr soll es ermöglicht werden, dass Verhalten größerer Gruppen von Individuen, als Aggregat zu erklären.[454] Inwiefern sich damit soziale Interaktionen in der Realität beschreiben lassen, ist zumindest umstritten. Denn kollektive Prozesse können nicht ohne weiteres als Summe aus dem Verhalten der einzelnen

---

[451] Vgl. zu dieser Aufzählung u. a. Blankart (1994), S. 10.

[452] Letzteres scheint indessen ein interessanter Ansatzpunkt. Die in vorigen Abschnitten angeführten Informationsprobleme entfallen. Homo oeconomicus sind alle möglichen Auswirkungen seiner Aktivitäten bekannt.

[453] Zu einer entgegengesetzten Auffassung vgl. z. B. bei Willke (1991), S. 128. Er bezeichnet es als „... aufschlussreiche[n] Unfug", da es offensichtlich äußerst schwer fällt, anderen ‚Einheiten' als Personen die Fähigkeit zu handeln zuzugestehen.

[454] Vgl. Kirchgässner (1991), S. 21. Insbesondere auch Anmerkung 25.

Individuen abgeleitet werden, da Nichtlinearitäten auftreten können.[455] Diese könnten dazu führen, dass auf der Makroebene Strukturen auftreten, die nicht ohne weiteres auf das individuelle Handeln einzelner Akteure zurückgeführt werden können. Der wesentliche Unterschied zwischen dieser Vorgehensweise und anderen Methoden[456] in den Sozialwissenschaften besteht nur darin, dass der Ausgangspunkt der Untersuchung das einzelne Individuum ist. Individuelle Handlungen nehmen Einfluss auf die Makrovariablen.

Greift man zur Erklärung kollektiver Phänomene auf die individuelle Ebene zurück, wird hiermit nicht automatisch die Möglichkeit ausgeschlossen, dass sich Individuen innerhalb einer Gruppe anders verhalten als sie dies isoliert tun würden. Im Gegenteil, dies scheint sogar wahrscheinlich, da die Mitgliedschaft innerhalb einer Gemeinschaft für jede einzelne Person die Handlungsmöglichkeiten erweitert, z. B. durch einen verbesserten Zugang zu Informationen.[457] Gleichzeitig wird der Handlungsspielraum des Organisationsmitgliedes durch Regeln eingeschränkt. Führt man den ersten Gedanken weiter, kann dies im Ergebnis dazu führen, dass durch die Erweiterung des Handlungsspielraumes auch die Ziele des Individuums weiter gesteckt werden. An der grundsätzlichen Feststellung, dass eine Handlung ihren Ursprung jedoch immer bei einem Individuum hat, ändert dies jedoch nichts.

Die Feststellung, dass durch Handlungen eines Individuums in den meisten Fällen auch andere Individuen entweder bewusst oder unbewusst positiv oder negativ beeinflusst werden, scheint trivial. Täglich geschieht dies in vielen Situationen, sei es auf einem bestimmten Markt, auf dem viele Akteure aufgrund ihrer individuellen Entscheidungen ein Aggregat von Konsumenten bilden. Durch ihr Nachfrageverhalten nehmen sie Einfluss auf den Marktpreis. Oder sei es ein einzelnes Individuum oder eine Gruppe von Individuen, die durch ihre Aktivität (z. B. durch ihren Konsum) zur Entstehung externer Effekte beitragen. Oder Wähler, die durch ihre Stimme eine bestimmte Partei an die Macht bringen.[458]

---

455 Vgl. zu diesem Punkt Katterle (1991), S. 132-152. Auf diesen Aspekt wird in Teil E III zurückgegriffen.

456 Zu nennen ist insbesondere das in der Soziologie benutzte Konzept des *homo sociologicus*. Vgl. hierzu u. a. bei Dahrendorf (1977), insbesondere S. 28 –35.

457 Vgl. Kirchgässner (1991), S. 24.

458 Es handelt sich bei den genannten Interaktionsprozessen um solche Zusammenhänge, die mit Hilfe des bereits kurz dargestellten synergetischen Ansatzes erklärt werden können. Bezogen auf unser Wahlbeispiel bedeutet dies, dass die Individuen aufgrund eigener Interessen eine Wahlentscheidung treffen. Die Mehrheit bestimmt eine Regierung, die im Rahmen ihrer Tätigkeit Gesetze implementiert. Diese Gesetze werden letztlich die Handlungsspielräume einschränken. Und dies auch von Individuen, die andere Interessen haben. Vgl. hierzu Teil A II und die ausführliche Darstellung in Teil E III.

Es ist unerheblich ob die Akteure dies etwa bewusst anstreben oder nicht, durch ihre Entscheidung und Handlung werden auch immer andere Personen berührt.

Die Ausführungen machen erneut auch die Schwierigkeiten deutlich, die insbesondere im Rahmen einer Unternehmens- oder Institutionenethik zu lösen sind. Es mag durchaus sein, dass ein Unternehmen sich durch Unternehmensrichtlinien die Selbstverpflichtung auferlegt, seine Aktivitäten an moralischen Standards auszurichten. Zu denken wäre z. B. daran, dass ohne äußeren Zwang umweltfreundliche Produktionsmethoden eingesetzt, bzw. umweltfreundliche Produkte auf den Markt gebracht werden. Denkbar ist auch, dass unehrliche Methoden wie z. B. Bestechung untersagt werden etc.

Schlussendlich landet man aber auch hier wieder bei dem gleichen Problem. Die Mitarbeiter des Unternehmens müssen sich an diese Leitbilder halten, gleich ob freiwillig oder unfreiwillig. Die Motivation hierzu kann in der Einsicht der Richtigkeit oder auch einer Sanktionsvermeidung liegen. Halten sie sich jedoch nicht an diese Richtlinien, haben sie faktisch keine Geltung. Da in diesem Fall eine wirksame Überwachung des Verhaltens notwendig wird, ist ihre Durchsetzung mit zum Teil erheblichen Transaktionskosten verbunden. Von negativen Auswirkungen auf das Betriebsklima und hieraus resultierenden Folgen für die Leistungsbereitschaft sei an dieser Stelle abgesehen. Auch hierdurch entstehen Transaktionskosten. Wir sind also was die Einhaltung von Regeln oder Normen anbelangt wieder beim Individuum angelangt.

Die Annahme, dass Individuen eigennützig handeln, bedeutet, dass homo oeconomicus die Wahl einer bestimmten Handlungsalternative im Hinblick auf seinen eigenen Vorteil trifft. Das heißt, er wird seine Entscheidung gemäß der eigenen Präferenzen und nicht aufgrund der Präferenzen anderer treffen.[459] Diese Annahme besagt nicht, dass es in der Realität keinen Altruismus, Neid, Bosheit etc. gibt. Homo oeconomicus stellt einen Durchschnittsmenschen dar, der in Interaktionen mit anderen Individuen deren Präferenzen nur berücksichtigt, wenn sie seinen Handlungsspielraum einschränken.[460] In Anlehnung an RAWLS könnte man dieses Verhalten auch als *„gegenseitige desinteressierte Vernünftigkeit“* bezeichnen.[461] Wie stark ausgeprägt diese Verhaltensweise ist, wird nicht zuletzt auch von dem Umfeld abhängen, in dem ein Akteur steht. So kann man intuitiv unterstellen, dass dies in dauerhaften Geschäftsbeziehungen weniger häufig der

---

459 Auf Modifikationen dieser und anderer Annahmen des homo oeconomicus Modells wird später noch genau einzugehen sein.

460 Vgl. Kirchgässner (1991), S. 16.

461 Rawls (1993), S. 168 f. und 172 f. Wenngleich Rawls an dieser Stelle differenziert zwischen dem Verhalten der Menschen in einem fiktiven Urzustand und dem späteren Leben, in dem sie sich gemäß der als gerecht anerkannten Regeln verhalten.

Fall ist, als bei einem einmaligen Geschäftskontakt. Aber auch eine Handlung, die das Wohlbefinden anderer Individuen mit einbezieht, kann eigennützig sein (z. B. in der Familie).[462] Mögliche „Fehltritte" – beispielsweise opportunistisches Verhalten – werden nach RAWLS Ansicht im täglichen Leben allerdings durch den Gerechtigkeitssinn der Menschen verhindert. Dieser Sinn für Gerechtigkeit ermöglicht es Menschen, jene Gerechtigkeitsgrundsätze anzuerkennen, auf die sie sich geeinigt haben.[463]

VI.2 Präferenzen und Restriktionen

Die Präferenzen des Individuums spiegeln seine Wertvorstellungen wider, die zu einem nicht unwesentlichen Teil im Sozialisationsprozess geformt werden.[464] Diese Präferenzen[465] sind weitgehend unabhängig von den unterschiedlichen Handlungsalternativen und erlauben es homo oeconomicus, die einzelnen, ihm zur Verfügung stehenden Alternativen zu bewerten. Auf der Grundlage dieser Bewertung können sie anschließend in einer Rangfolge angeordnet werden. Die weitere Vorgehensweise des homo oeconomicus besteht darin, Kosten und Nutzen, Vor- und Nachteile der relevanten Handlungsmöglichkeiten gegeneinander abzuwägen. Er entscheidet sich anschließend für diejenige Alternative, die seinen Präferenzen am ehesten entspricht, bzw. durch deren Realisierung er sich den höchsten Nettonutzen verspricht.

Eine recht interessante Annahme ist die, dass die Präferenzen der Individuen als im Zeitverlauf stabil angesehen werden können.[466] Anders formuliert, eine Änderung menschlichen Verhaltens wird nicht auf eine Änderung der Präferenzen, oder was das gleiche ist, einen Wertewandel des Individuums zurückgeführt. Sofern sich das Verhalten eines Individuums ändert, wird dieses im Regelfall auf eine Änderung der äußeren Handlungsbeschränkungen zurückgeführt, den Restriktionen denen sich das Individuum gegenüber sieht.

Die in der ökonomischen Theorie zugrunde gelegte Annahme stabiler Präferenzen wird im Wesentlichen damit begründet, dass es, wenn überhaupt, nur sehr

---

462 Vgl. Becker (1993), S. 332.

463 Vgl. hierzu Rawls (1993), S. 172.

464 Vgl. Kirchgässner (1991), S. 13.

465 Wobei sich – wie später gezeigt wird – die Präferenzen des Individuums nicht nur auf materielle Aspekte, wie Einkommen und die damit finanzierbaren Güter beziehen. Vielmehr umfassen sie die gesamte Perspektive des menschlichen Lebens, also auch Lust oder Unlust, geistiges und körperliches Wohlbefinden etc.

466 Vgl. hierzu Becker (1993), S. 3. Becker geht noch einen Schritt weiter, wenn er feststellt": ... , daß die Präferenzen von Reichen und Armen, oder selbst von Menschen in verschiedenen Gesellschaften und Kulturen, sich nicht sehr voneinander unterscheiden."

schwer möglich ist, eben diese empirisch zu messen.[467] Die Entscheidung eines Individuums von einem Oberklasse-Pkw auf einen kleinen PKW umzusteigen, könnte durch eine Änderung seiner Präferenzen erklärt werden. Es ist denkbar, dass sich das Individuum dazu entschlossen hat, die Schonung der Umwelt höher zu bewerten. Aus diesem Grund strebt es eine Reduzierung des Benzinverbrauchs und des Schadstoffausstoßes an. Das ökonomische Gegenargument: Eine Änderung der Präferenzen, ist nicht ohne weiteres zu ermitteln. Hierdurch eröffnet sich die Möglichkeit, jegliche menschliche Verhaltensänderung durch eine Änderung der Präferenzen zu erklären.

Die ökonomische Methode versucht dieses Problem dadurch zu lösen, dass bei unterstellten konstanten Präferenzen zunächst untersucht wird, ob sich im Umfeld des Individuums die Restriktionen geändert haben. Ist dies der Fall, kann die Verhaltensänderung durch diesen Umstand erklärt werden. Bezogen auf das angeführte Beispiel könnte sich der Preis für PKW der Oberklasse einerseits oder der Benzinpreis andererseits stark erhöht haben. In diesen Fällen kann die Verhaltensänderung auf eine Änderung der Restriktionen zurückgeführt werden. Aufgrund der Preisänderung wird die Alternative kleiner PKW – bei nach wie vor gleichen Präferenzen – nun höher bewertet. Oder aber das Individuum kann aufgrund einer geänderten Einkommenssituation eben nur noch einen kleineren PKW finanzieren.

Die Restriktionen, denen sich Menschen tagtäglich gegenüber sehen, sind zahlreich und werden im Wesentlichen durch institutionelle Rahmenbedingungen gesetzt. Mögliche Beschränkungen menschlichen Verhaltens sind neben dem verfügbaren Einkommen, das Preissystem oder eine Vielzahl von Normen (gesetzlicher, organisatorischer oder *moralischer*[468] Art).[469] Ein Individuum, welches als Nachfrager auf den Markt tritt, ist bei seinen Entscheidungen z. B. durch sein Einkommen, den für das entsprechende Gut relevanten Marktpreis sowie durch das Vertragsrecht eingeschränkt.

VI.3 *Rationalität*

Ein weiterer und wesentlicher Kerngedanke des ökonomischen Verhaltensmodells ist der, dass sich Individuen an eine Änderung der Restriktionen *rational* anpassen. Rational bedeutet in diesem Kontext, dass die Individuen generell dazu fähig sind, entsprechend ihres relativen Vorteils zu handeln. Dies bedeutet,

---

467 Vgl. hierzu Becker (1993), S. 3 f., S. 318. Auf der zuletzt genannten Seite betont er, dass es den Disziplinen der Soziologie, Psychologie und der Anthropologie bislang auch nicht gelungen sei, verwertbares Wissen über die Präferenzen zur Verfügung zu stellen.

468 Vgl. zu diesem Punkt auch bei Priddat (1994), S. 43.

469 Vgl. hierzu Frey (1990), S. 3.

sie können die relevanten Restriktionen erfassen, die möglichen Alternativen gemäß ihrer Präferenzen bewerten, und abschließend entsprechend der von ihnen getroffenen Wahlentscheidung handeln. Bei der Frage, ob es sich bei dieser Rationalität um eine *vollständige* oder eine *unvollständige* handelt,[470] spalten sich indessen die Ansichten. Beim weiteren Vorgehen wird sich zeigen, dass die Annahme der Rationalität sinnvollerweise als unvollständige Rationalität aufzufassen ist. Das heißt, die Akteure verfügen nicht zu jedem Zeitpunkt über vollkommene Informationen. Sie sind auch nicht ständig damit beschäftigt Alternativen zu bewerten und zu kalkulieren. Wahrscheinlich würde das dazu führen, dass homo oeconomicus aufgrund seiner permanenten Kalkulation überhaupt nichts anderes mehr realisieren kann, und es ist zumindest fraglich, ob das seinen Nutzen erhöht.

Rationalverhalten unterstellt weiter, dass die Reaktion des Individuums auf geänderte Restriktionen nicht intuitiv oder zufällig erfolgt, sondern in systematischer Art und Weise. Homo oeconomicus wird sich nicht starr an irgendwelche, irgendwann von ihm oder anderen aufgestellten und akzeptierten Regeln halten, frei nach dem Motto: „Ich habe gemerkt, dass es klug ist, in Deutschland auf der rechten Fahrbahnseite zu fahren, also halte ich mich daran." Auch wenn der Bundestag beschlossen hat, im Zuge der europäischen Integration, in Deutschland ein Linksfahrgebot einzuführen.

Aus der Darstellung wird erkennbar, dass in dem Fall, in dem sich der Handlungsspielraum eines Individuums durch veränderte Restriktionen wandelt, sich auch das Verhalten des Individuums vorhersehbar revidiert.[471] Die Änderung der Restriktionen kann ihren Ursprung in einer Vielzahl von Quellen haben. Gesetzliche Regelungen können sich mit politischen Mehrheiten oder Notwendigkeiten ändern. Die Handlungen anderer Individuen können sich in Abhängigkeit sich geänderter Restriktionen umbilden und in der Folge Reaktionen bei den Mitmenschen erforderlich machen. Ferner können sich die moralischen Anschauungen[472] einer Gesellschaft im Zeitverlauf verändern.

VI.4 Alternativen

Diese Annahme impliziert, dass homo oeconomicus seinen Nutzen grundsätzlich durch die Wahl zwischen unterschiedlichen Alternativen maximieren kann, und dass ihm die zur Verfügung stehenden Handlungsmöglichkeiten vollständig bekannt sind. Das bedeutet, dass homo oeconomicus nicht auf eine mögliche

---

470 Vgl. hierzu auch Teil D VII.6.

471 Vgl. Kirchgässner (1991), S. 17. Genau an dieser Stelle setzt auch das wirtschaftsethische Konzept Homanns an.

472 Vgl. Teil B II.2.

Wahlhandlung festgelegt ist. Vielmehr kann er mögliche Handlungen substituieren, er kann Situationen, in denen sich seine Restriktionen geändert haben, auf die geänderte Sachlage adäquat reagieren und hierdurch seinen Nutzen wieder steigern.

Da der Kostenbegriff im ökonomischen Ansatz sehr umfassend verstanden wird,[473] entstehen jedem Individuum durch den Übergang von einer bestimmten Alternative zu einer anderen Kosten in Form von Alternativ- oder Opportunitätskosten. Ob diese Kosten von dem Individuum in Kauf genommen werden, hängt wieder von einem ökonomischen Kalkül ab. Gemäß dem ökonomischen Ansatz wird ein Individuum jene Alternative wählen, die für ihn bei gegebenen Präferenzen und Restriktionen mit den geringsten Alternativkosten verbunden ist. Anders ausgedrückt, mit steigenden Alternativkosten wird eine bestimmte Handlung von homo oeconomicus immer weniger gewählt. Ob und wie häufig eine Alternative gewählt wird, hängt hiernach also von den relativen Preisen ab, die zwischen einzelnen Alternativen existieren.

VI.5 „Als-Ob“ Altruismus im „Becker-Modell“ – Ein Beispiel

Innerhalb der traditionellen mikroökonomischen Haushaltstheorie ist es *grundsätzlich* nicht möglich, moralisches oder gar altruistisches Verhalten zu erklären. BECKER[474] greift hierzu auf den von BECKER bzw. BECKER UND STIGLER[475] entwickelten Ansatz der Haushaltsproduktionsfunktion zurück. Der Ansatz der Haushaltsproduktionsfunktion unterscheidet sich von der „klassischen“ Haushaltstheorie durch folgende Punkte: Der Haushalt maximiert nicht eine Nutzenfunktion von Marktgütern, sondern von Basisgütern (*commodities*).[476] Diese Basisgüter werden von den Haushalten nicht einfach gekauft, sondern die Haushalte produzieren sie durch den Einsatz der erworbenen Marktgüter, von Zeit und sonstigen Ressourcen.[477]

Ein von BECKER aufgestelltes Modell zeigt, wie altruistisches Verhalten ökonomisch begründet werden kann.[478] Es wird sich zeigen, dass auch in diesem ökonomischen Modell homo oeconomicus sogar zu einem altruistischen[479] Verhalten

---

473 Er umfasst nicht nur Kosten, die durch eine marktliche Aktivität beispielsweise in Form von Preisen entstehen. Er erfasst auch solche Kosten, die durch die Wahl bzw. Abwahl einer bestimmten Alternative entstehen.

474 Vgl. Becker (1993), S. 285 ff.

475 Becker und Stigler (1977), S. 76-90.

476 Es handelt sich bei diesen commodities quasi um die menschlichen Grundbedürfnisse.

477 Vgl. Becker (1993), S. 286.

478 Die Darstellung lehnt sich an Becker (1993), S. 321 ff.

479 Philosophen werden sich an dieser Stelle sicherlich zunächst freuen. Das Erwachen kommt indessen recht schnell.

fähig ist, sofern es sich für ihn *persönlich* lohnt.[480] Insofern ist sittliches Verhalten, eine milde Form reinen Altruismus,[481] also grundsätzlich auszuschließen.

Bei einem Altruisten handelt es sich um eine Person, deren Verhalten dadurch gekennzeichnet ist, dass sie dazu bereit ist, die Ziele einer oder mehrerer Personen unter Zurückstellung ihrer eigenen Ziele zu fördern.[482] In der Sprache BECKERS wäre der Altruist also dazu bereit, seinen eigenen Konsum einzuschränken, um dadurch den Konsum eines anderen Individuums zu erhöhen. Im Folgenden werden zwei gegensätzliche Protagonisten gegenübergestellt. Dem betrachteten Altruisten steht ein Egoist gegenüber, der seine Handlungen nur an seinem eigenen Wohl ausrichtet.

Der ökonomische Ansatz unterstellt, dass Individuen ihr Verhalten so ausrichten, dass sie ihren Nutzen maximieren. Dieser Nutzen wiederum hängt vom Konsum unterschiedlicher Güter bzw. Güterbündel ab. Formal kann man diesen Umstand mit Hilfe einer Nutzenfunktion beschreiben. Die entsprechende Nutzenfunktion wird anschließend unter Berücksichtigung einer Nebenbedingung, der Budgetrestriktion des Individuums, maximiert.[483] Für das Verhalten der beiden Akteure ergeben sich hierdurch die nachfolgend dargestellten Konsequenzen.

Zunächst ist der Altruist, gemäß der obigen Definition eines Altruisten, grundsätzlich dazu bereit, Ressourcen in Form von Transferzahlungen an den Egoisten zu übertragen. Um das gleiche Konsumniveau wie der Egoist zu realisieren, muss der Altruist daher notwendigerweise über ein höheres Ausgangseinkommen verfügen. Darüber hinaus würde der Altruist allerdings alle Handlungen unterlassen, die dazu führen, dass sein soziales Einkommen[484] geringer wird, denn dies würde mit einer Reduzierung seines individuellen Nutzens einhergehen. Dies ist gleichbedeutend mit der Aussage, dass der Altruist alle Versuche unterlässt, sein eigenes Einkommen auf Kosten des Einkommens des Egoisten zu erhöhen, sofern seine Einkommenserhöhung niedriger ausfällt, als die Einkommenssenkung des Egoisten.[485]

Der Altruist würde hingegen alle Handlungen realisieren, durch die sich sein soziales Einkommen und damit sein Konsum und sein Nutzen erhöhen lassen.

---

480 In gewisser Weise scheint es sich hier um einen Widerspruch zu handeln. Strenggenommen handelt es sich nicht um altruistisches Verhalten. Vgl. hierzu allerdings auch die Ausführungen in Teil E VII.5.2.

481 Vgl. zum Begriff des echten Altruismus Teil D VII.5.2.2.

482 Vgl. Höffe (1992), S. 314.

483 Die formale Herleitung des Modells ist im Anhang zu finden.

484 Vgl. die Erläuterungen im Anhang.

485 Hiervon ist allerdings nicht auszugehen, da der Altruist den Egoisten im Zweifelsfall grundsätzlich nicht schädigt.

Dies ist in dem Modell beispielsweise dann möglich, wenn der Altruist durch eine Reduzierung seines eigenen Einkommens das Einkommen des Egoisten stärker erhöhen kann.[486] Unzweifelhaft sinkt zwar das eigene Einkommen des Altruisten in diesem Fall. Andererseits führt die stärkere Erhöhung des eigenen Einkommens des Egoisten dazu, dass das soziale Einkommen des Altruisten, dadurch sein Konsum und damit sein Nutzen sogar ansteigt. In dieser Situation könnte der Altruist seinen eigenen Konsum nur dann erhöhen, wenn er seine Transferzahlungen an den Egoisten reduziert. Interessant ist, dass sowohl der Konsum des Altruisten als auch der Konsum des Egoisten angestiegen ist. Und dies, obwohl das eigene Einkommen des Altruisten gesunken ist und er deshalb die Transferzahlungen an den Egoisten ebenfalls eingestellt hat.

Betrachten wir abschließend das Verhalten des Egoisten gegenüber dem Altruisten. Der Egoist würde ebenfalls alle Handlungen unterlassen, die dazu führen, dass das eigene Einkommen des Altruisten sinkt, sofern es ihm nicht möglich ist, sein eigenes Einkommen um einen größeren Betrag zu erhöhen. In diesem Fall sinkt der Konsum des Altruisten, dessen eigenes Einkommen durch den Egoisten gemindert wird. Entsprechend umgekehrt steigt der Konsum des Egoisten an. Bei dieser Konstellation kann der Altruist seinen eigenen Konsum nur erhöhen, wenn er seine Transferzahlungen an den Egoisten reduziert. Vorausgesetzt der Egoist antizipiert die Reaktion des Altruisten korrekt, wird er also die Schädigung des Altruisten unterlassen. Er verhält sich dem Altruisten gegenüber, *als ob* auch er altruistisch handelt.[487]

VI.6 Fazit

Halten wir fest: Auch im Rahmen des dargestellten ökonomischen Verhaltensmodells ist es grundsätzlich möglich, sittliches oder sogar altruistisches Verhalten zu modellieren. Allerdings muss in diesem Fall in Kauf genommen werden, dass ein so verstandenes sittliches Verhalten auf einem rationalen und eigennutzorientierten Handeln des Akteurs beruht. Und zu bedenken ist Folgendes, sofern ein Individuum altruistisch handelt, erleidet es im Zweifelsfall größere Nutzeneinbußen, als ein Akteur, der sich sittlich richtig verhält. Wie bereits dargestellt, ist ein Altruist grundsätzlich dazu bereit, die Ziele anderer zu fördern, und um dieses Ziel zu verwirklichen, würde er auch seine eigenen Interessen zurückstellen. Folgt man diesen Gedankengängen, ist es also grundsätzlich möglich, moralische Intentionen von Akteuren in dieses Modell zu integrieren. Aus ethi-

---

[486] Dies könnte dann z. B. durch die Aufrechterhaltung von Geschäftsbeziehung geschehen in denen der Egoist den Altruisten schädigt und hiervon profitiert (z. B. durch den Verkauf überteuerter Güter).

[487] Vgl. zu diesem Punkt Becker (1993), S. 322 f.

scher Sicht ist zwar nach wie vor problematisch, dass homo oeconomicus sich Moral nur dann auf die Fahne zu schreiben scheint, sofern dieses Verhalten seinen eigenen Interessen dient. Jeder Mensch maximiert nach dieser Sichtweise in jeder nur denkbaren Rolle (egal ob als Unternehmer, Politiker oder auch Ehepartner) rational und streng eigeninteressiert seinen Nutzen. Sittliches Verhalten ist dem homo oeconomicus in seiner Reinform also fremd, solange hierdurch sein Nutzenniveau nicht erhöht wird. Dennoch, an dieser Stelle ist ein grundsätzlicher Anknüpfungspunkt gegeben. Auch dann, wenn die in der ökonomischen Theorie unterstellte Verhaltensweise zutreffend ist, ist sittliches Verhalten nicht augenblicklich ausgeschlossen. Im Weiteren wird zu zeigen sein, dass dieses Problem weiter entschärft werden kann.

VII Kritik des ökonomischen Verhaltensmodells

Aufgrund der zum Teil sehr stringenten Modellannahmen hat die ökonomische Verhaltensannahme auch – interne – Kritik hervorgerufen. Sie stützt sich im Wesentlichen auf den Umstand, dass das dargestellte ökonomische Verhaltensmodell empirisch nicht in vollem Umfang bestätigt werden konnte.[488] Zahlreiche Beispiele zeigen, dass Menschen nicht in jeder denkbaren Situation nur ihren persönlichen Nutzen zu mehren suchen, sondern, dass durchaus sittliche Verhaltensweisen an den Tag gelegt werden. Zu denken ist beispielsweise an die spontane und meist anonyme Hilfeleistung durch Spenden. Auch die Teilnahme an Wahlen stellt ein Beispiel dar, denn der mögliche Einfluss einer einzelnen Stimme geht gegen Null.[489] Solches Verhalten kann – wie oben dargestellt – nicht unmittelbar unter Verwendung des ökonomischen Ansatzes und der rational-choice-Annahme erklärt werden. Es sei denn, es wird unterstellt, dass der Akteur durch den Gang zur Wahlurne, bzw. durch die Spende einen Nutzenzuwachs in Form eines intrinsischen Nutzens erzielt.[490] Letzteres stellt allerdings

---

488 Vgl. hierzu u. a. Zintl (1994), S. 52 f. Zu einer ausführlichen Diskussion des ökonomischen Verhaltensmodells vgl. auch die Beiträge in: Ethik und Sozialwissenschaften – Streitforum für Erwägungskultur (5), Heft 2, S. 294-342. Als empirische Studien können u. a. angeführt werden: Bohnet und Frey (1997), S. 135-155. Auch bei Diekmann (1998), S. 233-247. Vgl. hierzu auch die grundlegende Gegenüberstellung der Eigenschaften von homo oeconomicus und homo sapiens, bei Mohr (1993), S. 214. Homo oeconomicus ist informiert, rational abwägend und handelt emotionslos. Im Gegensatz verfügt homo sapiens über eine beschränkte Aufnahmekapazität, neigt zu Informationsabweis, ist partiell irrational und leicht indoktrinierbar. Sein Verhalten ist darüber hinaus häufig emotionsgeprägt.

489 Vgl. hierzu auch bei Söllner (1998), S. 14-19.

490 Strenggenommen müsste beispielsweise auch ein Selbstmörder seinen Nutzen durch diese Handlung maximieren, da er die entsprechende Handlung allen anderen vorgezogen hat. Vgl. zu weiteren Implikationen des ökonomischen Verhaltensmodells bei Kubon-Gilke (1995), S. 278 f.

bereits eine Erweiterung des „harten" rational-choice-Ansatzes dar. Offensichtlich scheint also ein Widerspruch zwischen der zentralen Annahme des ökonomischen Ansatzes und dem tatsächlichen menschlichen Verhalten zu bestehen.[491] Im Folgenden Abschnitt wird daher der Frage nachgegangen, welche Kritikpunkte an das ökonomische Verhaltensmodell herangetragen werden können, und welche Lösungsvorschläge gemacht werden.

VII.1 Zur Frage der Präferenzen

Ein nicht zu bestreitender Tatbestand menschlicher Lebenspraxis ist, dass menschliche Wünsche, Bedürfnisse, Geschmäcker im Zeitverlauf einem ständigen, mehr oder weniger starken Wandel unterliegen. Um so überraschender dürfte es für einen „Nicht-Ökonomen" sein, dass eben genau diese Präferenzen in der ökonomischen Theorie – zumeist – als unveränderlich angesehen werden.[492] Beziehungsweise Ökonomen es weitgehend vermeiden, sich mit dem Wandel von Präferenzen zu beschäftigen.[493] Insofern ist es nicht weiter verwunderlich, dass auch zwischen Ökonomen eine Kontroverse über die Bedeutung der Präferenzen in der ökonomischen Theorie vorliegt. Einer der Kritikpunkte richtet sich gegen die, insbesondere von BECKER betonte, (zumindest kurzfristige) *Stabilität* und weitgehende *Gleichartigkeit* der Präferenzen. Die Konsequenz dieser Annahme liegt auf der Hand: Sofern sie in der Realität zutrifft, sind abweichende Handlungen von unterschiedlichen Individuen beispielsweise in anderen Kulturen und zu verschiedenen Zeitpunkten allein die Folge von unterschiedlichen Restriktionen. Werden diese Restriktionen – wie in der traditionellen Mikroökonomik – zu eng gefasst, denn letzten Endes handelt es sich neben rechtlichen Regelungen nur um das Einkommen, entsteht ein Erklärungsproblem. Schließlich kann bei unveränderten (relativen) Preisen und Einkommen eine Änderungen des Verhaltens nur durch veränderte Präferenzen erklärt werden.[494]

---

491 An dieser Stelle soll keinesfalls bestritten werden, dass menschlichen Handlungen im Regelfall (Nutzen-)Überlegungen vorangehen, und das zumindest ex-post jedes menschliche Verhalten mit Hilfe ökonomischer Theorie interpretiert und begründet werden kann. Zweifelhaft ist m. E. jedoch, ob die ex-ante Motivation für eine Handlung in allen Fällen auf ein rein ökonomisches Kalkül zurückzuführen ist.

492 Bereits an dieser Stelle muss die Frage gestellt werden, welchen Sinn der Werbeaufwand macht, den Unternehmen betreiben. Denn letzten Endes können die hohen Werbeausgaben der Unternehmen dadurch begründet werden, dass die Unternehmen davon ausgehen, dass es ihnen möglich ist, Einfluss auf die Präferenzen der Konsumenten zu nehmen. Beziehungsweise unvollständige Informationen zu mildern. Beides findet im konventionellen Modell des homo oeconomicus keinen Platz.

493 Boulding spricht dann treffend auch von der „... unbefleckten Empfängnis der Indifferenzkurve". Boulding (1992), S. 46.

494 Vgl. Aretz (1997), S. 83.

Dieses Problem kann dadurch vermieden werden, dass der entsprechende Datenkranz erweitert wird. So greift BECKER im Rahmen seiner „neuen Haushaltstheorie“[495] das utilitaristische Nutzenkonzept[496] auf und erweitert den Raum der Verhaltensrestriktionen. Zu diesen erweiterten Restriktionen wird auch den Akteuren zur Verfügung stehendes Humankapital, die verfügbare Zeit etc. zugerechnet. Die einzelnen Akteure bestimmen also ihren Nutzen mit Hilfe einer identischen Präferenzfunktion[497] und unterscheiden sich lediglich im Hinblick auf ihre Fertigkeiten oder Produktionsmöglichkeiten.[498] BECKER ist sicherlich in den folgenden Punkten zuzustimmen: Letztlich kann jede Verhaltensänderung mit Hilfe geänderter Präferenzen erklärt werden,[499] aus diesem Grund geht die Aussagekraft einer Erklärung menschlichen Verhaltens verloren. Plausibel scheint ferner sein Argument, dass sich die Handlungsrestriktionen schneller ändern als die Präferenzen. Daher sei es sinnvoller, den Fokus der Betrachtung auf diese kurzfristige Perspektive zu legen.[500] Dennoch, wie sind diese Annahmen im Hinblick auf die Realität zu beurteilen?

Man kann sich zwar auf den Standpunkt stellen, dass es für die Erklärung des menschlichen Verhaltens nicht zwingend notwendig ist, zu erklären, wie menschliche Präferenzen entstanden sind, und ob sie nun stabil oder instabil sind. Aber die Annahme, dass die Präferenzen für alle Individuen gleich und unveränderlich sind, erscheint zumindest stark zweifelhaft.[501] Die Ökonomik hat nach BECKERS Ansicht nicht viel zur Frage der Entstehung und des Wandels der Präferenzen zu bieten. Er verweist die Suche nach Antworten in den Bereich der Psychologie, Soziologie oder Soziobiologie.[502]

---

495 Becker selbst bezeichnet diesen Ansatz als „Haushalts-Produktionsfunktions-Ansatz“. Vgl. Becker (1982), z. B. auf S. 163.

496 Vgl. hierzu ausführlich Teil C I.2.1.

497 Die Präferenzen beziehen sich bei Becker also nicht auf Marktgüter, sondern auf „tieferliegende“ und grundlegende menschliche Wünsche, wie z. B. Prestige, Gesundheit, Wohlwollen, Neid etc. Vgl. Becker (1982), S. 4.

498 Vgl. Aretz (1997), S. 83.

499 Vgl. Becker (1993), S. 4, 161, auch S. 163.

500 Becker konstatiert dann auch, dass diese allgemeine Präferenzfunktion möglicherweise diejenige sei, die für die menschliche Gesellschaft die geeignetste sei. Diese Präferenzfunktion habe sich in einem evolutorischen Prozess durch natürliche Selektion und selbstverständlich durch rationale Wahl als die Beste erwiesen. Letzten Endes könnten auf sehr lange Sicht nur jene Präferenzen Bestand haben, die – angesichts der zahlreichen Restriktionen technologischer und sonstiger Art – am besten befriedigt werden können. Vgl. Becker (1982), Anmerkung 29, S. 162 f. Hierbei handelt es sich durchaus um einen interessanten Aspekt, wird doch eine evolutorische Perspektive angedeutet.

501 Vgl. zu diesem Punkt auch Tietzel (1988), S. 38–71.

502 Vgl. hierzu Becker (1993), S. 15.

Dennoch ist die Frage erlaubt, ob man in der ökonomischen Theorie die menschlichen Präferenzen als unveränderlich annehmen kann. Denn ohne Zweifel hat der menschliche Präferenzwandel in der Realität Konsequenzen.[503] Insofern hat TIETZEL recht, wenn er ausführt: „... Verhaltenserklärungen gewönnen auch insofern an ‚Tiefe', als nicht nur behauptet würde, *daß* bestimmte Präferenzen vorliegen, sondern auch, *warum* das der Fall ist."[504] Hierbei handelt es sich um einen durchaus interessanten Aspekt, denn – wie im Folgenden dargestellt wird – können Präferenzen sich ändern, oder durch bestimmte Erfahrungen erst ausbilden.

VII.2 Entstehung und Entwicklung von Präferenzen

VII.2.1 Exogene und endogene Entstehung

Der Wandel von Präferenzen lässt sich grundsätzlich aus zwei Perspektiven betrachten.[505] Zum einen kann der Wandel menschlicher Präferenzen von außen beeinflusst werden. Die Präferenzen ändern sich aufgrund verschiedenster umweltbedingter, kultureller, soziologischer, psychologischer oder auch sonstiger Faktoren. Zum anderen kann die Präferenzentstehung und der Präferenzwandel seinen Ursprung im einzelnen Individuum haben. Das heißt, ein Mensch kann sich seine Präferenzen von der Umwelt auferlegen lassen oder seine Wünsche selbst bilden.

Sofern die *Präferenzentstehung auf exogene* Einflüsse zurückgeführt wird,[506] wird die Ausbildung individueller Präferenzen im Wesentlichen durch äußere Umwelteinflüsse,[507] und bestehende explizite oder implizite gesellschaftliche Normen – staatlicher, gruppenspezifischer oder religiöser Art – erklärt. Stellt man auf Umwelteinflüsse ab, ist unmittelbar die soziobiologische Evolutionstheorie angesprochen. Menschen haben grundlegende Präferenzen wie beispiels-

---

503 So auch die Auffassung von Jevons bezüglich des Nutzens. Seiner Ansicht nach muss: „Die Volkswirtschaftslehre ... auf eine vollständige und genaue Untersuchung der Voraussetzungen des Nutzens gegründet werden; und um diesen Grundbegriff zu verstehen, müssen wir notwendigerweise die Bedürfnisse und Wünsche des Menschen prüfen." So auf S. 38. Und an anderer Stelle: „Aber es versteht sich bestimmt von selbst, daß die Volkswirtschaftslehre auf den Gesetzen des menschlichen Genusses ruht; und daß, wenn diese Gesetze von keiner anderen Wissenschaft entwickelt werden, sie von den Volkswirten entwickelt werden müssen." Jevons (1923), S. 38 f.

504 Tietzel (1988), S. 52. Hervorhebungen im Original.

505 Die folgende Darstellung ist stark verkürzt, und im Wesentlichen für die weitere Vorgehensweise pointiert. Eine ausführliche Diskussion des Problems ist bei Tietzel zu finden.

506 Vgl. Tietzel (1988), S. 53 f.

507 Vgl. zu diesem Punkt auch Hayek (1979), S. 20. Siehe hierzu auch Teil B II.2.3. An dieser Stelle wurde eine Möglichkeit genannt: Die Entwicklung unterschiedlicher moralischer Standards in Abhängigkeit der Umweltbedingungen.

weise den Wunsch nach Nahrungsaufnahme, Fortpflanzung o. ä. entwickelt und weitergegeben.[508] Diese haben es ihnen ermöglicht dem natürlichen „Selektionsdruck" zu widerstehen, und ein quantitatives und qualitatives Wachstum der Gemeinschaft zu realisieren.[509] Mit abnehmendem Selektionsdruck wurde es schließlich möglich, neben den für ein Überleben notwendigen Trieben, frei gesetzten Zielen zu folgen,[510] und Wünsche aufzustellen. Zunehmend trat neben diese instinktiven Verhaltensweisen die Fähigkeit in Lernprozessen gemeinsam anerkannten Regeln aufzustellen und zu folgen. Diese ermöglichten schließlich auch, eine kulturelle Evolution einzuleiten.[511]

Handelte es sich zunächst noch um relativ einfache Regeln, die eine friedliche Koexistenz innerhalb kleiner Gruppen ermöglichte, wurden die gesellschaftlichen Regeln im Zeitverlauf immer komplexer. Es entstanden teils staatlich gesetzt, teils spontan entstandene Regeln der Etikette, Konventionen und Gesetze. Diese Sitten und Gebräuche beeinflussen nun auch wieder die menschlichen Wünsche. Alte Wünsche und Werte verschwanden von der Bildfläche oder sie wandelten sich, zum Teil entstanden völlig neue.[512] Menschliche Präferenzen stellen so gesehen die Folgen einer unbewussten, genetischen Verankerung einerseits oder einer sozialen Übernahme andererseits dar. In mancher Hinsicht sind sie jedoch – wie sich zeigen wird – das Ergebnis bewusster und selbstgesetzter menschlicher Ziele. Innerhalb der bislang dargestellten Ansätze wurde

---

508 Vgl. hierzu auch bei Witt (1987), S. 134.

509 Wobei die Regeln, die überlebt haben, nicht zwingenderweise auch die besten sein müssen.

510 Vgl. Tietzel (1988), S. 53. Es erscheint einleuchtend, dass durch die Bildung sozialer Eigenschaften, z. B. der Sprache, dem Willen zur Kooperation u. ä. das Überleben der Menschen im Evolutionsprozess ermöglicht und erleichtert wurde. Insbesondere in Eltern-Kind-Beziehungen zeigte und zeigt sich auch heute noch diese gegenseitige Abhängigkeit besonders.

511 Vgl. Hayek (1979), S. 20. Diese bewusst geschaffenen oder spontan entstandenen Regeln spielen in jeder menschlichen Gemeinschaft eine wesentliche Rolle und nehmen Einfluss auf das individuelle Verhalten. Sie sind ein Teil der menschlichen Kultur und sind nicht genetisch verankert, vielmehr werden sie durch die Erziehung und in Lernprozessen übernommen. Eine umfassende und aufschlussreiche Darstellung des Lern- und Entwicklungsprozesses von Kindern ist bei Piaget und Inhelder (1996) zu finden, insbesondere S. 15-22 und 117-121. Besonders interessant ist auch der Abschnitt über die Entwicklung moralischer Urteile. Lernen stellt einen kreativen Prozess dar, der nicht zuletzt durch die Individualität des Lernenden mitbestimmt wird, so dass sich die Gesellschaft und ihre Normen weiterentwickeln können.

512 So ist man beispielsweise heute nicht mehr mit rohem oder ungewürzten Fleisch zufrieden, sondern hat in den meisten Fällen eine Präferenz für schmackhaft zubereitete Speisen ausgebildet. Von der reinen Zweckheirat (Fortpflanzung und Vermögenssicherung) geht man – in den meisten Fällen jedenfalls – zu einer Liebesheirat über. Zum letzten Beispiel vgl. Tietzel (1988), S. 53.

die Entstehung und Weiterentwicklung von menschlichen Präferenzen weitgehend dem individuellen Gestaltungsspielraum entzogen. Neben diesen exogenen Gründen sind jedoch auch *endogene Prozesse* denkbar,[513] die die Entstehung und Entwicklung von Präferenzen fördern können. Hier sei an eine *autonome Bildung* der Präferenzen und eine *opportunistische Präferenzbildung* gedacht.

VII.2.2 Autonome und Opportunistische Präferenzbildung

In diesem Fall bilden sich die Präferenzen eines Individuums durch eine bewusste Reflektion und eines dazugehörigen Willensbildungsprozesses.[514] Der Prozess der bewussten Präferenzbildung könnte wie folgt ablaufen: Eine Person fragt sich, ob die Wünsche, die sie hat, die richtigen sind. Ist dies nicht der Fall, werden die vorhandenen Präferenzen gegebenenfalls neu überdacht.[515] Ein Mensch würde sich seine eigene Identität bilden, seine eigenen Wertvorstellungen und Wünsche. Er würde sich selbst über seine Wünsche und Bedürfnisse klar werden, und sie sich nicht von außen aufdrängen lassen. Diese Erklärung der Präferenzentstehung bzw. des Wandels von Präferenzen läuft gewissermaßen auf eine Art Präferenz für Präferenzen hinaus.[516] ETZIONI spricht in diesem Zusammenhang – in Anlehnung an HIRSCHMAN – auch von Meta-Präferenzen.[517]

So können z. B. internalisierte sittliche Werte oder Präferenzen als zusätzliche „interne" Handlungsrestriktionen aufgefasst werden. Beide Arten von Präferenzen nehmen unzweifelhaft Einfluss auf das menschliche Verhalten. Während die Präferenzen die unmittelbaren handlungsleitenden Wünsche der Menschen verkörpern, stellen die Meta-Präferenzen diejenigen Kriterien dar, mit deren Hilfe die einzelnen Wünsche bewertet werden. Bei diesen Meta-Präferenzen handelt es sich also um das, was landläufig als Werte bezeichnet wird. Diese individuellen Werte bieten den Menschen eine Handlungsorientierung und geben den Akteuren hierdurch Kriterien an die Hand, mit deren Hilfe sie Handlungsziele, Situationen o. ä. bewerten können. Auf dieser Grundlage können Entscheidungen getroffen werden.[518]

---

513 Vgl. Tietzel (1988), S. 56-64.

514 Vgl. auch in Teil B II.2.5 zum Begriff und zur Entstehung von Moralität.

515 Zu einer ausführlichen Darstellung in der Fachliteratur diskutierter Theorien vgl. bei Tietzel (1988), S. 55-60.

516 Vgl. Tietzel (1988), S. 55.

517 Vgl. hierzu Etzioni (1994), S. 88 f. Das Konzept der Meta-Präferenzen ist auch zu finden bei Sen (1974), S. 54-67.

518 Auf die Frage, ob es nun sinnvoll ist, eine Änderung der Präferenzen auf geänderte Meta-Präferenzen zurückzuführen, soll an dieser Stelle nicht eingegangen werden. Vgl. zu einer eher kritischen Haltung bei Schlicht (1994), S. 336.

Kennzeichnend für diese Werte ist ferner, dass sie unabhängig von der konkreten Situation in der Gesellschaft, dem Markt, oder allgemeiner, Entscheidungssituation gelten.[519]

Im Fall der *opportunistischen Präferenzbildung* erfolgt ihre Ausprägung in Abhängigkeit bestimmter Bezugsgrößen. Ein Individuum macht – gemäß dieser Vorstellung – die Ausbildung seiner Präferenzen von Erfahrungen abhängig, die in der Vergangenheit gemacht wurden. Es handelt sich hierbei um Lerneffekte beispielsweise beim Konsum von Kulturgütern: Eine Person, die noch nie klassische Musik gehört hat, wird sich unter Umständen nur sehr schlecht vorstellen können, dass sie hierdurch einen Nutzenzuwachs realisieren kann. Erfolgt der Konsum dieses Gutes jedoch über einen längeren Zeitraum – unter Umständen auch nur widerstrebend – kann die Person Fähigkeiten und Kenntnisse erwerben, die es ihr ermöglichen, dieses Gut höher zu schätzen.[520] In diesem Fall erfolgt die Bewertung nicht durch autonom gebildete Vorlieben, sondern ein bestimmter Tatbestand wird von diesem selbst abhängig gemacht, bzw. man orientiert sich aus bestimmten Gründen an den Präferenzen anderer Menschen.[521] Diese Orientierung an den Präferenzen anderer Gesellschaftsmitglieder kann nun ihrerseits wieder bewusst oder unbewusst, freiwillig oder unfreiwillig erfolgen.[522] Auf diese Art und Weise können gemachte Erfahrungen Werte neu schaffen. Sie können vorhandene Präferenzen verstärken, sie können allerdings auch dazu führen, dass bereits bestehende verworfen werden, sofern negative Erfahrungen gemacht werden.[523]

VII.3 Zwischenfazit

Die insbesondere von BECKER, BECKER UND BECKER und BECKER UND STIGLER betonte Stabilität und Gleichartigkeit der Präferenzen kann zumindest fundiert angezweifelt werden. Es wurden Argumente dafür vorgetragen, dass sich Präfe-

---

519 Vgl. zu diesem Punkt auch Lohmann (1997), S. 123.

520 Indessen bezeichnen Becker und Stigler diesen Vorgang als: „... accumulation of music capital ... " Becker und Stigler (1977), S. 79.

521 Vgl. Tietzel (1988), S. 61.

522 Auch der klassischen Mikroökonomik ist diese Orientierung am Verhalten anderer Akteure durchaus bekannt. Es handelt sich dort um den sogenannten Mitläufer- oder Snobeffekt. Beide Effekte bringen zum Ausdruck, dass man sich bei seiner Konsumentscheidung am Verhalten der Mitmenschen ausrichtet. Beim Mitläufereffekt wird von einem bestimmten Gut um so mehr nachgefragt, je häufiger andere Personen dieses Gut nachfragen. Beim Snobeffekt verhält es sich entsprechend umgekehrt, in diesem Fall schränkt man seine Nachfrage nach einem bestimmten Gut ein, je häufiger es von anderen gekauft wird.

523 Vgl. Tietzel (1988), S. 61. So kann die individuelle Motivation zur Ehrlichkeit erodieren, wenn man persönlich permanent nur betrogen wird.

renzen im Zeitverlauf ändern. Darüber hinaus wurden Möglichkeiten aufgezeigt, wie sich dieser Präferenzwandel vollziehen kann. Lässt man an dieser Stelle WITT zu Worte kommen, kann zusammenfassend festgestellt werden:

> „Im menschlichen Verhalten offenbaren sich Bevorzugungen (Präferenzen). Sie geben eine Struktur von einerseits ererbten, andererseits in der individuellen Konditionierungsvorgeschichte erworbenen kulturell bedingten Verhaltensverstärkern wieder. In diese Struktur interveniert die aktuelle kognitive Verarbeitung von Ziel-Mittel-Zusammenhängen. Entsprechend verändern sich die individuellen Präferenzen in systematischer Weise durch Gewohnheit, durch positive oder negative Verstärkungen seitens der Umgebung sowie durch kognitive Einflüsse."[524]

Der folgende Abschnitt dient der näheren Betrachtung eines weiteren grundlegenden – Begriffes, dem des Nutzens. Die Nutzenmaximierung wird – vgl. oben – bei allen Wirtschaftssubjekten als leitende Handelsmaxime unterstellt. Nutzen stellt nichts anderes als ein Maß für die Bedürfnisbefriedigung eines Menschen dar. Im Folgenden wird das von ETZIONI mitgeprägte Konzept des Bi-Nutzens dargestellt. Der traditionelle Nutzenbegriff erfährt hierdurch eine Erweiterung.

VII.4 Das Nutzen-Konzept – Eine Erweiterung

VII.4.1 Nutzen und Moral – Zur Unterscheidung

Homo oeconomicus in seiner Reinform richtet sein Verhalten an dem Nutzen, bzw. den Kosten seiner Handlung aus. Er zielt darauf ab, seinen Nutzen zu maximieren, bzw. was das gleiche ist, seine Kosten zu minimieren. Der Nutzen stellt innerhalb der Ökonomik einen relativ abstrakten Entwurf dar, in seiner weitesten Begriffsbestimmung kann er allerdings auch den Nutzen anderer Personen einbeziehen.[525]

AMITAI ETZIONI, als einer der prominentesten Vertreter eines Mehrnutzenkonzepts, erkennt das Vergnügen oder den „Lustgewinn",[526] und damit den Kern des neoklassisch-utilitaristischen Nutzenbegriffs, als wichtige Einflussgröße menschlichen Verhaltens an. Neben dieses Bewertungskriterium tritt für ihn auch die Moral als weitere Hauptquelle der Handlungsbewertung.[527] Das men-schliche Handeln und Verhalten wird – nach dieser Ansicht – also von zwei Mo-tiven gesteuert. Es handelt sich dabei zum einen um ein moralisches Motiv, zum

---

524 Witt (1987), S. 138. Im Original kursiv.

525 Vgl. hierzu oben Teil E VI.5.

526 Lust, nicht im Sinne von hemmungsloser oder auch „Fleischeslust". Vgl. zum Lust- oder Glücksbegriff auch die Erläuterungen zum Utilitarismus in Teil C I.2.1.

527 Vgl. Etzioni (1994), S. 90. Vgl. hierzu auch Steger (1989), S. 61.

anderen ist auch eine ökonomische Motivation nicht von der Hand zu weisen. Beide Einflussfaktoren stehen zwar in einer Wechselbeziehung, aber dennoch verfügt jeder der Faktoren über eine weitgehende Autonomie.[528] Dies bedeutet nichts anderes, als dass ein Individuum gleichzeitig dem Einfluss von zwei Gruppen von Faktoren unterliegt. Es handelt sich zum einen um sein Streben nach Vergnügen (Nutzenmaximierung), zum anderen um empfundene moralische Verpflichtungen.[529] ETZIONI räumt ein, dass diese beiden Faktoren menschliches Verhalten unterschiedlich stark beeinflussen können. Im Einzelfall hängt die Stärke des Einflusses von historischen und sozialen Bedingungen und ceteris paribus von der Persönlichkeit eines Akteurs ab.[530] Unmoralisches Handeln wird also nicht gänzlich ausgeschlossen oder verneint, genauso wenig wird jedoch sittliches Verhalten ausgeschlossen. Im Durchschnitt halten sich Menschen durchaus an sittliche Regeln und Normen und sind nicht streng eigennutzorientiert.

Der wesentliche Unterschied zwischen einer moralischen und einer lustorientierten Handlung besteht nun darin, dass eine moralische Handlung vier Kriterien erfüllt: Sie gehorcht einem Imperativ, sie kann verallgemeinert werden, sie weist eine Symmetrie auf, wenn sie auf andere angewendet wird und sie ist internalisiert, d. h in der Persönlichkeit eines Menschen angelegt.[531]

- Sittlich handelnde Menschen fühlen sich aufgrund ihrer intrinsischen Grundhaltung dazu verpflichtet, in einer moralischen Art und Weise zu handeln. Eine Handlung wird also durchgeführt, da man das Gefühl hat, dass sie richtig ist.[532] Sie haben das Gefühl, dass sie etwas tun sollen, weil es richtig ist. Derartige Gefühle sind sicherlich niemand vollkommen fremd. Mehr oder weniger häufig sieht man sich einer Situation gegenüber, in der man handelt, weil man denkt, dass es richtig ist, genau so und nicht anders zu handeln. Eine so motivierte Handlung unterscheidet sich allerdings von einer Handlung, bei der nur die Nutzenmaximierung oder ein Kosten-Nutzen-Kalkül im Vordergrund steht. Im Zweifelsfall wird niemand ernsthaft Kosten-Nutzen-Überlegungen anstellen, bevor er einem Ertrinkenden das Leben rettet. Erst in dem Moment, in dem diese Pflichtempfindung[533] hinten angestellt wird, tritt ein zweites Entscheidungsstadium in den Vordergrund. In diesem zweiten

[528] Vgl. Etzioni (1994), S. 129.
[529] Beide Faktoren unterliegen nach Etzionis Ansicht sozialen Einflüssen.
[530] Vgl. Etzioni (1994), S. 128.
[531] Vgl. Etzioni (1994), S. 91.
[532] Es handelt sich hierbei also um eine deontologische Moralauffassung. Vgl. hierzu auch Teil C I.1.
[533] Adam Smith bezeichnete diese Empfindung in seiner „Theorie der ethischen Gefühle“ als Sympathie.

Entscheidungsverfahren werden sittliche Empfindungen mit anderen Überlegungen gegenübergestellt und eine Auswahl getroffen.[534]

So gesehen, gibt es also auch eine Rangordnung moralischer Prinzipien. Eine Abwägung zwischen verschiedenartigen sittlichen Prinzipien unterscheidet sich auch nicht von einer Abwägung zwischen unterschiedlichen Präferenzen. Die Entscheidung wird zu Gunsten derjenigen Alternative getroffen, die die persönlichen Werte des Entscheidenden maximiert.[535] Die Individuen ziehen in einzelnen Lebensbereichen oder über bestimmte Zeiträume eine bestimmte Handlung – nämlich sittliche – anderen Handlungen vor, dies allerdings nicht immer um jeden Preis und in jedem Fall. Damit ist nicht gemeint, dass die Wahrscheinlichkeit moralischen Verhaltens mit steigenden Kosten sinkt. Sofern sich ein Individuum seine persönliche Verpflichtung gebildet hat, steigen seine Kosten bei einem unsittlichen Verhalten an.[536] Diese „Kodeterminierung" des menschlichen Verhaltens führt in der Konsequenz dazu, dass sich Menschen auf Dauer und im *Durchschnitt* sittlich verhalten. Von dieser Warte aus, kann man in diesem Zusammenhang auch von einer absoluten (pflichtgesteuerten) und einer zweckgerichteten (nützlichkeitsgesteuerten) Moral sprechen.[537]

- Individuen, die sich im täglichen Leben sittlich verhalten, können ihr Verhalten verallgemeinern. Eine Verhaltensbegründung im Rückgriff auf individuelle, oder rein eigennützige Motive würde diesem Kriterium allerdings widersprechen.[538] Beziehungsweise in anderen Worten:

> „Wer sich 'innerlich festlegt', verzichtet darauf, in der jeweils aktuellen Situation, d. h. angesichts der aktuell gegebenen Alternativen optimal zu entscheiden, da er sich festgelegt hat bestimmte Alternativen – nämlich die künftigen – a priori (bevor er ihrer gewahr wird) auszuschließen."[539]

- Sittliches Verhalten schließt die Bereitschaft dazu ein, anderen Personen in vergleichbaren Situationen die gleichen Rechte, den gleichen Status oder die

---

534 Vgl. Etzioni (1994), S. 92.

535 Vgl. hierzu Baurmann (1996), S. 397. Gleichzeitig weist Baurmann zu Recht darauf hin, dass eine solche Abwägung indessen nur dann möglich ist, sofern es sich bei der betroffenen Person nicht um einen „Kantianer" handelt. In diesem Fall ist eine Abwägung zwischen unterschiedlichen Wertvorstellungen nicht denkbar, da dies durch generelle und ausnahmslos verbindliche Normen verhindert wird.

536 Vgl. Etzioni (1994), S. 92.

537 Vgl. Etzioni (1994), S. 92.

538 Spätestens an dieser Stelle wird die deontologische Prägung des Ansatzes deutlich. Vgl. hierzu auch Teil C I.1.

539 Priddat (1994b), S. 65.

selben Pflichten zuzubilligen, die man selbst in dieser Situation in Anspruch nimmt (Symmetrie). In dem Moment, in dem dies nicht der Fall ist, wird das eigene Verhalten rücksichtslos.[540] Sittliches Verhalten setzt voraus, dass man unterschiedlichen Individuen in einer vergleichbaren Stellung und unter verwandten Situationen das gleiche Verhalten zubilligt. An dieser Stelle ist man also wieder beim kategorischen Imperativ KANTS angelangt. Denn das zweite und das dritte Kriterium dient der Unterscheidung zwischen sittlichen Handlungen oder Imperativen von nichtsittlichen. Nur wenn der Handelnde die Frage: „Kann ich wollen, dass sich alle anderen genauso verhalten wie ich es tue, und zwar auch mir gegenüber?“ mit Ja beantworten kann, handelt es sich in diesem Sinne um ein sittliches Verhalten.

- Ein weiterer und wesentlicher Unterschied zur konventionellen ökonomischen Analyse ist darin zu sehen, dass menschliches Handeln nicht nur eine Reaktion auf äußere Reize darstellt. Menschen reagieren nicht nur auf veränderte Restriktionen, sondern sie agieren und nehmen Einfluss auf ihre Umwelt. Durch Erziehung- und Sozialisierungsprozesse internalisieren Individuen bestimmte Werte. Menschen entwickeln eine eigene Persönlichkeit und sehen diese internalisierten Werte als ihre eigenen an. Diese inneren Werte werden von der betreffenden Person dann nicht mehr als externe Handlungsbeschränkungen angesehen.[541]

VII.4.2 Zwei Arten menschlichen Verhaltens

Demgemäß können also zwei Arten menschlichen Verhaltens unterschieden werden. Menschliches Verhalten ist ohne Zweifel ein *zielgerichtetes* Verhalten. Gleichzeitig passen Individuen ihre Handlungsweise an das Verhalten anderer Menschen an[542] und folgen inneren Prinzipien, ihrem eigenem Willen. Menschliche Verhaltensweisen sind also durch eine *Orientierung* gekennzeichnet. Und es erscheint unzweifelhaft, dass dieser Umstand Einfluss auf die Art und Weise nimmt, wie sich Menschen in bestimmten Situationen verhalten. Die individuelle Handlungsweise eines Menschen wird unter Umständen andersgeartet ausfallen, je nachdem ob seine Wahl durch äußeren Zwang beeinflusst wird, oder ob er bei seiner Entscheidung primär von seinen eigenen inneren Werten geleitet wird.[543] Das heißt, ob er jeweils überprüft, ob er jene Entscheidung trifft, die gemäß seinen eigenen Wertvorstellungen die Beste darstellt, oder ob er nur

---

540 Vgl. Etzioni (1994), S. 93.

541 Vgl. Etzioni (1994), S. 98.

542 In Reinkultur würde es sich bei solch einem Menschen also um den homo sociologicus handeln, der sich gemäß seiner sozialen Rolle, den geltenden sozialen Werten oder Normen verhält.

543 Vgl. Etzioni (1994), S. 99.

vorgegebenen und sanktionsbelegten Regeln folgt. Unabhängig hiervon läuft die Argumentation darauf hinaus, dass menschliches Verhalten nicht nur durch persönliches Wohlfahrtsdenken, sondern auch durch interne Werte gesteuert wird. Das sich diese Bindung an innere Werte für Interaktionspartner vorteilhaft auswirken kann, verdeutlicht das folgende Beispiel.

VII.4.3 Positive Auswirkungen der Prinzipienbindung – Das Principal-Agent-Problem und eine mögliche Lösung

Die in der Principal-Agent-Theorie[544] behandelten Probleme sind bekannt. Der Principal kann aus den folgenden Gründen nie völlig sicher sein, dass der Agent versucht ein maximales Ergebnis zu realisieren, es handelt sich um:

- Die Eigennutzorientierung des Agenten,
- dessen Informationsvorsprung und schlechte Kontrollmöglichkeiten des Principals.

Für den Agenten eröffnen sich Handlungsspielräume, durch die er den Nutzen des Principals schmälern kann. In dem Maße nun, indem der Agent verinnerlicht hat, sich zuverlässig und aufrichtig zu verhalten, d. h. sein Verhalten an internalisierten Werten auszurichten, sinkt die Wahrscheinlichkeit eines opportunistischen Verhaltens. Der Unterschied ist folgender: Sofern sich ein Mensch nur durch äußere Sanktionen leiten lässt, kann er im Zweifelsfall in dem Moment, in dem die Einhaltung dieser Regeln nur schwach kontrolliert werden kann, streng eigennutzorientiert diese Normen brechen. Ein Mensch hingegen, für den Ehrlichkeit und Aufrichtigkeit handlungsleitende Prinzipien darstellen, verhält sich auch in Situationen aufrichtig, in denen es nahezu unmöglich ist, sein Verhalten zu kontrollieren und gegebenenfalls zu sanktionieren. Zwar verzichtet der Agent in diesem Fall auf einen höheren Nutzen, welchen er erzielen könnte, sofern er seine Interessen eigennützig durchsetzt, gleichzeitig bewahrt er aber seine Identität.[545] Als direkte Folge eines solchen, von Prinzipien geleiteten, Verhaltens,[546] das durchaus rational sein kann, steigt das gegenseitige Vertrauen[547] der Partner

544 Eine ausführliche Darstellung ist u. a. zu finden, bei Feldmann (1995), S. 48 ff. Auch bei Richter und Furubotn (1996), S. 201-241.

545 Vgl. hierzu auch die in den Teil C IV.4.1 und IV.4.2 gemachte Unterscheidung zwischen „Selfinterest“ und „Interest in his own self“.

546 Unter Umständen wäre an dieser Stelle auch eine Unterscheidung zwischen handlungsleitendem Willen (Prinzipien) und den Wünschen des Akteurs sinnvoll.

547 Den Vorteil und die Notwendigkeit von Vertrauen in ökonomischen Beziehungen sah bereits Arrow. Vgl. hierzu Arrow (1974), S. 23. Auch bei Richter und Furubotn (1996), z. B. auf S. 23 f. Als Gegenposition hierzu Williamson (1993), S. 463 ff. Er vertritt die Ansicht, dass innerhalb ökonomischer Beziehungen Vertrauen keinen Platz hat. Vertrauen würde sich auf außerökonomische Beziehungen beschränken.

an. Dies bedeutet nichts anderes, als das erforderliche Kontrollen entfallen können. Anders formuliert, in den Fällen, in denen die individuellen Prinzipien,[548] oder moralischen Vorstellungen, der Akteure schwach ausgeprägt sind, sind zusätzliche Kontrollen, Anreize und Sanktionen unentbehrlich.[549]

Dagegen mag man nun einwenden, dass es für den Agenten in Wirklichkeit gar nicht so wichtig ist, ein aufrichtiger Mensch zu sein, d. h. sich wirklich an seine Prinzipien zu halten. Es könnte für ihn bereits ausreichend sein, eine gewisse Reputation[550] aufzubauen, und als ehrlicher und aufrichtiger Mensch zu gelten. Dann käme eine vertrauensvolle Beziehung zu Stande und der Agent hätte die Möglichkeit, den Principal um so leichter zu hintergehen. Auf Dauer wird dieses Verhalten des Agenten jedoch nicht möglich sein, da der Principal die Möglichkeit hat, Signale[551] des Agenten wahrzunehmen, und bei seinen Entscheidungen zu berücksichtigen.[552] Sie würden es dem Principal früher oder später gestatten die wahren Intentionen des Agenten aufzuspüren.

Solche Vorfälle würden künftig auch anderen von vornherein Informationen über den Agenten und sein Verhalten vermitteln. Wenn ein potenzieller neuer Principal augrund von Gerüchten, alten Erfahrungen, oder Berichten darüber Kenntnis erlangt, dass der Agent immer defektiert, wird er entsprechende Konsequenzen ziehen. Dieser Punkt ist sehr aufschlussreich, denn es kann aufgezeigt werden, dass es für jeden Einzelnen durchaus lohnend und rational sein kann, sich Prinzipien zuzulegen, und diese auch zu pflegen. Das heißt, sich auch in solchen Situationen gemäß dieser Prinzipien zu verhalten, in denen eine kurzfristige und rein eigennützige Nutzenmaximierung möglich wäre.

VII.4.4 Mono-Nutzenkonzept vs. Bi-Nutzen-Konzept

ETZIONIS sozioökonomischer Ansatz grenzt sich vom neoklassisch-utilitaristisch geprägten ökonomischen Ansatz dadurch ab, dass er den Wert einer Handlung zwar zunächst und primär danach beurteilt, ob sie einem relevanten Prinzip oder

---

548 Kirsch bezeichnet Prinzipien sinnhafter Weise auch als: „... Ausdruck, des Misstrauens rationaler Menschen gegen die Trübungsanfälligkeit der eigenen Rationalität." Kirsch (1997), S. 766. Ökonomisch interpretiert, dienen Prinzipien also der Überbrückung von Mängeln im Rationalvermögen eines Nutzenmaximierenden Individuums.

549 Vgl. Etzioni (1994), S. 99.

550 Zu einer spieltheoretischen Analyse der Bedeutung von Reputation für ökonomische Aktionen vgl. Eger (1998), S. 309-326.

551 Zur Bedeutung der Signale in der Principal-Agent-Theorie vgl. bei Richter und Furubotn (1996), S. 150, 217 ff.

552 Zwei einfache Möglichkeiten sind denkbar: Der Principal kann einerseits das Verhalten des Agenten in der Vergangenheit berücksichtigen, er kann andererseits körperliche Signale des Agenten interpretieren. Vgl. hierzu Kirsch (1997), S. 769 f.

einer Verpflichtung folgt. In zweiter Linie werden jedoch – gemäß utilitaristischer Vorstellung – die Handlungsfolgen berücksichtigt.[553] Der Vorteil dieser Vorgehensweise zeigt sich an den Problemen einer teleologischen Ethik.[554] Denn häufig sind die Folgen einer Handlung für den Akteur nicht, oder nur sehr schlecht, vorauszusehen. Insofern ist die Beurteilung einer Handlung aufgrund ihrer möglichen Folgen sehr spekulativ. Sittliche Prinzipien können den Akteuren also dabei helfen, die Beschränktheit der eigenen Rationalität bei bestehenden Einzelentscheidungen zu überbrücken. Ein rationaler Akteur würde erkennen, dass sein rationales Vermögen begrenzt ist und es für ihn unter diesen Umständen sinnvoll sein kann, bestimmten Prinzipien zu folgen.[555]

Aus dieser Perspektive ist die Auffassung einleuchtend, dass moralische Grundsätze die Struktur der Entscheidungsprozesse und der Verhaltensbereiche, in denen sie eine Rolle spielen, beeinflussen. Die Wahl einer Handlung, die sich mit sittlichen Überlegungen deckt, ist insofern schwerer auszuschlagen, als die Wahl einer Handlung, bei der dies nicht der Fall ist. Diese Entscheidungen kennzeichnen sich ferner durch einen starken „Schwelleneffekt", d. h. es besteht eine relativ starke Hemmung, eine entsprechende Grenze zu übertreten. Ist dies der Fall, d. h. hat sich ein Akteur dazu entschlossen eine Hemmschwelle zu überschreiten, verringert sich diese Hemmung bei künftigen Entscheidungen.[556] Das Argument ist plausibel: Bevor sich ein Akteur dazu entschließt, seine erste Straftat zu begehen, wird er sich diesen Schritt – *normales* Verhalten, vorausgesetzt – gut überlegen. Ist die erste Straftat erfolgreich, wird der Entschluss die nächste Straftat zu begehen wahrscheinlich leichter fallen. Ähnlich verhält es sich mit Fällen, in denen es zur Anwendung von Gewalt kommt, bei Fällen von Korruption und anderem.

Rationalität im Sinne ETZIONIS ist eine instrumentelle Rationalität, der Schwerpunkt liegt auf der Wahl der geeigneten Mittel und nicht des Ziels. Rationalität stellt demgemäß einen planvollen Entscheidungsprozess dar, in dessen Verlauf Informationen gesammelt und verarbeitet werden. Auf dieser Grundlage werden vernünftige Entschlüsse getroffen und die geeigneten Mittel zur Zielerreichung ausgewählt.[557] Diese Fokussierung auf die Wahl der Mittel bedeutet freilich keinesfalls, dass rationales Verhalten nicht zweckorientiert ist.[558] Ein weiterer Punkt, der zu beachten ist, ist der Aspekt, dass Ziele häufig erst gesetzt werden

---

553 Etzioni selbst spricht in diesem Zusammenhang von einer „gemäßigten Deontologie". Vgl. Etzioni (1994), S. 40.

554 Vgl. Teil C I.2.2.

555 Vgl. Kirsch (1997), S. 766.

556 Vgl. Etzioni (1994), S. 151.

557 Vgl. Etzioni (1994), S. 267.

558 Vgl. Teil B II.2.5 und den Begriff der Moralität.

müssen bzw. das angestrebte Ziele in Bewegung sind. Die Bewertung und Auswahl der eingesetzten Mittel muss jedoch bereits zu einem früheren Zeitpunkt erfolgen.[559] In diesem Fall wird die rationale Wahl der adäquaten Mittel erschwert, wenn nicht sogar unmöglich.[560]

Obwohl ETZIONI seinen Entwurf als Bi-Nutzen-Konzept bezeichnet, und Moral eine Nutzenkategorie darstellt, gibt es mit utilitaristischen Vorstellungen relativ wenig Gemeinsamkeiten. Für ETZIONI existieren wesentliche Abweichungen zwischen Moral und Vergnügen.[561] Er räumt zwar ein, dass in neueren (ökonomischen) Publikationen[562] auch das Wohlempfinden anderer Individuen in der Nutzenfunktion eines Individuums berücksichtigt werden, dennoch weist er darauf hin, dass sein Konzept deontologischer Prägung ist. Für ihn haben Menschen eine Vielzahl von Wünschen. Zu ihnen zählt für ihn auch der Wunsch, gemäss sittlicher Werte zu leben.[563] Bei Letzterem handelt es sich jedoch um einen Wunsch, der nicht durch Preise geordnet oder reguliert werden kann.[564] Die Förderung des individuellen Wohlbefindens und die Verwirklichung moralischer Vorstellungen sind zwei Hauptzwecke[565] menschlichen Handelns innerhalb der Gemeinschaft. Diese Sichtweise führt im Ergebnis zur Feststellung, dass ein einzelnes Individuum häufig mit inneren Konflikten zu kämpfen hat. Der Grund hierfür ist darin zu sehen, dass die unterschiedlichen Hauptzwecke miteinander kollidieren können.[566] Gleichzeitig ist es jedoch möglich, einen Ausgleich zwischen beiden Nutzenkategorien zu realisieren.[567] Insofern ist der bestehende Widerspruch zwischen sittlichem und ökonomischen Verhalten weiter zu relativieren. Eine weitere Missdeutung besteht in der ungerechtfertigten Gleichsetzung von Egoismus und Eigeninteresse.

VII.5 Egoismus, Eigeninteresse und Altruismus

VII.5.1 Egoismus und Eigeninteresse

Ein – häufig anzutreffendes – Missverständnis ist die Gleichsetzung von Eigennutzstreben und Egoismus. Wie oben bereits dargestellt, wird homo oeconomi-

---

559 Vgl. Etzioni (1994), S. 273.

560 Zum Informationsproblem siehe beispielsweise auch Teil D I.2.

561 Vgl. Etzioni (1994), S. 11.

562 Vgl. Teil E VI.5.

563 Vgl. Etzioni (1994), S. 12.

564 Vgl. Etzioni (1994), S. 12.

565 Vgl. Etzioni (1994), S. 164.

566 Vgl. Etzioni (1994), S. 37. Ständig entstehen Konflikte zwischen gegensätzlichen Wünschen, zwischen sittlichen Grundhaltungen und nutzenorientierten Bedürfnissen einerseits und Spannungen zwischen unterschiedlichen moralischen Verpflichtungen andererseits.

567 Vgl. Etzioni (1994), S. 165.

cus als ein Akteur aufgefasst, welcher grundsätzlich seinen eigenen Interessen folgt und seinen eigenen Vorteil anstrebt, also egoistisch handelt. Im *Duden* wird Egoismus allerdings als Selbstsucht beschrieben. Dabei handelt es sich um eine andere Dimension, nämlich ein ungerechtfertigtes Eigennutzstreben, eine Durchsetzung der eigenen Interessen im Zweifel auch auf Kosten und zu Lasten anderer Personen. Zwar mag homo oeconomicus in erster Linie das Ziel haben, seine eigenen Interessen zu verwirklichen, d. h. seinen eigenen Nutzen zu erhöhen. Dies bedeutet jedoch nicht, dass er das Wohl anderer Akteure vollkommen unberücksichtigt lässt.[568] Eigennutzstreben kann also nicht zwingend mit Egoismus gleichgesetzt werden, und dies erst recht nicht, wenn hierunter ein wohlverstandenes Eigeninteresse verstanden wird.[569]

KIRCHGÄSSNER beispielsweise beschreibt homo oeconomicus als einen Akteur, der sich seinen Mitmenschen gegenüber weitgehend neutral verhält,[570] also auch nicht egoistisch im angeführten Sinne handelt. Er führt jedoch einschränkend an, dass in der Realität durchaus Situationen denkbar und aufzufinden sind, in denen sich ein egoistisches Verhalten der Akteure zeigt, obwohl sie grundsätzlich hätten anders handeln können. Dies zeigt sich beispielsweise in Situationen, in denen bestehende Absprachen gebrochen werden, bewusst die Unwahrheit gesagt wird o. ä. WILLIAMSON hat für ein solches Verhalten den Begriff Opportunismus geprägt.[571] Bei Opportunisten handelt es sich um einen Menschen, der in einer bestimmten Situation genau diejenige Handlung wählt, die in dieser Situation für ihn von Vorteil ist. Er würde beispielsweise stehlen, wenn die Wahrscheinlichkeit, ergriffen zu werden, gering ist, oder auch lügen, wenn ihm dieses Vorteile bringt etc. Da diese Verhaltensweisen in der Realität mehr oder weniger häufig tatsächlich anzutreffen sind, scheint das in der Ökonomie unterstellte Menschenbild nun also doch nicht so falsch zu sein. Und in der Tat scheinen Menschen sowohl opportunistisches als auch egoistisches Verhalten an den Tag zu legen. Unternehmen verhalten sich im Wettbewerb egoistisch, Trittbrettfahrer verhalten sich in den bekannten Situationen egoistisch z. B. bei freiwilligen Geschwindigkeitsbeschränkungen u. ä. Andererseits ist dieses Verhalten auch wieder nicht so häufig anzutreffen, wie die Äußerung vermuten lässt. Es lässt sich auch ein kooperatives Verhalten der Akteure beobachten, welches im Extremfall sogar altruistischen Charakter haben kann. An dieser Stelle kann jedoch zwischen einem *echten* und einem *scheinbaren* Altruismus unterschieden werden.[572]

---

568 Vgl. hierzu auch Weise (1994), S. 286.
569 Vgl. hierzu auch bei Höffe (1992), S. 238 f.
570 Vgl. Kirchgässner (1991), S. 46.
571 Zum Begriff des Opportunismus vgl. Williamson (1985), S. 47.
572 Vgl. auch die Ausführungen zum Becker-Modell. Der dortige Altruismus stellt einen scheinbaren Altruismus dar.

VII.5.2 Echtes und scheinbares altruistisches Verhalten

„Echter“ Altruismus ist eine ethische Einstellung, die von Selbstlosigkeit und Uneigennützigkeit geleitet, auf das Wohl anderer, in letzter Konsequenz auf das allgemeine Wohl der Menschheit ausgerichtet ist. Altruismus in einer sehr engen Definition bezeichnet das Verhalten einer Person, welches im Extremfall das eigene Wohl außer acht lässt.[573] Eine abgeschwächte Form des Altruismus stellt das Wohlwollen dar, welches Menschen sich entgegenbringen. Dieses Wohlwollen bildet quasi einen Puffer zwischen dem vollkommen fremdzentrierten Altruismus und dem allein auf die eigene Person zielenden Egoismus.[574] Für KIRCHGÄSSNER stellt Altruismus in einer milden Form ein Verhalten dar, welches mit kooperativem Verhalten gleichzusetzen ist. Er versteht hierunter ein Verhalten, das sich in der Befolgung von Normen zeigt, deren mehrheitliche Einhaltung für alle Mitglieder der entsprechenden Gesellschaft oder Gruppe zu einem Vorteil führt.[575] Hiermit ist das gemeint, was an anderer Stelle als moralkonformes Verhalten gekennzeichnet wurde. Differenziert man zwischen einem scheinbaren (oder milden)[576] altruistischen Verhalten und einem tatsächlichen (oder auch strengen)[577] Altruismus ergibt sich folgendes Bild.

VII.5.2.1 Scheinbares altruistisches Verhalten

Ein scheinbar altruistisches Verhalten eines Individuums ist z. B. dann zu erwarten, wenn die Gefahr eines *Tit for Tat* oder eine Sanktionsgefahr besteht.[578]

---

573 Betrachtet man die Bedeutung des Altruismus für die evolutorische Entwicklung einer Population, scheint ein altruistisches Verhalten allerdings eine Voraussetzung für den Fortpflanzungserfolg der Gesamtpopulation zu sein. Würden die einzelnen Gruppenmitglieder sich nur auf ihre eigene Fitness, ihre eigenen Interessen beschränken und nach ihrer Verwirklichung streben, hätte dies höchstwahrscheinlich negative Auswirkung auf die Entwicklung der Gesamtpopulation. Vgl. hierzu Wilson (1993), S. 140.

574 Vgl. hierzu auch bei Höffe (1992), S. 314.

575 Vgl. Kirchgässner (1991), S. 50.

576 Vgl. hierzu Wilson (1993), S. 141.

577 Vgl. hierzu Wilson (1993), S. 140.

578 In Simulationen traten 63 unterschiedliche Spielstrategien gegeneinander an. Die Strategie, die am Ende die meisten Punkte erzielte, war Tit for Tat von Anatol Rapoport. Die Vorgehensweise: Beginnen mit Kooperation, dann gegenseitige Begünstigung (Reziprozität), bei Schädigung sofortige Vergeltung, allerdings nur in einer Runde. In gewisser Weise handelt es sich bei Tit for Tat also um die Strategie eines *sozial kooperativen Egoisten*, der zwar zuverlässig und nicht nachtragend, gleichzeitig jedoch auch wehrhaft ist. Als besonderer Vorteil dieser Vorgehensweise ist die Möglichkeit zu sehen wieder zu einer kooperativen Strategie zurückzukehren. Vgl. hierzu die sehr ausführlichen Ausführungen bei Axelrod (1995), insbesondere S. 28-49. Eine ausführliche Darstellung dieser Strategie ist auch zu finden bei Weber (1997), S. 143-150.

In beiden Fällen legen die Akteure ein altruistisches Verhalten an den Tag, auch wenn das Motiv der Verhaltensweise nicht in einer Fremdorientierung, sondern in einer Eigenorientierung zu finden ist.

Andererseits steigt die Wahrscheinlichkeit echten Altruismus anzutreffen, wenn die Individuen hinreichend nah bekannt oder verwandt sind. Dieses Verhalten könnte man als gegenseitigen bzw. reziproken Altruismus bezeichnen. Zwar muss ein Individuum durch die Hilfestellung an andere Personen „Kosten" in Kauf nehmen, gleichzeitig hegt sie jedoch die Hoffnung und Erwartung, dass sie künftig eine entsprechende Gegenleistung erhält, die sie für dieses Verhalten entschädigt. Diese Art von Altruismus kann darüber hinaus, trotz der möglichen Nachteile die für den individuellen Altruisten aus seinem Verhalten resultieren und von Vorteil für die Reproduktion seiner Art sein.[579] Hierdurch entsteht auch ein indirekter Vorteil für das Individuum persönlich. Insofern ist es auch nicht weiter verwunderlich, dass die Mehrheit aller Fälle von echtem Altruismus insbesondere im Zusammenhang von hohen Verwandtschaftsgraden oder sehr guten Freundschaftsbeziehungen auftreten.[580]

VII.5.2.2 Echtes altruistisches Verhalten

Altruismus ist ohne Zweifel ein Verhalten, welches dem handelnden Individuum Nachteile und einem anderen Individuum Vorteile bringt. Die dargestellten Arten scheinbaren altruistischen Verhaltens stehen allerdings in einem Widerspruch zur philosophischen Auffassung. Von einem echten altruistischen Verhalten kann hiernach nur dann die Rede sein, wenn bei einem abweichenden Verhalten ausschließlich intrinsische Kosten zu realisieren sind. Es handelt sich um ein Verhalten zu den Mitmenschen, das ihre Interessen auch unter Zurückstellung der eigenen berücksichtigt.[581] Folgt man der philosophischen Auffassung, ist in der Realität bestenfalls der gemäßigte oder milde Altruismus anzutreffen. Dient der Altruismus jedoch dem eigenen Wohl, also dem eigenen Glück, oder Wohlergehen, so handelt es sich hierbei strenggenommen auch nicht um Altruismus.

VII.5.2.3 Zwischenfazit

KIRCHGÄSSNER folgend, legt homo oeconomicus seinen Mitmenschen gegenüber grundsätzlich ein neutrales Verhalten zu Tage, welches sowohl Altruismus als auch Egoismus ausschließt. Dennoch sind in der Realität häufig Situationen beobachtbar, in denen Akteure im Sinne des scheinbaren altruistischen Verhal-

579 Zu diesem Aspekt siehe beispielsweise auch Mohr (1993), S. 25.
580 Vgl. hierzu auch bei Wilson (1993), S. 140.
581 Vgl. hierzu auch bei Höffe (1992), S. 314.

tens agieren.[582] Dieses Verhalten wird jedoch um so unwahrscheinlicher, je höher die Kosten des Altruismus sind, und je höher der Nutzen des Egoismus ist. Echter Altruismus dagegen ist vor allem dann denkbar, wenn emotionale Bindungen vorliegen (z. B. eine Familienbeziehung).[583] Die Annahme, dass Individuen sich eigennützig verhalten, stellt zunächst eine neutrale Annahme dar. Sie schließt einerseits rein moralisches Handeln genauso aus, wie ein unsittliches Verhalten andererseits. Für das durchschnittliche menschliche Verhalten kann sie insofern durchaus als realistisch angesehen werden. Ruft man sich an dieser Stelle die Auffassung von JOHN RAWLS noch einmal ins Gedächtnis, kann diese Feststellung jedoch weiter relativiert werden. Man kann das Verhalten des homo oeconomicus als *gegenseitige desinteressierte Vernünftigkeit* bezeichnen.[584] Die Sittlichkeit der Akteure hängt letztlich auch davon ab, in welchem Umfeld der Akteur steht. Es ist durchaus realistisch zu unterstellen, dass ein Akteur sich in dauerhaften (Geschäfts-) Beziehungen nicht so opportunistisch[585] verhalten wird, wie dies in einmaligen Beziehungen möglicherweise der Fall ist. Auch homo oeconomicus wird insbesondere in kleineren und überschaubaren Gruppen seine eigenen Interessen nicht um jeden Preis durchsetzen. Hinzu tritt, dass mögliche „Fehltritte“ im täglichen Leben durchaus durch den Gerechtigkeitssinn eines Akteurs verhindert werden.[586] Altruismus ist also durchaus als eigene Handlungsmotivation anzusehen, wenngleich es sich hierbei nur um eine von vielen Motiven menschlicher Aktivitäten handelt.

VII.5.3 Ein Trick der Natur? – Die evolutionsstabile Strategie

Egoismus stellt ein ungerechtfertigtes Eigennutzstreben dar. Individuen, die egoistisch handeln, setzen ihre eigenen Interessen im Extrem auch auf Kosten anderer Personen durch. Intuitiv scheint es zunächst so, als könne eine Person, die sich auf diese Weise verhält, ihren Nutzen erhöhen. Wie verhält es sich mit dieser Annahme in der Realität? Anhand eines einfachen Gedankenexperiments soll nachgewiesen werden, dass dies äußerst unwahrscheinlich ist.[587]

---

582 Vgl. Kirchgässner (1991), S. 50.

583 Vgl. Kirchgässner (1991), S. 60 f.

584 Rawls (1993), S. 168 f. und 172 f.

585 Mohr spricht in diesem Zusammenhang auch von Sympathiegruppen. Vgl. Mohr (1993), S. 26.

586 Vgl. hierzu Rawls (1993), S. 172.

587 Ein formales Anwendungsbeispiel aus der Spieltheorie ist u. a. zu finden bei Rauhut et. al. (1979), S. 97 - 115. Eine gut verständliche Anwendung auf das Problem Kooperation und Moral ist bei Weise (1995), S. 73-105 zu finden.

Stellen wir uns eine Gemeinschaft vor, die sich nur aus Egoisten zusammensetzt. Jeder Einzelne ist nur darauf bedacht, seine eigenen Interessen durchzusetzen und seinen eigenen Vorteil zu wahren. Die Konsequenz wird höchstwahrscheinlich sein, dass keines der Individuen seine Interessen wirksam verfolgen kann. Keiner der Akteure kann in irgendeiner Art und Weise in die Anonymität abtauchen, daher werden die Egoisten jeweils gegeneinander antreten und sich gegenseitig schädigen.[588] Ohne einen externen Zwang in Form von Gesetzen realisieren die egoistischen Akteure hohe Nutzenverluste. Diese rücksichtslose Gesellschaft wird folglich Nachteile gegenüber Gemeinschaften aufweisen, in der zumindest eine (beschränkte) Kooperation realisiert wird. Die Gesamtfitness dieser Sozietät wird weniger gefördert, als die einer Gemeinschaft mit kooperativen Strukturen. Aufgrund der geringen Gesamtfitness würde sie durch solche Vereinigungen verdrängt, in der sich eine kooperative Grundhaltung ausgebildet hat.[589]

Wie sieht es im umgekehrten Fall aus? Stellen wir uns eine Gemeinschaft vor, die sich aus reinen Altruisten zusammensetzt. Abgesehen davon, dass es sich auf den ersten Blick um scheinbar paradiesische Zustände handelt, eine Welt, in der alle immer nur an den Anderen denken, zeigt auch Probleme auf. Unzweifelhaft scheint, dass hier zunächst große Vorteile entstehen, da zumindest eine gegenseitige Schädigung innerhalb der Gemeinschaft ausbleibt. Das Bild kann sich jedoch wandeln, wenn in dieser Gesellschaft ein „Mutant" erscheint. Er kann durch eine rücksichtslose und egoistische Verhaltensweise die Altruisten auszunutzen und hierdurch profitieren.[590] Da ein altruistischer Akteur sich zunächst nicht sicher sein kann, mit welchem Gegenüber er in Beziehung steht, kann der Egoist auf Kosten der „kooperativen" Akteure zusätzliche Nutzengewinne realisieren. Sofern sich andere Mitglieder der Gemeinschaft diesen Verhaltensweisen anschließen, kann der „Ursprungsegoist" durch sein Auftreten die Altruisten bis zu einem bestimmten Grad verdrängen. Eine Gemeinschaft, die sich aus reinen

---

Ein Beispiel aus der Tierwelt wäre der bekannte Räuber-Beutetier-Fall. Zwischen diesen beiden Arten wird sich eine evolutionsstabile Situation ausbilden. Ohne Beute hätten die Räuber in langer Sicht keine Nahrung mehr, ohne Räuber würden die Beutetiere – aufgrund ihrer stark steigenden Populationszahl – ihre natürliche Existenzgrundlage vernichten. Wenngleich zumindest in der formalen Betrachtung nicht vollkommen ausgeschlossen werden kann, dass eine der Population ausstirbt. In diesem Fall würde das System entweder zusammenbrechen oder aber explodieren. Interessanterweise hilft die Natur in dieser Situation nach, da sie insbesondere den Beutetieren Schlupflöcher zur Verfügung stellt. Vgl. Haken (1995), S. 101. Eine ähnliche Darstellung ist auch zu finden bei EDK-Gruppe (1995), S. 77-118.

588 Vgl. hierzu Weise (1995), S. 85.

589 Vgl. auch Teil E II.3.

590 Vgl. Weise (1995), S. 85.

Altruisten zusammensetzt, wird also im evolutionären Selektionsprozess ebenfalls nicht stabil sein.[591] Andererseits kann sich eine Verhaltensweise in einer Population oder Gemeinschaft etablieren, d. h. stabilisieren, sofern sie nicht durch mögliche Mutationen bzw. Abweichler aufgespaltet werden kann.

Aus diesen Überlegungen ergibt sich, dass eine rein egoistische Verhaltenweise auf Dauer in sozialen Interaktionen nicht überdauern kann. Ein kooperatives Verhalten kann sich als stabil erweisen. Diese Stabilität kann innerhalb bestimmter Grenzen durch die Gemeinschaft unterstützt werden. Insbesondere sehr unkooperative Verhaltensweisen können als „Indikator" für den Charakter einer Person herangezogen werden, mit den entsprechenden Folgen für das betreffende Individuum. Andererseits realisieren Menschen, die über einen sehr guten Ruf verfügen (z. B. Zuverlässigkeit, Pünktlichkeit, Redlichkeit, Ehrlichkeit) sehr geringe Transaktionskosten bei einer Kooperation oder sonstigen Transaktionen.[592] Kooperation in Erwartung einer Gegenleistung (Reziprozität) führt auf Dauer und im Durchschnitt für alle dazu, dass sie größere Vorteile erlangen können, als bei einer der „reinen" Strategien. Gleichermaßen wichtig für die Stabilisierung eines kooperativen Verhaltens ist indessen, dass unkooperatives bzw. egoistisches Verhalten auch sanktioniert wird. Sonst besteht zumindest kurzfristig die latente Gefahr, dass kooperative Akteure durch egoistische ausgebeutet werden können. Gleichzeitig verbleibt als bitterer „Beigeschmack" die Erkenntnis, dass auch altruistische Verhaltensweisen in der Regel als eine verdeckte egoistische Handlungsweise verstanden werden kann, da ein kooperatives Verhalten langfristig auch für einen Egoisten Vorteile aufweist.

Das klassische Modell des homo oeconomicus wird nicht zuletzt aufgrund seiner extremen Annahmen betreffend der vollständigen Informiertheit und der raschen Entscheidungsfindung kritisiert. Homo oeconomicus kann unbegrenzt Informationen aufnehmen, seine Kalkulationsfähigkeit ist unbegrenzt und er kann gleichzeitig alle potenziellen Alternativen miteinander vergleichen.[593] Dass diese Fähigkeit in der Realität nicht gegeben ist, ist empirisch bestätigt. Wie verhält es sich also mit der Annahme der *vollständigen Rationalität*?

VII.6 Zur Frage der Rationalität

Homo oeconomicus verhält sich nicht immer und überall als ein „gnadenloser" Optimierer. Auf HERBERT A. SIMON ist beispielsweise das Konzept der einge-

---

591 Interessanterweise sind allen bisher gemachten Erfahrungen nach nur „gemischte Strategien" evolutionär stabile Strategien. Vgl. Mohr (1990), S. 212.

592 Vgl. hierzu Weise (1995), S. 43.

593 Klopstech und Selten weisen lakonisch darauf hin, dass diese Annahme selbst für Computer nicht zutrifft. Vgl. hierzu Klopstech und Selten (1984), S. 12.

schränkten Rationalität zurückzuführen.[594] Der wesentliche Unterschied zum traditionellen Konzept des homo oeconomicus ist, dass der Mensch nicht als ständig optimierendes Wesen angesehen wird. Diese Ansicht wird wie folgt modifiziert: Der Mensch gibt sich in bestimmten Situationen mit einem bestimmten ereichten Nutzenniveau zufrieden. Daher handelt es sich vielmehr um einen *Satisficer*. Für SIMON sind drei Gesichtspunkte von Bedeutung: Die Sicht des Handlungs- (Alternativen) Spielraums ist begrenzt.[595] Menschliches Wissen ist unvollständig und es bestehen grundsätzliche Schwierigkeiten, die Folgen der Aktivitäten vollständig abzusehen. Zweifelhaft ist auch, ob ein Akteur grundsätzlich dazu in der Lage ist, zu jedem Zeitpunkt eine für ihn – wie auch immer definierte – optimale Lösung zu finden. Möglicherweise bestehen für ihn gleichzeitig mehrere Optimallösungen, doch ist er aufgrund seiner begrenzten Informiertheit nicht dazu fähig, eine der Lösungen aufzufinden. Es ist also nicht auszuschließen, dass eine suboptimale Entscheidung getroffen wird, die im Ergebnis eine (relativ) schlechtere Lösung herbeiführt.[596] Die genannten Aspekte führen dazu, dass sich Menschen innerhalb bestimmter Grenzen auch mit „befriedigenden" Lösungen begnügen.[597]

Der „satisficing man" sucht unter den ihm zur Verfügung stehenden Alternativen, solange bis er eine für ihn *ausreichende* und *akzeptable* findet. Macht er innerhalb seines Handlungsspielraumes eine solche Möglichkeit aus, dann gibt er sich bei der relevanten Entscheidung mit dem erreichten Nutzenniveau zufrieden. Sollte er innerhalb seiner möglichen Handlungsalternativen keine hinreichend zufriedenstellende Lösung finden, senkt er sein Anspruchsniveau und beginnt eine neue Suche. Sobald er jedoch sein individuelles Anspruchsniveau erreicht hat, wird die Suche nach weiteren Informationen und Handlungsmöglichkeit abgebrochen.[598] Die eingeschränkte Rationalität bezieht sich also nicht nur auf die Informationsbeschaffung, sondern auch auf den Prozess der Informationsverarbeitung. Sofern bereits relativ einfache Optimierungskalküle zu einem befriedigenden Ergebnis führen, wird der Optimierungsprozess an dieser Stelle abgebrochen.[599] Begrenzt rationales Verhalten stellt überdies ein Verhalten dar,

---

594 Vgl. hierzu u. a. Simon (1979), S.493-513.

595 Vgl. hierzu auch die in Teil F II angeführten Argumente Hayeks. Ein Gedanke der durch Hayeks Werk wie ein roter Faden durchführt ist, dass die Befolgung von Regeln – aufgrund einer begrenzten Vernunft – naheliegend und vernünftig ist.

596 Vgl. auch bei Hellbrück (1993), S. 29.

597 Siehe hierzu auch Simon (1981), S. 30 f. und 116 ff.

598 Der Ausdruck Anspruchsniveau beschreibt also den Umstand, dass ein Akteur nicht, wie homo oeconomicus, nach Extremwerten sucht, sondern sich solche Nutzenniveaus vorgibt, die für ein befriedigendes Niveau darstellen.

599 Im Gegensatz hierzu würde homo oeconomicus, solange weiter kalkulieren, bis er ein maximales Ergebnis realisieren kann.

welches Prozesse wie Lernen, Imitation, Suche u. ä. umfasst. Der Satisficer wird bei seiner Entscheidung auf bereits gemachte Erfahrungen zurückgreifen, da er hierdurch die bestehende Komplexität des Entscheidungsprozesses reduzieren kann.[600] Der Satisficer stützt sich bei seinen Entscheidungen auch auf einen Vorrat von Verhaltensmustern u. ä., die ständig neu beurteilt werden und einem Versuchs- und Irrtumsprozess unterliegen.[601] Jene Routinen die sich in der Vergangenheit für ihn bewährt haben, werden beibehalten. Verhaltensmuster dagegen, die zu einem relativ schlechteren Ergebnis führten, lösen die Suche nach geeigneteren Routinen aus.[602]

VII.6.1 Ursachen eingeschränkter Rationalität

VII.6.1.1 Steigende Kosten der Informationsbeschaffung und sinkende Grenzproduktivität der Informationsverarbeitung

Die Plausibilität der Annahme begrenzter Rationalität liegt auf der Hand, und kann darüber hinaus auch als empirisch belegt angesehen werden.[603] Wie stark die individuelle Rationalität eingeschränkt ist, hängt nicht zuletzt von den Kosten ab, die dem Akteur im Rahmen der Informationsbeschaffung entstehen.[604] Da Individuen in der Mehrzahl der Fälle unter der Bedingung unvollständiger Information agieren, wären sie ständig dazu gezwungen, sich neue Informationen zu beschaffen, und diese zu verarbeiten. Hierdurch entstehen Transaktionskosten (im weitesten Sinn). Es ist daher davon auszugehen, dass ein Individuum sich insbesondere in solchen Situationen neue Informationen beschafft, in denen deutlich spürbare Änderungen in seinen Restriktionen aufgetreten sind, und insofern eine Neubewertung der relevanten Alternativen notwendig ist.[605]

Damit verbunden ist die Frage, wie hoch der zusätzliche Ertrag zusätzlicher Informationen ist, bzw. die Kosten falscher Informationen sind.[606] Denn auch bei der Beschaffung und der Verarbeitung von (weiteren) Informationen gilt das Gesetz des abnehmenden Grenznutzens, bzw. der Grenzproduktivität einer zusätzlichen Informationsverarbeitung. Dies bedeutet, dass mit zunehmendem Infor-

---

600 Vgl. hierzu auch Vanberg (1998), S. 393.
601 Vgl. hierzu auch Vanberg (1998), S. 395. Anders als die traditionelle Annahme rationaler Entscheidung.
602 Vgl. hierzu auch Vanberg, Viktor (1998), S. 395.
603 Vgl. auch bei Kirchgässner (1991), S. 28.
604 An dieser Stelle ist schon ein Abwägungsprozess über den Vorteil zusätzlicher Informationsbeschaffung notwendig. Zur Bedeutung der Kosten bei Prozessen der Informationsbeschaffung vgl. bei Richter und Furubotn (1996), S. 486 ff.
605 Vgl. Kirchgässner (1991), S. 17.
606 Vgl. Kirchgässner (1991), S. 32.

mationsgrad der zusätzliche Nutzen einer weiteren Information zurückgeht.[607] Individuen, auf die das Verhaltensparadigma des homo oeconomicus angelegt wird, können ihren individuellen Nutzen auch dadurch maximieren, dass sie sich an Urteilen oder Entscheidungen orientieren, die von – als kompetent angesehenen – Personen oder Institutionen getroffen werden.[608] Dies ist insbesondere in solchen Situationen sinnvoll, in denen aufgrund mangelnder Information, hoher Kosten der Informationsbeschaffung oder -verarbeitung, bzw. den im folgenden Abschnitt dargestellten sozialpsychologischen Einschränkungen, individuelle Entscheidungen unter Umständen nur schwer zu treffen sind.

VII.6.1.2 Die menschliche Verarbeitungskapazität ist begrenzt

Neben diesen unmittelbaren ökonomischen Kostenaspekt tritt der Sachverhalt, dass es sich bei Menschen nicht um eine immer blitzschnell kalkulierende und entscheidende Maschine handelt. Jedem Menschen steht – gemäß seiner kognitiven Fähigkeiten – nur eine bestimmte Kapazität zur Beschaffung und Verarbeitung von Informationen sowie zur Problemlösung zur Verfügung.[609] Die Informationsbeschaffung über eine bestimmte Grenze hinaus kann aufgrund der begrenzten Verarbeitungskapazität ineffizient werden.[610] Ökonomisch gesprochen, würden die Grenzkosten der Informationsbeschaffung und Informationsverarbeitung ihren Grenznutzen übersteigen. Aufgrund dieser Restriktionen ist ein Akteur strenggenommen gar nicht dazu fähig, permanent streng rational seinen Nutzen zu maximieren. In diesem Sinne versucht jeder Akteur vielmehr, seine bestehenden Bedürfnisse ausreichend zu befriedigen. Der Versuch ständig einen als maximal empfundenen Nutzen zur realisieren, wäre vermutlich vergeblich.[611] Dieses Verhalten kann – so FREY ET. AL. – im Ergebnis dazu führen, dass eine sichere und konfliktfreie gleichzeitig jedoch suboptimale Entscheidung getroffen wird.[612] Dem hält KIRCHGÄSSNER entgegen, dass auch eingeschränkt rationales

---

607 Vgl. Etzioni (1994), S. 282 f.

608 Vgl. hierzu beispielsweise auch bei Erdmann (1986), S. 52.

609 Frey et. al. z. B. teilen den komplexen Entscheidungsprozess der menschlichen Aktionen vorangeht, in fünf Phasen ein. Es handelt sich bei der ersten Phase um die Problemerkennung und –benennung. In der zweiten Phase erfolgt die Analyse der Problemursache. Die dritte Phase dient der Prüfung der unterschiedlichen Lösungsmöglichkeiten. In der vierten Phase erfolgt die Entscheidung, und in Phase fünf die eigentliche Planung der Aktivitäten. Siehe hierzu Frey et. al. (1994), S. 71.

610 Diese Ansicht ist z. B. auch bei Etzioni zu finden. Er vertritt die Meinung, dass jeder Mensch letzten Endes nur eingeschränkte intellektuelle Fähigkeiten besitzt. Im Einzelnen handelt es sich hierbei z. B. um die sehr geringe Kapazität des Kurzzeitgedächtnisses und um Schwierigkeiten die bei der Verknüpfung alter Informationen mit neuen aktuellen Informationen entstehen Vgl. hierzu Etzioni (1994), S. 207 f.

611 Vgl. auch Steger (1989), S. 62.

612 Vgl. Frey et. al. (1994), S. 75.

Verhalten immer noch ein rationales Verhalten darstellt. Begrenzte Rationalität stellt nicht zwingend ein irrationales menschliches Verhalten dar.[613] Für ihn ist viel entscheidender, dass es auf die jeweilige Situation ankommt, der sich ein Akteur gegenübersieht.[614] Aus dieser Perspektive kann davon ausgegangen werden, dass das traditionell unterstellte rationale, und eigeninteressierte Verhalten um so weniger häufig anzutreffen sein wird, je stärker sonstige gesellschaftliche Einflüsse wirksam werden, bzw. andere Entscheidungsverfahren von Bedeutung sind.[615]

VII.6.1.3 Emotionale Beschränkungen wirken auf menschliche Entscheidungen ein

Sieht man von den begrenzten Möglichkeiten der Informationsbeschaffung und –verarbeitung ab, sind durchaus Fälle denkbar, in denen eine bestimmte Handlung für einen Akteur zwar objektiv geboten scheint und von ihm auch subjektiv wahrgenommen wird. Gleichzeitig besteht für ihn jedoch eine emotionale Grenze,[616] die ihn daran hindert, entsprechend zu handeln.[617] Zu denken ist beispielsweise an Ängste, Hemmungen o. ä. In diesem Fall steht der Akteur vor einer Schwelle, die er zunächst überschreiten muss. Erst im zweiten Schritt kann er anschließend aktiv werden. Diese Schwelle kann man als ein Auseinanderfallen von Wollen und Handeln interpretieren.[618] Insofern ist es auch nicht verwunderlich, dass zwei unterschiedliche Individuen in der gleichen Situation mit identischer Kosten-Nutzen-Beziehung nicht die gleiche Entscheidung treffen.[619] Während homo oeconomicus beispielsweise keine Probleme damit hätte zu lügen, sofern dies eine Nutzensteigerung ermöglicht, ist es durchaus denkbar, dass der Satisficer hierauf verzichtet. Er würde möglicherweise durch Skrupel daran gehindert einen anderen Menschen zu belügen. Umgekehrt wird auch eine rationale Entscheidung zugunsten einer bestimmten Handlung durch die aktuelle Stimmungslage, die Emotionen[620] oder auch den sozialen Rahmen, innerhalb

---

613 Vgl. Kirchgässner (1991), S. 32.

614 Er vergleicht z. B. die Aktivitäten auf dem Aktienmarkt mit dem Konsumentenverhalten auf dem Markt für Verbrauchsgüter. Während im ersten Fall aufgrund der Markttransparenz eher mit rationalem Verhalten zu rechnen ist, ist im zweiten Fall eher mit eingeschränkter Rationalität, bzw. dem Satisfizierungsprinzip zu rechnen. Vgl. Kirchgässner (1991), S. 32.

615 Vgl. Kirchgässner (1991), S. 32.

616 Siehe hierzu auch die Bedeutung der Hemmschwelle, in Teil E VII.4.4.

617 Vgl. Klopstech und Selten (1984), S. 13.

618 Vgl. Müller-Benedict (1997), S. 56.

619 Vgl. Müller-Benedict (1997), S. 56.

620 Zur Bedeutung der Emotionen siehe auch Priddat (1998), insbesondere S. 5 f. Auch bei Hengsbach (1998), S. 50.

dessen sich der Akteur wiederfindet, beeinflusst.[621] Demzufolge lassen sich Individuen bei ihren Entscheidungen nicht nur durch ihre Präferenzen leiten. Sie orientieren sich nicht ausschließlich an ihren individuellen Handlungsmöglichkeiten, sondern machen ihr Verhalten zum Teil auch davon abhängig, wie sich andere in dieser Situation entscheiden, oder entscheiden könnten.[622] Ob, und wenn ja, wie stark diese Orientierung ausgeprägt ist, hängt im Detail von der Art und dem Grad der wechselseitigen Interdependenzen zwischen den einzelnen Akteuren ab.[623]

VII.6.2 Menschliches Verhalten wird durch Regeln beeinflusst

Ein weiterer Einwand gegen das Verhaltensmodell des homo oeconomicus ist Folgender: Menschliches Verhalten erklärt sich in der Realität vielmehr durch das Befolgen von sozialen Regeln. Einen Extremfall würde der, bereits erwähnte, „*homo sociologicus*" des Soziologen RALF DAHRENDORf darstellen. Für DAHRENDORF stellt der Mensch ein gesellschaftliches Wesen dar, dessen Handlungsweise in erster Linie durch die Übernahme von Rollen geprägt ist. [624] Er vergleicht Menschen mit Schauspielern, die eine Rolle spielen. Im Gegensatz zu einem Schauspieler, der im Verlauf seines Lebens die Rollen wechseln kann, ist dies dem homo sociologicus jedoch nicht möglich. Übernimmt eine Person eine bestimmte Position, muss sie sich an die Verhaltensregeln halten, die mit dieser Position verknüpft sind.[625] Die unmittelbare Folge hiervon ist, dass sich das Individuum in den Fällen, in denen es sich gemäß dieser Regeln verhält, des Wohlwollens der Gesellschaft sicher sein kann. Gleichzeitig besteht im Falle der Nichterfüllung die Möglichkeit, dass dieses Verhalten durch die Gesellschaft sanktioniert werden kann. Der Handlungsspielraum des homo sociologicus ist durch gesellschaftliche Konventionen bzw. Zwänge sehr stark eingeschränkt, das Verhalten der Individuen weitgehend determiniert.

---

621 Vgl. Müller-Benedict (1997), S. 57.

622 Vgl. Müller-Benedict (1997), S. 57.

623 Diese Art gegenseitiger Orientierung wird in Teil F III.4.8.3 als Konformitätskraft bezeichnet.

624 Zum Begriff der Position vgl. bei Dahrendorf (1977).

625 Das Individuum übernimmt in diesem Konzept also eine soziale Rolle, die vom Einzelnen unabhängig Geltung hat und mit relativ komplexen Verhaltensvorschriften verbunden ist. Die konkreten Rolleninhalte, d. h. die einzelnen Verhaltensvorschriften und –regeln, werden unabhängig vom Einzelnen durch die Gesellschaft festgelegt. In diesem Konzept bezeichnet der Begriff der Position den Platz den ein Individuum in einem bestimmten Bezugsfeld einnimmt, z. B. als Manager in einem Unternehmen. Die Rolle bezeichnet schließlich die Art der Beziehungen zwischen den einzelnen Positionsträgern untereinander. Bei sozialen Rollen handelt es sich also um die Erwartungen, die in einer Gesellschaft oder Gemeinschaft an das Verhalten der Individuen richten.

VII.6.3 Regeleinhaltung kann ein rationales Verhalten darstellen

Ist das Verhalten eines Akteurs, der sich an bestehende Regeln hält, im Sinne der ökonomischen Theorie als irrational zu bezeichnen? Oder ist es mit Rücksicht auf die Ausführungen so, dass es auch für homo oeconomicus rational sein kann, sich an Regeln zu halten. KIRCHGÄSSNER z. B. räumt ein, dass es auch für homo oeconomicus immerhin in bestimmten Standardsituationen sinnvoll ist, sich an bestehenden Regeln zu orientieren. Dies trifft häufig bei Konsumentscheidungen zu und ist im Straßenverkehr häufig der Fall. Zu denken ist ferner an sogenannte „Kontingente Regeln". Hierbei handelt es sich um Regeln, die für eine ganze Klasse von Situationen angeben, wie sich ein Akteur gemäß seiner Präferenzen bestmöglich verhalten sollte. Bei dieser Art von Normen handelt es sich um die „internen" Regeln eines Individuums.[626] Das Individuum setzt sich diese Regeln selbst und kann sie ändern, sofern dies notwendig ist. Ferner ist es durchaus rational sich an extern konstituierte Normen zu halten.[627] Der Akteur steht vor der Wahl die externen Verhaltensregeln einzuhalten, oder zu übertreten. Ein Akteur ist dann rational und hält sich an die Normen, sofern er die Kosten einer potenziellen Regelverletzung fürchtet. Nur die wenigsten Menschen stehlen, da sie nicht wegen Diebstahl belangt werden wollen. Andererseits handelt ein Akteur rational und bricht eine bestehende Regel, sofern er seinen Nutzen bei einer Regelverletzung erhöhen kann. Im Straßenverkehr halten sich beispielsweise die wenigsten Verkehrsteilnehmer ständig und genau an die bestehenden Geschwindigkeitsbegrenzungen. Man kommt also nicht umhin festzustellen, dass gesellschaftlich anerkannte Normen auch das Verhalten von homo oeconomicus indirekt beeinflussen.

Auch homo oeconomicus nutzt also „interne" Regeln oder Routinen[628] als Mittel, um Entscheidungs- und Informationskosten zu sparen. Gleichzeitig bleibt festzuhalten, dass für homo oeconomicus gesetzliche, oder andere soziale Normen nichts anderes als Restriktionen darstellen, deren Nichtbeachtung unter Umständen sehr hohe Kosten entstehen lässt.

VII.6.4 Fazit – Homo oeconomicus vs. Satisfizierer

Die konventionelle ökonomische Theorie stellt schier uneinlösbare Anforderungen an die Akteure. Homo oeconomicus verfügt über alle notwendigen Informationen und kann diese optimal verarbeiten. Dieser absolut rationale Mensch wird die optimale Alternative auswählen und hierdurch ein Nutzenmaximum realisieren. Homo oeconomicus handelt so, dass er bei seinen Aktivitäten in aller

[626] Vgl. hierzu auch Teil C IV.1.
[627] Vgl. Teil C IV.3.
[628] Vgl. auch Hesse (1990), S. 69.

erster Linie seine eigenen Interessen im Auge hat. Sein Ziel besteht in der Mehrung seines eigenen Nutzens, ohne die Interessen oder das Wohl anderer zu berücksichtigen. Seine Handlungen werden geleitet durch seine Präferenzen (Absichten) und werden durch Handlungsbeschränkungen (Restriktionen) eingeschränkt. Zwischen den individuellen Präferenzen und den Restriktion wird – in der ökonomischen Theorie – scharf getrennt.

Ein solches Menschenbild vor Augen, stehen nutzenmaximierendes und kooperatives (sittliches) menschliches Handeln zueinander in einem starken Konflikt. Dieser Antagonismus wird durch Akteure der zweiten Kategorie gemildert. Sein „Nachkomme“, der Satisficer gibt sich mit etwas weniger zufrieden und ist grundsätzlich zur Kooperation bereit. Die Problemlösungen dieses Satisficers sind zwar rational im obigen Sinne, allerdings nur auf der Grundlage der genannten Einschränkungen. Natürlich treten reine „Egoisten“ und reine „Altruisten“ nie in ihrer unverfälschten Ausprägung auf. Auch ökonomische Aktivitäten stellen immer ein interaktives Handeln dar. Im Rahmen dieser Aktivitäten müssen die Interessen der anderen Akteure zwangsläufig berücksichtigt werden. Jede Vertragsbeziehung kann als Beispiel hierfür herangezogen werden. Zwar verspricht sich jeder Vertragspartner einen eigenen Vorteil aus dieser Handlung, doch bleibt ihm im Zweifelsfall nichts anderes übrig, als die Interessen seines Partners zu berücksichtigen.

Das ökonomische Menschenbild ist also – sofern es nicht als reine Heuristik aufgefasst werden soll – um Erkenntnisse anderer wissenschaftlicher Disziplinen zu erweitern.[629] Wie oben dargestellt, ist hierbei z. B. an Einsichten aus der Biologie und der Psychologie zu denken. Menschen verfügen über eine genetische Grundausstattung, diese nimmt teilweise Einfluss auf ihr Verhalten. Im Verlauf der soziobiologischen Evolution entwickelten sie soziale Eigenschaften (Sprache, Kooperationsfähigkeit u. ä.). Diese Fertigkeiten haben die Entwicklung zusätzlich begünstigt und menschliches Zusammenleben erst ermöglicht. Auch heute ist der Mensch – mehr oder weniger stark ausgeprägt – ein „gruppenorientiertes“ Wesen, d. h. er ist nicht isoliert, sondern steht in Interaktions- und Kommunikationsprozessen mit anderen Menschen. Sicherlich findet man auch in der Realität immer wieder Menschen, die eine dem ökonomischen Menschenbild entsprechende Verhaltensweise aufweisen, doch wird es sich hierbei um Extremfälle handeln. Der Regelfall menschlicher Verhaltensweisen wird höchstwahrscheinlich durch eine Kombination der dargestellten Determinanten beeinflusst.

---

[629] Ähnlich sehen dies Klopstech und Selten. Der Grund liegt in erster Linie in dem Umstand, dass ein solches Modell nur sehr schwer formalisierbar ist. Vgl. Klopstech und Selten (1984), S. 13.

Die wesentlichen Gegensätze zwischen homo oeconomicus und Satisficer sind abschließend in Tabelle 2 aufgeführt.

Tabelle 2: Homo oeconomicus vs. Satisficer

	Homo oeconomicus	**Satisficer**
Ziel	Eigennützige Nutzenmaximierung	Zufriedenheit mit Teilerfolgen
Entscheidungsfindung	Vollkommene Rationalität • Vollkommene Informationen und Informationsverarbeitung • Auswahl der nutzenmaximierenden Alternative	Begrenzte Rationalität • keine vollständigen Informationen • kognitive Restriktionen führen zu einer beschränkten Informationsverarbeitung
Einfluss des sozialen Umfeldes	• Kein Einfluss durch das soziale Umfeld • Keine gefühlsmäßigen oder habituellen Entscheidungen	• Entscheidungen unter Einfluss des sozialen Umfeldes • Habituelle und regelgebundene Entscheidungen
Kooperation	Sofern Nutzen größer als bei individueller Aktion	Grundsätzliche Kooperationsbereitschaft
Regeleinhaltung	Sofern der Nutzen steigt	Grundsätzlich möglich

VIII Individuen, Institutionen und Interaktionen – Zusammenführung und Ausblick

Es wurde verdeutlicht, dass es in komplexen Gesellschaften mit einer marktwirtschaftlichen Wirtschaftsordnung und Wettbewerbsprozessen, ein schwieriges Unterfangen ist, Moral auf individuelle Sittlichkeit zurückzuführen. Für selbstinteressierte Akteure zeigen sich zahlreiche Möglichkeiten zu einem unmoralischen Verhalten auf. So erscheint es äußerst schwierig, ethische Überlegungen und moralisches Verhalten allein im Individuum zu verorten. Deutlich wurde allerdings auch, dass institutionalisierte Ethiken (Unternehmensethik oder Sozialethik) spezifische Probleme aufweisen. Es zeigte sich, dass individuelle Moralität eine notwendige Grundlage für eine wirkungsvolle Implementierung und Erhaltung institutioneller Regelungen ist. Dies zeigte sich sowohl im Bereichen der Unternehmensethik als auch auf dem Feld der Sozialethik. Urteilen, Entscheiden und Handeln können nur Individuen. Insofern ist eine institutionelle Ethik auf Beiträge der Individuen angewiesen, sei dies grundlegend bei der Findung von Regeln, ihrer Implementierung, Veränderung oder der Einhaltung. Hierfür ist es unerheblich, ob es sich um „Ethikkodizes" oder rechtliche Normenkataloge handelt.

Grundlage der ökonomischen Theorie ist die Hypothese, dass jedes Individuum stets von eigenen Interessen geleitet wird. Hierdurch wird zwar nicht unmittelbar ausgeschlossen, dass andere Individuen berücksichtigt werden, dies jedoch nur insofern, als hierdurch die eigenen Interessen gefördert werden. Wenn Eigennutz die entscheidende Determinante menschlichen Handelns darstellt, sind die Probleme vorgezeichnet. Dieser Auffassung nach orientiert sich jeder Akteur – sei dies als Unternehmer, Politiker etc. – an seinem eigenen Nutzen und handelt rational. Sittliches Verhalten – welches mit einem Nutzenverlust – einhergehen kann, ist dem homo oeconomicus in seiner Reinform also fremd. Beim weiteren Vorgehen konnte gezeigt werden, dass diese Problematik gemildert werden kann, sofern das ökonomische Verhaltensmodell um einige Aspekte ergänzt wird.

Anhand eines – aus der Natur entlehnten – Beispiels wurde gezeigt, dass eine Gesellschaft, die sich aus reinen „Egoisten" zusammensetzt höchstwahrscheinlich genauso kollabiert wie eine reine Gemeinschaft von „Altruisten".[630] In dieser Sozietät wird sich ein relativ stabiles – wenngleich möglicherweise auch zyklisch schwankendes – Gleichgewicht der beiden Verhaltensweisen einpendeln. Dies geschieht aufgrund der möglichen Kooperationsgewinne es ist nicht auszuschließen, dass der Anteil kooperationsbereiter Individuen entsprechend hoch ausfällt.

Diese Entwicklung kann unter Umständen verstärkt werden, sofern sich innerhalb der bildenden Gruppe Vertrauen etablieren kann und hierdurch eine gegenseitige Einflussnahme auf die individuellen Präferenzen wirksam wird.[631] Es ist jedenfalls nicht grundsätzlich auszuschließen, dass ein kooperatives Verhalten sich ausbilden kann, sofern zumindest kurzfristig die eigenen Interessen nicht in

---

[630] In einer Welt, die sich aus rationalen Nutzenmaximieren bzw. im Extremfall Egoisten zusammensetzt, kann sich zwar jeder einzelne Akteur bewusst machen, dass durch ein kooperatives Verhalten Nutzengewinne zu realisieren sind. Gleichzeitig ist es höchst unwahrscheinlich, dass in dieser Welt ein kooperatives, altruistisches oder auch sittliches Verhalten ausbildet. Auch das Auftreten eines einzelnen kooperierenden Individuums (Mutant) würde nichts ändern, da er durch die Egoisten grundsätzlich ausbeutbar ist. (Vgl. hierzu auch die Ausführungen in den Teilen D VII.5.3 und E VII.5.2.) Trifft jedoch ein kooperationsbereiter Akteur auf einen oder mehrere Individuen, die ebenfalls zu einer Kooperation bereit sind, hätten die beteiligten Akteure die Möglichkeit zusätzliche Kooperationsgewinne zu realisieren. Siehe hierzu in dem bereits genannten Beitrag von Weise (1995), S. 85. Zu Bedingungen, die dazu beitragen Kooperation zu fördern, vgl. bei Axelrod (1995), 112-127. Schenk und Weise (1995), S. 161- 164. Ebenfalls basierend auf einer spieltheoretischen Betrachtung bei Güth und Kliemt (1995), S. 58 ff.

[631] Es handelt sich hierbei im Wesentlichen um die in Teil E VII.4.4 angeführten Argumente.

den Vordergrund gestellt werden.[632] Sofern es den kooperativen Akteuren gelingt Kooperationsgewinne zu realisieren, kann dies dazu führen, dass sich der entsprechenden Gemeinschaft zusätzliche Individuen anschließen. Schließlich kann sich die kooperative Verhaltensweise auf andere Gemeinschaften ausbreiten, sofern sie die erfolgreiche Strategie imitieren.[633] Verstärkend und stabilisierend können die folgenden Aspekte diesen Prozess unterstützen:

- Internalisierung von Normen[634]

  Sofern die Akteure bestimmte Regeln und Verhaltensweisen internalisiert haben, werden sie Teil ihrer Persönlichkeit. Eine Person nimmt diese Werte auf und sie erhalten den Status eines autonomen Handlungsmotivs.

- Gegenseitigkeit[635]

  Individuen handeln kooperativ, oder auch sittlich, wenn sie wissen, oder zumindest mit einer hohen Wahrscheinlichkeit erwarten können, dass dies ihre Interaktionspartner auch tun.

- Vermeidung von Sanktionen[636]

  Akteure verhalten sich in solchen Situationen sittlich oder auch kooperativ, sofern ein abweichendes Verhalten mit einer hinreichenden Sicherheit durch interne,[637] staatliche,[638] oder soziale Sanktionen[639] bestraft wird.[640]

- Wohlverstandenes Eigeninteresse[641]

  Rationale Akteure können bei ihren Entscheidungen auch das Interesse an der eigenen Persönlichkeit beachten. D. h. sie berücksichtigen, dass sie ihr persönliches Wohlergehen nicht nur durch die Nutzung und in Anspruchnahme von materiellen Gütern oder anderen externen Werten erhöhen können. Sie können ihr Wohlempfinden auch durch die Sicherung innerer Werte erhöhen.

---

632 An dieser Stelle kann die im Folgenden Teil F II.3 dargestellte evolutionäre Auslese ansetzen.
633 Vgl. Teil F II.3.1und II.3.2.
634 Vgl. Teil C IV.1.
635 Vgl. auch Teil C IV.2.
636 Siehe hierzu auch die Ausführungen in Teil C IV.3.
637 Vgl. Teil C IV.3.3.
638 Vgl. Teil C IV.3.2.
639 Vgl. auch Teil C IV.3.1
640 Zwar stellt der Fall externer Sanktionen eine andere Kategorie von Verhaltensregeln dar, doch richten sie im Zweifelsfall den Anspruch, ein vernünftiges Verhalten zu gewährleisten an die Adressaten.
641 Siehe Teil C IV.4.

Insofern ist denkbar, dass die Interessen Anderer mit in die Entscheidung eingehen und hierdurch Moralität und Kooperationsbereitschaft gewahrt werden.

- Häufigkeit des Aufeinandertreffens[642]

  Insbesondere in relativ kleinen Gruppen kann häufig beobachtet werden, dass die Akteure neben der reinen selbstinteressierten Nutzenmaximierung, auch auf das soziale Ansehen achten, das ihnen innerhalb dieser Gruppe entgegengebracht wird. Dieser Umstand begünstigt ebenfalls sittliches bzw. kooperatives Verhalten.

Es wurde dargestellt, dass Individuen – aufgrund eingeschränkter Informationen und Verarbeitungskapazitäten – im Regelfall nur begrenzt rational handeln können. Durch diesen Hintergrund werden auch Versuche unterstützt, die auf Versuch und Irrtum beruhen. Sofern sich eine Strategie als erfolgreich erwiesen hat, wird sie zunächst beibehalten und umgekehrt. Der Kerngedanke der evolutionär stabilen Strategie zeigte auf, dass sich selbststabilisierende Verhältnisse ausbilden können.

Die weitere Vorgehensweise wird daher darin bestehen, dass im folgenden Abschnitt eine Betrachtung unter evolutorischen Aspekten erfolgt. Hierzu werden zunächst wesentliche Grundbegriffe der *Evolutionstheorie* erläutert und sehr knapp das Konzept selbsterhaltender Systeme (*Autopoiesis*) dargestellt. Im Bereich der sozioökonomischen Theorie wurden grundlegende Gedanken zur evolutorischen Ausbildung von (moralischen) Regeln u. a. von HAYEK vorgetragen. Sie erfahren anschließend eine Ergänzung. Hierzu scheint die Theorie der *Synergetik* geeignet. Es wird sich zeigen, dass selbstorganisatorische Prozesse der Regelentstehung und Stabilisierung relativ einfach abbilden lassen.[643]

---

[642] Vgl. Teil C IV.5.

[643] Allerdings auch Vorgänge die zu einem plötzlichen Verfall von Regeln oder Verhaltensweisen führen können.

TEIL E MORAL UND EVOLUTION – EINE SYNERGETISCHE SICHTWEISE

I Grundlagen der Evolutionstheorie

I.1 Zum Begriff der Evolution

Evolutorische[644] Entwicklungsgänge können als eine Systemtransformation im Zeitverlauf aufgefasst werden, welche endogen aus sich selbst heraus generiert werden.[645] Bei evolutorischen Prozessen handelt es sich um Vorgänge der Wandlung von Erscheinungen in der belebten oder auch unbelebten Natur. Evolutorische Verläufe zeichnen sich insbesondere durch ihre Fähigkeit aus, systemerhaltende Strukturen und Funktionen hervorbringen zu können.[646] Wahrscheinlich ist es dieser Sachverhalt, auch *Autopoiesis* genannt, der für das gewachsene Interesse anderer Fachdisziplinen an den Erkenntnissen aus der biologischen Evolutionstheorie verantwortlich ist.[647] Insbesondere aufgrund der dynamischen Ab-

---

644 Die gesamte Evolutionstheorie wird im Wesentlichen *grundlegend* auf Charles Darwin zurückgeführt. Wenngleich Darwin bei seinen Erklärungen der natürlichen Konkurrenz auf Überlegungen von „Ökonomen" zurückgriff. An dieser Stelle ist beispielsweise Thomas Robert Malthus (1766-1834) zu nennen. Auf Malthus ist die Idee zurückzuführen, dass das Bevölkerungswachstum sich schneller vollzieht, als der Zuwachs der zur Ernährung der wachsenden Bevölkerung erforderlichen Nahrungsmittel. Die Folge ist, dass Konkurrenz um die knappen Lebensmittel entsteht. Vgl. zu diesem Punkt auch Altner (1992), S. 56. Auch bei Hayek (1997), S. 8 f. Er führt die Idee Darwins auf die Überlegungen von Bernard Mandeville und David Hume zurück. Ebenfalls bei Hayek (1990), S. 60 f. Sehr dezidiert hierzu auch Hayek (1986), S. 40. Dort heißt es: „Das erste ist der irrtümliche Glaube, daß es eine Vorstellung ist, die die Sozialwissenschaften der Biologie entlehnt hätten. Es war in der Tat umgekehrt, und wenn Charles Darwin fähig war, erfolgreich einen Begriff auf die Biologie anzuwenden, den er weitgehend den Sozialwissenschaften entnommen hatte, dann macht dies den Begriff nicht weniger wichtig auf dem Gebiet, von dem er seinen Ursprung nahm."

645 Vgl. Witt (1992), S. 29. Überträgt man den Gedanken der Evolutionstheorie auf die ökonomische Theoriebildung, wird es durch diesen Schritt z. B. auch möglich, wirtschaftlichen Wandel endogen zu erklären. Hierdurch wird nicht zuletzt auch die Möglichkeit eröffnet – anders als in der konventionellen ökonomischen Theorie – beispielsweise Präferenzänderungen zu berücksichtigen.

646 Obwohl es im Rahmen der biologischen Evolution auch zahlreiche Beispiele für systemzerstörende Entwicklungen gibt. Zu denken ist z. B. an den Untergang der Dinosaurier oder Primaten.

647 Der Begriff Autopoiesis ist auf Maturana und Varela zurückzuführen, und ist dem Griechischen entlehnt. Er setzt sich aus den Wortbestandteilen *autos=selbst* und *poiein=machen* zusammen.

folge von Wandel und Entwicklung, Selbstschöpfung und Selbstgestaltung, erhofft man sich zusätzliche Erkenntnisse in jenen Forschungsbereichen, in denen statische Modelle gewissen Grenzen unterliegen.[648] Der Grundgedanke der biologischen Evolutionstheorie wurde als Heuristik in zahlreiche Fachdisziplinen aufgenommen. Im folgenden Abschnitt wird unter Verwendung evolutorischer Elemente dargestellt, wie die Entstehung und der Erhalt von Moral bzw. menschlicher Moralität in einer individualistisch orientierten Gesellschaft erklärt werden kann.

I.2 Das Konzept der Autopoiesis

Nach MATURANA/VARELA stellt ein autopoetisches System eine Ordnung dar,[649] welche sich aus Komponenten zusammensetzt, die aus einem inneren Zusammenhang heraus, die Komponenten bereitstellt, die das bestehende System bilden.[650] Das heißt, durch die Interaktionen der einzelnen Teile dieser Anordnung

---

„Ein autopoietisches System trachtet in erster Linie nicht danach, irgendeinen Ausstoß zu produzieren, sondern sich selbst ständig in der gleichen Prozessstruktur zu erneuern. Autopoiese ist ein Ausdruck der grundlegenden Fähigkeit von Struktur und Funktion, jener Flexibilität und Formbarkeit auf Grund dynamischer Beziehungen, die Selbstorganisation erst ermöglicht. Ein autopoietisches System ist durch eine gewisse Autonomie gegenüber der Umwelt gekennzeichnet, die als ein der Existenzebene des Systems entsprechendes Bewusstsein aufgefasst werden kann. Die Größe einer dissipativen Struktur ist zum Beispiel von der Größe des Umwelt-Freiraumes unabhängig, solange dieser nicht so klein ist, dass er die Bildung der Struktur verhindert." Jantsch (1992), S. 37. Zum Begriff der dissipativen Strukturen siehe S. 63.

648 In die ökonomische Theoriebildung haben evolutorische Gedanken bereits mit Schumpeters „Prozess der schöpferischen Zerstörung" (Wieder-) Einzug gehalten. Vgl. Schumpeter (1912). Der Gedanke wurde ebenfalls von Hayek aufgenommen. Dies zeigt sich bei seiner Idee von der spontanen Ordnung. Neuerdings hat dieses Gedankengut verstärkt im Rahmen der „evolutorischen Ökonomik" Einzug gehalten. Für einen ersten Einblick in das Forschungskonzept der evolutorischen Ökonomik siehe beispielsweise die Beiträge in Biervert und Held (1992). Für die Anwendung in der Ethik die Beiträge in Lütterfelds (1993). In der „klassischen Ökonomik" kann jeder Wandel letztlich nur auf eine Änderung von exogen vorgegebenen Daten zurückzuführen sein, bzw. als ein Anpassungsprozess auf eine neue Gleichgewichtssituation dargestellt werden. Im letzteren Fall ist nur der Anpassungsprozess bzw. das neue Gleichgewicht zu erläutern. Vgl. Witt (1992), S. 28 f. Vgl. zu dieser Auffassung beispielsweise auch bei Hayek (1972), S. 22.

649 Maturana und Varela sprechen auch von einer strukturellen Koppelung zwischen den Einheiten (Lebewesen) und dem sie umgebenden Milieu. Innerhalb des sie umgebenden Lebensraumes können sich die Lebewesen verwirklichen und interagieren. Vgl. Maturana und Varela (1992), S. 105.

650 Vgl. Maturana und Varela (1972), S. 78 f.

entstehen auf der „Gesamtebene" des Systems komplexe Strukturen.[651] Die Eigentümlichkeit hierbei ist, dass die entstehende Gesamtstruktur eben nicht die Folge einer exogenen ordnungsschaffenden Instanz ist, sondern dass sich das entsprechende System selbst generiert. Anders formuliert: „Einerseits sind die Komponenten ein Produkt des funktionierenden dynamischen Netzwerks, andererseits ist das Netzwerk ein Produkt der zusammenwirkenden Komponenten."[652] Autopoiesis meint also die Selbstgestaltung bzw. das selbsterhaltende Tun,[653] der Einheiten innerhalb bestimmter, von den Einheiten selbst mitbeeinflussten, Grenzen. Der Vorgang der Autopoiesis bezeichnet die Fähigkeit eines Systems zur eigenständigen Reproduktion seiner Elemente mit Hilfe seiner Elemente. Dieser Grundgedanke bezog sich ursprünglich zwar auf lebende (geschlossene) Systeme,[654] wie z. B. Lebewesen (Menschen, Tiere), wurde dann aber auch auf andere Bereiche[655] ausgeweitet.

Zwar wandert für MATURANA/VARELA der Schwerpunkt ihrer Untersuchung von der Betrachtung der einzelnen Einheit auf die Beziehungen zwischen den unterschiedlichen Einheiten,[656] doch liegt der Vorteil dieser Methode genau in diesem Punkt. Bei der Analyse von selbstorganisatorischen gesellschaftlichen Prozessen, geht es weniger um die Frage, wie und warum sich ein (isoliertes) Individuum so verhält, wie es sich verhält. Möglicherweise sind die gesellschaftlichen Ergebnisse, die sich aus der Vielzahl von Interaktionen der Individuen ergeben, interessanter. Beispielsweise ist eine Prognose über mögliche Auswirkungen in-

---

651 Einschränkend muss an dieser Stelle angemerkt werden, dass dieses Konzept nicht ohne weiteres auf alle Probleme sozialer Interaktion angewendet werden kann. Notwendige Modifikationen sind zu finden bei: Roth (1986), S. 177 f. Roth unterscheidet beispielsweise zwischen Systemen: die *selbstherstellend* und *selbsterhaltend* sind, hierbei handelt es sich z. B. um biologische Lebensformen und selbstreferentiellen Systemen, d. h. Systemen, deren Zustände miteinander interagieren und ein bestimmter Zustand an der Schaffung des nächsten Zustands beteiligt ist (S. 154 f.). Bei selbstreferentiellen Systemen handelt es sich um solche, die die Zustände ihrer Komponenten verändern, wobei jeder Zustand des Systems jeweils bei der Bildung des nächsten Zustands beiträgt (S. 157). Bei letzterem handelt es sich also um die Prozesse, die später als Selbstorganisation bezeichnet werden. Als selbstorganisierend können demgemäß solche Arten von Prozessen oder auch Systemen bezeichnet werden, die aufgrund bestimmter Anfangsbedingungen spontan entstehen. Letzten Endes soll durch die Erläuterung des Konzepts verdeutlicht werden, dass es in anderen Fachdisziplinen durchaus Ansätze gibt, deren Methodik in den Sozialwissenschaften fruchtbare Ergebnisse liefern können. Der Grundgedanke der Autopoiesis findet sich jedoch, wie noch gezeigt wird, auch in anderen Konzepten.

652 Böcher (1996), S. 137.

653 Vgl. Niedersen und Pohlmann (1990), S. 33.

654 Vgl. Maturana und Varela(1972), S. 82.

655 Siehe hierzu beispielsweise Luhmann (1987). Auch bei Schmid (1987).

656 Hinterberger weist deshalb darauf hin, dass dieser Ansatz als nicht individualistisch zu werten ist. Vgl. Hinterberger (1996), S. 251.

dividueller Handlungen innerhalb des Systems und denkbare Folgen für das Gesamtsystem häufig gar nicht möglich. Der Fall läge sicherlich einfacher, sofern sich die einzelnen Entscheidungen und Aktivitäten der Akteure einfach aggregieren ließen.[657] Letztlich muss man aber davon ausgehen, dass die Gesamtfolgen individueller Handlungen komplexer gestaltet sind, als die reine Zusammenfassung der Einzelhandlungen. Da die Wechselwirkungen zwischen den einzelnen Akteuren in einer Gesellschaft äußerst komplex und zahlreich sind, kann die Handlung eines einzelnen Akteurs verstärkt oder auch gehemmt werden.[658]

MATURANA fasst diesen Sachverhalt in die folgenden Worte: „... der *Homo sapiens sapiens* [existiert] als rein zoologisch verfaßtes Wesen ..., »der Mensch« hingegen im Beziehungsraum."[659] Die menschliche Kultur, welche sich im Gang der Zeit entwickelt hat, kann ebenso wenig von den Individuen unabhängig aufgefasst werden, als auch die Individuen nicht von der sie umgebenden kulturellen Umwelt isoliert gedacht werden können. Das Denken und Handeln eines Individuums hängt nicht unwesentlich von dem ab, was in seinem sozialen Umfeld gedacht und getan wird.

Im Folgenden werden zunächst sehr knapp zwei wesentliche Grundmechanismen der biologischen Evolution dargestellt, es handelt sich hierbei um die *Mutation* und die *Selektion*. Anschließend werden Besonderheiten der soziobiologischen Evolution erläutert. Während sich die ökonomische Theorie äußerst schwer damit tut, die Entstehung und den Erhalt von Kooperation, Moral und vergleichbaren menschlichen Verhaltensweisen zu erklären, scheint dies im Rückgriff auf Erkenntnisse der Evolutionstheorie möglich.

I.3 Zur biologischen Evolution

Die biologische Evolutionstheorie[660] befasst sich mit der Frage, wie es zur Entstehung vielfältigster Lebewesen kam. Das Entfaltungspotential dieses Prozesses kann ständig neue Strukturen entstehen lassen, die nicht vorhersehbar sind.[661] Die biologische Evolution stellt eine Änderung des Genpools dar, die im Zuge der Generationenfolge stattfindet und im Ergebnis – sofern erfolgreich – zu einer

657 Zur Aggregationsproblematik in der Ökonomik vgl. beispielsweise bei Wagner (1995), S. 207 f.

658 Vgl. dazu auch Haag (1990), S. 134.

659 Maturana (1996), S. 95. Hervorhebung im Original.

660 Vgl. Altner (1992), S. 57. Eine allgemeine Struktur evolutorischer Prozesse – auch im Rückgriff auf das Konzept der Selbstorganisation – ist zu finden bei: Ebeling et. al. (1990), S. 17 ff. Für Ebeling et. al. stellt Evolution „... eine unbegrenzte Folge von Prozessen der Selbstorganisation ... " dar.

661 Insofern kommt dem Zufall bei der Evolution eine wesentliche Bedeutung zu. Vgl. Mayr (1994), S. 206.

„Fortentwicklung“ führt. Dieser Entwicklungsgang erfolgt grundsätzlich auf zwei Wegen.[662] Es handelt sich hierbei einerseits um Mutation zum anderen um natürliche Selektion.[663]

I.3.1 Die Mutation

Sofern sich die Erbanlage eines Lebewesens (sein Genotyp) spontan ändert, spricht man von einer Mutation.[664] In diesem Genotypus sind bestimmte Erbanlagen gespeichert, die als Reaktion auf äußere Stimuli angesehen werden können. Zu einer Mutation[665] kommt es beispielsweise durch eine rein zufällige – möglicherweise auch fehlerhafte – Kopie oder auch Rekombination von bestimmten genetischen Eigenschaften.[666] Durch diese „Neuerung“ erhöht sich die Variationsbreite der Individuen, denn neben den bereits vorhandenen Varianten der Spezies treten neue auf.[667] In der Population können neue Eigenschaften erscheinen, oder aber es können bestimmte bereits vorhandene Erscheinungszustände vernichtet werden.[668] Ob diese neuen Merkmale eine Chance auf Bestand haben, zeigt sich anschließend im Rahmen eines Selektionsprozesses.

I.3.2 Die Selektion

Im Rahmen der biologischen Evolution wirkt der Mechanismus der Selektion über den Fortpflanzungserfolg der betreffenden Art. Die Erbanlagen (der Genotypus) einer Art legt ihren Phänotypus, d. h. ihr jeweiliges Erscheinungsbild fest.[669] Dieses konkrete Erscheinungsbild kann im Einzelfall bei jeder Art mehr oder weniger stark voneinander abweichen. Gleichzeitig jedoch zeichnet sich das äußere Erscheinungsbild durch weitgehende Gemeinsamkeiten aus.[670] Sofern

---

662 Von anderen diese Basismechanismen ergänzenden Möglichkeiten, wie z. B. Rekombination, Gendrift, Populationsdrift u. ä. soll an dieser Stelle abgesehen werden. Die normalerweise wesentlichen evolutorischen Mechanismen sollen an dieser Stelle ausreichen. Ebenfalls unberücksichtigt wird die Frage, ob evolutorische Prozesse sprunghaft oder stetig verlaufen. Vgl. beispielsweise, Wuketits (1988), S. 14-17. Eine kurze und bündige Darstellung ist auch zu finden bei Schnabl (1990), S. 223 ff.

663 Vgl. hierzu beispielsweise Haken (1995), S. 91.

664 Vgl. hierzu beispielsweise Haken (1995), S. 91.

665 Vgl. Wuketits (1988), S. 55.

666 Vgl. Hannapi (1995), S. 435.

667 Vgl. Wuketits (1988), auch bei Weise (1997), S. 69.

668 In selteneren Fällen ist es jedoch auch durchaus denkbar, dass es zu Mutationen kommt, die vorteilhaft sind, und sich daher bei der späteren Selektion durchsetzen. Insbesondere gegen diese Idee der Mutation richtet sich die Hauptkritik an das Mutations-Selektions-Modell. Es sei beispielsweise undenkbar, dass sich bestehende komplexe Lebensformen durch einen reinen Zufall entwickelt haben. Vgl. Wagner (1986), S. 122.

669 Vgl. Haken (1995), S. 91.

sich eine bestimmte Art oder Population in ihrer Umwelt durch günstigere Eigenschaften auszeichnet, entstehen für diese Entitäten – in ihrer Umwelt – Überlebensvorteile.[671] Diese natürliche Selektion durchläuft nur diejenige Entität erfolgreich, deren Organismus sich an die zur Zeit bestehende bzw. sich in der Zeit ändernde Umwelt anpassen kann. Die entsprechende Art kann sich fortpflanzen, und die angepassten Einheiten werden sich gegenüber ihrer Ursprungsform weiter durchsetzen.[672]

Zurzeit herrscht unter den Evolutionstheoretikern nach wie vor Uneinigkeit im Hinblick auf die Frage, auf welcher Ebene diese Selektion ansetzt. Es existiert kein eindeutiger Konsens darüber, ob die Auswahl geeigneter Eigenschaften bei den einzelnen Individuen (Gen) oder einer bestimmten Gruppe (Population) anknüpft.[673] Einigkeit besteht in der Vorstellung, dass eine bestimmte Einheit – kommt es zu wesentlichen Umgestaltungen in der Umwelt – entweder ausstirbt, oder durch eine weitere Anpassung bestehen kann.[674] Ob dies im Ergebnis der Fall ist, entscheidet sich in einem rein zufälligen Mechanismus, dem Prozess der Selektion. Evolutionsprozesse stellen also gewissermaßen einen „trial-and-error" Prozess dar, in dessen Verlauf sich herausstellt, ob bestimmte Eigenschaf-

---

670 Auf diese Weise kann beispielsweise auch die Artenvielfalt (z. B. Reichhaltigkeit von Vogelarten) erklärt werden. Auf der Grundlage einer bestimmten genetischen Ausstattung passt sich der Phänotyp an seine Umwelt an. Vgl. auch Maturana (1996), S. 165.

671 Interessanterweise stellt sich an dieser Stelle auch die Frage, ob in diesem so beschriebenen Evolutionsprozess einem altruistischen Verhalten überhaupt eine Überlebenschance zugesprochen werden kann. Vgl. zu einer ausführlichen Behandlung des Problems bei Gräfrath (1997), S. 18 ff.

672 Vgl. Maturana (1996), S. 162. „Leben verwirklicht sich in den Systemformen, die den herrschenden Umständen entsprechen. Alle anderen Organismen sterben."

673 Gegenstand der Evolution ist eine bestimmte Population von Individuen und nicht eine einzelne Einheit dieser Population, da der Genpool an die Summe aller Einheiten einer Population gebunden ist. Dies ist so zu verstehen, dass die Geninformationen jene Informationen enthalten, die die Ausformung eines Individuums beeinflusst. Vgl. hierzu u. a. bei Schnabl (1990), S. 222. Auch bei Maturana (1996), S. 163, dort heißt es: „ ... [es ergibt sich] eine neue Abstammungslinie, die aus einer Verhaltensänderung resultiert und damit gar nicht im traditionellen Sinne »genetisch determiniert« ist. Zwar wäre diese ohne die Eigenschaften des Organismus völlig unmöglich, sie bildet aber ihrerseits einen neuen Bezugspunkt, der die Genetik innerhalb der Generationenfolge stark verändern wird." Vgl. zu diesem Problem auch die Ausführungen bei Mayr (1994), S. 206. Vgl. zu diesem Punkt auch bei Wuketits (1988), insbesondere S. 72-76, sowie die dort angegebene weiterführende Literatur.

674 Vgl. hierzu auch Hoppmann (1996), S. 179.

ten zu einer optimalen Anpassung führen.[675] Unter dem Prozess der evolutorischen Selektion begreift man den positiven Fortpflanzungserfolg[676] bzw. die relativ bessere Anpassung[677] einer bestimmten Merkmalsausprägung (des Phänotyps) an eine gegebene Umwelt.[678] Gleichzeitig – und hier besteht zumindest die Gefahr eines Missverständnisses – besagt die Evolutionstheorie keinesfalls, dass es sich bei den sich durchsetzenden Einheiten immer um die „Besten" handelt. Durch eine solche Interpretation würde ein Zirkelschluss entstehen.[679] *Survival of the fittest* meint vielmehr, dass Evolution solche *Eigenschaften* aussortiert, die sich für die bestehende Umwelt als ungeeignet erweisen.[680] Anders formuliert jene Eigenschaften bleiben erhalten, die sich im Durchschnitt als die besten erweisen[681] bzw. die anderen dominieren. Zugleich muss ebenfalls gesehen werden, dass die einzelnen Entitäten den bestehenden Wettbewerbsdruck auch durch Spezialisierung, Generalisierung oder Symbiose umgehen können,[682] insofern verbleibt der evolutorischen Auswahl kein unmittelbarer Ansatzpunkt.

Während Mutationen die Variabilität der Merkmalsausprägungen einer Population erhöht, trägt der Selektionsprozess der Evolution zu einer Verringerung der unterschiedlichen Merkmalsausprägungen bei. Dieser Prozess der Verhaltensanpassung zeichnet sich allerdings durch einen Umstand aus: Es handelt sich um ein zielloses Versuchs-Irrtumsverfahren.[683] Dieser planlose Prozess kann im Bereich der soziokulturellen Evolution jedenfalls teilweise durch Menschen beeinflusst werden.

---

675 Wobei an dieser Stelle nicht ex-post argumentiert werden soll, dass genau diejenigen Eigenschaften, die nicht ausselektiert wurden, deshalb die besten Eigenschaften sind, weil sie noch vorhanden sind. Vgl. zu diesem – an die Evolutionstheorie angetragenen – Vorwurf bei Gräfrath (1997), S. 14. Auch bei Hoppman (1996), S. 179 f.

676 Vgl. Wagner (1986), S. 121.

677 Vgl. Gräfrath (1988), S. 75.

678 Vgl. Schnabl (1990), S. 223.

679 Vgl. hierzu auch Ostmann et. al. (1997), S. 115. Mit der folgenden Aussage könnte nichts erklärt werden: Wer überlebt hat, war erfolgreich, weil er überlebt hat.

680 Vgl. Schimank (1987), S. 49.

681 Vgl. hierzu auch bei Mayr (1994), S. 205.

682 Vgl. Haken (1995), S. 95 f. Spezialisierung meint z. B. die Ausnutzung bestimmter Nischen, Generalisierung entsprechend das Gegenteil. Symbiose bezeichnet einen Zustand gegenseitiger Abhängigkeit.

683 Vgl. hierzu Witt (1987), S. 110.

I.4 Besonderheiten der Evolution im soziokulturellen Bereich

Grundsätzlich können die dargestellten evolutorischen Vorgänge auch auf den Menschen übertragen werden,[684] wenngleich im Falle der menschlichen Evolution einige zusätzliche Merkmale zu berücksichtigen sind.[685] Denn im Unterschied zu anderen „Spezies" hat der Mensch weitergehende Fähigkeiten entwickelt. Bei den Menschen handelt es sich hierbei insbesondere um die Befähigung, zu lernen und gestalterisch tätig zu werden.[686] Ein weiterer wesentlicher Aspekt ist der, dass der Mensch dazu in der Lage war, sich im gemeinsamen Miteinander an bestehenden Verhaltensregeln zu orientieren, eine Kultur und Gesellschaften auszubilden. Die Fortschritte – oder auch Rückschläge – die die Gattung Mensch im Verlauf ihrer Evolution realisiert hat, können nach verbreiteter Ansicht im Wesentlichen als Produkt einer kulturellen Evolution angesehen werden.[687] Diese kulturelle Weiterentwicklung des Menschen wurde insbesondere durch die folgenden Fähigkeiten begünstigt.

I.4.1 Die Kommunikationsfähigkeit des Menschen

Zwar ist unbestreitbar, dass es zwischen der Gattung Mensch und anderen Primaten durchaus Ähnlichkeiten im sozialen Verhalten gibt, doch ist andererseits ein einschneidender Unterschied vorhanden. Hierbei handelt es sich um die Kommunikationsfähigkeit des Menschen. Zwar verständigen sich auch Tiere untereinander durch Mimik, Gestik oder Laute.[688] Allerdings kann nur der Mensch Lehr- und Lerninhalte symbolisch darstellen und abbilden,[689] er kann Dinge entstehen lassen und sein Verhalten bewusst durch Kommunikation wandeln.

---

[684] Grundsätzliche Bedingungen der Erklärungsmusterübertragung von einem Untersuchungsgegenstand auf einen anderen am Beispiel Biologie und Ökonomik sind zu finden bei: Männel (1996), S. 331 f. Das importierte Erklärungsmuster muss hinreichend abstrakt formulierbar sein, um den Importeuren eine zutreffende Beschreibung der zu untersuchenden Sachverhalte zu ermöglichen. Das eingeführte Erklärungsmuster muss im neuen Zusammenhang hinreichend konkretisiert werden können.

[685] Neben den im weiteren Gang erläuterten Fähigkeiten sind u. a. zu nennen: Der zielgerichtete Einsatz und die Weiterentwicklung von Werkzeugen, die Nutzung von Feuer u. ä.

[686] Die Lernfähigkeit ist von Individuum zu Individuum zum Teil sehr unterschiedlich ausgeprägt. Hierfür kann zum Teil wieder die genetische Ausstattung des Menschen verantwortlich sein.

[687] Vgl. Garth (1997), S. 54. Für Maturana und Varela stellt die Fähigkeit des Menschen zu kommunizieren einen grundlegenden Aspekt sozialer Ordnungen dar. „Hingegen ist das Zentrale beim Operieren eines menschlichen sozialen Systems der von den Komponenten (Mitgliedern) erzeugte sprachliche Bereich sowie die Erweiterung der Eigenschaften der Mitglieder." Maturana und Varela (1992), S. 217.

[688] Vgl. Gräfrath (1997), S. 42.

[689] Vgl. Gräfrath (1997), S. 165.

Die Begabung sich durch zunehmend ausdifferenzierte Sprachen untereinander zielgerichtet zu verständigen, ist also eine wesentliche Eigenschaft, durch die sich Menschen von anderen Spezies unterscheiden.[690] Die Sprache und die Kommunikationsfähigkeit des Menschen erleichtern wesentlich die Verbreitung von Informationen.[691] Informationen können in Form von Ideen und Wissen vom einzelnen Menschen gesammelt, im Gehirn gespeichert, unter Verwendung von „Datenträgern" und relativ abstrakten Symbolen[692] weitergegeben werden.[693] Letzteres wird auch zunehmend durch moderne Kommunikationstechniken erleichtert.[694] Durch diese Fähigkeit der Kommunikation, die Möglichkeit der raschen und weitverzweigten Weitergabe von Informationen wurde es möglich, einmal erworbenes Wissen von der älteren an die jüngere Generation aber auch umgekehrt weiterzugeben.[695] Diese – durch Interaktion vieler Individuen – gemachten Erfahrungen drücken sich in Form von gesellschaftlichen Verhaltensregeln, technischem Wissen etc. aus.[696]

Darüber hinaus wurde es möglich, durch das erworbene kulturelle Wissen, entsprechende Grundmuster und Verhaltensweisen zu erhalten und zu bewaren.[697] In diesem Zusammenhang verweist HAYEK auf den Umstand, dass der Übergang von nomadisierenden Gruppen zu sesshaften Sammlern und weiter zu „modernen" Gesellschaften zwangsläufig zur Bildung von verhaltenssteuernden Regeln führen musste.[698] Die Entstehung und Weiterentwicklung der menschlichen Kultur hat sich demgemäß – für die Spezies Mensch – im Evolutionsprozess als vor-

---

690 Neben dieser weitentwickelten Sprache sind Menschen jedoch auch nach wie vor dazu in der Lage, andere Kommunikationsweisen anzuwenden und zu verarbeiten. Hier ist daran zu denken, dass biochemische Reize wie z. B. Duft aufgenommen und gedeutet werden können. Darüber haben Menschen nach wie vor die Möglichkeit, sich mittels Körpersprache (z. B. Gebärden) untereinander zu verständigen. Immerhin sind Verhaltensähnlichkeiten zwischen Primaten und Menschen nicht von der Hand zu weisen, doch liegt ein sehr wesentlicher Unterschied in der Kommunikationsfähigkeit. Zwar sind auch Tiere dazu fähig, miteinander zu kommunizieren (z. B. durch Mimik oder Gestik), und sicherlich können sie auch Emotionen ausdrücken. Letzten Endes ist allerdings nur der Mensch dazu im Stande, zielgerichtet zu lernen und sein Verhalten durch Kommunikation zu verändern. Hierbei spielen in allen menschlichen Gesellschaften bestehende kulturelle Regeln u. ä. eine bedeutende Rolle.

691 Siehe auch Feistel (1990), S. 95.

692 Vgl. Gräfrath (1997), S. 143, 164.

693 Vgl. Gräfrath (1990), S. 75.

694 Wenngleich die entsprechenden Prozesse wesentlich komplexer werden.

695 Vgl. Gräfrath (1990), S. 75.

696 Vgl. Gräfrath (1990), S. 98.

697 Vgl. Gräfrath (1990), S. 75. Dieser Aspekt ist auch bei Hayek zu finden. Vgl. hierzu beispielsweise Hayek (1996a), S. 11.

698 Vgl. Hayek (1996a), S. 8, 20, (1997), S. 10.

teilhaft erwiesen. Insbesondere die menschliche Evolution erweist sich insofern als aktiver Prozess, da der Mensch aufgrund seiner Gesellschaftsfähigkeit die Möglichkeit erlangt hat, seine eigene Welt mit zu beeinflussen,[699] bzw. weiterzuentwickeln.[700] „*Wahrscheinlich ist es ebenso berechtigt zu sagen, daß der denkende Mensch seine Kultur erschaffen hat wie umgekehrt, daß die Kultur den denkenden Menschen erschaffen hat.*"[701]

Ein weiterer Aspekt ist der, dass im Rahmen der soziokulturellen Evolution selektierte Informationen, Fertigkeiten etc. rasch diffundieren und in Lernprozessen kopiert werden können. Die wesentlichen Unterschiede zwischen der biologischen und der soziokulturellen Evolution liegen also in den folgenden Punkten:

- Die Weitergabe erworbener Eigenschaften erfolgt auch ohne Vererbung im biologischen Sinne, wodurch die Zeitspanne der menschlichen Evolution stark verkürzt wird.[702]
- Es können nicht nur Informationen der leiblichen Eltern weitergegeben werden, sondern auch das Wissen zahlreicher Vorfahren.[703]

I.4.2 Die Emotionalität des Menschen

Im Laufe seiner sozialen Evolution hat der Mensch seine Neigung der Emotionsempfindung (z. B. Scham oder Freude)[704] beibehalten und entwickelt. Diese Gefühle tragen dazu bei, den Menschen über sein Verhalten in gesellschaftlichen

---

699 Das folgende Zitat ist indessen durchaus zweischneidig. Denn Hayek vertritt die Ansicht dass es: „ ... weniger richtig [ist] anzunehmen, daß der denkende Mensch seine kulturelle Evolution schafft und steuert, als zu sagen, Kultur und Evolution hätten seine Vernunft geschaffen. Auf jeden Fall tritt der Gedanke, daß an irgendeinem Punkt der bewußte Entwurf eintrat und die Evolution verdrängte, an die Stelle einer praktisch übernatürlichen Forderung nach wissenschaftlicher Erklärung." Hayek (1996a), S. 19 f. Andererseits ist unter „Einfluss nehmen" an dieser Stelle nicht gemeint, dass der Mensch aus dem Pfad der Evolution trat, sondern dass die ihm zur Verfügung stehenden Anpassungsmöglichkeiten größer sind, als bei anderen Spezies.

700 Vgl. Gräfrath (1988), S. 167. Obwohl der menschliche Einfluss auf seine Umwelt bisweilen erschreckende Ausmaße annimmt.

701 Hayek (1997), S. 11. Hervorhebung im Original.

702 Siehe hierzu Hayek (1996a), S. 12 f., 23. Zu den Gemeinsamkeiten von biologischer und kultureller Evolution siehe auch Hayek (1996b), S. 86. Ebenfalls zu finden bei Gräfrath (1997), S. 167.

703 Vgl. Hayek (1996a), S. 23.

704 Zur Rolle von Signalen die menschliche Gefühle ausdrücken (Erröten, Zittern) u. ä. siehe Kirsch (1997), S. 769.

Beziehungen zu unterrichten.[705] Grundsätzlich sind zwei Verlaufsrichtungen möglich. Einerseits kann ein Individuum anhand der Reaktion anderer Gesellschaftsmitglieder die Wirkung seiner Aktivitäten erfahren. Andererseits können diese Emotionen handlungsleitend wirken. Mit ADAM SMITH könnte man dies als den „... unparteiischen und wohlunterrichteten Zuschauer[s], [den] "inneren Menschen", [den] großen Richter[s] und Schiedsherren über ihr Verhalten bezeichnen.[706] Menschen sind mit einem Gefühl der Sympathie – der Fähigkeit, die Gefühle anderer Menschen mitzufühlen –[707] ausgestattet.[708] Diese Auffassungskraft entlastet den Menschen in nicht unerheblichem Maße von der Komplexität des sozialen Kontextes und ermöglicht auf diese Art und Weise die Bildung von Gemeinschaften.[709]

I.4.3 Die Vorstellungskraft des Menschen

Möglicherweise ausgelöst durch Unzufriedenheit oder auch Neugier verfügt jedes Individuum über die Möglichkeit, sich auf die Suche nach einer im Vergleich zur derzeitigen Lage besseren Alternative zu begeben. Der Mensch verfügt aufgrund seiner Vorstellungskraft und Kreativität[710] über die Möglichkeit des Entwurfs von denkbaren Entwicklungen in der Zukunft. Diese Kreativität ist von um so größerer Bedeutung, je komplexer das zu lösende Problem ist. Aufgrund dieser Eigenart kann der Mensch sich noch nicht existierende Situationen vorstellen.[711] Hierdurch wird es *zumindest grundsätzlich* möglich, die Folgen einer Handlung im voraus zu überdenken und bestimmte Handlungsalternativen auszuschließen bzw. zu realisieren. Neue Handlungsalternativen können ausgedacht, probiert und implementiert werden.[712] Der Fähigkeit des Menschen Neues zu schaffen, zu lernen und auf dieser Grundlage sein Verhalten zu korrigieren, kommt in der soziokulturellen Theorie evolutionären Wandels eine besondere Bedeutung zu.[713] Lernen durch Versuch und Irrtum bedeutet, eine bestimmte Aktivität durchführen, das Ergebnis bewerten und sein Verhalten gegebenenfalls zu ändern.[714] Gemachte Erfahrungen können „gespeichert“ und in vergleichbaren

---

705 Einige Beispiel für den ökonomischen Nutzen von Gefühlen sind bei Kirsch (1997) zu finden, S. 768 f.

706 Smith (1994), S. 194.

707 Vgl. z. B. Smith (1994), S. 6.

708 Im Zweifelsfall wird ein Individuum zwar nicht immer dem Urteil des unparteiischen Beobachters folgen, doch kann dieses Urteil auch Einfluss auf sein Verhalten nehmen.

709 Vgl. Blümle (1995), ohne Seitenangabe.

710 Vgl. Brandstätter (1992), S. 99.

711 Vgl. Witt (1994), S. 504.

712 Vgl. Witt (1994), S. 504.

713 Vgl. Dopfer (1990), S. 33.

714 Vgl. Feistel (1990), S. 92.

Situationen abgerufen werden.[715] Menschliche Akteure können sich eigene Ziele setzen, mit der Absicht bestehende Verhältnisse bewusst zu ändern.[716] Hierdurch nehmen sie jedoch nicht nur auf ihre eigene Situation Einfluss, sondern können auch eine Veränderung des bestehenden sozialen Systems anstreben.[717] Der lernende und intelligente Mensch kann sich – aufgrund dieser Fähigkeiten – an Strukturwandlungen anpassen und die ökonomische und soziale Entwicklung – innerhalb bestimmter Grenzen – beeinflussen.[718]

I.5 Resümee

Die wesentlichen Stärken des evolutionären Ansatzes liegen darin, dass er sowohl rationale als auch nicht rationale Elemente berücksichtigt.[719] Die soziobiologische Evolution umfasst die Möglichkeit gezielter Versuche, als auch zufällig auftauchender Mutationen (Neuerungen). Die Selektionsprozesse schließen sowohl bewusste und zielgerichtete als auch zufällige (natürliche) Auswahlprozesse ein.[720] Soziobiologische Evolution umfasst die bewusste Erhaltung bewährter Regeln als auch die intuitive Anwendung (Traditionen).[721] Wichtige Gedanken zur Evolution im gesellschaftlichen Bereich, zur evolutorischen Ausbildung von Normen und gesellschaftlichen Ordnungen stammen von FRIEDRICH AUGUST VON HAYEK. Die relevanten Grundgedanken werden im Folgenden dargestellt.

II Evolution und spontane Ordnung bei Hayek

Für HAYEK kristallisiert sich die *spontane Ordnung* einer Gesellschaft innerhalb eines evolutorischen Prozesses[722] heraus. Die entscheidende Eigenschaft einer spontan entstehenden Ordnung ist, dass sie sich aus dem Zusammenwirken einer Vielzahl von Einzelelementen ergibt. Einerseits ergibt sich diese Ordnung aus dem Umstand, „... daß ihre Elemente in ihren Reaktionen auf ihre unmittelbare

---

715 Vgl. hierzu auch Teil D VII.6.3.
716 Vgl. Dahme (1990), S. 155 f.
717 Vgl. Dahme (1990), S. 156.
718 Vgl. Walter (1997), S. 78.
719 Vgl. zu diesen Aspekten bei Göbel (1998), S. 129.
720 Vgl. Teil E I.3.2 und E I.4.3.
721 Vgl. Teil E I.4.1.
722 Im Gegensatz zu „Sozial-Darwinisten" – deren Vorgehensweise er auch kritisiert – zielt Hayek bei seinen Untersuchungen nicht auf die Selektion von Individuen oder Populationen, sondern auf die Selektion von Regeln und kulturell überlieferten Regeln ab. Ferner beanstandet er die von Vertretern sozialdarwinistischer Ansicht verfochtene Meinung, dass die soziale Evolution allgemeinen Gesetzen folge. Vgl. Hayek (1986), S. 40.

Umgebung bestimmten Regeln folgen.“[723] Andererseits ist die spontane Ordnung jedoch nicht die zwangsläufige Folge eines regelmäßigen Verhaltens.[724] Vielmehr dienen die Folgen des regelmäßigen Verhaltens als Selektionskriterium für die angewandten Regeln. Beibehalten werden diejenigen Regeln, die eine vorteilhafte spontane Ordnung gewährleisten.[725]

II.1 Der Ausgangspunkt soziokultureller Evolution – Die Sippenbildung

Nachdem im Prozess der Evolution die ersten höherstehenden Lebensformen auftraten, waren diese zunächst Einzelgänger, von denen jeder alleine jeweils gegen alle anderen Artgenossen um Futter und Lebensraum kämpfte. Irgendwann trat in der Evolution dann das Prinzip der Lebensgemeinschaft auf.[726] Lebensformen einer bestimmten Art fanden sich zum zunächst lockeren Verbund zusammen und schafften sich damit einen direkten Überlebensvorteil gegenüber anderen – nicht organisierten – Lebensformen. Erst durch diese Sippenbildung der Individuen wurde eine Spezialisierung möglich, konnte eine erste Form der Arbeitsteilung realisiert werden (z. B. Jagd und Kinderpflege später auch Ackerbau). Nicht zuletzt aufgrund dieser Tatsache wurde es möglich, die Nahrungsbereitstellung effizient zu gestalten.[727] Durch die Bildung einer Gruppe und die Ausbildung von kooperativen Strukturen wurde es dem einzelnen Individuum möglich, seine eigenen Bedürfnisse besser zu befriedigen, als es ihm alleine vorstellbar gewesen wäre.[728] Die Verteidigung gegen Aggressoren ließ sich in einer Kleingruppe wesentlicher besser realisieren, als dies einem einzelnen – und vielleicht schwächeren – Menschen möglich gewesen wäre.[729] Weitere Vorteile der Gruppenbildung sind in der gemeinsamen Pflege des Nachwuchses sowie – bei der Spezies Mensch das erste Mal in großem Umfang – der Weitergabe erworbenen Wissens und Fertigkeiten auf die nächsten Generationen zu sehen.[730] Ein wichtiger Aspekt ist also zunächst, dass ein einzelnes Individuum durch die Gruppenzugehörigkeit Selektionsvorteile gegenüber anderen Individuen erlangen konnte.

---

723 Hayek (1986), S. 65. Ähnlich auch bei Hayek (1979), S. 16 f. Dort betont er auch insbesondere den stabilisierenden Charakter der spontanen Ordnung.

724 Vgl. Göbel (1998), S. 59. Entsprechend kann von einer spontanen Unordnung gesprochen werden, sofern das Ergebnis negative Auswirkungen hat bzw. unerwünscht ist.

725 Vgl. hierzu beispielsweise Hayek (1996a), S. 12.

726 Vgl. Wuketits (1997), S. 43.

727 Vgl. Wuketits (1990), S. 70.

728 Siehe auch die Ausführungen bei Dahme (1990), S. 158.

729 Vgl. Wuketits (1990), S. 70.

730 Vgl. Wuketits (1984), S. 125 auch (1990), S. 75. Ähnlich zu finden aber auch bei Hayek (1996a), S. 13.

Um diesen individuellen Vorteil zu realisieren, war es gleichzeitig jedoch unvermeidlich, dass die einzelnen Mitglieder der Sozietät zum Erhalt der Gruppe beitrugen.[731] Bei diesem zuletzt genannten Gedanken handelt es sich um eine wesentliche Grundaussage der Soziobiologie: „Nicht allein das Überleben, die Fitness des Individuums, soll gewährleistet sein, sondern vor allem das Überleben der Gruppe."[732] Dieser Umstand wird mit dem Ausdruck „inclusive fitness" beschrieben.[733] Anders als bei Tierpopulationen, die sich möglicherweise nur instinktiv zusammenschließen,[734] muss diese Gemeinschaft bei Menschen jedoch fundiert werden. Die Mitglieder der Sozietät mussten beispielsweise die Fähigkeiten der Kommunikation und Kooperation erlernen[735] und umsetzten.[736] Unter Kooperation[737] ist der grundsätzliche Sachverhalt zu verstehen, dass eine bestimmte Anzahl von Akteuren ihr Verhalten gegenseitig koordiniert, um hierdurch ein (gemeinsames) Ziel[738] zu realisieren. Dies bedeutet nichts anderes, als dass Kooperation sich im Kampf ums Überleben als sinnvolle Handlungsstrategie erweist. Die Menschen lernten in bezug auf andere Mitglieder der Gemeinschaft (Mit)Verantwortung zu übernehmen, und praktizierten – zunächst möglicherweise ohne darüber nachzudenken – gegenseitiges Vertrauen und Verantwortung.[739] In diesem Sinne kann man von einer *evolutionsstabilen Strategie*[740] sprechen, d. h. einer Verhaltenstrategie, die sich im Verlauf der Evolution als besonders robust erweist.[741] Zwar verliert jedes einzelne Individuum durch diese kooperative Systemstruktur einen Teil seiner Autonomie, und macht sich innerhalb bestimmter Grenzen vom Verhalten der anderen abhängig,[742] doch stehen

---

731 Vgl. Wuketits (1990), S. 70.

732 Wuketits (1984), S. 125. Bei Hayek heißt es hierzu: „Schließlich erfolgt die kulturelle Evolution überwiegend durch Gruppenselektion; ob Gruppenselektion auch in der biologischen Evolution wirksam ist, bleibt eine offene Frage – von der meine Argumentation nicht abhängt." Hayek (1996a), S. 23.

733 Vgl. Wuketits (1984), S. 125.

734 Eine recht ausführliche Darstellung über die Gruppenbildung in der Tierwelt ist zu finden bei Wuketits (1997), S. 27-49.

735 „Der Mensch wird nicht weise, vernünftig und gut geboren, sondern muß dazu erzogen werden." Hayek (1996a), S. 19.

736 Vgl. Wuketits (1997), S. 63.

737 Zum Begriff der Kooperation vgl. z. B. Wuketits (1997), S. 63. Auch bei Axelrod und Hamilton (1995), S. 81.

738 Im Hinblick auf die integrative Kraft „gemeinsamer Ziele" vertritt Hayek allerdings eine andere Auffassung. „Regeln allein können eine erweiterte Ordnung zusammenhalten. (Gemeinsame Ziele können das nur für die Dauer eines vorübergehenden Notstandes, der eine gemeinsame Gefahr für alle bedeutet...)", Hayek (1996a), S. 16.

739 Vgl. Dahme (1990), S. 159.

740 Vgl. hierzu auch die Ausführungen in Teil E VII.5.3.

741 Vgl. Wuketits (1997), S. 1994. Zum Beispiel Gruppenbildung S. 43-49.

742 Vgl. Dahme (1990), S. 160.

diesem Nachteil die genannten Vorteile der Kooperation gegenüber. Wie aber kommt es dazu, dass sich innerhalb dieser Gruppen eine Ordnung etablieren und – auch noch bis zum heutigen Tag – weitgehend erhalten konnte?

II.2 Die spontane Ordnung als „ungeplantes Ergebnis“

II.2.1 Zum Begriff der Ordnung bei Hayek

Unter Ordnung[743] versteht HAYEK einen Zustand:

> *„... in dem eine Vielzahl von Elementen verschiedener Arten in solcher Beziehung zueinander stehen, daß wir aus unserer Bekanntschaft mit einem räumlichen oder zeitlichen Teil des Ganzen lernen können, richtige Erwartungen bezüglich des Restes zu bilden oder doch zumindest Erwartungen, die sich sehr wahrscheinlich als richtig erweisen werden.“*[744]

Es erscheint intuitiv einleuchtend, dass in jeder Gemeinschaft eine derartige Ordnung, ein geordneter Zustand der Gesellschaft notwendig ist. Eine durch Regeln konstituierte Ordnung bedeutet zunächst für jedes einzelne Mitglied der Gemeinschaft eine Einschränkung der Freiheit und des individuellen Handlungsspielraums. Andererseits ermöglicht sie jedoch die weitgehende Freiheit des Einzelnen, da sie gleichermaßen die Spielräume der Anderen einschränkt.[745] Erst die Zusammenfügung einer Vielzahl von einzelnen Teilen zu einem einheitlichen Ganzen gewährleistet jene Konstanz und Verlässlichkeit[746] in den Beziehungen der Teile, die es den einzelnen Individuen ermöglicht, ihre Ziele zu verfolgen. Dadurch, dass eine Vielzahl von Individuen in Interaktionen treten, entstehen rasch Strukturen (Gewohnheiten, Sitten etc.), welche das Zusammenleben erleichtern. Andererseits ist – wie nachfolgend aufgezeigt wird – die Folge, dass diese Beziehungen zunehmend unüberschaubar werden. Aufgrund regelmäßig wiederkehrender Handlungen und Reaktionen bilden sich also soziale Strukturen und Gefüge aus. Diese erleichtern die Orientierung und Voraussicht und tragen dazu bei, Konflikte zu vermeiden.

Eine Ordnung wird innerhalb der menschlichen Sozietät durch offizielle, formale Regeln und Gesetze, sowie durch informelle Konventionen, Bräuche und Gewohnheiten herbeigeführt. Die Besonderheit der spontanen Ordnung ist nach HAYEK, die Folgende: Die spontane Ordnung stellt zwar eine Ordnung dar, sie bildet sich auch aufgrund menschlicher Handlungen, sie ist jedoch nicht das Er-

---

743 Vgl. zum Begriff der Ordnung auch die relativ umfangreichen Ausführungen bei: an der Heiden (1996), S. 101 ff. Er weist darauf hin, dass der Begriff Ordnung immer relativ bezogen auf eine Regel ist.

744 Hayek (1986), S. 57. Hervorhebung im Original.

745 Vgl. hierzu auch die in Teil D V.3.1 dargestellten Wirkungen von Regeln.

746 Vgl. hierzu auch bei Göbel (1998), S. 53.

gebnis einer menschlichen Planung.[747] Das bedeutet, sie entsteht ohne, dass ihre „Schöpfer" dies beabsichtigen. Das Phänomen der spontanen Ordnung kann als eine Erscheinung angesehen werden, die aus dem Verhalten der Agenten des Systems resultiert. Die spontane Ordnung wird jedoch nicht als Ergebnis des *Willens* oder der *Absichten* der Akteure aufgefasst. Nach HAYEKS Ansicht sind zudem die wenigsten Kategorien von Ordnungen auf eine bewusste menschliche Planung zurückzuführen.[748] Die meisten und wirksamsten Arten von Ordnung, wie beispielsweise Sprache und Moral,[749] sind „selbstorganisatorisch" ent-standen. Der nächste Abschnitt dient daher der Unterscheidung zwischen spon-taner und gemachter Ordnung.

II.2.2 Kosmos und Taxis

II.2.2.1 Kosmos die spontane Ordnung

Für HAYEK entsteht eine spontane Ordnung, welche er *kosmos*[750] nennt, endogen[751] oder auch sich-selbst-erzeugend in einem gesellschaftlichen Prozess, der durch allgemeine Verhaltensregeln gelenkt wird.[752] Die steuernden Verhaltensregeln können einerseits genetischen Ursprungs, also ererbt und angeboren sein. Zum anderen werden sie im Rahmen einer soziokulturellen Evolution durch Lernen erworben.[753] Das System der spontanen Ordnung ergibt sich als unbeabsichtigtes kollektives Ergebnis einer Vielzahl individueller Handlungen. Darüber hinaus bestehen jedoch auch Rückkopplungsprozesse. Die unbeabsichtigte Ordnung ihrerseits nimmt wieder Einfluss auf die Handlungen der Individuen.[754] So haben sich beispielsweise nach HAYEKS Standpunkt die Sprache, die Moral und Teile des Rechts unintendiert entwickelt.[755] Die Art der Rückwirkung ist unmittelbar einsichtig. Sofern ein Individuum von anderen Mitgliedern eines bestimmten Sprachraumes verstanden werden will, muss es sich an der geltenden Sprache orientieren.[756] Gleiches gilt für die vorherrschenden gesetzlichen Regelungen. Sofern Sanktionen weitgehend vermieden werden sollen, ist das geltende Recht durchgängig handlungsbestimmend. Gleichermaßen schließt die Vorstellung einer spontan entstehenden Ordnung nicht aus, dass jene Regeln die

747 Vgl. beispielsweise bei Hayek (1986), S. 59 f., (1994), S. 98.
748 Vgl. Hayek (1986), S. 59.
749 Vgl. Hayek (1986), S. 59.
750 Vgl. Hayek (1986), S. 59.
751 Vgl. Hayek (1986), S. 59.
752 Vgl. Hayek (1986), S. 59, S. 65.
753 Vgl. hierzu Hayek (1994), S. 144. Vgl. Hayek (1979), S. 20 f, auch (1996b), S. 103.
754 Vgl. hierzu Bouillon (1991), S. 28.
755 Vgl. hierzu auch Hayek (1991), S. 82.
756 Vgl. Bouillon (1991), S. 29. Vgl. hierzu ebenfalls Haken (1996), S. 590.

diese spontane Ordnung ermöglichen, von Menschen nicht nur bewusst zusammengestellt oder verbessert, sondern mit Vorsatz geschaffen werden.[757] Auch wenn diese endogene Ordnung auf einer Unzahl von spontan entstandenen Normen beruht, so schließt dies andererseits nicht zwingend aus, dass zahlreiche der geltenden Regeln vorsätzlich geschaffene Regeln sind, die mit Zwang durchgesetzt werden müssen.[758] Die Organisation, deren Aufgabe es ist, die Einhaltung der Regeln zu erzwingen, ist die Regierung.[759]

II.2.2.2 Taxis die gemachte Ordnung

Von dieser spontan entstehenden Ordnung unterscheidet HAYEK strikt jene Ordnung, die von Menschen bewusst entworfen wird. Sie bringt ihre einzelnen Bestandteile aufgrund eines Planes zueinander in Beziehung.[760] Diese von Menschen bewusst gestaltete Ordnung bezeichnet HAYEK als *taxis*.[761] Anders als die spontane Ordnung, sieht er diese gemachte oder auch exogene[762] Ordnung bzw.

---

757 Vgl. Hayek (1986), S. 9. Schmidtchen differenziert die konstruierten Regeln ihrerseits in zwei unterschiedliche Quellen. Normen können in einer Diktatur durch eine dritte Partei – den Diktator – festgelegt und durchgesetzt werden; Ferner können die Regeln durch ein kollektives Handeln der Akteure implementiert werden. Vgl. hierzu Schmidtchen (1995), S. 242 f.

758 Vgl. Hayek (1986), S. 68. Für diese (Rechts-) Regeln fordert er allerdings ebenfalls, dass sie abstrakt (vgl. z. B. Hayek (1986), S. 122) und allgemein (vgl. z. B. Hayek (1994), S. 41 f.) sein müssen. Die Regeln des Rechts müssen auf eine unbestimmte Zahl von Fällen und Personen anwendbar sein, sie dürfen kein Verhalten positiv vorschreiben, sondern nur einige Verhaltensweisen verbieten (vgl. z. B. Hayek (1986), S. 40).

759 Vgl. Hayek (1986), S. 71. Indessen zeigt sich Hayek bei Betrachtung der fragwürdigen „Regierungsaufgaben" des Parlamentes – und hier insbesondere bei Mehrheitsbeschlüssen – äußerst skeptisch. Er betont die Gefahr des Missbrauchs von Macht, die bei dieser Art von Entscheidung besteht. Es sei ein „Witz" anzunehmen: „ ... daß, solange die Maßnahmen der Regierung von einer Mehrheit gebilligt werden, der (materielle) Rechtsstaat gewahrt ist, ... " (Hayek (1996b), S. 205). Eher muss man davon ausgehen, dass in (unbeschränkten) demokratischen Gesellschaften sich die Staatsgewalt auf die gegenwärtige Mehrheit stützt, die sie benötigt, um an der Macht zu bleiben. Insofern besteht für die Entscheidungsträger die Notwendigkeit, jene Gruppen zu begünstigen, deren Stimmen sie notwendigerweise zum Erhalt ihrer Macht braucht. (Vgl. Hoppmann (1995), S. 236) Hayek formuliert diesen Sachverhalt auch wie folgt: „Die meisten Mitglieder der Mehrheit wissen oft, daß das, was sie entschieden haben, dumm, ungerecht oder schädlich ist, und daß sie nur gezwungen waren, zuzustimmen, um die bestehende Mehrheit zu erhalten." (Hayek (1996b), S. 209). Zur Lösung dieses Problems schlägt Hayek eine strikte Gewaltenteilung in Form eines Zweikammersystems vor. Vgl. hierzu beispielsweise die Ausführungen in Hayek (1994), S. 54 f. An dieser Stelle sei auch auf die in Teil D III.3 und V.2 genannte Problematik verwiesen.

760 Vgl. Mestmäcker (1999), S. 229.

761 Vgl. Hayek (1986), S. 59.

762 Vgl. Hayek (1986), S. 58 f.

Anordnung als künstliche Ordnung oder auch Organisation an.[763] Künstlich geschaffene Einrichtungen sind im Wesentlichen dadurch gekennzeichnet, dass eine nachgebildete – von einem Organisator verordnete – Ordnung geschaffen wird. Diese künstlich geschaffenen Regeln haben allerdings nur für bestimmte Personen Geltung. Jene Regeln, die eine Organisation ausrichten, sind funktionsorientiert.[764] Im Gegensatz zur spontan entstandenen Ordnung strebt diese Art der Regelung bestimmte Zwecke an.[765]

Aus den Ausführungen HAYEKS wird ebenso deutlich: Dass die spontan gewachsene Ordnung eine gewisse Unterstützung durch einen organisierten Rahmen erfahren muss. Das heißt, spontane Ordnung und Organisationen stehen nicht zusammenhanglos nebeneinander. Auch eine spontane Ordnung setzt ein „bestimmtes Maß" an staatlicher Aktivität voraus.[766] Dies ist insofern notwendig, da die sich-selbst-erzeugenden Regeln teilweise einen Verbesserungsbedarf aufweisen.[767] Gleichzeitig betont er allerdings auch, „... daß der Teil unserer Gesellschaftsordnung, der bewußtes Produkt der menschlichen Vernunft sein kann oder sein soll, nur ein kleiner Teil der gesamten Kräfte der Gesellschaft ist."[768] Ergänzend macht er obendrein klar, dass auch Organisationen auf Elemente einer spontanen Ordnung angewiesen sind. Da es dem Organisator unmöglich ist, alle Eventualitäten[769] vorauszusehen, ist es unausweichlich, dass die gesetzte Ordnung Unvollkommenheiten aufweist, die durch Regeln ergänzt werden müssen.[770] Entsprechend den beiden Arten der Ordnung unterscheidet HAYEK zwei Arten von Regeln. Es handelt sich dabei um *Nomos* und um *Thesis*.

---

763 Vgl. Hayek (1986), S. 59.

764 Vgl. Hayek (1986), S. 41. Auch bei Göbel (1998), S. 57.

765 Vgl. Hayek (1990), S. 40 auch (1986), S. 58 f. Vgl. hierzu auch Anmerkung 753. Als Handelnsordnung (vgl. Anmerkung 792) sind beide – sowohl kosmos als auch taxis – das Ergebnis menschlicher Aktivitäten. Der Unterschied ist also darin zu sehen, dass kosmos das Resultat ungeplanter und unbewusster sozialer Interaktionen ist. Vgl. zu diesem Punkt ebenfalls bei Herms (1989), S. 160.

766 Vgl. Mestmäcker (1999), S. 229.

767 Vgl. Hayek (1976), S. 35.

768 Hayek (1976), S. 35.

769 Vgl. Hayek (1986), S. 72.

770 Vgl. Hayek (1986), S. 73, (1994), S. 42 f. Überdies wird wahrscheinlich jedem bei dem Gedanken schaudern, in einer totalen, geplanten Ordnung zu leben. Eine 100%ige festgelegte Ordnung würde jede Anpassung an unvorhergesehene Umstände nahezu unmöglich machen, jegliche Kreativität würde verhindert, da sie sich der disziplinierten Handlungsausrichtung unterzuordnen hätte.

II.2.3 Nomos und Thesis

II.2.3.1 Nomoi die allgemeinen Regeln

Unter *Nomos* begreift Hayek eine allgemeine Art von Regeln,[771] die sich innerhalb einer spontanen Ordnung ausbilden.[772] Das heißt:

> „... eine allgemeine Regel gerechten Verhaltens ..., die für eine unbekannte Zahl künftiger Fälle und gleichermaßen für alle Personen gilt, auf welche die in der Regel beschriebenen objektiven Umstände zutreffen, ungeachtet der Folgen, welche die Befolgung der Regel in einer speziellen Situation auslösen mag."[773]

Diese Art von Regeln begrenzen die vor anderen geschützte Privatsphäre jedes einzelnen Mitglieds der Gemeinschaft, indem sie jedem Individuum aufzeigen, welche Handlungen sie durchführen dürfen, ohne mit anderen Personen in Konflikt zu geraten.[774] Mit dieser Auffassung der Nomoi beschreibt Hayek ein Regelwerk, welches eine sehr wesentliche – von philosophischer Seite – geforderte Eigenschaft moralischer Regeln besitzt, nämlich die der Universalisierbarkeit.[775] Auf diesen Punkt weist Hayek selbst explizit hin, wenn er sich als „Test" für die Gerechtigkeit einer Regel auf KANTS kategorischen Imperativ[776] beruft.[777] Erst die Existenz solcher Regeln erlaubt – nach Ansicht HAYEKS – die Bildung einer Großgesellschaft, die über keine gemeinsamen Ziele verfügen muss.

II.2.3.2 Thesis die speziellen Regeln

Er grenzt diese Art von Regeln von der sogenannten *Thesis* ab,[778] womit er eine Regel bezeichnet, „... die nur auf bestimmte Personen anwendbar ist oder den Zwecken der Herrschenden dient."[779] Hierbei handelt es sich um geplante (Handelns) Ordnungen wie z. B. Dienstanweisungen, Stellenbeschreibungen etc., die in Organisationen wie Behörden und Unternehmen zu finden sind. Diese gesetzten und konkreten Regeln können der Verwirklichung einer bewusst geplanten Ordnung dienen. Gleichzeitig können sie die Grundlage einer spontanen Ord-

---

771 Vgl. Hayek (1994), S. 211.
772 Vgl. Hayek (1986), S.166.
773 Hayek (1994), S. 212.
774 Vgl. Hayek (1994), S. 211. Es handelt sich hierbei im Wesentlichen um die Regeln des Privat- und Strafrechts, Wettbewerbs- und Kartellrechts. Vgl. Mestmäcker (1991), S. 229.
775 Siehe auch Streit (1995), S. 169, vgl. zu Begriff und Inhalt von Universalisierbarkeit auch in Teil B II.2.4.
776 Vgl. auch die in Teil C I.1.1 gemachten Aussagen zum kategorischen Imperativ.
777 Vgl. Hayek (1994), S. 115 f.
778 Vgl. Hayek (1994), S. 212.
779 Vgl. Hayek (1994), S. 212.

nung bilden.[780] Im Gegensatz zu den abstrakten Regeln menschlichen Verhaltens können diese Normen jedoch nur das individuelle Wissen des „Organisators" umfassen.[781] Insofern sind sie *einfach,*[782] *konkret*[783] und *dienend.*[784] Keine der aufgeführten Charakteristika entspricht also den Merkmalen einer spontanen Ordnung.[785] Nicht zuletzt aus diesem Grund ist jede Organisation zusätzlich auf abstrakte, spontane Regeln angewiesen, um sich an unvorhersehbare Ereignisse anpassen zu können.[786]

II.2.4 Die Ausbildung einer spontanen Ordnung

II.2.4.1 Regelmäßiges Verhalten und gegenseitige Koordination

Nomoi, die allgemeinen Regeln gerechten Verhaltens oder menschlichen Verhaltensdispositionen sind es nach HAYEK, die dazu führen, dass jene Menschen, die eine Gruppe bilden, in einer bestimmten Art und Weise handeln (oder mögliche Handlungen unterlassen). Diese Regeln zeigen den Individuen den allgemeinen Handlungsrahmen für ihre Aktivitäten auf, und äußeren sich in einer bestimmten Praxis.[787] Das Resultat ist eine ungeplante Ordnung dergestalt, dass die einzelnen Elemente einer Gesellschaft[788] ihre Absichten, Erwartungen und Handlungen (unbewusst) aufeinander abstimmen.[789] Hierdurch schaffen sie die Grundlage auf der sie ihre eigenen Ziele verwirklichen können. Letzteres wird insbesondere dadurch ermöglicht, dass die Individuen wissen, welches Verhalten sie von den anderen Mitgliedern der Gemeinschaft zu erwarten haben.[790] Ein

---

780 Vgl. zu diesem Punkt auch Schmidtchen (1995), S. 243.

781 Vgl. auch Mestmäcker (1999), S. 230.

782 Um zu gewährleisten, dass der Hersteller sie noch überblicken kann. Vgl. Hayek (1986), S. 60.

783 Da ihre Existenz wahrgenommen werden kann. Vgl. Hayek (1986), S. 60.

784 Da sie zur Realisierung eines bestimmten Zieles geschaffen wurden. Vgl. Hayek (1986), S. 60.

785 Vgl. Schmidtchen (1995), S. 249.

786 Vgl. Hayek (1994), S. 212.

787 Vgl. Hayek (1986), S. 109.

788 Den Begriff Gesellschaft fasst Hayek wie folgt auf: „Die Familie, der Hof, der Betrieb, die Firma, die Aktiengesellschaft und die verschiedenen Verbände und alle öffentlichen Einrichtungen einschließlich der Regierung sind Organisationen, die ihrerseits in eine umfassendere spontane Ordnung integriert sind. Es empfiehlt sich, den Ausdruck »Gesellschaft« dieser spontanen Gesamtordnung vorzubehalten, so daß wir sie von all den organisierten kleineren Gruppen unterscheiden können, die innerhalb ihrer bestehen, wie auch von solchen kleineren und mehr oder weniger isolierten Gruppen wie der Horde, dem Stamm oder dem Clan, deren Mitglieder zumindest in einigen Hinsichten unter einer zentralen Leitung gemeinsamen Zielen dienen." Hayek (1986), S. 70.

789 Vgl. Hayek (1986), S. 58.

790 Vgl. Hayek (1994), S. 32.

zentrales Merkmal der spontanen Ordnung ist, dass alle an ihrer Bildung beteiligten Akteure einerseits aus eigenem Antrieb handeln und gleichzeitig auf die von ihnen wahrgenommenen Handlungen der anderen Akteure reagieren. Die spontane Ordnung entsteht aus sich selbst heraus und kann sich – auch ohne weitere Einflüsse von außen – weiterentwickeln, sich produzieren und reproduzieren. Der beschriebene Mechanismus wirkt dementsprechend eigendynamisch. Die einzelnen Akteure rufen durch ihr Handeln in der Sozietät Entwicklungen hervor, die sie zur Fortsetzung der Handlungen anregen, es findet ein Prozess der Rückkopplung statt.

Dadurch, dass die einzelnen Mitglieder einer Gemeinschaft sich den gleichen abstrakten Regeln unterordnen und in Übereinstimmung mit den Regeln individuellen Verhaltens handeln, können sie zur Bildung einer Gesamtordnung beitragen,[791] die HAYEK auch *Handelnsordnung*[792] nennt. Die spontanen Regeln der Gemeinschaft nehmen – im Zusammenwirken mit Rechtsregeln – und den konkreten Tatsachen des Augenblicks –[793] Einfluss auf die Aktivitäten der Individuen und bestimmen dadurch die Handelnsordnung der Gemeinschaft.[794] In gewisser Weise kann dieser Zusammenhang mit einem Spiel verglichen werden.[795] Die Spielregeln (Verhaltensregeln) geben den Inhalt des Spiels abstrakt vor, und sind – unabhängig davon, ob das Spiel gespielt wird – vorhanden. In dem Moment, in dem eine bestimmte Anzahl von Akteuren in das Spiel eintritt, geben die Spielregeln dem Spielverlauf ein erkennbares Muster. Bemerkenswert ist

---

791 Zwar sieht Hayek, dass nicht alle Regeln individuellen Verhaltens zur Bildung einer Gesamtordnung des Handelns beitragen. Gleichwohl räumt er ein, dass in der menschlichen Gesellschaft eine ausreichende Anzahl von Individuen solche Regeln des Verhaltens befolgen, die unter den konkreten Umständen, in denen sie leben, eine Handelnsordnung herbeiführen. Vgl. Hayek (1994), S. 145, auch S. 176.

792 Vgl. Hayek (1994), S. 145 f. (Soziale) Ordnung und (soziales) Muster werden von Hayek synonym verwendet (vgl. Vgl. Hayek (1994), S. 144.) Zu Kriterien, die die Handelnsordnung einer Gruppe von den Verhaltensregeln der Individuen unterscheidet vgl. S. 146 f.

793 Dementsprechend hängt die konkrete Ausgestaltung der Handelnsordnung auch von zufälligen Einflüssen ab. Vgl. Schmidtchen (1995), S. 250. Vgl. auch bei Hayek (1986), S. 147. An dieser Stelle gesteht er zu: „Das bedeutet, daß jede Veränderung einige Erwartungen enttäuschen muß ... " Gleichzeitig ist der Vorteil dieses Umstandes für ihn darin zu sehen, „ ... daß gerade diese Veränderung, die einige Erwartungen enttäuscht, eine Situation schafft, in der wieder die Chance, korrekte Erwartungen zu bilden, so groß wie möglich ist.

794 Vgl. Hayek (1994), S. 176. An dieser Stelle betont Hayek auch die Bedeutung „nicht artikulierter" Regeln für die Konstitution einer Handelnsordnung. Ebenfalls auf S. 177, dort ist zu lesen: „ ... das abstrakte Normen [im Sinne spontan entstandener Regeln, der Verfasser] das wichtigste Instrument sind, das der Mensch erfunden hat, um die Beherrschung der Umwelt über den Bereich seines konkreten Wissens auszudehnen."

795 Vgl. zu dem folgenden Beispiel Schmidtchen (1995), S. 244.

auch die Auffassung, dass es – zur Etablierung der spontanen Ordnung – nicht zwingend notwendig ist, dass sich die Individuen dieser abstrakten Regeln bewusst sind.[796] Sie müssen sie weder bewusst wahrnehmen, noch den Inhalt dieser Regeln verstehen.[797] Wie es scheint, ist es noch weniger erforderlich, dass sie diese Regeln – mit dem Ziel eine Ordnung zu schaffen – bewusst anwenden.[798]

Letzten Endes geht es nicht darum, ob das Individuum durch die spontane Ordnung Vorteile erlangt, sondern darum, ob die Verhaltensregeln für die Gruppe also solche vorteilhaft sind.[799] Dennoch bildet sich ein Handlungsrahmen, den letztlich jeder Einzelne „gewohnheitsmäßig" voraussetzt, zu dem jeder beiträgt, und der für alle Elemente vorteilhaft ist.

II.2.4.2 Entfaltungsfreiheit durch Verlässlichkeit

Die grundlegende Vorstellung HAYEKS gründet also darauf, dass sich die Individuen innerhalb eines – durch allgemeine Regeln gesetzten Rahmens – wechselseitig steuern, und auf diese Art und Weise ihre individuellen Handlungen gegenseitig koordinieren. Die gewachsene Ordnung sorgt im gesellschaftlichen Leben dafür, dass die Beziehungen zwischen den Elementen der Gemeinschaft Verlässlichkeit und Konstanz erhalten, ohne die kein Mitglied der Gemeinschaft seine eigenen Ziele verwirklichen könnte.[800] Eine Vielzahl von Individuen hält sich an bestehende Regeln und durch genau dieses Verhalten wird ein (kollektiv) erwünschtes Ergebnis erzielt, die spontane Ordnung.[801]

Die realisierte Gesamtordnung ist indessen um so größer, je verlässlicher sich die Beziehungen zwischen den einzelnen Elementen gestalten. Das heißt, je seltener falsche Erwartungen in Bezug auf das Verhalten der anderen Elemente auftreten.[802] Sicherlich ist nicht zu erwarten, dass die einzelnen Akteure die bestehenden Regeln immer und überall einhalten werden, dennoch kann man unterstellen, dass dieses Verhalten im Durchschnitt der Fall ist. Das diese Regelbe-

---

796 Vgl. zu diesem Punkt auch bei Streit (1995), S. 152.
797 Vgl. Hayek (1986), S. 35.
798 Vgl. Hayek (1986), S. 156.
799 Vgl. Hayek (1979), S. 25.
800 Vgl. Hayek (1986), S. 58.
801 Vgl. Göbel (1998), S. 59.
802 Vgl. Schmidtchen (1995), S. 253.

folgung rational[803] sein kann, lässt sich ebenfalls nachweisen.[804] Für ein beliebiges Individuum ist der wesentliche Vorteil der Regeleinhaltung in dem Umstand zu sehen, dass der Akteur bei seinen Entscheidungen eine Entlastung erfährt. Denn aufgrund der Komplexität der Umwelt kann nicht unterstellt werden, dass Individuen in jeder Situation die jeweils besonderen Umstände der Situation bei ihren Entscheidungen berücksichtigen können.[805] Vielfach ist die einfachste und letztlich auf der Hand liegende Reaktion auf unerwartete Änderungen in der Umwelt darin zu sehen, dass an den bisherigen abstrakten und gemeinsamen Handlungsweisen festgehalten wird. Hierdurch bleiben die Verhaltensweisen berechenbar und stabil. Sofern jeder Betroffene unmittelbar versuchen würde, jeweils isoliert die für ihn individuell optimale Lösung zu finden und ständig bestehende Regeln des Zusammenlebens bricht, wird das soziale Gefüge unwägbar.[806] Die Unsicherheit über das Verhalten der anderen Gesellschaftsmitglieder würde zunehmen. Die Verlässlichkeit der Erwartungen sänke – Erwartungen werden immer häufiger enttäuscht – und der Grad der bestehenden Ordnung ginge zurück.[807] Einschränkend weist HAYEK allerdings auch darauf hin, dass es sich bei den – eine spontane Ordnung konstituierenden – Regeln um solche Regeln handeln muss, die grundsätzlich eine Gesamtordnung hervorbringen können.[808]

Die sich-selbst-bildende spontane Ordnung kann ferner durch die folgenden Aspekte charakterisiert werden:

- Eine spontane Ordnung vermag mehr Wissen zu nutzen, als eine gemachte Ordnung und kann daher auch wesentlich komplexer sein, als dies eine gemachte Ordnung zu sein vermag.[809]

---

803 Vgl. Hayek (1986), S. 35.

804 Vgl. hierzu auch die in Teil E VII.6.3 genannten Argumente. Zu diesem Punkt siehe die Ausführungen bei Priddat (1996), insbesondere S. 22-24. So heißt es auf Seite 23 z. B.: „Unter diesem Gesichtspunkt bedeutet die rationale Entscheidung, einer Regel zu folgen, kein Aussetzen der Rationalität, sondern – umgekehrt – ihre Wiederherstellung bei Unsicherheit." Dieser Aspekt ist auch bei Wolfgang Kerber zu finden. Für ihn stellt ein regelgeleitetes (»routinehaftes«) Verhalten ein Verhalten dar, welches Hypothesen über – in bestimmten Situationen erfolgreiche – Handlungsweisen nutzt. Vgl. Kerber (1996), S. 308, Anmerkung 18. Argumente sind ebenfalls zu finden bei Etzioni (1994), S. 305 f.

805 Vgl. Hayek (1986), S. 48 f.

806 Dies klingt auch bei Hayek durch. Vgl. Hayek (1994), S. 45 f.

807 Vgl. zu diesem Punkt auch bei Schmidtchen (1995), S. 253.

808 Vgl. Hayek (1986), S. 67. Als Beispiel führt er an, dass eine Regel: „Töte jeden den du triffst!" eben nicht dazu in der Lage ist eine funktionierende Gesamtordnung hervorzubringen. In diesem Fall könnte wohl eher von einer spontanen „Unordnung" gesprochen werden.

809 Vgl. Hayek (1986), S. 61.

- Die Komplexität dieser Ordnung schließt allerdings ein, dass sie „aus diesem Grund nicht intuitiv wahrnehmbar und nicht erkennbar [ist] ..., außer auf der Basis einer Theorie, die ihren Charakter erklärt."[810]

Diese Eigenschaften sind es allerdings auch, die zu der Erkenntnis führen, dass eine spontan entstandene Ordnung nicht durch eine zielgerichtete Planung von außen geschaffen werden kann.[811] Aus diesem Grund ist es auch nicht möglich, dass sie einen eigenen Zweck verfolgt. Vielmehr entsteht diese Ordnung durch das zweckgerichtete Handeln der einzelnen Akteure,[812] womit gemeint ist:

> „... daß die Elemente Regelmäßigkeiten des Verhaltens erworben haben, die die Aufrechterhaltung der Ordnung begünstigen – vermutlich, weil diejenigen, die in bestimmter Weise handelten, in der resultierenden Ordnung eine bessere Überlebenschance hatten als jene, die es nicht taten."[813]

An dieser Stelle wird unmittelbar auch der evolutorische Gedanke in der Theorie HAYEKS sichtbar. Die Zwillingsidee von Evolution und der spontanen Bildung von Ordnung[814] bzw. das Nebeneinander von Evolution[815] und spontaner Ordnung.[816]

II.3 Die Spontane Ordnung als Evolutionskonzept – Sich selbst erhaltende und entwickelnde Strukturen

II.3.1 Die Selektion von Regeln

Der Grundgedanke HAYEKS ist, dass sich die Regelmäßigkeiten menschlichen Verhaltens, auf der die spontane Ordnung der Gesellschaft beruht, selbst in einem Prozess sukzessiver Entwicklung als ungeplantes Ergebnis[817] einstellen und wandeln.[818] Zwar macht HAYEK deutlich, dass die soziokulturelle Evolution nur

---

[810] Hayek (1986), S. 61.
[811] Vgl. Hayek (1986), S. 61.
[812] Vgl. Hayek (1986), S. 61.
[813] Hayek (1986), S. 61 f. Ähnlich auch zu finden bei Hayek (1979), S. 11.
[814] Hayek (1979), S. 16 f.
[815] Siehe dazu auch die Ausführungen zur Evolutionstheorie in Hayek (1996b), S. 293.
[816] Vgl. Hayek (1990), S. 33.
[817] Unterdessen unterscheidet Hayek sehr wohl zwischen solchen Regeln, die spontanen Ursprungs sind und eine spontane Ordnung gewährleisten, und solchen Regeln die von Menschen erschaffen wurden und ebenfalls eine spontane Ordnung ermöglichen. Vgl. Hayek (1986), S. 69.
[818] Vgl. Vanberg (1984), S. 85.

wenig mit der biologischen Evolution gemeinsam hat,[819] dennoch sieht er eine wichtige Übereinstimmung. Ähnlich der biologischen Evolution stellt die kulturelle Evolution einen Prozess ständiger Anpassung an sich verändernde Umstände dar.[820] Jene Ordnung, die sich in menschlichen Beziehungen (Kultur, Gesellschaft und Wirtschaft) zeigt, kann hiernach als Ergebnis eines sehr langen Entwicklungsprozesses angesehen werden. In dessen Verlauf haben Menschen durch Versuch und Irrtum[821] bestimmte Regeln gelernt, die sich für die Bildung und den Erhalt einer Ordnung als günstig erwiesen haben.

Durch das Zusammenspiel vieler individueller Aktivitäten haben sich im Fluss der soziokulturellen Evolution allmählich *abstrakte* Regeln[822] menschlichen Verhaltens ausgebildet, wurden an folgende Generationen weitergegeben und wandelten sich.[823] Zweckmäßige Regeln blieben erhalten, unzweckmäßige Regeln vergingen. Diese Verhaltensregeln, ermöglichten die Koordination einer Vielzahl von Aktivitäten einer größeren Anzahl von Menschen. Die essentiellen *Institutionen*, die sich auf diesem evolutorischen Wege herauskristallisiert haben, sind nach Ansicht HAYEKS die Sprache, der Markt, das Eigentumsrecht,[824] das Geld und die Moral.[825] Nicht alle der genannten Regeln sind das Ergebnis einer bewussten oder zielgerichteter Planung, sondern haben sich innerhalb der kulturellen Evolution des Menschen ausgebildet. Die erfolgreiche Entwicklung und Bewahrung eines sozialen Systems erfordert dementsprechend, dass die einzelnen Elemente (Menschen) eines Systems (Gesellschaft) sich regelgemäß verhalten können.[826]

Diese Fähigkeit der Menschen, sich gemäß abstrakter Regeln zu verhalten, ermöglicht es den Elementen der Gesellschaft auch im Fall einer exogenen Störung des Systems, die bestehende Gesamtordnung zu erhalten. In dem sich die Elemente einer Gesellschaft regelorientiert an veränderte Bedingungen anpassen,[827] erzeugen sie eine sich selbst bildende Ordnung. Andererseits kann im Fall

---

819 Vgl. beispielsweise Hayek (1996a), S. 21 f, auch S. 22. Vgl hierzu auch bei Elias (1969), S. 27. Für ihn stellen die biologische und soziale Evolution und die Geschichte drei unterschiedliche aber voneinander untrennbare Ebenen eines die Menschheit betreffenden Prozesses dar. Diese drei Ebenen unterscheiden sich im Wesentlichen durch ihr Wandlungstempo. Im Vergleich mit der sozialen Ebene und der Geschichte ist der Prozess der biologischen Evolution so gut wie konstant.

820 Vgl. beispielsweise Hayek (1996a), S. 23.

821 Vgl. Hayek (1996a), S. 17.

822 Vgl. Hayek (1979), S. 24.

823 Vgl. Hayek (1996), S. 8. Diese Auffassung ist auch bei Etzioni (1994), S. 323 zu finden.

824 Vgl. Hayek (1996), S. 28.

825 Vgl. u. a. Hayek (1996), S. 8, auch S. 10 f.

826 Vgl. Hayek (1979), S. 16.

827 Vgl. Hayek (1979), S. 17.

einer Störung des Systems auch eine Änderung der Ordnung und damit der individuellen Verhaltensregeln notwendig werden, vorausgesetzt, dass die Gruppe im Selektionsprozess weiterbestehen will.[828]

II.3.2 Die Selektion setzt an der Gruppe an

Im Rahmen der soziokulturellen Evolution werden folglich jene Sozietäten überleben, innerhalb derer, sich solche Regeln und eine spontane Ordnung entwickeln, die sich für das soziale und wirtschaftliche Zusammenleben der Individuen als überlegen erweisen.[829] Analog zum Verlauf der Evolution in der Natur kommt es im Rahmen der soziokulturellen Evolution zu einem Auswahlprozess. Bestimmte Verhaltensweisen setzen sich durch, weil diejenigen Gruppen oder Gesellschaften, in denen sich diese Regeln gebildet haben, sich besser gegen andere Gruppen durchsetzen konnten.[830] Andere – weniger erfolgreiche – Verhaltensweisen verschwanden. In diesem Sinne fand also im Bereich der soziokulturellen Evolution eine (Gruppen) Selektion statt,[831] die es der menschlichen Gesellschaft ermöglichte eine reiche und hochgradig differenziert endogene Ordnung zu bilden.[832]

II.3.3 Die Dynamik der soziokulturellen Evolution

Der treibende Faktor des soziokulturellen Entwicklungsganges ist die Fähigkeit einer Gesellschaft oder Teilgruppe, durch eigene Kreativität[833] oder durch zunächst nur unbewusste Nachahmung, erfolgreiche Regeln und Sitten zu entwickeln. Diese Regeln werden an Nachkommen überliefert (Tradition) und das

---

828 Vgl. Hayek (1994), S. 149.

829 Vgl. Hayek, beispielsweise (1979), S. 11, auch (1996), S. 17.

830 So ist beispielsweise daran zu denken, dass eine Gruppe zufällig Nachtwachen aufstellte und hierdurch – im Gegensatz zu anderen Gruppen die dies nicht taten – überlebt hat. Denkbar ist genauso, dass eine Gruppe – zufälligerweise – entdeckte, dass inzestuöse Beziehungen sich auf ihre Nachkommen negativ auswirken und deshalb untersagten. Vgl. zu letzterem Wuketits (1997), S. 155. Gleiches gilt für ein Tötungsverbot innerhalb einer Gruppe, während dies in den Außenbeziehung nicht gilt. Vgl. Wuketits (1997), S. 157. Möglicherweise entstanden zufällig Regeln für die Konservierung von Nahrungsvorräten oder zur Herstellung von Werkzeugen. Vgl. zu diesem Punkt auch bei Wuketits (1984), S. 130.

831 Gegen diese Ansicht führt Etzioni – im Hinblick auf die Sowjetunion – allerdings an: „Nur wenige Gesellschaften brechen jemals zusammen, statt dessen verändern sie sich, doch oft sehr schrittweise und bleiben weiterhin ziemlich ineffizient, selbst wenn sie einige ihrer ineffizientesten Aspekte aufgeben, ohne dafür schlechtere anzunehmen.“ Etzioni (1994), S. 329.

832 Vgl. Witt (1995), S. 275.

833 Vgl. Witt (1995), S. 279.

erworbene Wissen anschließend durch Imitation und Lernen erweitert.[834] Eventuell kommt es in einer bestimmten Gruppe – nur zufällig – zu einer „Innovation",[835] z. B. in Form einer neuen Verhaltensweise. Möglicherweise entscheidet sich ein Individuum dazu, eine bestehende Konvention oder Regel zu übertreten. Unabhängig davon wie die Innovation zu Stande kommt, kann ein – von bisherigen Regelungen – abweichendes Verhalten Ausgangspunkt eines sozialen Überganges sein. Es können neue Regeln und Problemlösungen entstehen, und alte (weniger effiziente) ihre Geltung verlieren. Dadurch, dass die Mitglieder einer Sozietät sich immer häufiger zugunsten einer Abweichung von bestehenden Regeln entscheiden, nimmt das Durchsetzungsvermögen der alten Gewohnheit ab. Die Folge ist eine allmähliche oder auch abrupte Abkehr von bestehenden Regelungen.[836]

Bringt diese Neuerung der Gruppe Vorteile im Wettbewerb mit anderen, kann es dazu kommen, dass diese Gruppe nicht nur überlebt, sondern sich – im Vergleich zu anderen – darüber hinaus noch vergrößert. Letzteres ist insbesondere dann denkbar, wenn es sich bei der „Innovation" beispielsweise um eine Regel handelt, durch die sich das soziale Zusammenleben in der Gemeinschaft erleichtert.[837] In diesem Fall ist es durchaus denkbar, dass sich der erfolgreicheren Sozietät neue Mitglieder anschließen.[838] Durch diese individuelle Wahlhandlung[839] entscheiden sie darüber, welche Art von Verhaltensregeln und Gruppen sich im weiteren Auswahlprozess durchsetzen.

---

[834] Vgl. Hayek (1996), S. 12. Höchstwahrscheinlich verfügten beispielsweise die ersten menschlichen Gruppen über eine Sozialordnung, wie sie heute noch bei anderen Primatenarten zu finden ist. Diese Sozialordnungen sind streng hierarchisch gestaltet und in erster Linie an der evolutionären Zweckmäßigkeit orientiert. Vgl. zum Sozialverhalten bei Pavianen und Schimpansen z. B. bei Gräfrath (1990), S. 44 f. Bei den Menschen handelt es sich jedoch um Wesen, die – neben physischer Kraft – über weitergehende Fähigkeiten verfügen. Neben das Kriterium – Kraft – traten daher früher oder später andere Kriterien – wie Intelligenz, Erfindungsreichtum u. ä – wenn es um die Frage ging, einen Führer für die Gruppe zu finden. Anführer der Sozietät wurde also irgendwann derjenige, welcher über einen „optimalen Mix" solcher Fähigkeiten verfügte und dadurch das Überleben der Gruppe – im Wettbewerb mit anderen Sippen – am besten gewährleisten konnte. Sofern dieses „Konzept" der „Führerwahl" von anderen Gemeinschaften erfolgreich kopiert wurde, erlangten sie ebenfalls Selektionsvorteile. Vgl. Gräfrath (1990), S. 80 f.

[835] Vgl. Hayek (1979), S. 21 f.

[836] Ob, und wenn ja, wie rasch sich die Neuerung durchsetzt, dürfte von folgenden Faktoren abhängig sein: Der Größe der betreffenden Gemeinschaft, der Imitationsbereitschaft der Mitglieder, der Häufigkeit der Kontakte innerhalb der Sozietät und der Häufigkeit der Kontakte zwischen einzelnen Gemeinschaften.

[837] Vgl. hierzu auch bei Witt (1995), S. 279.

[838] Vgl. Hayek (1979), S. 21.

[839] Vgl. zu diesem Punkt auch Vanberg (1984), S. 90.

Eine Ordnung, stellt also im Sinne HAYEKS eine spontane Ordnung dar, sofern sie in einem evolutorischen Prozess ausgefiltert wurde. Er bezeichnet sie als spontane Ordnung, da sie nicht das Ergebnis eines bewussten menschlichen Plans darstellt, sondern unbeabsichtigt entstanden ist. Es ist darüber hinaus auch nicht notwendig, dass jedem einzelnen Mitglied der Gemeinschaft der Ursprung dieser spontanen Ordnung bekannt ist, oder dass diese Ordnung von den Individuen geschätzt wird oder beliebt ist. Vielmehr muss sogar davon ausgegangen werden, dass jene Regeln, die eine spontane Ordnung ermöglichen, bei den einzelnen Individuen auf Abneigung stoßen oder als unangenehm empfunden werden.[840] Die Entwicklung der Zivilisation stellt eher das Ergebnis einer Unterdrückung menschlicher Instinkte dar, da sie „... ihnen oft untersagten, das zu tun, was der Instinkt forderte ...“[841] Insofern betont HAYEK auch die besondere Bedeutung solcher Institutionen wie Recht, Moral und Sitte, da sie die Bildung einer spontanen Ordnung menschlichen Handelns begünstigt haben.[842] Anders formuliert: Eine spontane Ordnung stellt das unbeabsichtigte Resultat absichtlicher Handlungen einer Vielzahl von Individuen und deren Interaktionen dar.

II.3.4 Die Katalaxie – Friedliche Koordination ohne gemeinsame Zwecke

Für die spontane Ordnung „Marktwirtschaft“ prägte HAYEK in diesem Zusammenhang den Ausdruck „Wettbewerb als Entdeckungsverfahren“.[843] Für HAYEK hat erst die marktwirtschaftliche Ordnung den Menschen zu der Einsicht gebracht, dass es möglich ist, friedlich miteinander zu leben, ohne dass die Menschen über eine gemeinsame Zielsetzung verfügen müssen.[844] Um die friedliche Zusammenarbeit von Menschen zu gewährleisten, ist es nicht mehr notwendig, dass kleine Gruppen eine gemeinsame Zielstellung haben. Es ist ausreichend, dass sich jene abstrakten Regeln bilden und weiterentwickeln, die Großgesellschaften ermöglichen. Mehr noch: Diese Ordnung fordert nicht die Verständigung über gemeinsame Ziele oder Ansichten. Im Gegenteil, sie toleriert sogar unterschiedliche Auffassungen und Ziele. Auf diese Weise wird die friedliche Ordnung realisierbar, und es ist den Akteuren möglich, ihre individuellen Fähig-

---

840 Vgl. Hayek (1979), S. 36. Dort heißt es: „Die unabdingbaren Regeln einer freien Gesellschaft fordern von uns vieles, was für uns unangenehm ist, so z. B., daß andere mit uns Wettbewerb treiben, daß andere reicher sind als wir etc.“

841 Hayek (1996b), S. 8, ähnlich auch S. 10.

842 Vgl. u. a. Hayek (1994), S. 176. An dieser Stelle betont Hayek ebenfalls, dass Rechtsregeln allein wahrscheinlich nicht ausreichend sind, um die zur Bildung einer Ordnung erforderlichen Regelmäßigkeiten des Handelns zu bilden.

843 Vgl. zur Möglichkeit der Informationsgewinnung durch den Wettbewerb bei Hayek (1994), S. 249-265.

844 Vgl. Hayek (1994), S. 211 auch auf S. 255.

keiten zur Realisierung ihrer unterschiedlichen Ziele zu nutzen.[845] Dadurch wird es innerhalb dieser großen Gemeinschaften möglich, dass Individuen, die sich untereinander nicht kennen und unterschiedliche Ziele verfolgen, ihre Anstrengungen dennoch untereinander koordinieren. Sie sind den Zielen anderer (unbekannten) Menschen förderlich und profitieren gleichzeitig von den Leistungen anderer Menschen.[846] Aufgrund der Tatsache, dass die einzelnen Individuen darauf vertrauen können, dass sich (zumindest) die Mehrheit der anderen Menschen an die vorhandenen abstrakten Regeln hält, und Täuschung, Betrug etc. nicht an der Tagesordnung sind, können sie ihre Bedürfnisse durch Tausch befriedigen.[847]

Aus diesem Grund schlägt HAYEK für die spontane Ordnung des Marktes deshalb auch den Begriff Katalaxie vor. Für ihn liegt die Besonderheit dieses Begriffes in dem Umstand, dass dieser sich aus dem altgriechischen *katallattein* ableitet. Katalaxie besagt mehr als nur *tauschen* und *handeln,* es bedeutet auch *in die Gemeinschaft aufnehmen* und *vom Feind zum Freund machen.*[848] Gleichzeitig betont HAYEK allerdings auch, dass ein nutzbringender und funktionsfähiger Wettbewerb Regeln braucht, welche Gewalt ausschließen.[849] Innerhalb eines so verstandenen marktwirtschaftlichen Rahmens kommt es zu dem – Ökonomen hinreichend bekannten – Ergebnis, dass jene Handlungen, mit denen die einzelnen Akteure ihre eigenen Ziele – begrenzt durch Regeln – verfolgen, das Wohl aller Menschen fördern. Die Idee der spontanen Ordnung kann nach seiner Ansicht auf den sozialen oder auch politischen Bereich und die dort existierenden Regeln angewandt werden.[850] Auch in diesem Bereich setzen sich die effizienten Problemlösungen in einem Imitations-, Lern- und Verbesserungsprozess durch.

II.3.5 Effiziente Regeln werden sich durchsetzen und ermöglichen eine spontane Ordnung – Fazit und Ausblick

Innerhalb menschlicher Sozietäten spielen die von Menschen sowohl bewusst geschaffenen Normen einerseits, als auch die sich selbst erzeugenden Regeln andererseits eine wichtige Rolle für das individuelle Verhalten der Akteure. Re-

845 Vgl. Hayek (1994), S. 112 f.
846 Vgl. Hayek (1994), S. 183.
847 Siehe hierzu auch Hayek (1996a), S. 16.
848 Vgl. Hayek (1994), S. 112.
849 Vgl. Hayek (1996a), S. 16.
850 Vgl. u. a. Hayek (1986), S. 88 und S. 89. An der zuletzt genannten Stelle heißt es: „Aber eine Ordnung von der Komplexität der modernen Gesellschaft kann weder als Ganzes entworfen werden noch dadurch, daß jeder Teil gesondert ohne Rücksicht auf die übrigen gestaltet wird, sondern nur, in dem man einen Evolutionsprozeß hindurch konsequent an bestimmten Prinzipien festhält."

geln koordinieren das menschliche Verhalten und bieten den *Individuen* hierdurch einen Orientierungsrahmen. Insbesondere die letzte Kategorie von Verhaltensregeln wird durch Erziehung und Lernen weitergegeben. Lernen stellt indessen einen kreativen Prozess dar, welcher auch von der jeweiligen Persönlichkeit des Lernenden abhängt.[851] Und gerade diese Vielzahl von Persönlichkeiten trägt entscheidend mit dazu bei, dass sich eine bestehende Kultur und mit ihr die geltenden Regeln weiterentwickeln können.

Zusammenfassend kann man feststellen: Gesellschaftliche Regeln bilden und entwickeln sich in einem Selektionsvorgang ständig effizient weiter.[852] Im Rahmen der soziokulturellen Evolution findet ein Wettbewerb konkurrierender *Regelsysteme* statt. Innerhalb dieses Wettbewerbsprozesses findet eine Auswahl derjenigen Ordnungsrahmen, Traditionen etc. statt, die diejenigen Gemeinschaften, die sie anwenden, im Wettbewerb der Gruppen erfolgreicher machen, als konkurrierende Gemeinschaften mit anderen Regelsystemen.[853] Durch die Selbstbeschränkung der Mitglieder der Gemeinschaft wird es möglich, Effizienzsteigerung zu realisieren. Längerfristig werden hierdurch ebenfalls die individuellen Möglichkeiten der Gesellschaftsmitglieder erweitert. Durch die Konkurrenz und evolutionäre Selektion verschiedenartiger Regeln und Systeme wird eine Zusammenführung unterschiedlicher Interessen möglich. In mancher Hinsicht geben die einzelnen Teile des Gesamtsystems Handlungsspielräume auf. Gleichzeitig erlangen die Elemente in dem „neuen" Gesamtsystem jedoch erweiterte Aktionsräume.

Jene Prozesse, die zu einer Ausbildung der spontanen Ordnung führen, wie sie HAYEK beschreibt, entsprechen in gewisser Weise auch den im folgenden Abschnitt dargestellten Prozessen, die die Synergetik untersucht.[854] Während der mögliche Ablauf der Entstehung einer spontanen Ordnung bei HAYEK allerdings weitgehend offen bleibt, bietet das Konzept der sogenannten Synergetik Möglichkeiten, die angesprochenen Verläufe darzustellen. Das wesentliche Kennzeichen selbstorganisatorischer Prozesse stellt der Sachverhalt dar, dass sich eine Ordnung durch die Interaktion vieler Elemente selbst und unbeabsichtigt ergibt, und dass sich die auf diese Weise ergebende Ordnung rückkoppelnd selbst stabi-

---

851 Vgl. hierzu auch bei Etzioni (1994), S. 286.

852 Diese allgemeine Art von Regeln nennt *Hayek* auch *Nomos* (vgl. Teil E II.2.3.1). Er versteht hierunter: „... eine allgemeine Regel gerechten Verhaltens ... , die für eine unbekannte Zahl künftiger Fälle und gleichermaßen für alle Personen gilt, auf welche die in der Regel beschriebenen objektiven Umstände zutreffen, ungeachtet der Folgen, welche die Befolgung der Regel in einer speziellen Situation auslösen mag." Hayek (1994), S. 211.

853 Vgl. auch Herms (1989), S. 168.

854 Vgl. hierzu auch Erdmann (1993), S. 43.

lisiert. Im folgenden Abschnitt wird das Konzept der sogenannten Synergetik kurz skizziert. Hierdurch ist es möglich, wesentliche Eigenschaften sich selbst organisierender Prozesse und Strukturen zu erfassen.

III Synergetik und synergetische Sichtweise moralischer Entwicklung

III.1 Einführung

Etwa zu Beginn der sechziger Jahre begann in der Wissenschaft eine Entwicklung, die zu einem neuen Verständnis dynamischer und komplexer Strukturen führte. Für ein Wissenschaftsgebiet, welches sich mit selbstorganisierten Prozessen und kollektivem Verhalten – zunächst in den Naturwissenschaften – beschäftigt, führte HAKEN den Begriff der Synergetik[855] ein.

Dieses kollektive Verhalten scheint – zumindest in den Naturwissenschaften – allgemeinen Gesetzen zu unterliegen. Aus diesem Grund sieht die Synergetik ihr Ziel in dem Auffinden jener Grundsätze, die die Selbstorganisation von Systemen gewährleisten. In nahezu allen wissenschaftlichen Gebieten werden Systeme betrachtet, welche sich aus einer Vielzahl einzelner Elemente zusammensetzen. Die einzelnen Teile eines bestehenden Systems stehen in einer wechselseitigen Verbindung. Durch diese Wechselbeziehungen entstehen auf der Makroebene des Systems geordnete Strukturen die sich häufig ohne einen exogenen Einfluss bilden.[856]

Das wesentliche Erkenntnisinteresse der Synergetik ist auf jene Prozesse gerichtet, die zur Bildung dieser endogenen und selbstorganisierenden Ordnung führen. Die Analyse richtet sich auf folgendes Problem: Wie kann sich durch die Interaktion der einzelnen Systembestandteile – der Mikroebene – auf der Makroebene eine „geordnete" Strukturen ausbilden, ohne dass hierzu ein exogener und ordnender Einfluss erforderlich wird.

Die Synergetik stellt eine sehr allgemeine Theorie der Selbstorganisation dar, und scheint dazu geeignet, auch im Bereich der Sozialwissenschaften eine Erklärung für das Entstehen von Ordnungszuständen bieten zu können. Die Synergetik beansprucht zwar nicht eine „universelle" und „allgemeingültige" Theorie zu sein, dennoch stellt sie zumindest eine umfassende Theorie der Selbst-

[855] Den Begriff Synergetik hat Haken dem Griechischen entnommen. Er bedeutet soviel, wie die Lehre vom Zusammenwirken. Haken (1996), S. 587.

[856] Siehe hierzu beispielsweise Haken (1993), S. 15.

organisation dar.[857] Diese Ambition scheint gerechtfertigt, wenn man sich die Vielzahl von möglichen Anwendungsgebieten vor Augen führt. Die betrachteten Systeme im Bereich sozialwissenschaftlicher Forschung setzen sich aus vielen Untersystemen zusammen. Hierbei handelt es sich um Menschen, Gruppen von Individuen oder Institutionen, diese Teilsysteme konstituieren eine Sozietät.[858] Auf der Mikroebene der betrachteten Systeme handelt es sich um sehr unterschiedliche Teile, Elemente oder – bezogen auf soziale Systeme – Akteure oder Personen.

Das Prinzip der Selbstorganisation ist im Sinne HAKENS durch die folgende Eigenheit gekennzeichnet: Die einzelnen Elemente eines Ganzen ordnen sich wie von einer unsichtbaren Hand geführt. Gleichzeitig bilden die Einzelsysteme durch ihr Zusammenwirken aber erst diese unsichtbare Hand aus.[859] Im Folgenden werden nur die wesentlichen Eigenschaften und Grundaussagen des synergetischen Ansatzes erarbeitet und skizziert. Die Darstellung und Anwendung der genannten Methode erfolgt unter Verwendung graphischer Darstellungen und Plausibilitätsüberlegungen. Von Detailbetrachtungen, wie einer differenzierten Darstellung unterschiedlicher Attraktoren[860] (Fixpunktattraktor, zyklische Attraktoren, Torus-Attraktoren und seltsamen Attraktoren)[861] wird ebenso abgesehen, wie von der formalen Darstellung unter Verwendung der sogenannten Mastergleichung.[862]

---

857 Mit dem Konzept der Synergetik ist die Liste selbstorganisatorischer Konzepte indessen nicht abgeschlossen. Zu dieser Aufzählung vgl. Göbel (1998), S. 39. Neben dem Konzept der Synergetik sind zu nennen: Der systemtheoretisch-kybernetische Ansatz von H. von Foerster, die Theorie der dissipativer Strukturen von I. Prigogine, die Theorie autokatalytischer Hyperzyklen von M. Eigen, das Konzept elastischer Ökosysteme von C. S. Holling, die Theorien des (deterministischen) Chaos insbesondere von E. N. Lorenz, das bereits bekannte Konzept der Autopoiese von Maturana und Varela.

858 Wunderlin (1993), S. 47.

859 Haken (1995), S. 24.

860 Unter einem Attraktor wird eine geometrische Struktur verstanden, die alle möglichen Zustände umfasst, die ein dynamisches System auf lange Sicht annehmen kann. Vgl. Ernst (1996), S. 43. Zum Begriff des Attraktors siehe auch Erdmann (1993), auf den Seiten 42, 59, 60. Unter einem Attraktor versteht man einfach ausgedrückt einen Anzugspunkt, auf den sich ein bestimmtes System hinbewegt. Ein „einfaches“ Beispiel stellt ein Pendel dar, welches sich nach dem Anstoß irgendwann einem Ruhepunkt annähert. Vgl. hierzu und zu anderen Beispielen bei Haken (1995), S. 152-160.

861 Eine ausführliche Darstellung ist zu finden bei Ernst (1996), S. 43-50.

862 Vgl. zur Darstellung der Mastergleichung bei Troitzsch (1990), S. 97 f. Weitergehende und ausführliche Darstellungen, sowie Erläuterungen zur Mastergleichung sind u. a. zu finden bei: Erdmann (1989), S. 11-15. Haken (1990b), S. 97-114. Haken (1996), S. 593-594. Weidlich und Haag (1983), insbesondere auf den Seiten 58-72. Ebenfalls bei Haag (1990), S. 136-140.

III.2 Anwendungsbeispiele

Die denkbaren Anwendungsmöglichkeiten der synergetischen Theorie sind sehr groß und eine Übertragung fand bereits in zahlreiche Wissenschaftsbereiche statt. In der Physik wurden beispielsweise jene Prozesse untersucht, die dazu führen, dass die einzelnen Atome in der Lichtquelle eines Lasers, selbstorganisatorisch eine völlig andere Art von Licht – das Laserlicht – erzeugen.[863] Im Bereich der Biologie kann aufgezeigt werden, wie das komplexe System Mensch durch die Interaktion einer Vielzahl von einzelnen Zellen erzeugt wird.[864] Die Erkenntnisse der Synergetik sind jedoch nicht nur für das Verständnis selbstorganisatorischer Prozesse im Bereich der Naturwissenschaften von Bedeutung. Eine Anwendung auf sozialwissenschaftliche Probleme ist ebenfalls möglich. Die wesentliche Abweichung zwischen den bisher dargestellten Beispielen aus den Naturwissenschaften und der folgenden Verwendung auf dem Gebiet sozialer Systeme ist, dass menschliche Individuen zielorientiert bzw. strategisch handeln können.[865] Allerdings verliert dieser Unterschied in der folgenden Betrachtung an Bedeutung. Legt man das ökonomische Verhaltensmodell und das „Menschenbild“ des homo oeconomicus respektive Satisficer zu Grunde, wird das individuelle Verhalten der Akteure innerhalb bestimmter Grenzen berechenbar.[866]

Ein gesellschaftliches System setzt sich – je nach Abgrenzung – aus einer großen Zahl von Individuen zusammen. Durch ihr Zusammenspiel bilden sie zum Teil unbewusst eine spontane Ordnung aus.[867] Unter Verwendung der Synergetik

---

Die Mastergleichung gibt die Wahrscheinlichkeit an, mit der ein Zustand (N) zu einem späteren Zeitpunkt (t) vorliegt. Vgl. Helbing (1992), S. 9. Hier erfolgt nur eine äußerst knappe Beschreibung des grundlegenden Konzepts. In allgemeiner Form kann die Mastergleichung wie folgt beschrieben werden: $\frac{dNw_m}{dt} = -N\ddot{u}_{mu} w_m + N\ddot{u}_{um}(1-w_m)$. Wobei: (N) eine bestimmte Anzahl von Personen darstellt und (d) die Veränderung im Zeitverlauf (t). Die Größe (w_m) gibt hier die Wahrscheinlichkeit an eine bestimmte Person bei einem sittlichen Verhalten anzutreffen. Der Ausdruck $(\ddot{u}_{mu})$ gibt an, wie häufig eine Person ihr Verhalten von moralisch (m) auf unmoralisch (u) wechselt. Die Bezeichnung $(\ddot{u}_{um})$ gibt an, wie häufig eine Person von einer unmoralischen (u) zu einer moralischen Handlung (m) wechselt. Je nachdem wie stark eine bestimmte Person nun eine der Handlungen der anderen vorzieht, können auf der Makroebene unterschiedliche Konstellationen von sittlichen und unsittlichen Verhaltensweisen festgestellt werden.

863 Vgl. hierzu auch bei Haken (1990b), S. 19 f.

864 Vgl. Haken (1993), S. 16.

865 Vgl. Erdmann (1993), S. 33.

866 Vgl. Erdmann (1993), S. 34.

867 Siehe hierzu beispielsweise Weise (1990), S. 32. Grundlegend aber auch die in Teil E II.3.4 dargestellten Gedanken Hayeks.

wurden erfolgreich folgende Probleme untersucht: Die Populationsdynamik, die Meinungsbildung im politischen Bereich und die Strukturbildung im Siedlungsbereich.[868] Ein typisch ökonomisches Beispiel ist die Interaktion auf Märkten. Hier treffen eine Vielzahl von Anbietern und Nachfragern zusammen. Durch ihre Aktivitäten bilden sie eine Ordnungsstruktur derart aus, dass schlüssige Handlungen durchgeführt werden, ohne dass es hierzu einer ordnenden Kraft bedarf.[869] Durch ihre Entscheidungen und Aktionen bilden sie ökonomische Größen wie Marktpreise, nachgefragte und angebotene Mengen aus.[870] Diese Größen, die – in einer Marktwirtschaft – nicht durch eine planende Instanz geschaffen werden, nehmen ihrerseits wiederum Einfluss auf die künftigen Entscheidungen und Handlungen der Akteure auf dem Markt. Ähnlich verhält es sich beispielsweise mit „Modewellen", sie bilden sich durch Interaktionen einzelner Individuen aus und nehmen teilweise wieder rückwirkend Einfluss. Gegebenenfalls kommt es zunächst in einer relativ kleinen Gruppe dazu, dass – ausgelöst durch einen trend-setter – eine bestimmte Mode aufkommt, die sich innerhalb dieser Gruppe verbreitet. Sofern die entsprechende Mode von anderen Individuen angenommen wird, kann sie sich anschließend schrittweise immer weiter innerhalb bestimmter Gesellschaftsteile oder der gesamten Sozietät verbreiten. Durch diesen Prozess entsteht innerhalb der Gemeinschaft eine Ordnung, eine Regelmäßigkeit im Verhalten der Individuen.[871] Man kann von einem Verhaltensmuster sprechen.

Die Gemeinsamkeiten der dargestellten Prozesse sind folgende: Zahlreiche einzelne „Akteure", deren unterschiedliche „Aktionen" oder Entscheidungen im Einzelfall nicht bekannt sind, bilden durch ihr Zusammenwirken auf einer höheren Ebene eine Struktur. Diese Struktur ihrerseits wirkt auf die Aktionen oder Entscheidungen der einzelnen Elemente zurück. Der individuelle Einfluss eines einzelnen Teils auf die sich bildende Ordnung ist jeweils isoliert gesehen gering, gesellschaftlich interessant ist die Folge der individuellen Entscheidungen und Handlungen.[872] In allen Fällen ergibt sich die „Makrostruktur" Ordnung – bei HAYEK die spontane Ordnung – durch die Interaktionen der einzelnen Teile bzw. Individuen. Diese Ordnung ist den einzelnen Elementen oder Akteuren zunächst

---

868 Vgl. Weidlich (1995), S. 63. Zur Anwendung auf die politische Meinungsbildung im Bundestagswahlkampf 1976 vgl. auch Troitzsch (1995), S. 30-34, auch bei Troitzsch (1996), S. 205-212. In bezug auf Wanderungsbewegungen in Deutschland bei Haag (1990), S. 156-177.

869 So auch Schmidtchen (1990), S. 97. Wenngleich anzumerken bleibt, dass eine synergetische Betrachtung sozialer Prozesse nicht dezidiert Eigennutzstreben unterstellt. Bezüglich der handlungsleitenden Motive ist die synergetische Methode vollkommen neutral.

870 Vgl. Hellbrück (1993), S. 3.

871 Vgl. Weise (1990), S. 31.

872 Vgl. Müller-Benedict (1996), S. 49.

einerseits zwar vorgegeben andererseits durch sie im Zeitverlauf jedoch veränderbar. Die Elemente des Ganzen sind zwar sehr heterogen und ihnen stehen zahlreiche Handlungsoptionen zur Verfügung, gleichzeitig werden sie jedoch durch den Zusammenhang des Ganzen in bestimmte Bahnen gelenkt.[873] Sofern sich die Ordnung auf der Makroebene wandelt, kann sie ihrerseits wieder Einfluss auf die nachfolgenden Interaktionen auf der Mikroebene nehmen.

Wie bereits erwähnt, sind Rückschlüsse auf die individuellen Entscheidungen (Motivation, Ziele etc.)[874] im konkreten Einzelfall nicht möglich. Andererseits scheint dieses auch nicht zwingend notwendig zu sein. Vielmehr setzt die Analyse auf der Makroebene an, und untersucht jene Prozesse, die zur Entstehung und Entwicklung einer sozialen Ordnung führen. In sozialen Systemen ist die Erklärung individueller Entscheidungen und Handlungsfolgen häufig weniger von Interesse. Letztlich ist die vollständige Erfassung der zahlreichen individuellen Einstellungen auch – aufgrund mangelnder Informationen – gar nicht möglich.[875] Ein Beispiel stellen Meinungsumfragen vor Wahlen dar. Zwar kann jedes Individuum grundsätzlich erfahren, wie viele der anderen seine Meinung teilen, andererseits ist allerdings nicht möglich, in Erfahrung zu bringen, welche es sind. Interessant ist eher, wie sich ausgehend von der Mikroebene der Individuen, deren unterschiedlichen Einstellung, Präferenzen, Motivationen, Entscheidungen, ihrer (direkten und indirekten) gegenseitigen Beeinflussung,[876] und ihren Verhaltensänderungen, auf der Makroebene eine geordnete Struktur[877] ausbilden kann,[878] die über einen bestimmten Zeitraum stabil ist.[879] Bevor die Theorie der Synergetik eingehender betrachtet wird, werden mögliche Einwände gegen eine Übertragung der Synergetik auf den Bereich der Sozialwissenschaften dargestellt.

III.3 Mögliche Gegenstimmen

Als Gegenpositionen, die eine Übertragung der skizzierten Theorie der Synergetik auf die gesellschaftliche Ebene für zweifelhaft halten können, sind folgende Auffassungen denkbar: Der rein *individualistische* Ansatz, der rein *holistische* Ansatz und die Position von HARDY BOUILLON.

---

873 Vgl. Willke (1994), S. 70.
874 Es sei denn sie werden „vorgegeben“, wie das Rollenverhalten in der soziologischen oder die Nutzenmaximierung in der ökonomischen Theorie.
875 Vgl. Schlicht (1986), S. 221.
876 Vgl. Weidlich (1995), S. 71.
877 Mit Struktur ist ein Muster gemeint, welches sich ausbildet, sofern ein System Regelmäßigkeiten aufweist und aus diesem Grund identifiziert werden kann. Vgl. Ehret (1994), S. 13.
878 Vgl. Haag (1990), S. 134.
879 Vgl. Hejl (1990), S. 114.

III.3.1 Individualismus vs. Holismus – Die Synergetik als Vermittler

Die beiden erst genannten Ansätze stehen auf den ersten Blick in einem diametral entgegengesetzten Verhältnis. Der *individualistische* Ansatz – so auch die Ökonomik – führt jedes Systemverhalten auf die Entscheidungen, Wahlhandlungen und Handlungen einzelner Individuen zurück. Ihm geht es darum, sozioökonomische Phänomene durch individuell rationale Entscheidungen und dem sich anschließenden Verhalten zu erklären.[880] Auf der übergeordneten sozioökonomischen Ebene ergeben sich durch diese Aktivitäten aggregierte Handlungsfolgen.[881] Einen Gegensatz stellt der holistische Ansatz dar, der das individuelle Verhalten auf gesellschaftliche Zwänge (Sprache, Systemerfordernisse o. ä.) zurückführt.[882] In diesem Sinne wird das Individuum durch diese Zwänge „versklavt", der holistische Ansatz unterstellt ein Verhalten auf der Makroebene, welches vom Verhalten der Individuen unabhängig ist.[883]

Diese scheinbare Meinungsverschiedenheit zwischen den beiden Ansätzen lässt sich jedoch durch die synergetische Sichtweise auflösen. Die Synergetik schließt in gewisser Weise beide Perspektiven ein. Sie berücksichtigt einerseits, die gesellschaftliche „Zwänge", die auf die Individuen einwirken. Andererseits legt sie den Fokus der Betrachtung auf die individuellen Interaktionen, die diese Einengung individuellen Verhaltens erst entstehen lassen. Gesellschaften oder gesellschaftliche Institutionen bilden sich demnach nicht unabhängig von menschlichen Interaktionen aus. Sofern Sozietäten eine gewisse Stabilität aufweisen, tun sie dies nicht, da die Gesellschaft, als solche stabil ist, „ ... sondern weil sie starke Kräfte auf die sie konstituierenden Individuen ausübt, welche wiederum von allen zusammen erzeugt werden."[884]

III.3.2 Die Position von Bouillon

Aufgrund der nachfolgenden Gründe, kann die Synergetik – nach Bouillons Auffassung – das Verhalten der Individuen und die hieraus entstehende spontane Ordnung nicht adäquat erklären:

> „Problematisch ist es ... , wenn man mit der Theorie der Synergetik gleichzeitig die Idee der Versklavung auf die gesellschaftliche Ebene zu übertragen versucht. Sind die Individuen der Gesellschaft – Haken meint vermutlich Gesellschaften in der Tradition der westli-

---

880 Vgl. Ryll (1992), S. 73.
881 Vgl. Suchanek (1997), S. 69.
882 Vgl. Weise (1990), S. 56.
883 Vgl. Weise (1990), S. 29.
884 Weise (1990), S. 29.

chen Zivilisation – tatsächlich von gewissen Meinungsträgern versklavt? Gibt es keine – natürlich von Randbedingungen beeinflusste – freie Meinungsbildung?"[885]

Dem ist an dieser Stelle Folgendes entgegenzuhalten:[886] Der Ausdruck *Versklavung* wird von HAKEN m. E. weitaus weniger streng aufgefasst, als hier verstanden. Versklavung meint nicht, dass die Individuen völlig determiniert und unfrei sind, sondern dass man sich innerhalb bestimmter Grenzen an gemeinsam erzeugten Größen orientiert. BOUILLON weiter:

> „Haken stellt die Entstehung der geordneten physikalischen Strukturen als einen *exogenen* Prozeß dar, als einen Prozeß, der durch äußere Krafteinwirkung verursacht wird. Für v. Hayek hingegen ist die spontane Ordnungsbildung ein *endogener* Prozeß, der sich durch die Handlungen der Individuen vollzieht. Durch die äußeren Kräfte bilden sich die synergetischen Systeme sprungartig. Haken spricht von Phasenübergängen oder Revolutionen. In v. Hayeks Theorie der spontanen Ordnung dominiert hingegen die Idee der Evolution, die Idee der graduellen Veränderung von Regeln innerhalb des Systems und nicht die der Revolutionierung des gesamten Ordnungszustandes."[887]

Diese Ausführungen sind etwas ungenau: Die Ordnungsbildung vollzieht sich auch für HAKEN endogen.[888] In gemeinsamen Interaktionen der Gesellschaftsmitglieder bilden sich Ordner aus.[889] Diese Ordnungsgröße stabilisiert rückwirkend die Verhaltensweisen der Individuen die sie durch ihre Wechselbeziehungen etablieren. Hierfür ist nicht zwingend ein exogener Einfluss notwendig. Äußere Kräfte können zur Bildung einer Ordnung beitragen, sind jedoch nicht die alleinige Ursache. Das Einwirken einer exogenen Kraft kann zwar zu einem sprunghaften Übergang – Phasenübergang – führen. Dies ergibt sich jedoch nicht zwingend. Mitentscheidend hierfür ist die historische Entwicklung und die Stabilität des Systems.[890]

III.4 Grundlagen und Begriffe

III.4.1 Rückkopplung

Durch ihre individuellen Aktionen konstituieren die Akteure Ordnungsstrukturen auf der Makroebene des Gesellschaftsverbandes. Die bestehende Ordnung (z. B. die relevanten Preise, Normen etc.) wiederum nimmt *rückkoppelnd* Ein-

---

885 Bouillon (1991), S. 58.

886 Eine Erläuterung zum Begriff der „Versklavung" in der Synergetik erfolgt anschließend in Teil E III.4.3.

887 Bouillon (1991), S. 58. Hervorhebung im Original.

888 Vgl. Teil E III.4.

889 Der Begriff Ordner wird anschließend in Teil E III.4.2 erläutert.

890 Vgl. hierzu Teil E III.5.4.

fluss auf die Prozesse der Mikroebene.[891] Die einzelnen Elemente tragen durch ihre kulturellen oder ökonomischen Aktivitäten also zur Bildung eines kollektiven Feldes bei.[892] Aufgrund dieser Wechselwirkungen können die individuellen Akteure ihr Verhalten nicht vollkommen autonom und isoliert festlegen.[893] Jeder einzelne Akteur orientiert sich mehr oder weniger stark und häufig an dem gemeinsam erzeugten Kräftefeld. Dies führt dazu, dass die individuellen Entscheidungen von der Summe der einzelnen Entscheidungen und Handlungen abhängig werden. Diese Auffassung ist auch grundsätzlich mit den Ergebnissen der Rational-Choice-Theorie kompatibel. Selbst für homo oeconomicus kann es – wie gezeigt wurde – rational sein, sich aufgrund hoher Informationskosten o. ä. zumindest bis zu einem gewissen Grad an Entscheidungen anderer,[894] bzw. bestehenden Verhaltenstandards zu orientieren. Prinzipiell entsteht durch diese Rückkopplungsprozesse auf der Makroebene der Gesellschaft das, was Hayek als Muster oder auch Ordnung bezeichnet hat.[895]

III.4.2 Ordner

Eine essentielle Rolle in der Synergetik spielt der Begriff des *Ordners.*[896] Jede Gesellschaft, oder auch Volkswirtschaft, besteht aus vielen einzelnen Individuen. Diese unterscheiden sich in Hinsicht auf ihre Ausgangssituationen, Ziele, Wünschen etc. Die Synergetik versucht zu zeigen, dass auch ein komplexes soziales System, welches aus zahllosen einzelnen Teilen besteht, durch einige wenige Größen, die Ordner, beschrieben werden kann.[897] Die einzelnen Elemente eines Systems ordnen sich ohne äußeren Einfluss selbstorganisatorisch an. Sie werden von den Ordnern in ihren Bann gezogen.[898] Durch die Interaktionen der Einzelelemente entsteht eine Gesamtordnung, welche rückwirkend wieder das Verhalten der Individuen beeinflusst. In den Worten HAKENS schaffen sich die Akteure durch ihre wechselseitigen Aktionen einen Ordner, eine unsichtbare Hand, die sie lenkt.[899] Beispiele für Ordner im Bereich der Sozialwissenschaften sind die Sprache, Staatsform, Mode, Kultur, *Ethik* und vieles mehr.[900] Sie sind also einerseits bewusst geschaffen oder implementiert (Staatsform), oder haben sich spon-

---

[891] Vgl. hierzu Weise (1997), S. 71.
[892] Vgl. Haag (1990), S. 133.
[893] Siehe hierzu Erdmann (1993), S. 33.
[894] Vgl. hierzu die in Teil D VII.6.3 vorgetragenen Argumente. Vgl. zu dieser Ansicht auch Erdmann (1990), S. 3156 f.
[895] Vgl. beispielsweise Hayek (1996b), S. 282.
[896] Vgl. hierzu Haken (1995), S. 25.
[897] Vgl. Haken (1996), S. 588.
[898] Vgl. Ratzek (1992), S. 74.
[899] Siehe hierzu beispielsweise Haken (1995), S. 24.
[900] Vgl. Haken (1996), S. 590.

tan ausgebildet. So enthalten die heute vorfindbaren Ordner Kultur oder Ethik beispielsweise jene Erfahrungen die über Generationen gesammelt wurden. Die Besonderheit dieser Prozesse liegt nun allerdings in dem Umstand, dass der Ordner durch die einzelnen Teile des Systems endogen geschaffen wird. Das heißt, die einzelnen Teile bestimmen in gewisser Weise selbst darüber, welche Ordnungsstrukturen bestehen. HAKEN spricht in diesem Zusammenhang von einer „zirkulären Kausalität".[901] Die ordnenden Kräfte eines Systems können vor allem durch ihre Beständigkeit charakterisiert werden. Sie unterscheiden sich von den anderen Teilen des Systems dadurch, dass sie sich langsamer verändern als die Teilelemente. Während sich die einzelnen Elemente des Systems durch die *Versklavung* relativ schnell an den, oder die bestehenden Ordner anpassen.[902]

III.4.3 „Versklavungsprinzip"

HAKEN vergleicht diese ordnenden Kräfte bildlich gesprochen auch mit Puppenspielern, die Marionetten tanzen lassen. Der Ordner „versklavt"[903] die einzelnen Teile des Systems, senkt den Freiheitsgrad der einzelnen Akteure und schafft hierdurch einen Zustand höherer Ordnung.[904] Diese „Versklavung" kommt indessen nicht durch äußeren Zwang zu Stande, vielmehr machen die individuellen Akteure ihr eigenes Verhalten von einer bestehenden Ordnung abhängig.[905] Die relativ schnellen Größen (die individuellen Verhaltensweisen) passen sich dementsprechend an die relativ langsameren Variablen (Ordner) an. Genau dieser Sachverhalt ist es allerdings zugleich, der einen Prozess der Selbstorganisation erst ermöglicht. Sofern sich die ordnenden Größen rascher ändern als das Verhalten der einzelnen Elemente, ist die Ausbildung einer stabilen Ordnung wahrscheinlich gar nicht möglich. Würden beispielsweise Gesetze, Normen, oder sonstige handlungssteuernde Regeln einem ständigen Wandel unterliegen, währe es für die Individuen unmöglich sich an den entsprechenden Größen zu orientieren.[906] Ein Beispiel[907] hierfür stellt gewissermaßen die Sprache einer Gruppe[908]

---

901 Vgl. beispielsweise Haken (1996), S. 588.

902 Vgl. beispielsweise Haken (1993), S. 21.

903 Haken weist mehrfach darauf hin, dass der Ausdruck „Versklavung" wertfrei zu verstehen ist.

904 Vgl. Haken (1995), S. 25. Auch bei Ernst (1996), S. 37. Andererseits ist jedoch nicht auszuschließen, dass durch diese Ordner Zustände einer Unordnung bilden können. Haken (1996), S. 588.

905 Vgl. Erdmann (1993), S. 33.

906 Vgl. Weise (1990), S. 43.

907 Vgl. zum folgenden bei Haken (1993), S. 21. Auch bei Haken (1996), S. 590 f.

908 Hier ist beispielsweise auch an eine Geheimsprache zu denken. Diese dient der Abgrenzung von anderen Gruppen. Eine Person die einer bestimmten Gruppe angehören will, kommt allerdings nicht umhin diese Sprache zu lernen und anzuwenden. Vgl. Haken (1996), S. 590.

oder eines Volkes dar.[909] Weitere Ordner im betrachteten Gebiet der Sozialwissenschaft stellen das Recht, die Kultur, Moden, u. a. dar.[910] Eine wesentliche ordnende Größe, die sich im Vergleich zu den durch sie gesteuerten Elementen gleichsam relativ langsam verändert, stellt ferner die menschliche Moral – im Sinne eines Normenkatalogs –, bzw. grundlegender die menschliche Moralität dar.[911] Moralität charakterisierte – wie oben bereits beschrieben – Denk- und Entscheidungsprozesse, innerhalb derer neben dem eigenen Interesse auch die Interessen anderer Menschen berücksichtigt werden.

III.4.4 Kontrollparameter

Kontrollparameter sind jene Einflussgrößen, die ihm Rahmen soziökonomischer Betrachtung die exogenen Rahmenbedingung der Gesellschaft darstellen.[912] So wird beispielsweise durch staatliche Satzungen (gesetzliche Regeln und die Überwachung ihrer Einhaltung) ein Handlungsrahmen vorgegeben,[913] innerhalb dessen Akteure ihre eigenen Ziele verwirklichen können.[914] In Unternehmen oder anderen Einheiten bestehen unterschiedliche Organisationsstrukturen,[915] die den Mitgliedern dieses Systems unterschiedliche Freiheitsgrade lassen. Innerhalb der bestehenden Spielräume kann sich jedoch eine spontane Ordnung bilden. Die Individuen erzeugen durch ihre Interaktionen – sei dies nun Kooperation oder Konkurrenz – eine geordnete Struktur. Zwar nehmen die Rahmenbedingungen Einfluss auf das System, letztlich sind sie jedoch nicht für die Ausbildung der Struktur verantwortlich. Diese Muster entstehen in selbstorganisatorischen Prozessen.

---

909 Die Dauerhaftigkeit der Sprache ist ungleich länger als die Lebensdauer eines einzelnen Menschen, insofern ist der Einzelne genötigt sie zu lernen, wenn er sich verständigen will. Gleichzeitig lohnt sich dieser Aufwand, da die Anwendung über einen hinreichend langen Zeitraum erfolgt.

910 Hier zeigt sich auch, dass unterschiedliche Ordner miteinander konkurrieren können (z. B. Moden). Sie können andererseits koexistieren (z. B. die unterschiedlichen Sprachen in der Schweiz). Vgl. Haken (1996), S. 590. Vgl. hierzu auch die Ausführungen in Teil F III.4.8.

911 Zur genauen Begriffsbestimmung vgl. auch Teil B II.2.5.

912 Vgl. Haken (1996), S. 588.

913 Vgl. Wunderlin (1993), S. 51 f.

914 Hier liegt die Schnittstelle mit der Ordnungsethik im Sinne Homanns. Die Ordnungsethik will Regeln setzen, die das individuelle durch Eigeninteresse gesteuerte Verhalten der Akteure in allgemein erwünschte Bahnen lenkt. Vgl. Teil D III.3.

915 Vgl. Haken (1993), S. 30 f.

III.4.5 Ordnerverhalten – Kleine Ursache große Wirkung

Eine Änderung der Kontrollparameter kann zu Veränderungen des gesellschaftlichen Systems führen.[916] Für bestimmte (kritische) Werte der Kontrollparameter kann das System eine instabile Lage einnehmen.[917] Bezogen auf gesellschaftliche Systeme kann es sich – neben einer Änderung der implementierten Regeln – beispielsweise um eine sehr lange anhaltende Arbeitslosigkeit, staatliche Misswirtschaft, Korruption oder vergleichbares handeln.[918] Alle diese Sachverhalte sind dazu angetan, das Vertrauen der Individuen in das bestehende System zu zerstören und die existenten Rahmenbedingungen des Systems zu destabilisieren.[919] Sofern eine kritische Kräftekonstellation eintritt, können bereits kleine Veränderungen auf der Mikroebene des Systems – den Individuen – dazu führen, dass sich auf der Makroebene eine signifikante Zustandsänderung ergibt.[920] Nehmen bestimmte Größen einen problematischen Wert an, kann es durch Bewegungen auf der Mikroebene der Akteure zu stark divergierenden[921] Entwicklungsverläufen auf der Makroebene kommen.[922] Aus diesem Blickwinkel ergibt sich, dass Phänomene die auf der Makroebene beobachtet werden, sich qualitativ von den Phänomenen der Mikroebene unterscheiden können. Die Eigenschaften der Makroebene sind emergent,[923] d. h. sie stellen mehr dar, als die reine Zusammenfassung der Handlungen einzelner Akteure.[924]

In einer kritischen Situation kann ein Umschwung bereits durch kleine Fluktuation ausgelöst werden. Dies bedeutet nichts anderes, als dass es nicht zwingend notwendig ist, dass eine Mehrheit ihr Verhalten ändert. Es kann bereits ausreichend sein, dass einige wenige – ausschlaggebende – Individuen ihr Verhalten ändern.[925] Kleine Schwankungen können ausreichen, um eine neue Struktur herbeizuführen.[926] Ein Beispiel aus der jüngeren Vergangenheit ist die gesellschaft-

---

916 Vgl. Haken (1995), S. 183, auch (1996), S. 591.
917 Vgl. Wunderlin (1993), S. 56.
918 Vgl. Haken (1996), S. 591.
919 Vgl. Haken (1996), S. 591.
920 Vgl. Weise (1990), S. 49.
921 Unter Divergenz versteht man sehr unterschiedliche Verhaltensverläufe bei vernachlässigbaren Anfangsunterschieden. Siehe Weise (1990), S. 39.
922 Vgl. Haag (1990), S. 133.
923 Vgl. u. a. bei Willke (1994), S. 55. Bezogen auf die Innovationsdynamik in sozialen Systemen auch zu finden bei Brandstätter (1992), S. 104.
924 Es handelt sich also um ein nichtlineares Systemverhalten. Nichtlineares Verhalten besagt, dass der auslösende Effekt nicht proportional zur herbeigeführten Wirkung ist. Vgl. Wunderlin (1993), S. 48.
925 Vgl. Haken (1993), S. 26. Auch zu finden bei Haken (1996), S. 591.
926 Siehe hierzu auch Schlichting (1993), S. 76.

liche Entwicklung in den ehemaligen Ostblockstaaten.[927] Bereits einige wenige „Regimegegner“ und ihre – meist – friedlichen Proteste waren ausreichend, um das politische Klima zu verändern. Es gelang ihnen zunehmend die bestehenden totalitären Gesellschaftssysteme zu destabilisieren und später sogar völlig aus der Bahn zu werfen. Will man also verhindern, dass ein soziales System instabil wird, sollten kritische Fluktuationen[928] und Phasenübergänge[929] der beschriebenen Art vermieden werden. Wobei der Zufall (die kritischen Fluktuationen) eine gewisse indirekte Manipulation[930] erfahren kann. Vorausgesetzt es gelingt bei den Individuen den Wunsch zu fördern, einen bestehenden Zustand erhalten zu wollen.[931] Um dies zu gewährleisten, sollte jedem einzelnen Akteur möglichst viele Entscheidungs- und Handlungsspielräume überlassen werden. Die exogenen Rahmenbedingungen sollten also im Sinne HAYEKS möglichst abstrakte Regeln darstellen.[932] Ihre Aufgabe ist in erster Linie die Sanktion von Normübertretungen und nicht die Vorgabe von unmittelbaren Handlungsanweisungen. In diesem Fall wird der Entscheidungs- und Handlungsspielraum der Individuen nicht unnötig eingeschränkt.[933]

III.4.6 Ein einfaches synergetisches Modell

Abbildung 9 führt die relevanten Aspekte synergetischer Prozesse zu einem einfachen Modell zusammen.

Auf der Mikroebene steht eine Fülle von Individuen in wechselseitigen Beziehungen. Ändern die Akteure auf der Mikroebene ihre Verhaltensweise, kann sich hierdurch eine Veränderung der Struktur auf der Makroebene ergeben.[934] Durch ihre Aktionen bilden sie eine ordnende Kraft (Ordner) aus, welcher zum Teil die Handlungen der Akteure rückkoppelnd lenkt. Diese relativ stabile Größe beeinflusst die sich rascher ändernden Handlungsweisen der Akteure. Der sich spontan ausbildenden Ordner sorgt dafür, dass auf der Makroebene der Gesellschaft geordnete Strukturen (Muster) entstehen. Eine Änderung des Kontroll parameters kann grundsätzlich zu einem Umschwung des Ordners führen.

---

927 Siehe hierzu auch Haag (1996), S. 233.
928 Vgl. Haken (1995), S. 217 f.
929 Vgl. hierzu u. a. Weidlich (1995), S. 74. Ein Phasenübergang beschreibt die angeführte Entwicklung, d. h. das Entstehen von Instabilität und den Übergang zu einer anderen Verhaltensweise der Makroebene.
930 Vgl. Göbel (1998), S. 136.
931 Vgl. hierzu auch Haken (1993), S. 32 f.
932 Vgl. auch Teil E II.2.2.
933 Siehe zu dieser Auffassung allerdings auch bei Haken (1995), S. 222.
934 Vgl. Weidlich (1992), S. 43.

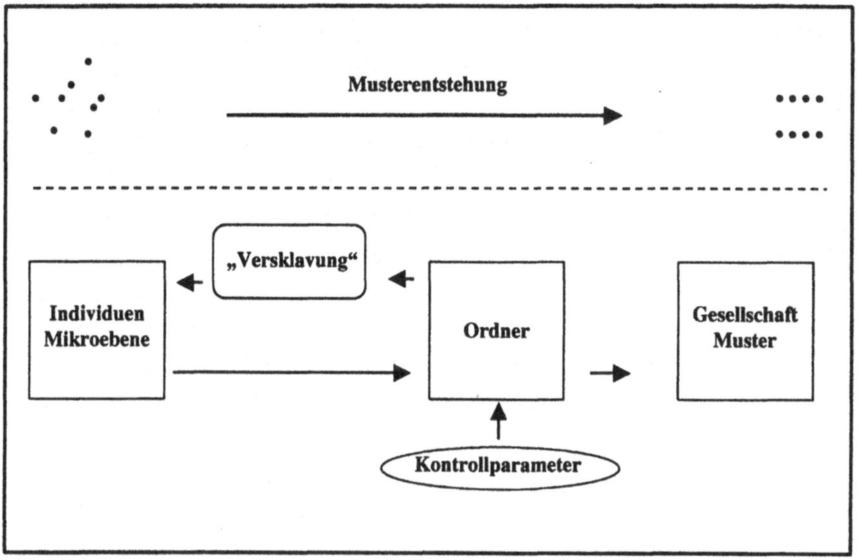

Abbildung 9: Synergetisches Modell

Durch den beschriebenen Prozess der Selbstorganisation wird eine Verknüpfung zwischen den individuellen Verhaltensweisen auf der Mikroebene einerseits und den kollektiven Ergebnissen auf der Makroseite andererseits, hergestellt, sie finden ihren Ausdruck in der Entstehung geordneter Strukturen.[935] Abbildung 10 stellt einen solchen Prozess individueller Interaktionen und rückwirkender Stabilisierung für drei Beschreibungsebenen dar.[936] Es handelt sich hierbei zunächst um die Mikroebene, auf der die Akteure erster Ordnung agieren.[937]

An diese Mikroebene der Individuen schließt sich die Mesoebene einer Aggregatebene (Gruppe, formelle oder informelle Organisation o. ä.) an. Unternehmen oder andere Organisationen sind relativ komplexe Sozialgefüge,[938] die einen Teil der menschlichen Gesellschaft darstellen.[939] Gleichzeitig stellen Gruppierungen auf dieser Mesoebene jedoch ihrerseits eine „Gesellschaft" dar, innerhalb derer sich zahlreiche Individuen gruppieren.[940]

---

935 Vgl. Ehret (1994), S. 79.
936 Für eine Darstellung auf zwei Ebenen siehe auch Troitzsch (1996), S. 203.
937 Vgl. Ryll (1992), S. 73.
938 Siehe hierzu auch die Ausführungen in Müller-Merbach (1992), S. 35.
939 Vgl. hierzu beispielsweise Bickmann (1999), S. 14 f.
940 Vgl. Bickmann (1999), S. 14 f.

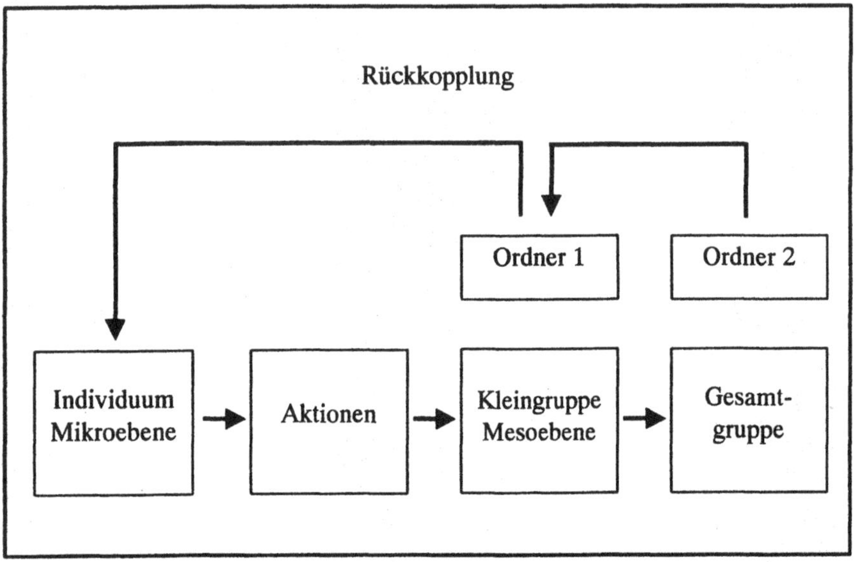

Abbildung 10: Rückkopplung und Selbstorganisation

Auf der Makroebene schließlich bilden sich aufgrund der Interdependenzen Strukturen aus, die es – wie bereits erwähnt – erlauben, das Verhalten des Systems zu beschreiben.

Innerhalb des so beschriebenen Systems sind zahlreiche und unterschiedliche Aspekte denkbar, die die Verhaltensweise eines individuellen Akteurs bestimmen. Ausgehend von der Mikroebene der einzelnen Individuen kann jedoch aufgezeigt werden, wie es zu geordneten Strukturen auf der Makroebene kommt. Menschen stehen zunächst in relativ kleinen Gruppen (Behörden, Unternehmen) in Beziehungen zu anderen Personen. Durch diese Interaktionen entstehen Wechselwirkungen zwischen den Individuen. Jedes einzelne Individuum wirkt durch sein Verhalten auf die jeweils anderen ein, und nimmt hierdurch Einfluss auf die gemeinsam geschaffene Ordnungsgröße.[941] Betrachten wir als Beispiel den Ordner Betriebsklima.[942] Innerhalb einer Organisation orientiert sich jeder Einzelne an dem „group think" der Einrichtung. Alle Mitarbeiter erzeugen dadurch zusammen einen Ordner, das Betriebs- oder Organisationsklima, an dem sie sich gleichzeitig wieder orientieren. Diese Ausrichtung an dem Ordnungsparameter Betriebsklima kann indessen zu erwünschten Ergebnissen einerseits,

---

941 Vgl. Weise (1990), S. 28.

942 Vgl. zum Betriebsklima als Ordner bei Haken (1993), S 31. Eine betriebswirtschaftliche Sicht ist beispielsweise zu finden bei Bickmann (1999), S. 125 f.

zu unerwünschten Folgen andererseits führen.[943] Auf der überschaubaren Ebene der kleinen Gruppe ist eine gegenseitige Kontrolle ohne größere Schwierigkeiten möglich, so dass ein – von dem gemeinsam erzeugten Ordnungsfeld – abweichendes Verhalten von den anderen Personen festgestellt und gegebenenfalls sanktioniert werden kann.[944] Auf der Grundlage dieses Prozesses kann sich – bei allen möglichen Schwierigkeiten – ein stabiles System spontan ausbilden.[945] Hierzu ist es auch nicht notwendig, dass die Individuen eine vollständige Regelmäßigkeit in ihren Handlungen entwickeln.[946] Der gekennzeichnete Prozess setzt sich anschließend auf der nächsten Ebene weiter fort. Die Aktivitäten jeder Organisation werden zum Teil durch die Aktionen anderer berührt. Wie das Beispiel Marktwirtschaft zeigt, ist es möglich, dass eine Vielzahl unterschiedlicher Entscheidungen und Handlungen einer sehr großen Anzahl von Individuen mit ebenso vielen eigenen Zielen aufeinander abgestimmt werden können.

III.4.7 Ein Zwischenfazit – Gegenseitiger Einfluss schränkt ein und schafft Ordnungszustände

Fasst man die bisherige Darstellung kurz zusammen, so ergibt sich folgendes Zwischenfazit: Der beschriebene Prozess der „Versklavung" oder auch Konsensualisierung[947] beeinflusst das Verhalten der Teile. Charakteristisch für synergetische Prozesse ist die teilweise Einkränkung der individuellen Autonomie. Die einzelnen Elemente (Personen, Gruppen) erfahren durch diesen ordnenden Einfluss einen Zustand höherer Regelmäßigkeit.[948] Gleichzeitig wirken die „unselbständigen" Teile jedoch auf den Ordner zurück. Dadurch wird ein weiteres Spezifikum synergetischer Betrachtungsweise charakterisiert. Innerhalb eines bestehenden Systems kommt es ständig zu Veränderungen in den Verhaltensweisen der Elemente. Wechselwirkungen und Rückkopplungen führen zu neuen Zuständen auf der Makroebene des Systems. Bereits kleine Veränderungen auf der

---

943 Die positive Wirkung ist naheliegend: Geht man gerne zur Arbeit und ist motiviert (weil das Klima angenehm ist), wird die Arbeitsleistung entsprechend hoch ausfallen. Entsprechend umgekehrt verhält es sich höchstwahrscheinlich bei einem schlechten Betriebsklima. Haken weist allerdings zusätzlich darauf hin, dass ein kooperatives Verhalten unter den Organisationsmitgliedern in Solidarisierung und Stimmungsmache umschlagen kann, die sich negativ auswirken kann. Vgl Haken (1993), S. 33. Vgl. zu einer ähnlichen Auffassung auch bei Göbel (1998), S. 286 f.

944 In diesem Zusammenhang ist auch die Feststellung von Olson interessant, der darauf hinweist, dass in kleinen Gruppen die Chancen für die Verwirklichung gemeinsamer Interessen bzw. die Beschaffung von Kollektivgütern wesentlich ausgeprägter sind als in großen.

945 Vgl. Göbel (1998), S. 289.

946 Vgl. Hayek (1994), S. 39.

947 Vgl. Haken (1993), S. 22.

948 Vgl. Weise (1990), S. 31.

Mikroebene des Systems können allerdings auch dazu führen, dass sich das Verhalten des Systems auf der Makroebene signifikant verändert.[949] Sofern bestimmte Einflussgrößen der Gesellschaft einen problematischen Wert annehmen, kann es durch Bewegungen auf der Mikroebene der Akteure zu stark divergierenden[950] Entwicklungsverläufen kommen.[951] Aus diesem Blickwinkel ergibt sich, dass sich Phänomene, die auf der Makroebene beobachtet werden können qualitativ von den Phänomenen der Mikroebene unterscheiden können. Die Eigenschaften der Makroebene sind emergent, d. h. sie stellen mehr dar, als die reine Zusammenfassung der Handlungen einzelner Akteure.[952] Hierzu ist es auch nicht zwingend notwendig, dass es sich um Verhaltensänderungen bei einer Mehrheit der Systemteile handelt. In „kritischen“ Systemzuständen kann es bereits ausreichend sein, dass einige wenige ausschlaggebende Individuen ihr Verhalten ändern.[953] In der bisherigen Darstellung wurde aufgezeigt, dass Ordner das Verhalten der einzelnen Teile organisieren. Darüber hinaus wurde verdeutlicht, dass die Einzelteile sich gegenseitig beeinflussen. Im Folgenden werden die Prozesse gegenseitiger Einflussnahme detaillierter dargestellt. Hierzu werden zusätzliche Kräfte eingeführt.[954]

III.4.8 Eine differenzierte Modellierung

III.4.8.1 Die Fluktuationskraft

Der Begriff der Fluktuationskraft bezeichnet den Umstand, dass die einzelnen Akteure zwischen unterschiedlichen Handlungen wählen (können), wobei diese „Bewegungen“ durchaus zufälligen Charakter haben können.[955] Die Fluktuationen sind vom Verhalten der anderen Individuen weitgehend unabhängig.[956] Die Fluktuationskraft erzeugt also eine gewisse Flexibilität der Handlungen.[957] Diese individuellen Bewegungen auf der Mikroebene führen zu einer Durchmischung der individuellen Handlungen.

---

[949] Vgl. Weise (1990), S. 49.

[950] Unter Divergenz versteht man sehr unterschiedliche Verhaltensverläufe bei vernachlässigbaren Anfangsunterschieden. Siehe Weise (1990), S. 39.

[951] Vgl. Haag (1990), S. 133.

[952] Vgl. u. a. bei Erdmann (1986), S. 51. Willke (1994), S. 55. Bezogen auf die Innovationsdynamik in sozialen Systemen auch zu finden bei Brandstätter (1992), S. 104.

[953] Vgl. Haken (1993), S. 26.

[954] Zu der folgenden Unterscheidung vgl. im Wesentlichen bei Weise (1990), S. 44 f.

[955] Ein Beispiel aus der Biologie ist die Mutation. Vgl. Haken (1990), S. 217.

[956] Vgl. Eger und Weise (1995), S. 199. Eine denkbare Ursache dieser Fluktuation zwischen Handlungen ist ein sinkender Grenznutzen. Sie können allerdings auch durch exogene Anstöße des Systems ausgelöst werden. Vgl. hierzu Partl (1997), S. 6.

[957] Vgl. Weise (1997), S. 70.

Sind diese Schwankungen nicht stark ausgeprägt, können sie das Gesamtsystem nicht einschneidend beeinflussen. Kommt es jedoch zu – den bereits erwähnten – kritischen Fluktuationen, können sie sich ausbreiten und das System instabil werden.[958] Kritische Fluktuationen können durch exogene Störungen ausgelöst werden,[959] die entstehende Ordnung bildet sich anschließend endogen. Kritische Fluktuationen können insbesondere dann entstehen, wenn folgende fluktuationshemmenden bzw. –fördernden[960] Einflussgrößen nicht oder nicht hinreichend stark ausgeprägt sind.

III.4.8.2 Die Bevorzugungskraft

Die Bevorzugungskraft entspricht in der ökonomischen Terminologie den Präferenzen eines Akteurs. Ein Individuum zieht eine Handlung einer anderen vor, weil sie von ihm gewünscht wird. Die Entscheidung zu Gunsten einer bestimmten Aktivität wird unabhängig von den Entscheidungen bzw. Handlungen der anderen getroffen. Bezogen auf das obige Beispiel verhält sich ein Mitarbeiter kollegial unabhängig von der Qualität des herrschenden Betriebsklimas. Oder aber, ein beliebiges Individuum verhält sich – trotz aller Risiken – sittlich, unabhängig vom Verhalten der anderen Gesellschaftsmitglieder.

III.4.8.3 Die Konformitätskraft

Synergetische Entwicklungsgänge wurden dadurch gekennzeichnet, dass Prozesse der Rückkopplung stattfinden. Die Konformitätskraft oder auch Selbstverstärkungskraft[961] wirkt in wechselseitigen Beziehungen mit einem positiven Feedback auf das Individuum zurück. Ein Akteur macht sein Verhalten in diesem Fall auch vom Verhalten der anderen Akteure abhängig. So ist z. B. denkbar, dass sich eine zunehmende Zahl von Mitarbeitern eines Unternehmens kollegial verhalten, wenn sie feststellen, dass die Zahl der kooperativen Kollegen ansteigt. Ganz analog könnte sich sittliches Verhalten in einer Gesellschaft ausbreiten. Die Akteure orientieren sich gegenseitig an ihrem Verhalten und achten aufeinander. Allgemein formuliert können sich gesellschaftliche Normen in einem selbstorganisatorischen Prozess ausbilden. Sofern sich eine hinreichende Anzahl von Akteuren in wechselseitigen Beziehungen aneinander ausrichten,[962] kann sich eine Norm endogen erhalten. Durch die gegenseitige Orientierung am

---

[958] Vgl. Haken (1996), S. 589.
[959] Vgl. Erdmann (1986), S. 47.
[960] Vgl. Partl (1997), S. 6.
[961] Vgl. Weise (1990), S. 44, (1997), S. 70.
[962] Vgl. Weise (1990), S.82 f.

Verhalten der jeweils anderen entsteht ein Konformitätsdruck, der – trotz aller individuellen Unterschiede – zu gewissen Regelmäßigkeiten im Verhalten der Akteure führt.[963]

III.4.8.4 Die Antikonformitätskraft

Während die Konformitätskraft eine positive Rückkopplung auf den einzelnen Akteur ausübt, wirkt die Antikonformitätskraft oder auch Hemmungskraft[964] negativ. Denkbar ist, dass sich mit steigender Konformität zunehmende Widerstände gegen diese Uniformiertheit breit machen. Man empfindet es unter Umständen störend, dass alle Kollegen sich permanent nach dem persönlichen Wohlbefinden erkundigen. Man fühlt sich möglicherweise in einer Welt voller „Moralapostel" unwohl und unfrei. Es ist ferner plausibel anzunehmen, dass die Hemmungskraft mit zunehmender Vereinheitlichung zunimmt,[965] da mit zunehmender Konformität dass Unwohlgefühl bei den einzelnen Akteuren ansteigen wird.

III.5 Zusammenführung und sukzessive Erweiterung

III.5.1 „Isolierte" Akteure ohne Präferenz

Trägt man die bisher skizzierten Elemente des Modells zusammen, ergibt sich folgendes Bild.[966] Jedes Individuum der Gesellschaft hat die Wahl zwischen zwei unterschiedlichen Handlungen z. B kooperativ oder unkooperativ. Die Ausgangssituation ist dadurch gekennzeichnet, dass die Akteure zwischen den zwei Handlungsoptionen indifferent sind, d. h. sie haben keine Präferenz für eine der Handlungen. Ferner orientieren sie sich zunächst nicht oder nur äußerst schwach an dem Verhalten der anderen Akteure. Folglich wird jedes einzelne Individuum

---

963 Vgl. hierzu auch die in Teil E VII.6.1 dargestellten Ursachen. Ein ökonomisches Beispiel ist die Verbreitung eines innovativen Produktes. Eine steigende Nachfrage nach einem (neuen) Gut kann z. B. darauf zurückgeführt werden, dass sich ein Teil der Nachfrager mit zunehmender Verbreitung dieses Produktes dazu entschließt, dieses Produkt ebenfalls nachzufragen. Dies ermöglicht einerseits die Einsparung von Such- und Informationskosten und führt andererseits auch zu positiven Netzeffekten. Letzteres bezeichnet den Umstand, dass mit zunehmender Teilnehmerzahl der individuelle Nutzen aus dem Gebrauch eines bestimmten Produktes ansteigt. Dies bedeutet, dass die positive Wirkung eines Produktes um so größer ist, je mehr Teilnehmer das Produkt bereits nutzen. So ist beispielsweise der Nutzen eines CD-Systems (Fax- oder E-Mail-Netz) um so höher, je größer die Zahl der Anwender ist, da hierdurch die Anwendungsmöglichkeiten steigen. Vgl. hierzu bei Woeckener (1995), S. 170 f.

964 Vgl. Weise (1990), S. 44, (1997), S. 70.

965 Vgl. Weise (1990), S. 45.

966 Vgl. zum folgenden bei Weise (1990), S. 86 f.

sich einmal kooperativ und ein anderes mal möglicherweise unkooperativ verhalten. Im Durchschnitt sind beide Verhaltensweisen gleich häufig anzutreffen.

In Abbildung 11 ist diese Situation dadurch verdeutlicht, dass das Systemverhalten durch eine Kugel dargestellt wird. Auf der Abszisse ist der „allgemeine Zustand“[967] der Gesellschaft in Form der beiden möglichen Verhaltensweisen bzw. Ordner Kooperation (sittliches Verhalten) und Nicht-Kooperation (unsittliches Verhalten) abgetragen.

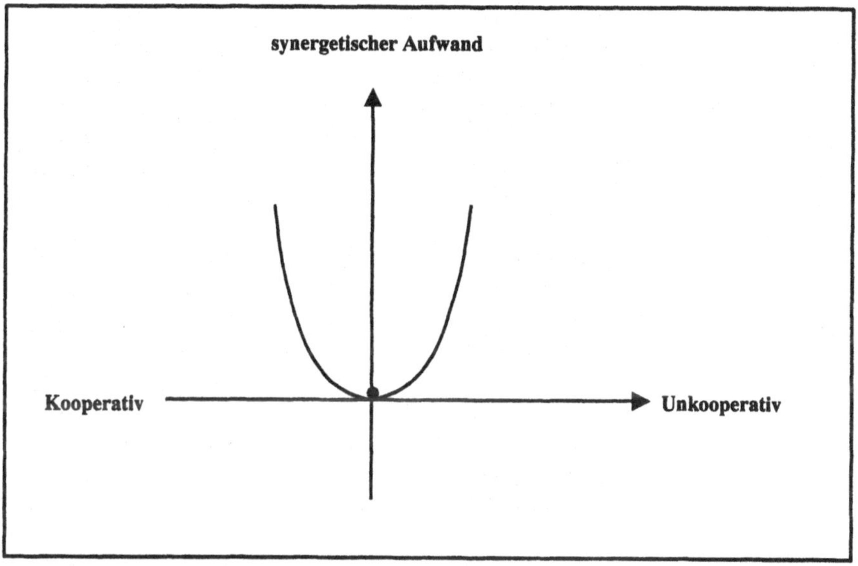

Abbildung 11: Stabile Lage

Der auf der Ordinate abgetragene synergetischen Aufwand[968] kann als Kostenaufwand interpretiert werden. Er entsteht in Abhängigkeit des allgemeinen gesellschaftlichen Zustands. Dementsprechend sind die Kosten die einer sehr unkooperativen Gesellschaft entstehen höher als in einer Gemeinschaft, in der sich kooperative oder sittliche Verhaltensweisen verbreitet haben.[969] Der stabile Charakter dieser Situation ist offensichtlich. Wird die Kugel in Abbildung 11 durch eine exogene Kraft angestoßen, so kehrt sie nach einer bestimmten Zeit wieder

[967] Vgl. hierzu Haken (1993), S. 30.

[968] Vgl. zum Begriff des synergetischen Aufwands bezogen auf Produktionsprozesse in Unternehmen beispielsweise bei Haken (1990), S. 340.

[969] Es handelt sich hierbei um jene Kosten, die durch Normsetzung, die Einhaltungskontrolle und Durchsetzung entstehen.

in ihre Gleichgewichtslage zurück.[970] Gleich welche exogenen Impulse sich auch immer auf das Verhalten der Akteure auswirken, tendenziell wird sich die Verhaltensweise der Individuen im Durchschnitt wieder stabilisieren.

III.5.2 Wechselbeziehungen ohne Präferenz

Führt man an dieser Stelle die sogenannte Konformitätskraft ein, ergibt sich ein anderes Bild. Die individuellen Akteure orientieren sich bei ihren Entscheidungen und Handlungen im Weiteren – mehr oder weniger stark – an dem Verhalten der jeweils anderen Akteure. Den einzelnen Individuen ist es jetzt also nicht mehr gleichgültig, wie sich die Anderen verhalten, sondern sie richten ihr Verhalten an dem sozialen Umfeld aus. Mit wachsendem Einfluss der Ordner wird die Kurve in Abbildung 11 zunächst zunehmend flacher, bis sie sich schließlich nach unten öffnet (vgl. Abbildung 12). In dieser Situation ist das System äußerst instabil. Durch die gegenseitige Einflussnahme der Akteure bilden sich in dieser Gesellschaft zwei grundsätzliche Ordner aus,[971] die das Verhalten der Individuen beeinflussen können.

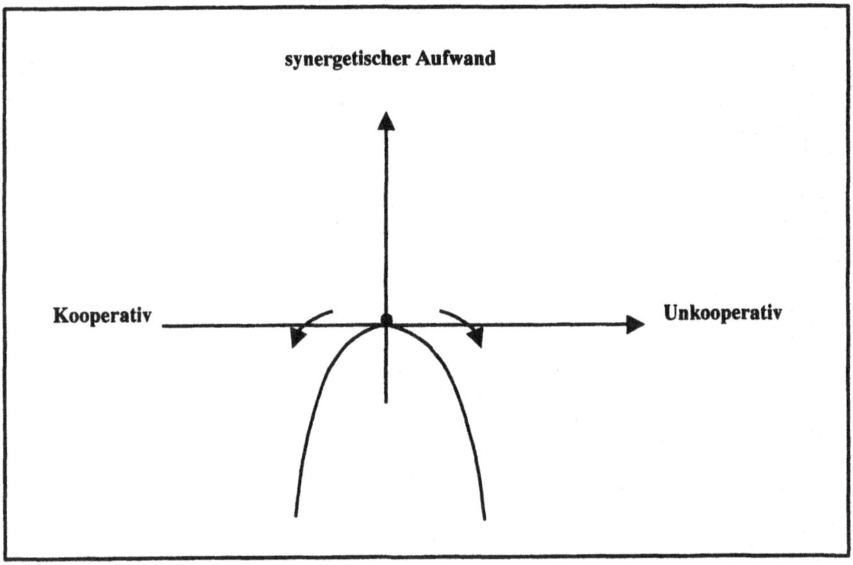

Abbildung 12: Instabile Lage

---

970 Vgl. hierzu beispielsweise Haken (1995), S. 49. Ähnlich auch bei Weise (1990), S. 88 und Erdmann (1993), S. 29.

971 Vgl. Weise (1990), S. 87.

Grundsätzlich hat jeder Akteur die Option eines kooperativen Verhaltens einerseits und eines unkooperativen Verhaltens andererseits. Sofern die Kraft der ordnenden Größe stärker wird als die Kraft der zufälligen Schwankungen, entsteht zwischen den beiden Ordnern eine Konkurrenz.[972] Die Akteure sind bei ihrer Entscheidung für eine der Alternativen also unentschlossen und schwanken zwischen den beiden Möglichkeiten hin und her. Es bildet sich eine kritische Situation aus, in der bereits eine kleine Abweichung zu Gunsten eines der Ordner dazu führt, dass sich der Systemzustand schlagartig ändern kann.[973] Die Folge kann sein, dass ein Ordner verfällt, während der andere dominant wird. Alle Akteure verhalten sich in dieser Situation entweder kooperativ oder unkooperativ.

Aufgrund des bestehenden Konformitätsdrucks wird ein Abweichen von dem gültigen Ordner durch die anderen Individuen in der einen oder anderen Weise sanktioniert. Aufgrund der Wechselwirkungen haben sich zwei jeweils stabile Randzustände ausgebildet.[974] Ist die ordnende Kraft in dieser Situation hinreichend stark, verhalten sich alle Akteure uniform und sind in einem dieser Randzustände „gefangen“.

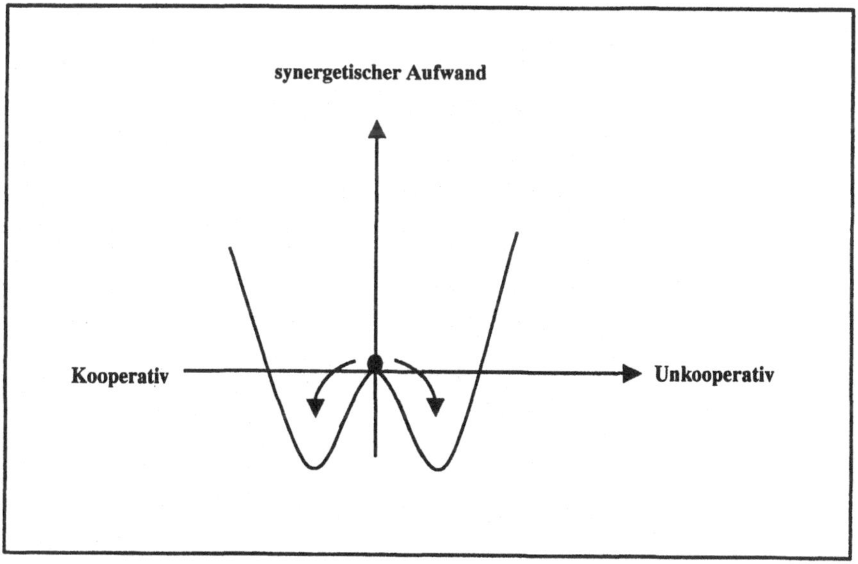

Abbildung 13: Zwei stabile Lagen

972 Vgl. Haken (1996), S. 590.
973 Vgl. Eger und Weise (1990), S. 88.
974 Vgl. Weise (1990), S. 87.

Da sie über keine ausgeprägte Präferenz hinsichtlich einer der Verhaltensmöglichkeiten verfügen, ist ihnen letztlich gleichgültig wie sie sich verhalten. Ist die Konformitätskraft hinreichend stark, kann es sogar sein, dass die Individuen sich unkooperativ verhalten, obwohl sie im Ausgangszustand möglicherweise über eine Präferenz zu Gunsten der kooperativen Verhaltensweise verfügten.[975]

Reagieren die Individuen auf den zunehmenden Konformitätsdruck nun mit einer stärker werdenden Auflehnung gegen diese Homogenität, kann es, wie in Abbildung 13 dargestellt, zur Ausbildung von zwei stabilen Gleichgewichtssituationen kommen. Die ursprünglich stabile Lage wird instabil und es entstehen rechts und links zwei stabile Gleichgewichtslösungen, die völlig gleichwertig sind.[976] Insofern entsteht eine Verzweigungssituation zwischen gleichwertigen Handlungsalternativen, die weitere Entwicklung des Systems ist in dieser Situation völlig offen.[977] In dieser Situation kann nicht eindeutig festgelegt werden, welche der beiden Handlungsmöglichkeiten schlussendlich von den Akteuren eingenommen wird, und welcher Ordner sich infolgedessen durchsetzt.[978] Sofern sich die Akteure jedoch nur minimal in eine der beiden möglichen Richtungen bewegen, wird die Symmetrie gebrochen.[979] Hierzu ist es allerdings erforderlich, dass die Akteure keine Präferenzen zu Gunsten einer der Handlungsmöglichkeiten bilden.

III.5.3 Wechselbeziehungen mit Präferenz

Bilden die Individuen eine Präferenz aus, d. h., sie bevorzugen nun unabhängig von der Entscheidung der anderen Akteure eine der Handlungen, können sich, wie in Abbildung 14 dargestellt, zwei Gleichgewichtssituationen unterschiedlicher Qualität ausbilden.[980] Bei dieser Kräftekonstellation kann sich folgendes Bild ergeben. Zwar bilden die Akteure eine Präferenz für eine kooperative Verhaltensweise aus, doch ist diese nicht hinreichend stark. In dieser Situation ist

---

975 Vgl. Weise (1990), S. 88.
976 Vgl. Haken (1995), S. 127.
977 Vgl. Erdmann (1993), S. 29.
978 Grundsätzlich können die beiden Ordner sich als stabil erweisen, d. h. sie sind gegen Störungen unempfindlich. Die ordnenden Größen können miteinander in Konkurrenz treten (vgl. Teil F III.5), wobei einer der Ordner verschwinden kann. Sie können sich möglicherweise gegenseitig festigen etc. Vgl. hierzu Haken (1996), S. 590.
979 Vgl. Erdmann (1993), S. 29.
980 Vgl. Weise (1990), S. 88.

nicht auszuschließen, dass die Individuen weiterhin von dem für sie ungünstigen Ordner versklavt werden. In diesem Fall ist das System durch die Potentialschwelle[981] (den Buckel in der rechten Hälfte von Abbildung 14) gefangen.

In Abbildung 14 würde es sich um das Gleichgewicht in der rechten Seite der Abbildung handeln. Der Aufwand oder auch die Kosten, die von der Gesellschaft zu tragen sind, sind im Vergleich zu der relativ günstigen Gleichgewichtskonstellation in der linken Hälfte von Abbildung 14 höher. Beispielsweise ist es denkbar, dass in diesem gesellschaftlichen Zustand unkooperative Akteure relativ häufig aufeinandertreffen, und sich daher gegenseitig schädigen.[982] Eine andere Interpretationsmöglichkeit ist die, dass die Rechtspflegekosten die von staatlicher Seite aufgewendet werden müssen relativ hoch sind.

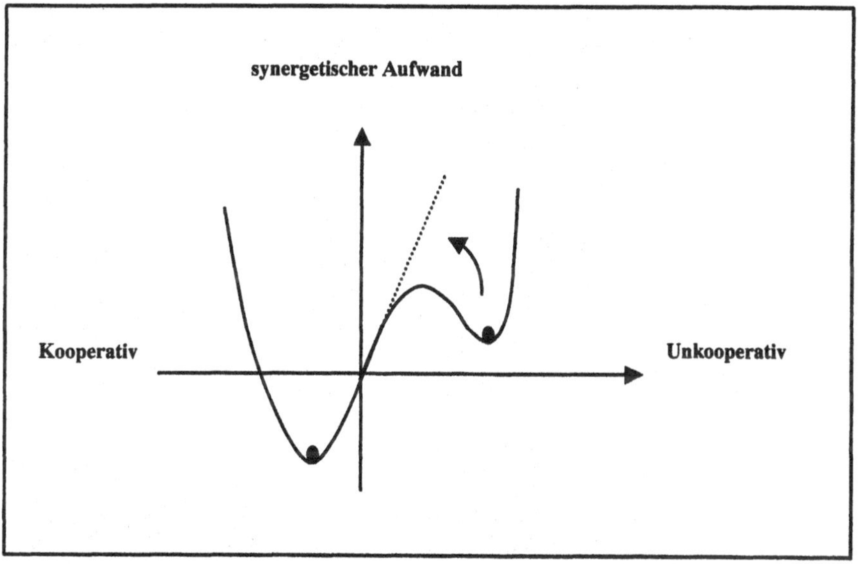

Abbildung 14: Zwei Gleichgewichte unterschiedlicher Qualität

Grundsätzlich kann die so beschriebene Ordnung durch zwei Übergänge zerstört werden. Auf der Makroebene der Gesellschaft kann der Staat, bzw. auf der Mesoebene die leitende Instanz, das Management, in Form rigiderer Regeln bzw. Gesetzgebung und Kontrolle eingreifen. Sofern diese Ordnungsinstanzen einschreiten, wird der Handlungsrahmen innerhalb dessen die Akteure ihre eigenen Ziele verwirklichen können, eingeschränkt.

[981] Vgl. Erdmann (1993), S. 31.
[982] Vgl. hierzu auch Teil E VII.5.3.

Die exogenen Organisationsstrukturen würden komplexer und umfangreicher. Auch wenn es durch die Intervention dieser Instanzen ermöglicht wird, die relativ bessere Lage einzunehmen, so geht hiermit jedoch unzweifelhaft eine Einschränkung individueller Freiheit einher.[983] Es sollte jedoch nicht übersehen werden, dass sowohl die staatlichen Institutionen einerseits, als auch die Organisationsleitung andererseits aufgrund der hochkomplexen[984] Struktur moderner Gesellschaften und Organisationen mit etlichen Schwierigkeiten zu kämpfen haben. Für die Entscheidungsträger bestehen eindeutige Informationsprobleme, es ist nicht immer zweifelsfrei möglich zwischen Ursache und Wirkung zu unterscheiden, und es treten zum Teil erhebliche Wirkungsverzögerungen auf etc.[985]

Andererseits kann a priori nicht ausgeschlossen werden, dass die individuellen Akteure ihr Verhalten ändern. Ein endogener Übergang von der relativ schlechteren zu der relativ besseren Lage kann folgende Ursachen haben: Eine Abschwächung der Konformitätskraft (bzw. einer Zunahme der Antikonformitätskraft) einerseits oder eine Intensivierung der Bevorzugungskraft andererseits.[986] Eine Verringerung der Konformitätskraft würde sich beispielsweise darin äußern, dass immer mehr Individuen sich vom herrschenden „Gruppendruck" befreien und von der unkooperativen Handlungsweise abwandern. Bilden die Akteure zunehmend Präferenzen zu Gunsten der kooperativen Verhaltensweise, aus, d. h. die Bevorzugungskraft steigt an, würde ein analoger Prozess einsetzen. In allen drei Fällen: der *exogenen* Stimulation durch eine ordnende Instanz, oder den *endogenen* Entwicklungen also der Rückbildung der Konformitätskraft, der Zunahme der Antikonformitätskraft oder der Ausbildung einer Präferenz für den relativ besseren Zustand streckt sich die Kurve des synergetischen Aufwands in Richtung Ordinate. Sofern die Kräfte eine hinreichend starke Ausprägung aufweisen, wird eine möglicherweise langsame Bewegung in die günstigere Lage angeregt. In Abbildung 14 ist dieser Sachverhalt durch den Übergang auf die gestrichelte Linie dargestellt. Ist eine bestimmte Kräftekonstellation erreicht, vergeht der bestehende Ordnungszustand abrupt. Der bislang bestehende Ordner wird durch einen anderen ersetzt.[987]

---

983 An dieser Stelle lässt der Hobbessche Leviathan grüßen. Müller-Merbach spricht daher verständlicherweise von einer nicht wünschenswerten Utopie. Vgl. Müller-Merbach (1992), S. 38.

984 Zum Begriff der Komplexität vgl. auch bei Willke (1991), S. 192.

985 Zu nennen sind auch die in Teil D III.3 vorgetragenen Argumente, bzw. die durch Hayek dargelegten Gesichtspunkte.

986 Vgl. Weise (1990), S. 49.

987 Vgl. Eger und Weise (1990), S. 89.

Inwiefern sich der neue Zustand als stabil erweist, hängt in erster Linie davon ab, ob der Wandlungsprozess durch einen Rückgang der Konformitätskraft oder eine Zunahme der Bevorzugungskraft ausgelöst wurde.[988] Die neue Situation wird um so stabiler, je stärker die einzelnen Akteure ihr Verhalten aneinander ausrichten.[989] EGER UND WEISE verweisen beispielsweise auf Experimente, deren Resultate darauf schließen lassen, dass die beteiligten Akteure einerseits zwar relativ stark ausgeprägte Präferenzen für bestimmte Handlungen aufwiesen, gleichzeitig jedoch ein relativ hoher Konformitätsdruck herrschte.[990] Es kann also dazu kommen, dass sich Präferenzen und Konformitätskraft gegenseitig verstärken. Andererseits sind Konstellationen denkbar, in denen die beiden Kräfte in unterschiedliche Richtungen wirken. Aufgrund dieses Kräfteverhältnisses kann sich eine gesellschaftliche Lage etablieren, die – bezüglich des synergetischen Aufwands – relativ schlechter ist als eine andere (vgl. hierzu auch Abbildung 14).

III.5.4 Die Rolle der historischen Entwicklung

Von grundlegender Bedeutung für die selbstorganisatorische Entwicklung einer Gesellschaft ist neben den bislang dargestellten Größen, die historische Entwicklung, die eine Gemeinschaft bislang durchlaufen hat. Das heißt, welcher Zustand sich in einer Gesellschaft durchsetzt, hängt ceteris paribus davon ab, in welcher Situation sie sich zuvor befunden hat.[991] Im Fall gesellschaftlicher oder politischer Systeme sind beispielsweise Situationen kritisch, in denen sich ein Regimewechsel abzeichnet.[992] Die alten Ordnungsverhältnisse können die Situation nicht mehr stabilisieren.[993] Insofern kann ein plötzlicher Umschwung auftreten, wenn in verstärktem Umfang Vorgänge wirksam werden, die den Gesellschaftsmitgliedern in dieser Intensität nicht bekannt waren.[994] Mit Hilfe des synergetischen Konzeptes kann man beispielsweise den Umschwung in den ehemaligen zentralen Planwirtschaften treffend erläutern. In den Zeiten des (relativ) sanften Umbruchs trat eine recht stark ausgeprägte Präferenz zu Gunsten von Freiheit und mehr Wohlstand in Konkurrenz zur bestehenden Konformitätskraft, die in Richtung systemangepassten Verhaltens wirkte.[995] Fluktuationen[996] traten

---

988 Vgl. Eger und Weise (1990), S. 89.
989 Vgl. Eger und Weise (1995), S. 203.
990 Vgl. Eger und Weise (1995), S. 204.
991 Vgl. Eger und Weise (1995), S. 204. So auch zu finden bei Haken (1995), S. 215.
992 Vgl. Erdmann (1986), S. 26.
993 Vgl. Erdmann (1986), S. 26.
994 Vgl. Haken (1995), S. 216 f.
995 Vgl. Eger und Weise (1995), S. 205.

auf, die die Systemstabilität „testeten“.[997] Schließlich wirkten die Bevorzugungskraft und die Konformitätskraft in die gleiche Richtung. Die Versklavung der bestehenden Ordner hat in dieser Situation versagt, sie war nicht ausreichend, die Teilelemente zu stabilisieren.[998] Die sozialistischen Gesellschaftssysteme verloren ihre alten Eigenschaften.

Gleichzeitig, und das sind zwei weitere Grundaussagen der Synergetik: In einer solchen kritischen Situation ist der Weg in eine neue gesellschaftliche Lage nicht eindeutig determiniert. Ein Beispiel hierfür ist die Entwicklung im Iran.[999] Zum zweiten wird der Prozess irreversibel. Ist eine Entwicklungsrichtung vorgezeichnet, kann der alte Zustand nicht mehr – unter vertretbarem Aufwand – wiederhergestellt werden.[1000]

III.6 Menschliches Verhalten stabilisiert sich in gestützten Wechselbeziehungen

Selbstorganisatorische Prozesse in sozialen Systemen zeichnen sich – im Gegensatz zu natürlichen Systemen – insbesondere dadurch aus, dass sie über zwei unterschiedliche Arten der Organisation verfügen.[1001] Es handelt sich hierbei um die bewusst geschaffene Ordnung (taxis) einerseits, die sich selbstorganisatorisch ausbildende Ordnung (kosmos) andererseits. Nach Auffassung HAYEKS ist die spontane, d. h. die nicht von Menschen gemachte Ordnung diejenige, die die bedeutende Rolle im gesellschaftlichen Miteinander spielt.

Die exogen gesetzten und relativ konkreten Regeln konstituieren die Basis einer spontanen Ordnung. Sie bilden und unterstützen ihre Stabilisierung. Im Gegensatz zu den sich spontan ausbildenden Regeln können die bewusst geplanten und implementierten Normen jedoch nur auf ein beschränktes Wissen zurückgreifen. Sie sind wie oben bereits beschrieben einfach, konkret und dienend.[1002] Augrund dieser Tatsache ist jede „hierarchisch“ aufgebaute Organisation gleichzeitig auch auf abstrakte, spontane Regeln angewiesen. Diese abstrakten Regeln ermöglichen eine relativ rasche Anpassung an unvorhersehbare Ereignisse.

---

996 Diese Fluktuationen traten nicht nur auf der Mikroebene (Individuen) auf. Sie traten – in Russland – beispielsweise auch auf der Ebene einzelner Sowjetrepubliken - in Form von Separationsbestrebungen – auf. Vgl. Ernst (1996), S. 70.

997 Vgl. Partl (1997), S. 8.

998 Vgl. Ernst (1996), S. 70.

999 Vgl. Vgl. Haken (1995), S. 217.

1000 Vgl. Erdmann (1986), S. 27. Dies hat sich für die Entwicklung in Osteuropa gleichermaßen bestätigt. Versuche die alte Ordnung wieder zu etablieren sind am Widerstand der Bevölkerung rasch gescheitert.

1001 Vgl. hierzu beispielsweise bei Partl (1997), S. 7.

1002 Vgl. Teil E II.2.2.2.

Abbildung 10 kann also um jene Regeln ergänzt werden, die bewusst geplant und implementiert werden. In Abbildung 15 ist dieser Zusammenhang dargestellt. Die Akteure handeln aus eigenem Antrieb, gleichzeitig reagieren sie auf die von ihnen wahrgenommene Aktivitäten der anderen. Sie rufen durch ihr Handeln in der Sozietät Entwicklungen hervor, die sie zur Fortsetzung der Handlungen anregen, es findet ein Prozess der Selbstorganisation statt. Zusätzliche Handlungssicherheit wird durch allgemeine Regeln gesichert, die bestimmte Verhaltensweisen untersagen.

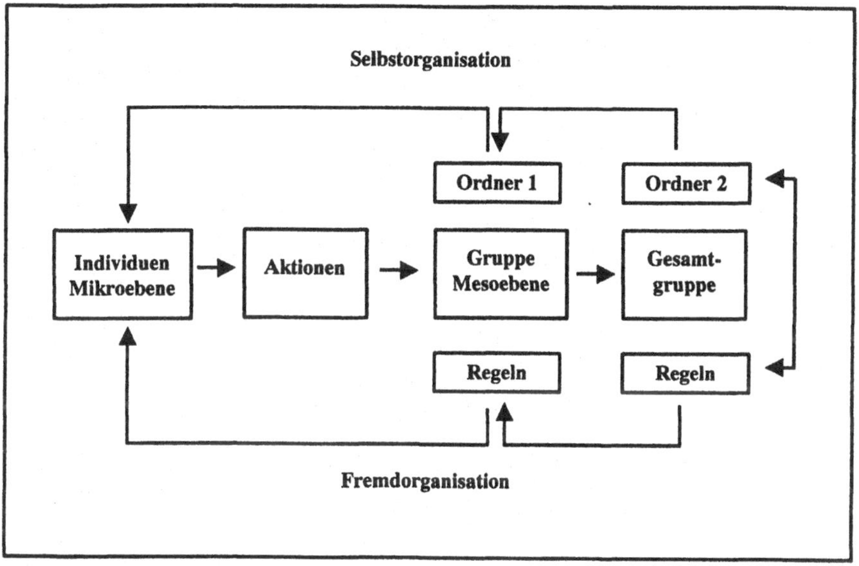

Abbildung 15: Selbst- und Fremdorganisation

IV Schlussfolgerungen

IV.1 Moral als Ergebnis eines Entdeckungsverfahrens und wechselseitige Beziehungen Individuum, Organisationen und Gesellschaft

Die Grundgedanken der Synergetik bzw. selbstorganisatorischer Prozesse wurden im vorangegangenen Abschnitt dargestellt. Es zeigte sich, dass wesentliche Gedanken HAYEKS integrierbar sind. Übertragen auf gesellschaftliche Prozesse wurde gezeigt, wie sich Individuen und Gruppen von Akteuren in einer Gesellschaft selbstorganisiert anordnen. Die Gesellschaft als Ganzes nimmt organisierenden Einfluss auf ihre einzelnen Mitglieder. Gleichzeitig interagieren die einzelnen Akteure und bilden hierdurch erst die ordnende Kraft der Sozietät aus. Täglich tritt eine Vielzahl von Individuen mit zum Teil sehr ungleichen Ausgangssituationen sehr unterschiedlichen Wünschen, Einstellungen und Zielen in Beziehung. Sie kommunizieren miteinander, berücksichtigen sich zum Teil gegenseitig und nehmen hierdurch wechselseitig Einfluss auf ihr Verhalten und ihre Präferenzen. Dies führt dazu, dass sich ordnende Kräfte (z. B. Moral, Gruppendruck, Betriebsklima o. ä.) ausbilden. Teilweise selbstorganisatorisch (spontan) teils bewusst geschaffen, bilden sich Gruppen und Organisationen aus, die wechselseitigen Einfluss aufeinander ausüben.

Der Prozess gesellschaftlicher Selbstorganisation wurde gedanklich in drei Ebenen zerlegt. Es handelt sich dabei um die Mikroebene (Individuen), die Mesoebene (Organisationen) und die Makroebene (Gesellschaft). Eine vergleichbare Unterteilung wurde weiter oben bereits getroffen.[1003] Dort handelte es sich um die „Mikroebene" der Individualethik, die „Mesoebene" der Unternehmensethik und die „Makroebene" der Sozialethik.

Es wurde gezeigt, dass die *Individuen* die grundlegenden Entscheidungs- und Handlungsträger sind. Aktivitäten, gleich ob sie rational oder irrational, gut oder böse sind, können nur von Individuen durchgeführt werden und nicht von *Institutionen oder Organisationen*. Alle Entscheidungen – und die darauf aufbauenden Handlungen von Gruppen – lassen sich grundsätzlich immer auf eine Entscheidung und Handlung eines Individuums oder einer Gruppe von Individuen zurückführen. Gleiches gilt für die ethische Beurteilung eines handelnden Individuums. Diese bezieht sich in erster Linie auf die Handlungsmotive, die Handlung und die Handlungsfolgen einer individuellen Handlung. Zugleich lehrt die Erfahrung jedoch auch, dass eine geeignete Rahmenordnung – trotz aller Implementierungs- und Steuerungsprobleme – moralisches Handeln der Individuen erleichtern kann.[1004]

Bei allen Problemen, die im Bereich individuellen sittlichen Verhaltens vorgetragen wurden: Ein Minimalstandard an individueller Moral und Sittlichkeit ist erforderlich und möglich. *Sozialethik*, *Institutionenethik* und *Individualethik* stehen nicht isoliert nebeneinander, vielmehr sind sie untrennbar verbunden und aufeinander angewiesen. Organisationen und Gesellschaften setzen sich aus einzelnen Menschen zusammen, die in Interaktionsbeziehungen stehen. Die sittliche Beurteilung relevanter Sachverhalte ist stets mit Individuen verbunden. Jeder Einzelne „sollte" daher dazu in der Lage sein, relevante Probleme aus dem Blickwinkel der Moralität zu beurteilen. Von einem pragmatischen Standpunkt

---

1003 Vgl. hierzu die Teile D I II und III.

1004 Die Vorteile einer moralischen Gesellschaft wurden dargelegt. Es bildet sich ein gesellschaftliches Vertrauenskapital aus. Ökonomisch gesprochen sinken die sozialen Transaktionskosten, da *staatliche* Überwachungs- und Kontrollmechanismen in einer solchen Gesellschaft zumindest eingeschränkt werden könnten.

scheint es letztlich unwichtig, ob die Motive sittlichen Handelns und moralischer Urteilsfähigkeit deontologisch oder teleologisch begründet werden können. Viel wichtiger scheint, dass die menschliche Moralität eine sukzessive Entwicklung und spontane Ausbildung moralischer Regeln ermöglicht.[1005] Sie gestattet es, neue Erfahrungen zu machen, lässt Entfaltungsmöglichkeiten und sie ermöglicht Änderungen und Verbesserungen bestehender Moral. Diesen Sachverhalt sah auch FRIEDRICH AUGUST VON HAYEK:

> „Eine solche Entwicklung ist nur möglich mit Regeln, die weder erzwungen noch willkürlich auferlegt werden – Regeln, deren Befolgung zwar als Verdienst angesehen wird, und die auch von den meisten befolgt werden, aber doch vom Einzelnen durchbrochen werden können, wenn sie fühlen, daß sie genügend starke Gründe haben, um der Kritik der Mitmenschen standzuhalten."[1006]

Die spontane Ausbildung einer Ordnung – wie HAYEK sie sah – zeichnet sich dadurch aus, dass alle an ihrer Bildung beteiligten Akteure einerseits aus eigenem Antrieb handeln und gleichzeitig auf die von ihnen wahrgenommene Handlungen der anderen Akteure reagieren. Sie entsteht aus sich selbst heraus und kann sich weiterentwickeln. Der beschriebene Mechanismus wirkt dementsprechend eigendynamisch. Die einzelnen Akteure rufen durch ihr Handeln in der Sozietät Entwicklungen hervor, die sie zur Fortsetzung der Handlungen anregen. Hierdurch wird gewährleistet, dass die einzelnen Individuen in der Mehrzahl der Fälle darauf vertrauen können, dass sich (zumindest) die Mehrheit der Gesellschaftsmitglieder an die vorhandenen abstrakten Regeln halten. Das Resultat ist eine ungeplante Ordnung derart, dass die einzelnen Elemente einer Gesellschaft ihre Absichten, Erwartungen und Handlungen (unbewusst) aufeinander abstimmen.

Aus der Sicht der Synergetik stellt sich die Ausbildung der spontanen Ordnung wie folgt dar: Jedes Individuum orientiert sich zum Teil an den Entscheidungen und am Verhalten der anderen Individuen. Es bildet sich eine *Konformitätskraft* aus. Gleichzeitig wird diese Konformität nicht zur Uniformität, da eine *Hemmungskraft* wirksam wird. Die Antikonformitätskraft wahrt die eigene Identität der Individuen. Dieser Vorgang der wechselseitigen Orientierung wurde als *Rückkopplung* bezeichnet. Als Ergebnis der selbstorganisatorischen Prozesse

---

[1005] Dies gilt auch für ökonomisches Handeln. Es wurde aufgezeigt, dass auch im Rahmen des ökonomischen Verhaltensmodells die Integration sittlichen Verhalten grundsätzlich möglich ist. Geht man einen Schritt über das traditionelle ökonomische Verhaltensmodell des homo oeconomicus hinaus, stellt man fest, dass Menschen im Verlauf der soziobiologischen Evolution soziale Eigenschaften (Kommunikations- und Kooperationsfähigkeit u. ä.) ausbildeten. Diese sozialen Eigenschaften ermöglichen menschliches Zusammenleben.

[1006] Hayek (1991), S. 79.

bildet sich *endogen* eine Ordnung aus. Die einzelnen Akteure rufen durch ihr Handeln in der Sozietät Entwicklungen hervor – im synergetischen Sinn *Ordner* – die sie zur Fortsetzung der Handlungen anregen.

Für die Moral in einer Gesellschaft bedeutet dies Folgendes: Innerhalb einer Sozietät orientiert sich jedes einzelne Individuum – sicher unterschiedlich stark und häufig – an bestehenden sittlichen Regeln. Alle Mitglieder der Sozietät erzeugen auf diese Weise eine organisierende Kraft, die Moral. Gleichzeitig orientieren sie sich wieder an dem bestehenden Ordnungsfeld. Auf der zunächst relativ überschaubaren (Meso-) Ebene einer relativ kleinen Gruppe (Vereine, Arbeitsumfeld, Unternehmen) ist obendrein ohne größere Schwierigkeiten eine gegenseitige „Kontrolle" des Verhaltens möglich. Hierdurch wird es möglich, ein – von dem gemeinsam erzeugten Ordnungsfeld – abweichendes Verhalten gegebenenfalls zu sanktionieren. Auf der Mikroebene sozialer Interaktionen kann sich hierdurch ein stabiles System spontan ausbilden. Dieser Prozess setzt sich auf der Mesoebene in einer – möglicherweise abgeschwächten Form – fort. Eine funktionierende gesellschaftliche Selbstorganisation muss allerdings – wie mehrfach aufgezeigt wurde – notwendigerweise durch gesetzliche Regelungen (Ordnungsethik) flankiert werden.

Auf die, so beschriebene, Entwicklung einer Gesellschaft wirkt sich folgender Aspekt positiv aus: Die Institutionen Moral und Recht sind relativ stabil. Insofern kann sich menschliches Handeln an diesen Größen relativ problemlos orientieren. Sowohl Recht, Moral als auch die allgemeinen gesellschaftlichen Verhältnisse sind einem ständigen Wandlungsprozess unterworfen. Insofern muss an dieser Stelle auf einen Aspekt hingewiesen werden: Es kann in einer Situation kritischer Fluktuationen zu einem plötzlichen Verfall der bestehenden Ordnung kommen. In diesem Fall könnten sich auch schlechte Regeln spontan ausbilden. Diese könnten demgemäß eine friedliche spontane Ordnung im Sinne HAYEKS verhindern. Doch zeigt die bisherige historische Entwicklung, dass ein gesellschaftlicher Wandel in den meisten Fällen kontinuierlich erfolgt. Wie gezeigt wurde, erfolgt ein abrupter Systemwandel nur in den seltensten Fällen. Eine Ursache hierfür kann eine instabile historische Entwicklung sein. Dies scheint darauf hinzudeuten, dass in dem meisten Gesellschaften eine gewisse Moralität vorhanden ist.

IV.2 Moral kann in evolutorischen Prozessen bestehen – Etwas Unmoral wirkt positiv

Durch gesellschaftliche Wechselbeziehungen bilden sich moralische Regeln aus, die rückwirkend das Verhalten der Akteure wieder lenken. Aufgrund bestehender Wechselseitigkeiten (Konformitätskraft) der Akteure ist von folgendem auszugehen: Je häufiger ein Individuum moralisches Verhalten bei anderen Akteuren beobachtet, desto wahrscheinlicher ist, dass es sich entsprechend verhält.[1007] Einschränkend wurde jedoch festgestellt, dass dieser Konformitätskraft eine Hemmungskraft entgegenwirkt, die das individuelle Verhalten in eine andere Richtung lenken kann. Hierzu wird es kommen, wenn die bestehende Konformität zu stark ausgeprägt ist. In Gesellschaften, die zu einheitlich gestaltet sind, kann es – wie die Entwicklung in den sozialistischen Gesellschaftssystemen zeigte – zu plötzlichen und heftigen Umschwüngen kommen. Das System kann einen völlig neuen und unbekannten Zustand einnehmen.

Für den moralischen Status einer Gesellschaft kann dies Folgendes bedeuten: In einer Sozietät, die sich aus hochgradig sittlichen Menschen zusammensetzt, kann sich zunächst bei einzelnen Individuen eine Präferenz für „etwas" Unmoral bilden. Gewissermaßen stellen sie in dieser Situation *„trend-setter"* dar, die es als chic empfinden, ab und zu mal zu lügen. Möglicherweise erkennen jedoch auch einige Individuen von Standpunkt ihrer Moralität aus, dass einige der bestehenden Regeln ineffizient oder obsolet sind. Sind einige der Akteure in ihrem Verhalten unentschlossen, kann sich die – möglicherweise kleine Gruppe – durchsetzen und eine kritische Situation ausbilden. Hier kann bereits eine kleine Abweichung in Richtung auf unsittliches Verhalten dazu führen, dass sich der Systemzustand schlagartig ändert. Der Ordner Moral verfällt, und der Ordner Unmoral dominiert. Ist in dieser Situation der Konformitätsdruck wieder hinreichend stark ausgeprägt, wird ein Abweichen von dem gültigen Ordner durch die anderen Individuen sanktioniert. Ist die ordnende Kraft in dieser Situation genügend stark, ist es nicht auszuschließen, dass sich die Individuen unsittlich verhalten, obwohl eine Präferenz zu Gunsten sittlichen Verhaltens haben.

Etwas Unmoral wirkt sich daher insofern positiv[1008] aus, da den Akteuren verdeutlicht wird, dass ein solches Verhalten nicht allgemein erwünscht werden kann. Die Moralität des Individuums wird angesprochen, man beurteilt und verurteilt dieses Verhalten. Dies bedeutet: Unmoralisches Verhalten bestimmter Akteure führt den Individuen vor Augen, dass ein solches Verhalten nicht universalisierbar[1009] sein sollte. Das durch die sittliche Beurteilung anderer Verhaltensänderungen hervorgerufen werden können, haben beispielsweise auch die Erfah-

---

[1007] Die Gründe für die Einhaltung können hierbei vielseitiger Art sein. Vgl. hierzu auch die in Teil C IV genannten Motive. Siehe hierzu auch bei Eger und Weise (1990), S. 79.

[1008] Diesen Aspekt scheint Hayek, in Anlehnung an Mandeville auch zu sehen. „...menschliche Unzulänglichkeiten [können] zu Vorteilen des Staatswesens werden ... und die Stellung des *Moral Virtues* festigen. Hayek (1990), S. 49. Hervorhebung im Original.

[1009] Vgl. hierzu auch die Ausführungen in Teil C I. Der Grundsatz der Universalisierbarkeit wird auch von Hayek als Kriterium zur Prüfung von Regeln herangezogen. Vgl. Hayek (1981), S. 46 f.

rungen verdeutlicht, die Shell mit der Bohrplattform Brent Spar machte. Darüber hinaus wird man sich im Zweifelsfall persönlich überlegen, ob es richtig ist, sich unsittlich zu verhalten.

Diese Verhaltensweise kann durch eine weitgehende Freiheit, d. h. einen möglichst weiten Handlungsspielraum der Individuen gewährleistet werden. Eine möglichst große Autonomie des Einzelnen, ein großer Handlungsspielraum ermöglicht eine große Variationsmöglichkeit[1010] und verhindert Unzufriedenheit mit den bestehenden Verhältnissen. Sie fördert die freiwillige Einhaltung jener Regeln, die die selbstorganisatorische Ausbildung einer spontanen (moralischen) Ordnung ermöglicht. Insofern gilt es im Sinne HAYEKS, abstrakte Begrenzungsregeln zu implementieren, die den Freiheitsraum individueller Entscheidungen schützten, jedoch nicht zu stark einschränken.

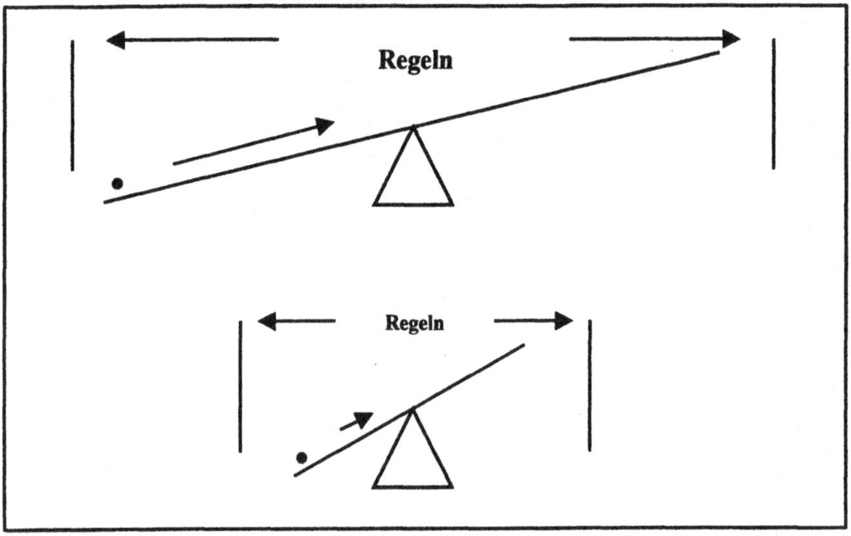

Abbildung 16: Handlungsspielraum und Stabilität

Abbildung 16 verdeutlicht diesen Zusammenhang abschließend. Im oberen Teil ist eine Gesellschaft dargestellt, die sich innerhalb eines breiten Regelwerks relativ frei entfalten kann. Die Entfaltungsmöglichkeit der Gesellschaft im unteren Teil von Abbildung 16 ist durch ein enges Regelwerk relativ stark eingeschränkt. Der Weg der Kugel (Verhaltensweisen) bis zu einer kritischen Situation – in der Mitte der „Wippe“ – ist im ersten Fall relativ weit. Dies bedeutet,

1010 Vgl. hierzu auch Göbel (1998), S. 293.

die Individuen können bestimmte Verhaltensweisen austesten, ohne dass die unmittelbare Gefahr eines Systemumschwungs besteht. Im unteren Teil besteht eine wesentlich größere Gefahr hierzu. Bereits eine – im Vergleich zur Darstellung oben – relativ kleine Bewegung nach rechts kann ausreichend sein, um das System völlig zu ändern.

Moderne Gesellschaften befinden sich im Zuge der Globalisierung in einem starken Wandel. Hierdurch wurde die alte Sozialstruktur zusätzlich an vielen Stellen aufgelöst, möglicherweise haben auch Anspruchsdenken und Egoismus weiter zugenommen. Es wurde jedoch gleichzeitig verdeutlicht, dass eine Entwicklung in den Zustand einer völligen Moralanarchie[1011] höchst unwahrscheinlich ist.

[1011] Vgl. Buchanan (1999), S. 21.

TEIL F ZUSAMMENFASSUNG

In Teil A wurde – am Beispiel Deutschland – eine ernüchternde Diagnose über die gesellschaftlichen Verhältnisse in modernen Gesellschaften gestellt. Teil B machte deutlich, dass zwischen den wissenschaftlichen Disziplinen der Ökonomik und der Ethik erhebliche Gegensätze bestehen. Diese lagen zunächst in der grundsätzlichen Ausrichtung der beiden Disziplinen. Während sich die Ökonomik durch ein positives Wissenschaftsverständnis auszeichnet, sieht die Ethik sich als normative Wissenschaft. Das heißt, sie beansprucht auch die Formulierung von Handlungsanweisungen. Diese Diskrepanz wurde zunächst zusätzlich durch das in der ökonomischen Theorie zugrundegelegte Verhaltensmodell des homo oeconomicus verschärft. Teil D verdeutlichte, dass der „Teildisziplin" Wirtschaftsethik grundlegend drei unterschiedliche Perspektiven und Ansatzpunkte zur Verfügung stehen. Es handelte sich hierbei um die Ebene der Individuen, der Organisationen und die Makroebene gesellschaftlicher Regelsetzung. Die Untersuchung dieser drei Ebenen erbrachte das Ergebnis, dass jeder dieser Ansatzpunkte durch spezifische Probleme gekennzeichnet ist. Es wurde demonstriert, dass die Durchsetzung und Erhaltung individueller Moral und Moralität ein schwieriges Unterfangen darstellt. Eine wesentliche Ursache hierfür ist die ökonomische Sicht des eigeninteressierten und rationalen menschlichen Handelns. Gleichzeitig konnte verdeutlicht werden, dass moralische Verantwortung und Initiative – aufgrund von Schwächen der beiden anderen Ansätze – häufig an die Individuen zurückgewiesen werden müssen.

Das potenzielle Missverhältnis zwischen sittlicher Verantwortung und eigeninteressiertem Handeln wurde teilweise entschärft. Es konnte dargelegt werden, dass sich Menschen in der Realität bei weitem nicht immer selbstinteressiert und rational verhalten, wie es im ökonomischen Verhaltensmodell unterstellt wird. Zwar ist solch ein Verhalten nicht gänzlich auszuschließen, doch ist es andererseits nicht der Regelfall. Menschen haben – auch rational begründbare – Motive dazu, sich an (moralische) Regeln zu halten, ihre Mitmenschen – jedenfalls innerhalb bestimmter Grenzen – zu berücksichtigen und sich – im Durchschnitt – moralisch zu verhalten, bzw. auf ihre Moralität zurückzugreifen. Gleichzeitig wurde jedoch ebenfalls, die dargestellte Meinung vertreten, dass sich ein *wenig* Unmoral aus den genannten Gründen sogar stabilisierend auswirken kann. Begünstigt werden kann diese Entwicklung durch eine möglichst weitreichende individuelle Freiheit, die den Menschen im Sinne HAYEKS, Entfaltungsmöglichkeiten lässt. Innerhalb einer, durch allgemeine Regeln flankierten und auf weitgehender individueller Freiheit beruhenden gesellschaftlichen Ordnung, wird es möglich, dass durch Eigeninteresse motivierte Handlungen das Wohl Aller fördern.

Abschließend konnte in Teil E auch verdeutlicht werden, dass aus einer evolutorischen Perspektive, die zu Beginn dargestellte Diagnose eines erodierenden Moralsystems nicht bestätigt werden kann. Grundsätzlich scheint es möglich, dass sich auch in einer Gesellschaft, die sich zum Teil aus homines oeconomici zusammensetzt, eine gesellschaftliche Moral endogen ausbilden, erhalten und modernisieren kann. Insofern konnten ferner – unter Verwendung einer relativ jungen Methode, der Synergetik – die Ansichten HAYEKS gestützt werden.

LITERATURVERZEICHNIS

Abendschein J./Seeber, G. (1998): Die geplante Versenkung der Brent Spar als typische Dilemmasituation – Ein unternehmensethisches Lehrstück, http://dsw.uni-marburg.de/Themen/frthe.htm.

Altner, G. (1992): Der Begriff der Evolution in Biologie und Sozialwissenschaften – Zur Differenzierung einer pauschalen Grundkategorie, in: Biervert, B./Held, M. (Hrsg.): Evolutorische Ökonomik: Neuerungen, Normen, Institutionen, Frankfurt/Main, S. 56-70.

An der Heiden, U. (1996): Chaos und Ordnung – neue Sicht alter Probleme, in Küppers, G. (Hrsg.): Chaos und Ordnung – Formen der Selbstorganisation in Natur und Gesellschaft, Stuttgart, S. 97-121.

Anzenbacher, A. (1992): Einführung in die Ethik, Düsseldorf.

Apel, K. O. (1986): Grenzen der Diskursethik? Versuch einer Zwischenbilanz, in: Zeitschrift für philosophische Forschung, 40, S. 3-31.

Arbeitsgemeinschaft selbständiger Unternehmer (1990): Ethik und Marktwirtschaft, Positionen und Argumente, 2. Auflage, Bonn.

Aretz, H.-J. (1997): Ökonomischer Imperialismus?, in: Zeitschrift für Soziologie, Jg. 26, Heft 2, S. 79-95.

Aristoteles (1991): Die Nikomachische Ethik, übersetzt und mit einer Einführung und Erläuterungen versehen von O. Gigon, München.

Arrow, K. J. (1974): The limits of organization, New York.

Aul, J. (1983): Aspekte des Universalisierungspostulats in Kants Ethik, in: Bubner, R. et. al. (Hrsg.): Neue Hefte für Philosophie, 22, S. 62-94.

Ausschuß unabhängiger Sachverständiger (1999): Erster Bericht über Anschuldigungen betreffend Betrug, Mißmanagement und Nepotismus in der Europäischen Kommission.

Axelrod, R. (1995): Die Evolution der Kooperation, übers. und mit einem Nachwort von W. Raub und Th. Voss, Studienausgabe, 3. Auflage, München.

Baurmann, M./Kliemt, H. (1995): Die Ökonomie der Tugend, in: Gijsel, P. et. al. (Hrsg.): Ökonomie und Gesellschaft, Jahrbuch 11, Markt, Norm und Moral, Frankfurt/Main.

Baurmann, M. (1996): Der Markt der Tugend: Recht und Moral in der liberalen Gesellschaft; eine soziologische Untersuchung, Die Einheit der Gesellschaftswissenschaften, Band 91, Tübingen.

Becker, G. S./Stigler, G. J. (1977): De Gustibus Non Est Disputandum, in: The American Economic Review, Vol. 67, No. 2, S. 76-90.

Becker, G. S. (1993): Ökonomische Erklärung menschlichen Verhaltens, 2. Aufl., Tübingen.

Becker, G. S./Becker G. N. (1998): Die Ökonomik des Alltags: von Baseball über Gleichstellung zur Einwanderung: was unser Leben wirklich bestimmt, übers. von Gerhard Engel, Tübingen.

Becker, H. S. (1973): Außenseiter, Frankfurt am Main.

Bickmann, R. (1999): Corporate Identity: Ausfluß der Kultur, in: ders. (Hrsg.): Chance: Identität – Impulse für das Management von Komplexität, Berlin, S. 93-141.

Bickmann, R. (1999): Einleitung: Worum es geht, in: ders. (Hrsg.): Chance: Identität – Impulse für das Management von Komplexität, Berlin, S. 1-11.

Biervert, B./Held, M. (Hrsg.) (1992): Evolutorische Ökonomik: Neuerungen, Normen, Institutionen, Frankfurt/Main.

Blankart, C. (1994): Öffentliche Finanzen in der Demokratie: Eine Einführung in die Finanzwissenschaft, 2. völlig überarb. Auflage, München.

Blümle, G. (1995): Das Adam-Smith-Problem und die heutige Sozialpolitik, Dresdner Beiträge zur Volkswirtschaftslehre, 9, ohne Seitenangabe.

Böcher, W. (1996): Selbstorganisation, Verantwortung, Gesellschaft – Von subatomaren Strukturen zu politischen Zukunftsvisionen, Opladen.

Bohnet, I./Frey, B. S. (1997): Moral oder Eigennutz? Eine experimentelle Analyse, in: Lohmann, K. R./Priddat, B. P. (Hrsg.): Ökonomie und Moral: Beiträge zur Theorie ökonomischer Rationalität, München, S. 135-155.

Bouillon, H. (1991): Ordnung, Evolution und Erkenntnis: Hayeks Sozialphilosophie und ihre erkenntnistheoretische Grundlage, wirtschaftswissenschaftliche und wirtschaftsrechtliche Untersuchungen, 28, Tübingen.

Boulding, K. E. (1992): Abseits des „Mainstreams“: Bekenntnisse eines abtrünnigen Ökonomen, in: Hanusch, H./Recktenwald, H. C. (Hrsg.): Ökonomische Wissenschaft in der Zukunft, Düsseldorf, S.38-52.

Brandes, W./Weise, P. (1995): Arbeitsleistung von Arbeitsgruppen als Prozeß der Selbstorganisation, in: Ökonomie und Gesellschaft, Jahrbuch 12, Soziale Kooperation, Frankfurt/Main, New York, S. 263-302.

Brandstätter, H. (1992): Anthropologisch-psychologische Aspekte einer evolutionären Ökonomik, in: Biervert, B./Held, M. (Hrsg.): Evolutorische Ökonomik: Neuerungen, Normen, Institutionen, Frankfurt/Main, S.92-102.

Braun, W. (1985): Konstruktive Betriebswirtschaftslehre – Eine wissenschaftstheoretische Einführung, Wiesbaden.

Brennan, G./Buchanan, J. M (1993): Die Begründung von Regeln – Konstitutionelle politische Ökonomie, Tübingen.

Buchanan, J. M. (1984): Die Grenzen der Freiheit. Zwischen Anarchie und Leviathan, Tübingen.

Buchanan, J. M. (1994): Ethics and economic progress, Oklahoma.

Buchanan, J. M. (1999): Moral und Gemeinschaft in der offenen Ordnung des Marktes, in: Vanberg, V. (Hrsg.): Freiheit, Wettbwerb und Wirtschaftsordnung: Hommage zum 100. Geburtstag von Friedrich A. v. Hayek, Wirtschaftswissenschaftliche Fakultät der Albert-Ludwigs-Universität, Walter-Eucken-Institut Freiburg, Freiburg i. Br.

Cantner, U./Hanusch, H. (1997): Evolutorische Ökonomik – Konzeption und Analytik, in: WISU Heft 8-9/97, S. 776-785.

Dahme, Ch. (1990): Selbstorganisation und Tätigkeitstheorie, in: Niedersen, U. (Hrsg.): Selbstorganisation, Jahrbuch für Komplexität in den Natur-, Sozial- und Geisteswissenschaften, Band 1, Berlin, S. 149-161.

Dahrendorf, R. (1977): Homo Sociologicus – Ein Versuch zur Geschichte, Bedeutung und Kritik der Kategorie der sozialen Rolle, Studienbücher zur Sozialwissenschaft, Band 20, 15. Auflage, Opladen.

Diekmann, A. (1998): Moral oder Ökonomie? – Zum Umweltverhalten in Niedrigkostensituationen, in: Steinmann, H./Wagner, G. R. (Hrsg.): Umwelt und Wirtschaftsethik, Stuttgart, S. 233-247.

Dopfer, K. (1990): Elemente einer Evolutionsökonomik: Prozeß, Struktur und Phasenübergänge, in: Witt, U. (Hrsg.): Studien zur evolutorischen Ökonomik I, Schriften des Vereins für Socialpolitik, N. F., Band 195/I, Berlin, S. 19-47.

Ebeling, W. et. al., (1990): Physik der Evolutionsprozesse, Berlin.

EDK-Gruppe (1995): Abwanderung, Widerspruch und Kooperation unter Anonymität. Ein Diskussionspapier, in: Forum für Interdisziplinäre Forschung, 13, S. 77-118.

Eger, Th./Weise, P. (1990): Normen als gesellschaftliche Ordner, in: Schmid-Schönbein et. al. (Hrsg.): Ökonomie und Gesellschaft, Jahrbuch 8, Individuelles Verhalten und kollektive Phänomene, Frankfurt/Main, S. 65-111.

Eger, Th./Weise, P. (1995): Die Evolution von Normen aus Unordnung: Ein synergetisches Modell, in: Gijsel, P. et. al. (Hrsg.): Ökonomie und Gesellschaft, Jahrbuch 11, Markt, Norm und Moral, Frankfurt/Main, S. 192 – 209.

Eger, Th. (1998): Die Bedeutung des Reputationsmechanismus für die Koordination wirtschaftlicher Handlungen, in: Wegner, G./Wieland, J. (Hrsg.): Formelle und informelle Institutionen – Genese, Interaktion und Wandel, Institutionelle und Evolutorische Ökonomik, Band 6, Marburg, S. 309-326.

Ehret, M. (1994): Synergetik, Arbeitsmarktdynamik und Hysterese, Theorie und Forschung, Band 269, Wirtschaftswissenschaften, Band 23, Regensburg, zugl.: Freiburg (Breisgau), Univ., Diss.

Elias, N. (1969): Die höfische Gesellschaft, Darmstadt.

Enderle, G. et. al. (1993): Lexikon der Wirtschaftsethik, Freiburg i. Breisgau.

Englis B. (edt.) (1994): Global and Multinational Advertising. LEA Publishers, UK.

Erdmann, G. (1986): Ansätze zur Abbildung sozialer Systeme mittels nichtlinearer dynamischer Modelle, Zentrum für Umfragen, Methoden und Analysen (ZUMA), ZUMA-Arbeitsbericht Nr. 86/07.

Erdmann, G. (1989): Evolutionäre Ökonomik als Theorie ungleichgewichtiger Phasenübergänge, Zürich, Eidgenössische Technische Hochschule Zürich, Institut für Wirtschaftsforschung, 89/91, 2. Auflage, Beitrag zum Workshop über evolutionäre Ökonomik in Freiburg/Breisgau vom 6. – 8. Juli 1989.

Erdmann, G. (1990): Evolutionäre Ökonomik als Theorie ungleichgewichtiger Phasenübergänge, in: Witt, U. (Hrsg.): Studien zur evolutorischen Ökonomik I, Schriften des Vereins für Socialpolitik, N.F., Band 195/I, Berlin, S. 135-161.

Erdmann, G. (1993): Elemente einer evolutorischen Innovationstheorie, Die Einheit der Gesellschaftswissenschaften, Band 80, Tübingen.

Ernst, D. K. (1996): Die Bedeutung der Regionalökonomik für die Systemtransformation in der Russischen Föderation: eine Analyse aus der Sicht der Synergetik, Frankfurt a. M., Europäische Hochschulschriften, Reihe 5, Volks- und Betriebswirtschaft, Band 2004, Univ., Diss.

Etzioni, A. (1994): Jenseits des Egoismus-Prinzips: Ein neues Bild von Wirtschaft, Politik und Gesellschaft, aus dem amerikan. Engl. übertragen von P. Blaas, Stuttgart.

Feistel, R. (1990): Ritualisation und die Selbstorganisation der Information, in: Niedersen, U. (Hrsg.): Selbstorganisation, Jahrbuch für Komplexität in den Natur-, Sozial- und Geisteswissenschaften, Band 1, Berlin, S. 83-98.

Feldmann, H. (1995): Eine institutionalistische Revolution?: Zur dogmenhistorischen Bedeutung der modernen Institutionenökonomik, Berlin.

FOCUS (1997): Nr. 46, S. 282.

Frey, B. S. (1990): Ökonomie ist Sozialwissenschaft – Die Anwendung der Ökonomie auf neue Gebiete, München.

Frey, B. S. et. al. (1994): Das ökonomische Modell aus psychologischer Sicht, in: Smekal, Ch./Theurl E. (Hrsg.): Stand und Entwicklung der Finanzpsychologie – Clemens-August Andreae zum Gedenken, Baden-Baden, S. 65-106.

Frey, B. S. (1997): Markt und Motivation: wie ökonomische Anreize die (Arbeits-) Moral verdrängen, München.

Frey, B. S./Stutz, A. (2000): Maximizing Hapiness?, in: Felderer B. et. al. (Managing Editors): German Economic Review, Vol. 1, Issue 2, S. 145-167.

Gäfgen, G. (1989): Wandel moralischer Normen in der Entwicklung der Wirtschaftsordnung: positive Erklärung und ethische Folgerung, in: Hesse, H. (Hrsg.): Wirtschaftswissenschaft und Ethik, 2. Aufl., Schriften des Vereins für Socialpolitik, N. F., Band 171, Berlin, S. 85-107.

Gauthier, D. (1986): Morals by agreement, Oxford u. a.

Gerum, E. (1992): Unternehmensführung und Ethik, in: Lenk, H./Maring, M. (Hrsg.): Wirtschaft und Ethik, Stuttgart, S. 253-267.

Ghaussy, A. G. (1986): Das Wirtschaftsdenken im Islam. Von der orthodoxen Lehre bis zu den heutigen Ordnungsvorstellungen, Bern.

Göbel, E. (1998): Theorie und Gestaltung der Selbstorganisation, Betriebswirtschaftliche Forschungsergebnisse, Band 111, zugl. Tübingen, Univ., Habil.-Schr., Berlin.

Gräfrath, B. (1997): Evolutionäre Ethik?: philosophische Programme, Probleme und Perspektiven der Soziobiologie, zugl. Habil.-Schr., Berlin.

Guth, W. (1990): Unternehmensverantwortung: Die Ethik des Gewinnstrebens, in: Barbier, H. D. (Hrsg.): Die Moral des Marktes: Wirtschaftspolitik in einer offenen Welt, Frankfurt (Main), S. 73-84.

Güth, W./Kliemt, H. (1995): Elementare spieltheoretische Modelle sozialer Kooperation, in: Gijsel, P. et. al. (Hrsg.): Ökonomie und Gesellschaft, Jahrbuch 12, Soziale Kooperation, Frankfurt/Main, New York, S. 12-62.

Haag, G. (1990): Die Beschreibung sozialwissenschaftlicher Systeme mit der Master-Gleichung, in: Schmid-Schönbein, Th. et. al. (Hrsg.): Individuelles Verhalten und kollektive Phänomene, Ökonomie und Gesellschaft, Jahrbuch 8, Frankfurt/Main, New York, S. 128-179.

Haag, G. (1996): Chaotische Prozesse in der Ökonomie, in: Küppers, G. (Hrsg.): Chaos und Ordnung – Formen der Selbstorganisation in Natur und Gesellschaft, Stuttgart, S. 229-256.

Haas, R. D. (1994): Unternehmensethik als globale Herausforderung – Zur Umsetzung ethischer Werte bei Levi Strauss & Co., Auszüge aus einer Rede von Robert D. Haas, übers. und bearb. von Mühlfriedel B./Ölbrich, T., in: Forum Wirtschaftsethik 3/94, S. 1-3.

Hackmann, J. (1998): Gewinnmaximierung und Unternehmensethik: Zu einem wohlfahrtsökonomisch ausgerichteten wirtschaftsethischen Alternativansatz, in: Gaertner, W. (Hrsg.): Wirtschaftsethische Perspektiven IV, Methodische Grundsatzfragen, Unternehmensethik, Kooperations- und Verteilungsprobleme, Schriften des Vereins für Socialpolitik N. F., Band 228, S. 51-88.

Haken, H. (1990): Synergetik: Eine Einführung; Nichtgleichgewichts-Phasenübergänge und Selbstorganisation in Physik, Chemie und Biologie, Berlin.

Haken, H. (1990a): Über das Verhältnis der Synergetik zur Thermodynamik, Kybernetik und Informationstheorie, in: Niedersen, U. (Hrsg.): Selbstorganisation, Jahrbuch für Komplexität in den Natur-, Sozial- und Geisteswissenschaften, Band 1, Berlin, S. 19-23.

Haken, H. (1993): Synergetik: Eine Zauberformel für das Management?, in: Rehm, W. (Hrsg.): Synergetik: Selbstorganisation als Erfolgsrezept für Unternehmen, ein Symposium der IBM, Ehningen bei Böblingen, S. 15-43.

Haken, H. (1995): Erfolgsgeheimnisse der Natur – Synergetik: Die Lehre vom Zusammenwirken, Hamburg.

Haken, H. (1996): Synergetik und Sozialwissenschaft, in Ethik und Sozialwissenschaft – Streitforum für Erwägungskultur, EuS 7, Heft 4, S. 587-594.

Halfmann, J. (1996): Makrosoziologie der modernen Gesellschaft: Eine Einführung in die soziologische Beschreibung makrosozialer Phänomene, Grundlagentexte Soziologie, Weinheim.

Hamberger, E. (1996): Was heißt „moralisch" und welchen Platz hat Moral in der Politik – mit einer Analyse am Beispiel der deutschen Wiedervereinigung, Linz.

Hamilton, W. D./Axelrod, R. (1995): Die Evolution der Kooperation in biologischen Systemen, in Axelrod, R.: Die Evolution der Kooperation, übers. und mit einem Nachwort von W. Raub und Th. Voss, Studienausgabe, 3. Auflage, München, S. 80-96.

Hannapi, G. (1995): Methoden der evolutorischen Ökonomik, in: Wirtschaftspolitische Blätter, Heft 6, S. 433-445.

Hare, R. M. (1983): Freiheit und Vernunft, übersetzt von G. Meggle, Düsseldorf.

Harman, G. (1981): Das Wesen der Moral: Eine Einführung in die Ethik, übers. von U. Wolf, Frankfurt am Main.

Hayek, F. A. v. (1969): Der Wettbewerb als Entdeckungsverfahren, in: Freiburger Studien, Tübingen.

Hayek, F. A. v. (1972): Die Theorie komplexer Phänomene, aus dem Englischen übersetzt von E. Hoppmann, Walter Eucken Institut, Vorträge und Aufsätze, 36, Tübingen.

Hayek, F. A. v. (1976): Individualismus und wirtschaftliche Ordnung, 2. erw. Auflage, mit einem bibliographischen Anhang von K. R. Leube, Salzburg.

Hayek, F. A. v. (1979): Die drei Quellen menschlicher Werte, Aus d. Engl. übers. Von H. Bosch, Walter-Eucken-Institut, Vorträge und Aufsätze, 70, Tübingen.

Hayek, F. A. v. (1981): Recht, Gesetzgebung und Freiheit, Band 2, Die Illusion der sozialen Gerechtigkeit, Landsberg am Lech.

Hayek, F. A. v. (1986): Recht, Gesetzgebung und Freiheit, Band 1, Regeln und Ordnung, 2. Aufl., Landsberg am Lech.

Hayek, F. A. v. (1990): Dr. Bernard Mandeville, in: ders. et. al. (Hrsg.): Bernard de Mandevilles Leben und Werk, Düsseldorf.

Hayek, F. A. v. (1991): Die Verfassung der Freiheit, 3. Auflage, Tübingen.

Hayek, F. A. v. (1994): Freiburger Studien: gesammelte Aufsätze, 2. Aufl., wirtschaftswissenschaftliche und wirtschaftsrechtliche Untersuchungen, 5, Tübingen.

Hayek, F. A. v. (1996a): Die verhängnisvolle Anmaßung: Die Irrtümer des Sozialismus, übers. von M. Streissler, wirtschaftswissenschaftliche und wirtschaftsrechtliche Untersuchungen, 34, Tübingen.

Hayek, F. A. v. (1996b): Die Anmaßung von Wissen: neue Freiburger Studien, Kerber, W. (Hrsg.): wirtschaftswissenschaftliche und wirtschaftsrechtliche Untersuchungen, 32, Tübingen.

Hejl, P. M. (1990): Self-Regulation in Social Systems, in: Krohn W. et. al. (edts.): Selforganization. Portrait of a Scientific Revolution, Dordrecht, S. 114-127.

Helbing, D. (1992): Stochastische Methoden, nichtlineare Dynamik und quantitative Modelle sozialer Prozesse, Aachen, zugl. Univ., Diss., Stuttgart.

Hellbrück, R. P. (1993): Synergetik und Marktprozeß, wirtschaftswissenschaftliche Beiträge, Band 78, Heidelberg.

Hengsbach, F. (1998): Marktkonkurrenz auf der Grundlage gesellschaftlicher Kooperation, in Brieskorn, N./Wallacher, J. (Hrsg.): Homo oeconomicus: Der Mensch der Zukunft?, Stuttgart, S. 47-76.

Herder-Dorneich, Ph. (1992): Neue Politische Ökonomie: Eine kurzgefaßte Hinführung, Rückblick – Anwendung – Ausblick, Baden-Baden.

Herms, E. (1989): Theoretische Voraussetzungen einer Ethik des wirtschaftlichen Handelns. F. A. von Hayeks Anthropologie und Evolutionstheorie als Spielraum wirtschaftsethischer Aussagen, in: Hesse, H. (Hrsg.): Wirtschaftswissenschaft und Ethik, Schriften des Vereins für Socialpolitik, 2. Auflage, N. F., Band 171, S. 131-193.

Hesse, G. (1990): Evolutorische Ökonomik oder Kreativität in der Theorie, in: Witt, U. (Hrsg.): Studien zur evolutorischen Ökonomik I, Schriften des Vereins für Socialpolitik, N.F., Band 195/I, Berlin, S. 49-73.

Hinterberger, F. (1996): Hayek, Selbstorganisation und Evolution: theoretische Überlegungen und politische Schlußfolgerungen, in: Priddat, B. P./Wegner, G. (Hrsg.): Zwischen Evolution und Institution – neue Ansätze in der ökonomischen Theorie, Institutionelle und Evolutorische Ökonomik, Band 1, Marburg, S. 245-270.

Höffe, O. (1979): Recht und Moral: ein kantischer Aufriß, in: Bubner, R. et. al. (Hrsg): Recht und Moral, Neue Hefte für Philosophie, Heft 17, S. 1-36.

Höffe, O. et. al. (Hrsg.) (1992): Lexikon der Ethik, 4. neubearb. Aufl., München.

Homann, K. et. al. (1988): Wirtschaftswissenschaft und Ethik, in: Hesse, H. (Hrsg.): Wirtschaftswissenschaft und Ethik, Schriften des Vereins für Socialpolitik, N. F., Band 171, Berlin, S. 9-33.

Homann, K. (1990): Wettbewerb und Moral, in: Furger Fr. (Hrsg.): Jahrbuch für Christliche Sozialwissenschaften, Fortführung des „Jahrbuch des Instituts für Christliche Sozialwissenschaften", 31. Band, S. 34-56.

Homann, K. (1993): Wider die Erosion der Moral durch Moralisieren, in: Beaufort, Jan et. al. (Hrsg.): Moral und Gesellschaft, Dettelbach, S. 47-68.

Homann, K. (1994): Ethik und Ökonomik – Zur Theoriestrategie der Wirtschaftsethik, in: Homann, K. (Hrsg.): Wirtschaftsethische Perspektiven I – Theorie, Ordnungsfragen, Internationale Institutionen, Schriften des Vereins für Socialpolitik, N. F., Band 28, Berlin, S. 11-42.

Homann, K. (1995): Gewinnmaximierung und Kooperation – Eine ordnungsethische Reflexion, Kieler Arbeitspapiere Nr. 691.

Homann, K. (1997): Sinn und Grenzen der ökonomischen Methode in der Wirtschaftsethik, in: Aufderheide, D./Dabrowski, M. (Hrsg.): Wirtschaftsethik und Moralökonomik, Volkswirtschaftliche Schriften, Heft 478, Berlin, S. 11-42.

Homann, K. (1998): Normativität angesichts systemischer Sozial- und Denkstrukturen, in: Gaertner, W. (Hrsg.): Wirtschaftsethische Perspektiven IV, Methodische Grundsatzfragen, Unternehmensethik, Kooperations- und Verteilungsprobleme, Schriften des Vereins für Socialpolitik, N. F., Band 228, S. 17-50.

Homann, K./Blome-Drees, F. (1992): Wirtschafts- und Unternehmensethik, Göttingen, 1992.

Hoppmann, E. (1995): Zwei Arten der Moral, in: Francke, H.-H. (Hrsg.): Ökonomischer Individualismus und freiheitliche Verfassung, Gedenkakademie für Friedrich August von Hayek, Freiburg im Breisgau, S. 227-238.

Hoppmann, E. (1996): Kulturelle Evolution und ökonomische Effizienz, in: Festschrift für Ernst-Joachim Mestmäcker, Baden-Baden, S. 177-189.

Horn, K. I. (1996): Moral und Wirtschaft, Tübingen.

Horster, D. (1997): Recht und Moral: Analogien, Komplementaritäten und Differenzen, in: Zeitschrift für philosophische Forschung, Band 51, Heft 3, S. 367-389.

Hospers, J. (1976): Zweifel eines Deterministen, in: Birnbacher, D./Hoerster, N. (Hrsg.): Texte zur Ethik, 8. Aufl., München, S. 330-339.

Jantsch, E. (1992): Die Selbstorganisation des Universums, erweiterte Neuauflage, München.

Jevons, W. S. (1923): Die Theorie der politischen Ökonomie.

Kant, I. (1969): Gesammelte Schriften, Akademie Ausgabe, Band 8, Berlin.

Kant, I. (1989): Kritik der praktischen Vernunft. Grundlegung zur Metaphysik der Sitten, 3. Auflage, Leipzig.

Kant, I. (1991): Philosophia practica universalis, in: Gerhardt, G. (Hrsg.): Eine Vorlesung über Ethik, Frankfurt am Main.

Karmasin, M. (1996): Ethik als Gewinn – zur ethischen Rekonstruktion der Ökonomie, Konzepte und Perspektiven von Wirtschaftsethik, Unternehmensethik, Führungsethik, Wien.

Katterle, S. (1991): Methodologischer Individualismus and Beyond, in: Biervert, B./Held, M. (Hrsg.): Das Menschenbild der ökonomischen Theorie. Zur Natur des Menschen, Frankfurt/New York, S. 132-152.

Kaufmann, F.-X. et. al. (1986): Ethos und Religion bei Führungskräften, München.

Kelsen, H. (1990): Allgemeine Theorie der Normen, Ringhofer K. und Walter R. (Hrsg.), im Auftrag des Hans-Kelsen-Instituts aus dem Nachlaß, unveränderter Nachdruck, Wien.

Kerber, W. (1989): Sittlich handeln unter dem Druck ökonomischer Sachzwänge, in: Hesse, H. (Hrsg.): Wirtschaftswissenschaft und Ethik, 2. Aufl., Schriften des Vereins für Socialpolitik, N. F., Band 171, Berlin, S. 241-258.

Kerber, W. (1996): Recht als Selektionsumgebung für evolutorische Wettbewerbsprozesse, in: Priddat, B. P./Wegner G. (Hrsg.): Zwischen Evolution und Institution – neue Ansätze in der ökonomischen Theorie, Institutionelle und Evolutorische Ökonomik, Band 1, Marburg, S. 301-330.

Kettner, M. (1994): Rentabilität und Moralität: Offene Probleme in Karl Homanns Wirtschafts- und Unternehmensethik, in: Blasche, S. et. al. (Hrsg.): Markt und Moral: Die Diskussion um die Unternehmensethik, St. Galler Beiträge zur Wirtschaftsethik, 13, S. 241-267.

Kirchgässner, G. (1991): Homo Oeconomicus, Das ökonomische Modell individuellen Verhaltens und seine Anwendung in den Wirtschafts- und Sozialwissenschaften. Die Einheit der Gesellschaftswissenschaften, Band 74, Tübingen.

Kirchgässner, G. (1996): Bemerkungen zur Minimalmoral, in: Zeitschrift für Wirtschafts- und Sozialwissenschaften, Heft 116, S. 223-251.

Kirsch, G. (1997): Das Kalkül der Moral, in: Lohmann, K. R./Priddat, B. P. (Hrsg.): Ökonomie und Moral – Beiträge zur Theorie ökonomischer Rationalität, München, S. 49-64.

Kirsch, G. (1997): Gefühle oder Prinzipien: Elemente oder Fremdkörper des Rational Choice?, in: WISU, Heft 8-9, S. 763-770.

Kleinfeld, A. (1999): Identität durch moralische Integrität: Die Rolle der Corporate Ethics, in: Bickmann et al. (Hrsg.): Chance Identität, S. 363-401.

Kliemt, H. (1987): Ökonomik und Ethik, in: WiSt, Heft 3, März 1987, S. 113-118.

Klopstech, A./Selten, R. (1984): Formale Konzepte eingeschränkt rationalen Verhaltens, in: Todt, H. (Hrsg.): Normengeleitetes Verhalten in den Sozialwissenschaften, Schriften des Vereins für Socialpolitik, N. F., Band 141, S. 11-34.

Kohlberg, L. (1974): Kognitive Entwicklung des Kindes, Frankfurt.

Koslowski, P. (1988): Prinzipien der ethischen Ökonomie, Grundlegung der Wirtschaftsethik und der auf die Ökonomie bezogenen Ethik, Tübingen.

Koslowski, P. (1990): Wirtschaftsethik in der Marktwirtschaft – Ethische Ökonomie als Theorie der ethischen und kulturellen Grundlagen des Wirtschaftens, in: Matthiesen, Ch. (Hrsg.): Ökonomie und Ethik – Moral des Marktes oder Kritik der reinen ökonomischen Vernunft, Freiburg (Breisgau).

Koslowki, P. (1994): Die Ordnung der Wirtschaft – Studien zur praktischen Philosophie und politischen Ökonomie, Tübingen.

Krelle, W. (1996): Entwicklung und Aufrecherhaltung moralischer Standards, in: Festschrift für Ernst-Joachim Mestmäcker, Baden-Baden, S. 227-241.

Krelle, W. (1998): Ökonomische Grundlagen der Ethik, Sonderforschungsbereich 303, 34 (Discussionpaper No. 428), Bonn.

Kubon-Gilke, G. (1995): Moralische Kosten und die Endogenisierung von Präferenzen in der Neuen Institutionenökonomik, in: Seifert, E. K./Priddat, B. P. (Hrsg.): Neuorientierung in der ökonomischen Theorie – Zur moralischen, institutionellen und evolutorischen Dimension des Wirtschaftens, Marburg, S. 271-317.

Kunz, H. (1993): Kriminalität, in: Ramb, B.-Th. und Tietzel, M. (Hrsg.): Ökonomische Verhaltenstheorie, München, S. 181-207.

Küpper, W. (1997): Organisationsrationalität: Sind Organisationen vernünftiger als Individuen?, in: Geißler, H. (Hrsg.): Unternehmensethik, Managementverantwortung und Weiterbildung, Neuwied, S. 54-65.

Lenk, H./Maring, M. (1996): Wirtschaftsethik – ein Widerspruch in sich selbst?, in: Lenk, H. et. al. (Hrsg.): Ethik in der Wirtschaft – Chancen verantwortlichen Handelns, Stuttgart, Berlin, Köln, S. 1-22.

Lenk, H./Maring, M. (1998): Das moralphilosophische Fundament einer Ethik für Organisationen – korporative und individuelle Verantwortung, in: Blickle, G. (Hrsg.): Ethik in Organisationen: Konzepte, Befunde, Praxisbeispiele, Göttingen, S. 21-35.

Lenz, H. (1990): Moralische Normen und Opportunismus in der neueren Theorie der Unternehmung, in: Schauenberg, B. (Hrsg.): Wirtschaftsethik, Schnittstellen von Ökonomie und Wissenschaftstheorie, Wiesbaden, S. 13-35.

Leschke, M. (1995): Zur ökonomischen Analyse moralkonformen Handelns, in: Analyse und Kritik, Zeitschrift für Sozialwissenschaften, Heft 2, Jg. 17, S. 209-231.

Leschke, M. (1996): Die Funktion der Moral in der liberalen Gesellschaft, in: Pies, I./ Leschke, M. (Hrsg.): James Buchanans konstitutionelle Ökonomik, Reihe: Konzepte der Gesellschaftstheorie, 2, Tübingen, S. 75-99.

Leschke, M. (1997): Politik, Politikberatung und gesellschaftliche Moral, in: Aufderheide, D./Dabrowski M. (Hrsg.): Wirtschaftsethik und Moralökonomik – Normen, soziale Ordnung und der Beitrag der Ökonomik, Reihe: Volkswirtschaftliche Schriften, Heft 478, Berlin, S. 217-224.

Lohmann, K. R. (1997): Moralische Überzeugung und wirtschaftliche Wahl, in: Lohmann, K. R./Priddat, B. P. (Hrsg.): Ökonomie und Moral: Beiträge zur Theorie ökonomischer Rationalität, München, S. 113-133.

Lohmann, K. R./Priddat B. P. (1997): Einleitung, in: dies. (Hrsg.): Ökonomie und Moral – Beiträge zur Theorie ökonomischer Rationalität, München, S. 9-16.

Löhr, A. (1998): Die moralische Urteilskraft von Wirtschaftsstudenten – Bemerkungen zum empirischen Forschungsstand, in: Blickle G. (Hrsg.): Ethik in Organisationen, Konzepte, Befunde, Praxisbeispiele, Göttingen, S. 185-208.

Lütterfelds, W. /Mohrs, Th. (Hrsg.) (1993): Evolutionäre Ethik zwischen Naturalismus und Idealismus: Beiträge zu einer modernen Theorie der Moral, Darmstadt.

Mackie, J. L. (1989): Ethik – Die Erfindung des moralisch Richtigen und Falschen, Stuttgart.

Männel, B. (1996): Erklärungsmusterimporte in der evolutorischen Ökonomik, in: Priddat, B. P./Wegner G. (Hrsg.): Zwischen Evolution und Institution – neue Ansätze in der ökonomischen Theorie, Institutionelle und Evolutorische Ökonomik, Band 1, Marburg, S. 331-366.

Marx, R. (1997): Muß die Welt verbessert werden?, in: Aufderheide, D./Dabrowski, M. (Hrsg.): Wirtschaftsethik und Moralökonomik, Volkswirtschaftliche Schriften, Heft 478, Berlin.

Matten, D. (1998): Moral im Unternehmen: Philosophische Zierleiste oder knappe Ressource?, in: Haupt, R./Lachmann, W. (Hrsg.): Unternehmensethik – Wahre Lehre oder leere Ware?, Neuhausen-Stuttgart, S. 11-33.

Maturana, H. R.(1996): Was ist erkennen, München.

Maturana, H. R./Varela, F. J. (1972): Autopoiesis and Cognition, Boston studies in the philosophy of science, Vol. 42, Dordrecht.

Maturana, H. R./Varela, F. J. (1992): Der Baum der Erkenntnis, 4. Auflage, Bern.

Mayr, E. (1994): Evolution – Grundfragen und Mißverständnisse, in: Ethik und Sozialwissenschaft – Streitforum für Erwägungskultur, EuS 5, Heft 2, S. 203-209.

Mestmäcker, E.-J. (1999): Organisationen in spontanen Ordnungen, in: Vanberg, V. (Hrsg.): Freiheit, Wettbewerb und Wirtschaftsordnung: Hommage zum 100. Geburtstag von Friedrich A. v. Hayek/Wirtschaftswissenschaftliche Fakultät der Albert-Ludwigs-Universität, Walter-Eucken-Institut Freiburg, Freiburg i. Br.

Mill, J. St. (1974): Über die Freiheit, Stuttgart.

Mill, J. St. (1976): Der Utilitarismus, Stuttgart.

Mohr, H. (1990): Biologie und Ökonomik, in: Witt, U. (Hrsg.): Studien zur evolutorischen Ökonomik I, Schriften des Vereins für Socialpolitik, N.F., Band 195/I, Berlin, S. 209-219.

Mohr, H. (1993): Evolutionäre Ethik als biologische Theorie, in: Lütterfelds, W./ Mohrs, Th. (Hrsg.): Evolutionäre Ethik zwischen Naturalismus und Idealismus – Beiträge zu einer modernen Theorie der Moral, Darmstadt, S. 19-31.

Molitor, B. (1989): Wirtschaftsethik, München.

Müller-Benedict, V. (1996): Chaos und Selbstorganisation: Neue theoretische Ansätze in den Sozialwissenschaften, in: The official Journal of QUANTUM and INTERQUANT, Zentrum für Historische Sozialforschung, Vol. 21, No. 1, S. 26-93.

Müller-Benedict, V. (1997): Bedingungen selbstorganisatorischer sozialer Prozesse – Ein Vergleich formaler Modelle von kollektiven Aktionen, in: ZUMA-Nachrichten, 41. Jg., 21. November, S. 44-72.

Müller-Merbach, H. (1992): Philosophie-Splitter für das Management: 16 praktische Handreichungen für Führungskräfte, 2. Auflage, Bad Homburg v. d. H.

Niedersen, U./Pohlmann, L. (1990): Komplexität, Singularität und Determination. Die Koordination der Heterogenität, in: Niedersen, U. (Hrsg.): Selbstorganisation, Jahrbuch für Komplexität in den Natur-, Sozial- und Geisteswissenschaften, Band 1, Berlin, S. 25-53.

Olson, M. (1968): Die Logik des kollektiven Verhaltens, Kollektivgüter und die Theorie der Gruppen, Tübingen.

Ostmann, A. et. al. (1997): Umweltgemeingüter?, in: Zeitschrift für Wirtschafts- und Sozialwissenschaften, Heft 117, S. 107-144.

Pannenberg, W. (1996): Grundlagen der Ethik : philosophisch-theologische Perspektiven, Göttingen.

Partl, Q. (1997): Förderung der Selbstorganisation sozialer Makrosysteme, Selbstorganisation sozialer Prozesse, Band 4, München.

Patzig, G. (1983): Ethik ohne Metaphysik, 2. durchges. u. erw. Aufl., Göttingen.

Piaget, J./Inhelder, B. (1996): Die Psychologie des Kindes, aus dem Französischen von L. Häflinger, ungekürzte Ausgabe, 6. Auflage, München.

Pieper, A. (1991): Einführung in die Ethik, Tübingen.

Platon (1991): Sämtliche Werke IV.

Priddat, B. P. (1994a): Rationalität, Moral und Emotion, in: Nutzinger, H. G. (Hrsg.): Wirtschaftsethische Perspektiven III, Unternehmen und Organisationen, Philosophische Begründungen, individuelle und kollektive Rationalität, Schriften des Vereins für Socialpolitik, N. F., Band 228, Berlin, S. 129-157.

Priddat, B. P. (1994b): Ökonomische Knappheit und moralischer Überschuß: Theoretische Essays zum Verhältnis von Ökonomie und Ethik, Hamburg.

Priddat, B. P. (1996): Die Zeit der Institutionen: Regelverhalten und rational choice, in: Priddat, B. P./Wegner G. (Hrsg.): Zwischen Evolution und Institution – neue Ansätze in der ökonomischen Theorie, Institutionelle und Evolutorische Ökonomik, Band 1, Marburg, S. 11-34.

Priddat, B. P. (1998): Moral Based Rational Man: über die implizite Moral des homo oeconomicus, in Brieskorn, N./Wallacher, J. (Hrsg.): Homo oeconomicus: Der Mensch der Zukunft?, Stuttgart, S. 1-31.

Rat der EKD und der deutschen Bischofskonferenz (1997): Wort des Rates der Evangelischen Kirche in Deutschland und der Deutschen Bischofskonferenz zur wirtschaftlichen und sozialen Lage in Deutschland, Hannover und Bonn, ohne Seitenangabe.

Ratzek, W. (1992): Selbstorganisation in komplexen Welten: Chaos als schöpferischer Impuls, Frankfurt am Main.

Rauhut, B. et. al. (1979): Spieltheorie: eine Einführung in die mathematische Theorie strategischer Spiele, Leitfäden der angewandten Mathematik und Mechanik, Band 49, S. 97-115.

Rawls, J. (1993): Eine Theorie der Gerechtigkeit, übers. von H. Vetter, 7. Aufl., Frankfurt am Main.

Richter, R. (1994): Institutionen ökonomisch analysiert: Zur jüngeren Entwicklung auf einem Gebiet der Wirtschaftstheorie, Tübingen, 1994.

Richter, R./Furubotn, E. (1996): Neue Institutionenökonomik – Eine Einführung und kritische Würdigung, übers. von M. Streissler, Tübingen.

Ricken, F. (1988): Allgemeine Ethik, 3. erw. und überarb. Aufl., Grundkurs Philosophie, 4, Stuttgart.

Roth, G. (1986): Selbstorganisation – Selbsterhaltung – Selbstreferentialität: Prinzipien der Organisation der Lebewesen und ihre Folgen für die Beziehung zwischen Organismus und Umwelt, in: Dress, A. et. al. (Hrsg.): Selbstorganisation – Die Entstehung von Ordnung in Natur und Gesellschaft, München, S. 149-180.

Rothschild, K. W. (1992): Ethik und Wirtschaftstheorie, Tübingen.

Ryll, A. (1992): Evolution und Entscheidungsverhalten: Zur Reorientierung des methodologischen Individualismus, in: Biervert, B./Held, M. (Hrsg.): Evolutorische Ökonomik: Neuerungen, Normen, Institutionen, Frankfurt/Main, S. 71-91.

Schenk, S./Weise, P. (1995): Zur Evolution von Kooperation, in: Gijsel, P. et. al. (Hrsg.): Ökonomie und Gesellschaft, Jahrbuch 12, Soziale Kooperation, Frankfurt/Main, New York, S. 129-167.

Schimank, U. (1987): Evolution, Selbstreferenz und Steuerung komplexer Organisationssysteme, in: Glagow, M./Wilke, H. (Hrsg.): Dezentrale Gesellschaftssteuerung, Pfaffenwiler, S. 45-63.

Schinzinger, F. (1994): Vorläufer der Nationalökonomie, in: Issing, O. (Hrsg.): Geschichte der Nationalökonomie, 3. überarb. u. erg. Aufl., München.

Schlicht, E. J. (1986): Ökonomische Theorie, speziell auch Verteilungstheorie, und Synergetik, in: Dress, A. et. al. Selbstorganisation – Die Entstehung von Ordnung in Natur und Gesellschaft, München, S. 219-227.

Schlicht, E. J. (1994): Probleme mit dem ökonomischen Ansatz – Kommentar zu Peter Weises Apologie der ökonomischen Methode, in Ethik und Sozialwissenschaft – Streitforum für Erwägungskultur, EuS 5, Heft 2, S. 335-337.

Schlichting, H. J. (1993): Unsere Welt ist nicht linear – Strukturen im Chaos, in: Rehm, W. (Hrsg.): Synergetik: Selbstorganisation als Erfolgsrezept für Unternehmen, ein Symposium der IBM, Ehningen bei Böblingen, S. 65-93.

Schmid, M. (1987): Autopoiesis und soziales System – Eine Standortbestimmung, in: Haferkamp, H./Schmid, M. (Hrsg.): Kommunikation und soziale Differenzierung, Frankfurt a. M., S. 25-50.

Schmidtchen, D. (1990): Preise und spontane Ordnung – Prinzipien einer Theorie ökonomischer Evolution, in: Witt, U. (Hrsg.): Studien zur evolutorischen Ökonomik I, Schriften des Vereins für Socialpolitik, N.F., Band 195/I, Berlin, 1992, S. 75-113.

Schmidtchen, D. (1995): Die Zwillingsideen der Evolution und der spontanen Bildung einer Ordnung, in: Francke, H.-H. (Hrsg.): Ökonomischer Individualismus und freiheitliche Verfassung, Gedenkakademie für Friedrich August von Hayek, Freiburg im Breisgau, S. 239-271.

Schnabl, H. (1990): Biologische Evolution vs. Evolution von Firmen und Märkten – Ein Vergleich, in: Witt, U. (Hrsg.): Studien zur evolutorischen Ökonomik I, Schriften des Vereins für Socialpolitik, N. F., Band 195/I, Berlin, S. 221-241.

Schneider, H. K. (1967): Methoden und Methodenfragen der Volkswirtschaftslehre, in: Ehrlicher, W. et. al. (Hrsg.): Kompendium der Volkswirtschaftslehre, Band 1, Göttingen.

Schrey, H.-H. (1988): Einführung in die Ethik, 3. gegenüber d. 2. unveränd. Aufl., Darmstadt.

Schumpeter, J. A. (1912): Theorie der wirtschaftlichen Entwicklung, Leipzig.

Sen, A. (1974): Choice, Orderings and Morality, in Körner, St. (Hrsg.): Practical Reason, Oxford, S. 54-67.

Simon, H. A., (1979): Rational Decision Making in Business Organizations, in: American Economic Review, Vol. 69, S.493-513.

Simon, H. A., (1981): Entscheidungsverhalten in Organisationen –Eine Untersuchung von Entscheidungsprozessen in Management und Verwaltung, Übersetzung der 3. stark erw. englischsprachigen Aufl., von Administrative Behavior, Landsberg a. L.

Singer, W. (1990): Das Jahrzehnt des Gehirns, in: Natur und Wissenschaft, FAZ vom 27.12.1990, Nr. 300, S. 1.

Smith, A. (1988): Der Wohlstand der Nationen, Aus dem Englischen Übertragen und mit einer umfassenden Würdigung des Gesamtwerks herausgegeben von H. C. Recktenwald, München.

Smith, A. (1994): Theorie der ethischen Gefühle, nach der Aufl. letzter Hand übers. und mit Einl., Anm. und Reg., Eckstein, W. (Hrsg.), Nachdr. mit erneut erw. Bibliogr., Hamburg.

Söllner, F. (1998): Geht homo oeconomicus zur Wahl?, in: WiSt, Heft 1, S. 14-19.

Spiegel-special (1999): „Volk ohne Moral".

Steger, U. (1989): Läßt sich „ethische Unternehmensführung" verwirklichen? – Vom guten Vorsatz zur täglichen Praxis, in: Barbier, H. D. (Hrsg.): Die Moral des Marktes: Wirtschaftspolitik in einer offenen Welt, Frankfurt (Main), S. 187-204.

Steger, U. (1989): Neoklassik am Wendepunkt? «The Moral Dimension» Mit Besprechung des Buches von Amitai Etzioni, in: GDI-Impuls, Heft 4, S. 59-64.

Steigleder, K. (1992): Die Begründung des moralischen Sollens – Studien zur Möglichkeit einer normativen Ethik, zugl. Univ. Diss., Tübingen.

Steinmann, H./Löhr, A. (1992): Die Diskussion um eine Unternehmensethik in der Bundesrepublik Deutschland, in: Lenk, H./Maring, M. (Hrsg.): Wirtschaft und Ethik, Stuttgart, S. 235-252.

Steinmann, H./Löhr, A. (1997): Begründungsprobleme der Unternehmensethik, in: Geißler, H. (Hrsg.): Unternehmensethik, Managementverantwortung und Weiterbildung, Reihe: Grundlagen der Weiterbildung, Neuwied, S. 9-38.

Steinmann, H./Zerfaß, A. (1997): Unternehmensethik, in Gabler-Wirtschaftslexikon, 14. Auflage, Wiesbaden, S. 3919-3922.

Stirner, M. (1972): Der Einzige und sein Eigentum, Stuttgart.

Streit, M. E. (1995): Wissen, Wettbewerb und Wirtschaftsordnung: zum Gedenken an Friedrich August von Hayek, in: Francke, H.-H. (Hrsg.): Ökonomischer Individualismus und freiheitliche Verfassung, Gedenkakademie für Friedrich August von Hayek, Freiburg im Breisgau, S. 147-185.

Suchanek, A. (1993): Der homo oeconomicus als Heuristik, Diskussionsbeitrag der wirtschaftswissenschaftlichen Fakultät Ingolstadt der Katholischen Universität Eichstätt, Nr. 38.

Suchanek, A. (1997): Verdirbt der homo oeconomicus die Moral?, in: Lohmann, K. R./Priddat, B. P. (Hrsg.): Ökonomie und Moral: Beiträge zur Theorie ökonomischer Rationalität, S. 65-84.

Tietzel, M. (1988): Zur Theorie der Präferenzen, in: Jahrbuch für neue politische Ökonomie, 7, S. 38 – 71.

Troitzsch, K. G. (1990): Modellbildung und Simulation in den Sozialwissenschaften, Opladen.

Troitzsch, K. G. (1995): Mathematische Kalküle zur Bildung dynamischer Modelle in den Sozialwissenschaften, in: Forum für interdisziplinäre Forschung, 13, S. 9-38.

Troitzsch, K. G. (1996): Individuelle Einstellungen und kollektives Verhalten, in: Küppers, G. (Hrsg.): Chaos und Ordnung: Formen der Selbstorganisation in Natur und Gesellschaft, Stuttgart, S. 200-228.

Tugendhat, E. (1984): Probleme der Ethik, Stuttgart.

Tugendhat E. (1996): Gibt es eine moderne Moral?, in: Zeitschrift für philosophische Forschung, Band 50, 1/2, S. 323-338.

Tugendhat, E. (1992): Philosophische Aufsätze, Frankfurt am Main.

Vanberg, V. (1984): Evolution und spontane Ordnung – Anmerkungen zu F. A. von Hayeks Theorie der kulturellen Evolution, in: Albert, H. (Hrsg.): Ökonomisches Denken und soziale Ordnung, Festschrift für Erik Boettcher, Tübingen, S. 83-111.

Vanberg, V. (1998): Rationale Wahlhandlung, Regelorientierung und Institutionen – Eine evolutorische Perspektive, in: Wegner, G./Wieland, J. (Hrsg.): Formelle und informelle Institutionen: Genese, Interaktion und Wandel, Institutionelle und Evolutorische Ökonomik; Band 6, Marburg, S. 379-422.

Voss, Th. (1985): Rationale Akteure und soziale Institutionen – Beitrag zu einer endogenen Theorie des sozialen Tauschs, München.

Wagner, A. (1995): Evolutorische Makroökonomik: Einige Anmerkungen zum Begriff, in: Wagner, A./Lorenz, H.-W. (Hrsg.): Studien zur Evolutorischen Ökonomik, Band 3, Evolutorische Mikro- und Makroökonomik, Schriften des Vereins für Socialpolitik, N. F., Band 195, S. 207-213.

Wagner, G. (1986): Evolution der Evolutionsfähigkeit, in: Dress, A. et. al. (Hrsg.): Selbstorganisation – Die Entstehung von Ordnung in Natur und Gesellschaft, München, S. 121-147.

Walter, R. (1997): Evolutorische Wirtschaftsgeschichte – Zum Verhältnis von Wirtschaftsgeschichte und Evolutorischer Ökonomik, in: WiSt, Heft 2, S. 75-79.

Weber, B. R. (1997): Kavaliersverhalten und evolutorische Selektion, Frankfurt am Main, Europäische Hochschulschriften, Reihe 5, Volks- und Betriebswirtschaft, Band 2340, Univ. Diss.

Weber, M. (1991): Der Sinn der »Wertfreiheit« der soziologischen und ökonomischen Wissenschaften, in: Sukale, M. (Hrsg.): Schriften zur Wissenschaftslehre, S.176-236.

Weber, M. (1992): Politik als Beruf, Stuttgart.

Weber, M. (1993): Die protestantische Ethik und der Geist des Kapitalismus, Bodenheim.

Weidlich W./Haag G. (1983): Concepts and Methods of a Quantitative Sociology, Springer series in synergetics, V. 14, Berlin.

Weidlich, W. (1992): Das Modellierungskonzept der Synergetik, in: Witt, U. (Hrsg.): Studien zur evolutorischen Ökonomik II, Schriften des Vereins für Socialpolitik, N.F., Band 195/II, Berlin, S. 39-63.

Weidlich, W. (1995): Synergetik und das Problem des interdisziplinären Methodentransfers zur Modellierung der Soziodynamik, in: Forum für interdisziplinäre Forschung, 13, S. 61-76.

Weise, P. (1990): Der synergetische Ansatz zur Analyse der gesellschaftlichen Selbstorganisation, in: Schmid-Schönbein et. al. (Hrsg.): Ökonomie und Gesellschaft, Jahrbuch 8, Individuelles Verhalten und kollektive Phänomene, Frankfurt/Main, New York.

Weise, P. (1994): Wirtschaftswissenschaften als Sozialwissenschaft von Entscheidungen, in: Ethik und Sozialwissenschaften – Streitforum für Erwägungskultur, EuS 5, Heft 2, S. 281-293.

Weise, P. (1995): Moral die Handlungsbeschränkung für den Deppen?, in: Seifert, E. K. / Priddat, B. P. (Hrsg.): Neuorientierung in der ökonomischen Theorie – Zur moralischen, institutionellen und evolutorischen Dimension des Wirtschaftens, Marburg, S. 73-105.

Weise, P. (1997): Ökonomische Evolution und Selbstorganisation, in: Berliner Debatte INITIAL 8 1/2, S. 69-84.

Wickert, U. (1995): Der Ehrliche ist der Dumme: Über den Verlust der Werte, 10. Auflage, Hamburg.

Williamson, O. E. (1985): The economic Institution of capitalism, New York.

Williamson, O. E. (1990): Die ökonomischen Institutionen des Kapitalismus, Unternehmen, Märkte, Kooperationen, Tübingen.

Williamson, O. E. (1993): Calculativeness, trust and economic organization, in: Journal of law and Economics, 36, S. 453-486.

Willke, H. (1991): Systemtheorie I: Eine Einführung in die Grundprobleme der Theorie sozialer Systeme, 3. überarb. Aufl., Stuttgart.

Willke, H. (1994): Systemtheorie II: Interventionstheorie: Grundzüge einer Theorie der Intervention in komplexe Systeme, Stuttgart.

Wilson, E. O. (1993): Altruismus, in: Bayertz, K. (Hrsg.): Evolution und Ethik, Stuttgart, S. 133-152.

Witt, U. (1987): Individualistische Grundlagen der evolutorischen Ökonomik, Die Einheit der Gesellschaftswissenschaften, Band 47, Tübingen.

Witt, U. (1992): Überlegungen zum gegenwärtigen Stand der evolutorischen Ökonomik, in: Biervert, B./Held, M. (Hrsg.): Evolutorische Ökonomik: Neuerungen, Normen und Institutionen, Frankfurt/Main, S. 23-55.

Witt, U. (1994): Wirtschaft und Evolution – Einige neuere theoretische Entwicklungen, in: WiSt, Heft 10, S. 503-512.

Witt, U. (1995): Bemerkungen zu Hayeks Theorie der sozioökonomischen Evolution, in: Francke, H.-H. (Hrsg.): Ökonomischer Individualismus und freiheitliche Verfassung, Gedenkakademie für Friedrich August von Hayek, Freiburg im Breisgau, S. 273-285.

Woeckener, B. (1995): Märkte und Normenfindung, in: Gijsel, P. et. al. (Hrsg.): Ökonomie und Gesellschaft, Jahrbuch 11, Markt, Norm und Moral, Frankfurt/Main, S. 160–191.

Wolf, J.-C. (1994): Grundpositionen der neuzeitlichen Ethik, in: Hastedt, H./Martens, E.: Ethik – Ein Grundkurs, Hamburg. S. 82-113.

Wuketits, Franz M. (1984): Evolution, Erkenntnis, Ethik: Folgerungen aus der modernen Biologie, Impulse der Forschung, Band 45, Darmstadt.

Wuketits, F. M. (1988): Evolutionstheorien: Historische Voraussetzungen, Positionen, Kritik, Dimensionen der modernen Biologie, Band 7, Darmstadt.

Wuketits, F. M. (1990): Gene, Kultur und Moral: Soziobiologie Pro und Contra, Darmstadt.

Wuketits, F. M. (1997): Soziobiologie : Die Macht der Gene und die Evolution sozialen Verhaltens, Heidelberg.

Wunderlin, A. (1993): Konsequenzen der Synergetik für soziale Systeme, in: Rehm, W. (Hrsg.): Synergetik: Selbstorganisation als Erfolgsrezept für Unternehmen, ein Symposium der IBM, Ehningen bei Böblingen, S. 45-64.

Zintl, R. (1994): Der Homo oeconomicus: Ausnahmeerscheinung in jeder Situation oder Jedermann in Ausnahmesituationen?, in: Analyse & Kritik, 11, S. 52.

ANHANG
Haushaltsproduktionsfunktionsansatz – Das Becker-Modell für Altruismus

Unterstellt man zur Vereinfachung, dass der Altruist (A) und der Egoist (E) jeweils die gleichen Güterbündel konsumieren, kann die Nutzenfunktion unseres Altruisten wie folgt geschrieben werden:

(1) $U^A = U^A(X_A^a, X_E^{(1-a)})$.[1]

In Gleichung (1) stehen (U^A) für den Gesamtnutzen des Altruisten, (X_A) für den Konsum des Altruisten und (X_E) für den Konsum des Egoisten. Der Exponent (a) beschreibt die Intensität, mit der der Altruist das Güterbündel (X_A) begehrt, d. h. wie hoch er seinen eigenen Konsum bewertet. Wegen $a + (1-a) = 1$ ist der Nutzen, den der Altruist realisieren kann mit dem Konsum des Egoisten verknüpft.

Nimmt man weiter an, dass der Altruist dem Egoisten einen bestimmten Geldbetrag als Transfer (t_E) zukommen lässt, ergibt sich die Budgetrestriktion des Altruisten wie folgt:

(2) $I_A = p_A X_A + t_E$.

In Gleichung (2) bezeichnen die weiteren Größen mit (I_A) das eigene, erzielte Einkommen des Altruisten und mit (p_A) den Preis des Güterbündels, das der Altruist konsumiert.

Unterstellt man ferner, dass der vom Altruisten gezahlte Geldbetrag ohne Zu- oder Abflüsse dem Betrag entspricht, den der Egoist erhält, kann man die Budgetrestriktion des Egoisten wie folgt schreiben:

(3) $I_E = p_E X_E - t_E$.

In Gleichung (3) steht (I_E) für das eigene Einkommen des Egoisten, (p_E) für den Preis des Güterbündels des Egoisten (X_E) und (t_E) für den erhaltenen Transfer.

Einsetzen von Gleichung (3) in Gleichung (2) ergibt die für den Altruisten relevante Budgetrestriktion, die sein soziales Einkommen (S_A) darstellt:

(4) $S_A = I_A + I_E = X_A P_A + X_E P_E$.[1]

Maximiert man unter Verwendung der LAGRANGE-Methode die Nutzenfunktion (1) unter der Nebenbedingung (4), ergibt sich die LAGRANGE-Funktion:

$$L = X_A^a X_E^{(1-a)} + \lambda(S_A - X_A P_A + X_E P_E).$$

Bildet man die partiellen Ableitungen der Funktion nach (X_A), (X_E), (λ) und setzt diese Null erhält man:

(5) $$\frac{\partial L}{\partial X_A} = aX_A^{a-1} X_E^{(1-a)} - \lambda P_A = 0,$$

(6) $$\frac{\partial L}{\partial X_E} = X_A^a (1-a) X_E^{-a} - \lambda P_E = 0,$$

(7) $$\frac{\partial L}{\partial \lambda} = S_A - X_A P_A - X_E P_E = 0.$$

Dividiert man Gleichung (5) durch (6), ergibt sich:

$\frac{aX_A^{a-1} X_E^{(1-a)}}{(1-a)X_A^a X_E^{-a}} = \frac{P_A}{P_E}$, nach den folgenden Umformungen:

$$\frac{aX_E^a X_E^{(1-a)}}{(1-a)X_A^a X_A^{(1-a)}} = \frac{P_A}{P_E},$$

$$\frac{aX_E}{(1-a)X_A} = \frac{P_A}{P_E},$$

$$aX_E = \frac{P_A}{P_E}(1-a)X_A,$$

erhält man vorläufig für den Konsum des Egoisten:

(8) $$X_E = \frac{P_A}{P_E}\frac{(1-a)}{a} X_A.$$

Einsetzen von Gleichung (8) in (4) führt zu:

(9) $$S_A = X_A P_A + P_E \frac{P_A}{P_E}\frac{(1-a)}{a} X_A.$$

Formuliert man Gleichung (9) wie folgt um:

$$S_A = X_A P_A + (1 + \frac{(1-a)}{a}),$$

$$\frac{S_A}{(1 + \frac{(1-a)}{a})} = X_A P_A,$$

$$\frac{S_A}{\frac{a + (1-a)}{a}} = X_A P_A,$$

$$\frac{S_A a}{a + (1-a)} = X_A P_A,$$

erhält man schließlich den eigenen Konsum des Altruisten in seinem Haushalt-gleichgewicht als:

$$(10) \quad X_A = \frac{aS_A}{P_A}.$$

Einsetzen von (10) in (8) ergibt:

$$X_E = \frac{P_A}{P_E} \frac{(1-a)}{a} \frac{S_A a}{P_A}.$$

Abschließend erhält man den Konsum des Egoisten im Haushaltsgleichgewicht des Altruisten als:

$$X_E = \frac{S_A (1-a)}{P_E}.$$

In diesem Haushaltsgleichgewicht ist gleichzeitig die Bedingung erfüllt, dass der Grenznutzen des Geldes in jeder Verwendungsrichtung des Altruisten (d. h. für sich Selbst oder den anderen) der Gleiche ist. Das heißt, für den Altruisten wäre es völlig gleichgültig, für wen er die letzte Geldeinheit nutzen würde, da der Nutzenzuwachs aus dieser letzten Geldeinheit für ihn der gleiche ist. Formal kann man diesen Umstand wie folgt darstellen.

$$GRS = \frac{\frac{\partial U}{\partial X_A}}{\frac{\partial U}{\partial X_E}} = \frac{aX_E}{(1-a)X_A} = \frac{P_A}{P_E} = 1.$$[1]

Peter Lang · Europäischer Verlag der Wissenschaften

Manfred Weiß / Horst Weishaupt (Hrsg.)

Bildungsökonomie und Neue Steuerung

Frankfurt/M., Berlin, Bern, Bruxelles, New York, Oxford, Wien, 2000.
280 S., zahlr. Tab.
Beiträge zur Bildungsplanung und Bildungsökonomie.
Herausgegeben von Dieter Timmermann. Bd. 9
ISBN 3-631-36239-0 · br. DM 48.–*

Die aus dem Zusammentreffen von stagnierenden Bildungsbudgets und tendenziell weiter steigenden Anforderungen an die Bildungssysteme entstandene Verschärfung der finanziellen Engpasssituation hat die Frage nach dem optimalen Einsatz der zur Verfügung stehenden Mittel immer dringender werden lassen. Ihr galt das Hauptaugenmerk einer internationalen bildungsökonomischen Fachtagung, die im September 1999 am Deutschen Institut für Internationale Pädagogische Forschung (DIPF) in Frankfurt am Main stattfand. Die dort präsentierten Beiträge sind in diesem Band dokumentiert. Das thematische Spektrum reicht von Situationsbeschreibungen und -analysen (z. B. zur Produktivitätsentwicklung im Schulbereich) über steuerungstheoretische Abhandlungen und die Evaluation neuer Steuerungskonzepte bis hin zu Problemen der Verbesserung der bildungsfinanzstatistischen Datenbasis und Erfahrungen mit Optimierungsmodellen bei der Schulstandortplanung. Der Band richtet sich an Interessenten aus Bildungspolitik, Bildungsverwaltung, Wirtschafts- und Erziehungswissenschaften.

Aus dem Inhalt: 40 Jahre Bildungsökonomie: Rückblick und Ausblick · Produktivitätsentwicklung der Schulen in OECD-Ländern · Wettbewerbssteuerung im Schulbereich · Hochschulreform - eine institutionen-ökonomische Perspektive · Soziale Opportunitätskosten der Hochschulausbildung · Wirtschaftlichkeit unter Bedingungen des New Public Management · Effizienz regionaler Schulstandortsysteme · Finanzierung von Tageseinrichtungen für Kinder

FSC
www.fsc.org
MIX
Papier | Fördert gute Waldnutzung
FSC® C083411

Kolibri 360 GmbH
Ferdinand-Jühlke-Straße 7
99095 Erfurt, Deutschland
produktsicherheit@kolibri360.de

Druck:
CPI Druckdienstleistungen GmbH
im Auftrag der
Kolibri 360 GmbH
Ferdinand-Jühlke-Str. 7
99095 Erfurt